레위기

어떻게 설교할 것인가

두란노 HOW주석 시리즈 03

레위기 어떻게 설교할 것인가

엮은이 | 목회와신학 편집부

펴낸곳 | 두란노아카데미
등록번호 | 제302-2007-00008호
주소 | 서울시 용산구 서빙고로 65길 38 두란노빌딩

편집부 | 02-2078-3484 academy@duranno.com http://www.duranno.com
영업부 | 02-2078-3333 FAX 080-749-3705
초판1쇄발행 | 2009. 11. 5. 8쇄 발행 | 2019. 7. 12.

ISBN 978-89-6491-053-5 04230
ISBN 978-89-6491-045-0 04230(세트)

책값은 뒤표지에 있습니다.

레위기

어떻게 설교할 것인가

• 목회와신학 편집부 엮음 •

두란노 HOW 주석

HOW
COMMENTARY
SERIES
03

두란노아카데미

설교는 목회의 생명줄입니다

설교는 목회의 생명줄입니다. 교회 공동체를 향한 하나님의 음성입니다. 그래서 목회자는 설교에 목숨을 겁니다. 하나님의 말씀을 가감 없이 전하기 위해 최선을 다합니다.

이번에 출간한 「두란노 HOW주석 시리즈」는 한국 교회의 강단을 섬기는 마음으로 설교자를 위해 준비했습니다. 「목회와신학」의 별책부록 「그말씀」에 연재해온 것을 많은 목회자들의 요청으로 출간한 것입니다. 특별히 2007년부터는 표지를 새롭게 하고 내용을 더 알차게 보완하는 등 시리즈의 질적 향상을 추구하였습니다. 독자 여러분의 끊임없는 관심과 격려를 부탁드립니다.

「두란노 HOW주석 시리즈」는 성경 본문에 대한 주해를 기본 바탕으로 하면서도, 설교에 결정적으로 중요한 '적용'이라는 포인트를 놓치지 않았습니다. 또한 성경의 권위를 철저히 신뢰하는 복음주의적 관점을 견지하고자 노력했습니다. 또한 성경 각 권이 해당 분야를 전공한 탁월한 국내 신학자들에 의해 집필되었습니다.

학문적 차원의 주석서와는 차별되며, 현학적인 토론을 비껴가면서도 고밀도의 본문 연구와 해석이 전제된 실제적인 적용을 중요시하였습니다.

이 점에서는 목회자뿐만 아니라 성경공부를 인도하는 평신도 지도자들에게도 매우 귀중한 지침서가 될 것입니다.

오늘날 교회에게 주어진 사명은 땅 끝까지 이르러 예수 그리스도의 복음을 전파하는 것입니다. 사도행전적 바로 그 교회를 통해 새롭게 사도행전 29장을 써나가는 것입니다. 이 시리즈를 통해 설교자의 영성이 살아나고, 한국 교회의 강단에 선포되는 말씀 위에 성령의 기름부으심이 넘치기를 바랍니다. 이 땅에 말씀의 부흥과 치유의 역사가 일어나고, 설교의 능력이 회복되어 교회의 권세와 영광이 드러나기를 기도합니다.

바쁜 가운데서도 성의를 다하여 집필에 동참해 주시고, 이번 시리즈 출간에 동의해 주신 모든 집필자들에게 이 자리를 빌어 감사의 뜻을 전합니다.

두란노서원 원장

contents

II. 본문연구

I. 배경 연구

1. 레위기의 구조와 신학적 주제 | 송제근
2. 레위기에 나타난 '영원한 규례'에 대한 연구 | 김진섭
3. 레위기에서의 거룩의 의미 | 김덕중
4. 레위기에 나타난 제사법 | 박철수
5. 히브리서에서의 레위기 사용 | 조병수
6. 언약 관계와 5대 제사의 의미(레 1~7장) | 송제근
7. 이렇게 예배를 시작하라(레 8~10장) | 이성구
8. 정, 부정에 대한 가르침과 그 적용(레 11~15장) | 왕대일
9. 성결함으로 나아가라(레 17~27장) | 박철우
10. 레위기 19장과 정경적 전개-로마서 13장의 예를 중심으로 | 김진명
11. 파산(破産)과 회생(回生)-고대 이스라엘의 희년 사상(레 25장) | 이종록
12. 레위기와 나의 설교 | 김상복

01 레위기의 구조와 신학적 주제

구약 진리의 내면성과 외면성

구약의 유산 중에는 눈에 보이는 것과 눈에 보이지 않는 것이 있다. 눈에 보이지 않는 유산에는 모세의 윤리법, 선지자의 메시지, 다윗의 시편과 같은 것이 있다. 그렇다면 과연 눈에 보이는 유산도 있었을까? 가시적으로 늘 확인 가능한 유산도 있었는데, 이스라엘의 종교 제도 특히 제사 제도가 바로 그것이다.

그런데 특이한 사실이 있다. 그것은 눈에 보이지 않는 유산은 현대의 우리에게 설교를 통하여 아주 익숙한데 비해, 구약 이스라엘이 눈으로 확인했던 유산은 오히려 우리에게 늘 낯설게 보인다는 점이다. 그중에서도 레위기에 나타난 제사 제도의 내용들은 우리와 무관한 것으로 간주되곤 했다. 그래서 성경을 읽다가도 출애굽기를 지나 레위기에 이르면 생략하고 민수기 10장 이후의 사건으로 넘어가곤 한다.

이런 현상이 생긴 데에는 역사적 이유도 있었을 것이다. 즉, 종교의 외적인 요소를 강조하며 구약과 신약의 다양성보다 일치성에 역점을 두어 제의를 중요하게 생각하는 가톨릭에 비해서, 진리의 내적인 면을 중요하게 생각하여 설교를 중심으로 예배를 발전시킨 종교 개혁적 태도가 이런 현상에 어느 정도 반영되어 있다.

그러나 종교적 진리의 내면성과 외면성을 반드시 구분할 필요는 없다. 진리의 내면성은 자연스럽게 외적으로 드러나게 되기 때문이다. 오히려 어떤 경우에는 하나의 외적인 진리 표현으로 심오한 종교적 진리를 탁월하게 나타낼 수도 있음을 우리는 경험적으로 잘 알고 있다. 이런 점에서 구약성경의 첫 다섯 권인 오경 중에서 특히 출애굽기 후반부터 민수기 전반까지는 종교적 진리의 외면성을 성경에서 가장 심오하게 나타낸다.

지금 신약 시대를 사는 우리는 예수 그리스도를 통하여 구약 진리의 외면뿐 아니라 내면도 모두 성취된 것을 믿는다. 또한 구약 진리의 내면성이 신약적으로 성취되고 적용될 수 있는가를 살피기 위하여 예언서 등의 메시지를 찾는다. 그렇다면 구약 진리의 외면성이 어떻게 신약적으로 성취되고 적용될 수 있는가를 살피기 위해서는 필수적으로 출애굽기 후반부터 민수기 전반까지를 고려하지 않으면 안 된다. 그중에서 우리는 여기서 그 핵심인 레위기를 다루고자 한다.

구약 진리의 내면성이 어떻게 신약적으로 완성되었는가를 알기 위하여 계시의 점진성을 고려하듯이, 구약 진리의 외면성에 있어서도 동일한 원리가 적용될 수 있다. 예를 들어, 예언서나 시편 진리의 내면적 내용을 계시의 더 나아간 단계인 신약에서 어떻게 성취되었는가를 살핀다. 그래서 시편의 성소에 대해 사모하는 마음(시 84편)을, 신약 시대에 예수 그리스도의 몸으로써 영광스럽게 된 하나님의 공동체(교회)를 사모하는 마음으로 적용하는 것이다. 마찬가지로 구약 진리의 외면적 내용은 그 외면성(제도들)의 '근본정신'(根本情神) 혹은 '법정신'(法情神)을 추출하면 현대를 사는 우리에게도 충분히 적용될 수 있는 것이다. 오히려 이런 연구를 통하여 그동안 가톨릭에 대한 지나친 반감으로 그 중요성이 상실되고 망각되었던 구약 진리의 외면성이 잘 드러날 수 있을 것이다.

이런 과정을 통하여 얻는 또 하나의 유익은 선지자적 영성과 제사장적 영성의 대립 구도를 극복할 수 있다는 것이다. 그동안 종교 개혁의 교회들 속에 예언자적 영성이 지배적으로 인식되어 왔다. 그러나 이스라엘의 종교 제도로 말하자면 제사(장) 제도는 이스라엘의 수립과 함께 시작된 원초적 제도이고 예언자 제도는 나중에 왕 제도와 함께 필요에 의하여 만들어진 것이다. 그리고 예언자적 영성은 대부분 비판적인 내용이고, 일부분만 소망과 관련한다. 반면에 제사장적 영성은 이스라엘의 소망, 즉 하나님과의 근본 언약 관계로의 회복과 발전을 나타낸다. 이런 면에서 제사장적 영성이 신약 시대에 어떤 의미가 있는지를 아는 것은 구약 종교의 잘 알려지지 않은 또 다른 차원을 아는 것이므로 중요하다고 할 수 있다.

오경의 한 책으로써의 레위기

레위기는 그 자체로 독립적인 한 책으로가 아니라 오경 속의 한 권으로 읽혀야 한다. 이 말은 내용적으로 레위기가 오경 신학의 근본적 요소를 형성함을 뜻한다. 오경은 '이 땅 위에 형성되는 하나님의 나라'에 대해서 말하고 있다. 그 나라를 형성시키는 본질적 도구(제도)는 '언약'(בְּרִית베리트)이다. 여기서의 '언약'(베리트)은 한문의 '언약'(言約), 즉 말로써 하는 약속을 의미하는 것이 아니다. 이것은 '인격적 당사자 간에 공적 관계가 형성되는 것'을 말한다. 예를 들면 결혼을 통하여 서로 상관없던 남녀가 부부 관계로 맺어지며, 입양을 통해 서로 상관없던 늙은이와 젊은이가 부자 관계로 맺어지며, 조약을 통해서 두 나라가 주권국과 종속국의 관계로 맺어진다.

그런데 오경에는 이런 언약이 세 종류가 있다. 창세기에는 족장을 통하여 하나님 나라를 이루시는 '족장 언약' 곧 하나님 나라의 씨와 땅의 형성을 준비 완료하는 것이 서술되어 있다. 또 출애굽기에서 민수기까지는 그 중요 관점이 하나님 나라의 한 구성 요소인 씨(백성)가 형성되어 가는 것을 말하는 '시내산 언약'이 있다. 그리고 신명기에는 하나님 나라의 다른 구성 요소인 그 땅(영토)이 형성되는 것을 말하는 '모압(세겜) 언약'이 있다.[1]

그러므로 레위기는 근본적으로 출애굽기 19~24장에서 공적으로 수립된, 하나님과 이스라엘 사이의 시내산 언약을 유지하려는 목적이 있다. 즉, 시내산에서 공식적으로 하나님 나라의 씨로 받아들여진 이스라엘이 어떻게 그 언약적인 씨로 계속 머물러 있을 것인가를 가르치고자 하는 목적이다. 그러므로 지금 이 시대를 사는 성도들은 '우리가 하나님 나라의 씨로서 어떻게 계속해서 하나님과 언약 관계를 유지할 수 있는가'를 레위기에서 읽게 된다. 구원은 한번 따놓으면 영원히 있는 당상이 아니라, 은혜로 주어졌고 또 계속해서 이루어 나가며 유지해야 할 책임이 주어진 것이기 때문이다(고전 9:27; 빌 2:12).

레위기의 내용: 제사

이제 구체적으로 살펴보면, 레위기는 어떻게 이스라엘이 계속적으로 하나님 나라의 씨로 머물 수 있다고 말하는가? 바로 제사를 통해서이다. 그러면 제사란 무엇인가? 우리는 이 질문에 대해서 다음과 같이 설명할 수 있다. 이스라엘이 하나님과 '언약'(베리트)을 맺을 때 피로 맺었다(출 24:3~8). 피를 둘로 나누었는데, 그 한 부분은 하나님을 상징하는 제단에 뿌려졌고, 다른 한 부분은 이스라엘 백성에게 뿌려졌다. 이 피는 생명을 상징하는 것으로, 만약 언약의 한 당사자가 언약을 파기하면 자신의 생명을 내어놓아야 한다. 그런데 하나님은 이스라엘이 연약하여 언약을 깰 것을 아시고 그것을 회복하는 방법을 미리 마련하셨다. 그것이 바로 제사이다. 그러므로 제사에서 피가 흘려져야 하는 이유는 명백하다.

이스라엘이 언약을 어겼고 그 때문에 동물이 이스라엘 백성을 대신해서 죽는 것이다. 이 점은 신들이 동물들의 피를 요구한다고 생각하는 다른 종교에 있어서의 제사와 근본적으로 다른 것이다. 그 실제적인 예를 속죄제에서 볼 수 있다(4장).

속죄제를 드리는 네 가지 경우의 범죄는 다음과 같다. 제사장, 온 회중,

족장, 평민. 이런 순서는 사건의 중요도를 따라서 된 것 같다. 그렇다면 온 회중의 범죄보다 더 중요한 것이 제사장의 범죄인 것을 알 수 있다. 그 이유는 무엇인가? 그것은 제사장이 온 회중보다 훨씬 더 가치가 있기 때문이 아니다. 제사장은 이스라엘이 언약을 깼을 때에 회복하는 기능을 하는 아주 중요한 사람인데, 이 사람이 범죄 하면 언약의 회복 자체가 불가능해지기 때문이다.

그러므로 제사의 기본 이념은, 고독 속에서 진정한 관계를 갈망하는 현대인에게 근본적인 치유책이 될 수 있다. 제사의 핵심은 관계의, 진정한 언약 관계의 회복을 목적으로 하기 때문이다.

그렇다면 현대에 사는 우리가 드리는 예배와 구약의 제사는 어떻게 다른 것인가? 우리가 드리는 예배의 가장 근본적인 내용을, 구약 이스라엘이 하나님과 맺었던 시내산 언약을 다시 새롭게 하는 행위, 즉 언약 갱신에서 발견할 수 있다.

(1) 우리는 공동체로서 하나님의 자녀로 부르심(예배로의 부르심)을 받아 하나님의 자녀로 인치심을 받는다(출 19:3~8).
(2) 영육의 손과 발을 씻는 회개를 위한 죄의 고백과 그것에 대한 용서의 선포를 통하여 하나님을 만날 수 있는 상태가 된다(출 19:9~25).
(3) 하나님의 언약의 말씀의 선포를 듣고(출 20장), 그 말씀의 자세한 내용에 대한 설명과 해설을 듣는다(출 21~23장).
(4) 그 말씀을 생명으로 지키겠다는 결단을 하는데, 번제와 화목제를 드리면서 피를 뿌리듯이 결연한 태도를 취한다(출 24:3~8).
(5) 마지막으로 언약을 갱신한 이스라엘이 하나님 앞에서 떡을 떼면서 피로연을 행한다(출 24:9~11).

언약 갱신에서 제사는 어디에 속하는 것인가? 언약 갱신에서 제사는 두 가지 차원이 있다. 먼저 죄와 관계된 것으로, 예배의 두 번째 순서인 죄를 고백하고 용서함을 받을 때의 차원이 있다. 또 예배의 네 번째 순서인 언약을 갱신할 때의 번제와 화목제에 나타나는데, 이것은 죄와 관계없고 결단과 결심과 관련된다. 우리의 예배 속에 제사의 이런 두 가지 모습이 얼마나 구체적으로 살아 있는가? 죄 고백과 용서 차원에서의 제사로써 우리는 예수 그리스도의 보혈의 공로를 힘입어서 새롭게 나아가는가?

신약 시대의 제사의 의미는 세례와 성찬 속에 나타나기도 한다. 그러나 이것은 그리스도께서 객관적으로 단번에 이루고 완성하신 것이지만 이것의 적용은 현재적이 되어야 한다. 그리스도께서 완성하셨기 때문에 죄 사함의 긴장이 없어져도 되는 것이 아니라 오히려 인간되신 창조주께서 흘리신 보혈이 지금 나에게 적용되는 것에 대한 긴장이 있어야 한다.

레위기의 현장: '(언약의) 증거막'

그런데 이 제사가 일어나는 장소에 대한 명령이 나오는 곳이 바로 출애굽기 25~31장이다. 또한 출애굽기 35~40장에는 봉헌된 '성막'(聖幕, the tabernacle) 혹은 '회막'(會幕, the tent of meeting) 혹은 '증거막'(證據幕, the tent of witness)이 나온다. 이 중에서 가장 일반적인 이름이 성막인데, 그 이유는 거룩하신 하나님을 만나는 장소이기 때문이다. 또 회막인 이유는, 이스라엘끼리 만나서 민주주의적으로 토론하는 장소이기 때문이 아니라 이스라엘이 하나님을 만나는 장소이기 때문이다.

그러나 가장 본질적인 이름은 '증거막'이다. 무엇에 대한 증거인가? 그것은 하나님이 이스라엘과 세운 언약에 대한 증거이다. 그러므로 그 속에 있는 법궤는 더 본질적 용어인 '증거궤'라고 불린다. 호세아의 비유와 같이 하나님과 이스라엘이 결혼 관계에 들어간 것으로 비유하자면, 이 증거막은 일종의 그 결혼을 증거 하는 신혼방과 같은 것이다. 그러므로 출애굽기 24장에서는 그 결혼식이 끝나자마자 바로(출 25장) 이 증거막 만들기를 명한 것이다.

이제부터 하나님은 이 증거막에 늘 임재하여 떠나지 않을 것이고 여기서 이스라엘과의 만남을 유지하실 것이다. 증거막 자체가 중요한 것이 아니라 거기에 임재해 계시는 하나님에 의해서 그 존재 가치가 부여된다. 레위기는 이 증거막에 영광스럽게 임재하신 하나님과 이스라엘이 어떻게 언약 관계를 유지할 수 있을 것인가를 말한다.

증거막이 하나님의 임재를 상징하기 때문에, 예수 그리스도의 강림을 '말씀이 육신이 되어 우리 중에 성막을 치고 계셨으니'(요 1:14)라고 소개한다. 이것은 구약의 성막에 하나님이 영광스럽게 임재한 모습에 근거한다. 그리고 그 성막에 가득한 영광이 이제 예수께 임한 것을 나타낸다(요 1:14 "우리가 그 영광을 보니"). 또 사도 바울은 상당히 레위기적 용어를 사용하면서 성도들을 권면한다. 모든 그리스도인들의 몸 자체가 하나님의 성전이다(고전 6:19~20). 또 구약의 성전에 항상 임재해 계셨던 성령께서 이제 살아 있는 성전인 성도들의 공동체에 임재해 계신다(행 6:15; 7:55~56; 고후 3장; 엡 5:18).

5대 제사의 현대적 의미

현대인들은 레위기에 나타난 기본적인 제사가 다섯 가지나 되는 것에 대해서 놀라고 의아하게 생각할 것이다. 물론 항상 다섯 제사가 다 드려지지는 않았지만 보통 둘, 셋 이상의 제사가 드려졌음을 레위기에서 읽을 수 있다. 그러면 모든 의미가 다 포함된 하나의 제사로 드릴 수는 없었는가? 하나님과 피상적인 관계를 이루고 살기 쉬운 현대인들에게 레위기의 다양한 제사는 이스라엘이 하나님과 맺고 이루어야 할 언약 관계가 얼마나 세밀하며 깊이가 있으며 다양했는지를 보여 준다.

먼저, '번제'(burnt offering)에서는 그 제물이 완전히 태워진다. 번제가 죄와 관계될 경우, 죄에 대한 하나님의 철저한 진노를 나타낸다. 지금은 은혜의 시기이나 장차 우리는 이 진노가 완전한 형태로 나타나는 것을 심판 때의 지옥에서 보게 될 것이다. 그리고 번제가 죄와 관계없을 경우, 이것은 성도들의 철저한 헌신을 나타낸다. 하나님께 드려진 자로서의 성도가 조금도 조건을 달지 않는 완전히 드려진 삶을 사는 것을 의미한다.

'화목제'(peace offering)의 히브리어(שְׁלָמִים슐라밈)는 단수가 아니라 복수(複數)이다. 다른 제사가 모두 단수로 표현된 것에 비해서 특이하다. 관계를 이루는 양자가 동시에 화해의 손을 내밀어야만 관계가 완전하게 회복되기 때문에 복수로 표현하게 된 것 같다.

화목제가 죄와 관계될 때, 인간끼리의 관계에서나 인간이 하나님과 맺는 관계에서나 양자가 모두 회복의 관계를 받아들여야 함을 나타낸다. 즉, 아무리 하나님이나 마음이 열려진 성도가 다른 불신자나 성도를 향해서 마음을 열고 있어도 당사자가 이 화해의 손길을 보지 못하고 거부할 경우에는 화해가 성립되지 않음을 의미한다. 화해는 결국 양자의 관계에서 이루어지기 때문이다.

그리고 죄와 관계없는 경우의 화목제는 출애굽기 24:9~11에 나타난 바와 같이 언약 관계를 새롭게 하신 하나님 앞에서 성도들이 떡을 떼며 현실의 생활 가운데 사랑을 나누는 '코이노니아'로 생각할 수 있다. 여기서도 주는 것뿐 아니라 받는 것이 있어야 완전한 화목의 관계가 이루어짐을 알 수 있다. 주는 것이 받는 것보다 더 복된 줄도 알고(행 20:35) 또 줄 줄을 알아야 하지만 역시 쓸데없는 자존심을 꺾고 받을 줄도 알아야 관계가 완전하게 되는 것이다.

'소제'(grain offering)에는 '선물'(מִנְחָה민하)이라는 의미가 담겨 있다. 소제는 피와 관계없이 곡식으로 드리는 유일한 제사이며, 성도가 하나님께 받은 것에 대한 감사의 표현으로 드리는 제사이다. 이것은 제사에 있어서 소극적 요소인 죄 사함뿐 아니라, 하나님과의 관계의 발전을 이루는 적극적 요소가 있다. 성도의 자발적인 감사의 표현과 행동을 기뻐하시는 하나님의 모습을 우리는 신·구약에서 얼마든지 볼 수 있다(삼하 7장).

'속죄제'와 '속건제'는 죄와 관련해서 드리는 제사이다. '속죄를 위해서라면 하나의 제사로 충분하지 않을까' 하고 생각할 수 있는 현대의 우리들에게, 두 가지로 구분한 구약의 제사 제도는 충격적이다. 이 두 제사는 그리스도의 속죄 사역의 이중성을 나타낸다.

'속죄제'(purification offering)는 의학적인 관점에서 소독되고 청소되는 것을 상징하여, 죄가 깨끗이 씻어져야 하는 것을 나타낸다. 그러므로 이 제사에서는 거룩과 청결의 개념이 지배적이다. 그리스도께서 깨끗하게 하신 속죄 사역에 근거하여 오늘날 성도의 삶 중에서 거룩하지 못하고 깨끗하지 못한 모든 종류의 관습과 언어와 행동을 포기하고 버려야 하는 것을 나타낸다.

또한 '속건제'(reparation offering)는 상업적인 관점에서 다른 이에게 입힌 손해를 배상하는 것을 상징한다. 즉, 우리가 지은 죄에 대하여 완전한 배상과 보상이 이루어져야 함을 나타낸다. 성도들이 그리스도께서 완전히 배상하신 속건제 사역에 근거하여 우주가 완전하게 회복될 것을 믿지만 동시에 우리가 배상하는 제사장적인 사역을 해야 함을 나타낸다.

거룩과 청결(법)

레위기의 가장 지배적인 단어는 '거룩'과 '청결'(깨끗함)일 것이다. 일반적으로는 거룩과 청결을 같은 개념으로 생각하나 혹자는 거룩과 청결을 구분하여 '거룩-청결-더러움'의 세 단계로 나누기도 한다. 그러나 반드시 두 단계, 세 단계 중의 하나를 선택하는 것이 중요하지는 않다. 실제로는 여러 단계로 나누어지는 경우들이 많다. 그 중요한 예를 증거막, 성전의 구조에서 볼 수 있다. 거룩의 정도로 나누어 보면 증거막 밖, 번제단이 있는 뜰, 성소, 그리고 지성소로 구분할 수 있고, 여기에 들어갈 수 있는 사람들도 차례로 구분되어 있다. 가장 깊은 지성소에는 대제사장만이 일 년에 한 차례만 들어갈 수 있을 뿐이다. 레위기에서 '거룩'(קדשׁ 카도쉬)은 하나님과의 관계의 근본으로써, 이스라엘이 이루어야 할 상태를 나타내는 단어로 쓰였다('내가 거룩하니 너희도 거룩하라'). 반면에 '청결'(טָהוֹר타호르)은 구체적인 사항(동물, 물건, 병)을 나타낼 때에 쓰였다.

'거룩'은 하나님과 인간관계의 완전성을 나타낸다. 즉, 이스라엘은 온갖 더러운 것에서 자신을 깨끗이 하여 하나님과 늘 만날 수 있는 상태를 유지해야 한다.

그런데 이 거룩은 실제에 있어서 소극적이면서도 적극적인 이중적 의미가 있다.

소극적인 경우는 거룩한 것이 세상의 오염에 물들게 되는 것을 두려워하고 조심하는 것이다. 거룩과 오염이 접촉할 때 오염이 거룩을 정복하는 경우이다. 레위기는 대부분 이런 내용을 다루며 이 오염에서 벗어나는 과정을 자세하게 소개한다. 여기서, 현대의 성도들이 세상의 모든 오염과 싸우면서 매일 거룩에 이르기를 연습해야 하는 것을 생각할 수 있다.

그러나 '거룩'이 적극성을 나타내는 경우도 있다. 즉, '거룩'이 오염을 정복해서 그것을 거룩하게 만들어 버리는 경우이다. 6:18, 27에서, 거룩한 성물에 접촉하는 자가 거룩하게 되는 것을 볼 수 있다. 해석하기 어려운 구절인 고린도전서 7:14에서 불신자인 배우자가 신자인 배우자 때문에 거룩하게 되고 나아가 그 자녀도 거룩하게 되는 사실을 말하는데, 거룩의 적극성을 나타내는 예의 하나이다.

현대에 사는 우리가 하나님 나라의 일을 생각할 때에 교회가 죄의 영향을 받아 감염되는 것에도 깊은 주의를 기울여야 한다. 그러나 이제 성도들이 거룩의 적극성을 확신하며, 오염되고 타락한 곳으로 적극적으로 들어가서 거룩으로 정복하여야 할 때가 얼마나 많은가!

'청결'에 대해서 네 가지 구체적인 경우를 들고 있다. 먹을 수 있(없)는 동물(11장), 자녀 출산(12장), 피부병(13~14장), 유출병(15장). 이 모든 경우에 나타난 하나의 원리로 '질서－무질서, 완전－불완전'(M. Douglas)[2], '생명－죽음'(E. Feldman,[3] J. Milgrom[4]), '자연－문화'(M. P. Carrol)[5]가 제시되기도 한다. 그중의 하나를 예로 들면 무질서와 불완전을 이룬 것은 청결 과정을 통과하여야 하고, 또 그런 동물은 먹을 수 없는 것이다.

그러나 이 네 가지 경우를 설명하는 하나의 개념적인 원리를 설정하여 무리하게 모든 것을 설명해 버리려 하기보다, '세상과 그 속의 생명을 창조하고 또 이스라엘을 언약 백성으로 구속하신 하나님이 그 창조와 구속의 질서를 유지'하는 것이 청결법의 근본 목적이라고 봄이 더 나은 것 같다. 즉, 창조 질서가 명확하게 드러나야 하고(11장) 언약 백성에게 생명의 근원되신 구속주 하나님의 본성(12~15장)을 따라서 이스라엘은 살아야 하는 것이다. 이것이 현대의 성도들에게 주는 메시지는, 창조 질서와 언약 백성으로 만드시는 구속 질서에 근거하여서 살아야 행복하다는 것이다.

그러므로 이 거룩과 청결에 대한 내용은 대속죄일에 대하여 언급된 후에 소위 '성결 법전'이라고 잘못된 제목으로 알려진 장들(17~26장) 속에서 거룩하고 청결한 이스라엘의 윤리적인 생활을 보여 주면서 논리적으로 완벽하게 이어진다. 대속죄일(16장)을 중심으로, 앞과 뒤에 거룩하고 청결한 삶을 강조하는 것은 자연스럽다. 즉, 앞(11~15장)에서는 물건(육체)과 관계된 거룩과 청결한 삶을 말하고, 뒤(17~22장)에서는 인간끼리의 윤리적인 삶의 거룩과 청결에 대해서 말하고 있다.[6] 이는 성도들이 삶의 모든 면, 가장 육체적인 면에서부터 가장 영적이고 정신적인 면까지 하나님의 거룩과 청결을 체험해야 함을 의미하는 것이다.

대속죄일(레 16장)

거룩과 청결을 요구하는 중심(16장)에 대속죄일에 대한 규례가 있다. 내용상으로는 절기와 안식년, 희년을 언급할 때(23~25장)에 놓여 있는 것이 적당할 것이다. 그럼에도 여기에 놓인 이유는 이것이 레위기의 핵심적인 내용을 말하기 때문일 것이다. 그러므로 신약 중에서 레위기에 대해 가장 자세히 설명하는 히브리서는 다른 어떤 것보다 대속죄일에 일어나는 일에 대해 집중적으로 다룬다.

이 장에서 표현된 대부분의 내용은 지성소에서 일어난 일이기 때문에 일반 이스라엘 사람에게는 보이지 않았다. 다만 아직까지 의미가 확실하지 않은 '아사셀을 위한 양'을 멀리 사막으로 내어 쫓는 일만을 모든 백성들이 볼 수 있었을 뿐이다. 대속죄일 제사의 궁극적인 의미는 이스라엘의 모든 백성과 지도자, 그리고 제사장들조차 일 년 동안 범죄 하였으므로, 심지어 성막 즉 하나님이 이스라엘과 맺은 언약을 따라서 이스라엘 중에 함께 거하심의 표징인 증거막조차도 죄로 오염된 것을 씻어 낸다는 데 있다. 이때 대제사장은 특이하게도 위엄스러운 본래의 대제사장 복장이 아니라 단순한 세마포 옷을 입고 겸손히 이 예식을 진행한다. 죄에 대한 철저한 겸손 때문에 그러할 것이다.

그리스도의 사역의 다양성과 포괄성이 레위기 전체를 통해서 나타나나 특히 이 대속죄일의 예식을 통하여 깊이 있게 나타난다. 대제사장이 일 년에 한 차례만 지성소에 들어가서 속죄 사역을 감당한 것같이, 그리스도도 하나님의 지성소에 들어가서 자기 자신으로 대속죄제의 제사를 '단번에 그리고 영원히' 드렸고, 이제 신약의 성도들이 누구든지 담대히 지성소에 들어가서 하나님을 만나며 교제하고 제사장으로서 그리스도의 속죄 사역을 적용하는 일을 감당하도록 하셨다.

윤리적 성결(레 17~22장)

레위기는 대속죄일에 대한 규례에 이어서 윤리적인 성결을 아주 구체적으로 언급한다(17~22장). 11~16장의 규례를 지키면 하나님과 이스라엘과의 수직적 관계가 회복되고 완전하게 된다. 16장의 대속죄일의 규례가 거의 피의 예식에 관한 것이므로 피와 관련된 주제를 17장에 다룬다. 이어서 18~22장에서는 하나님과 이스라엘의 수직적 관계가 정리되고 난 뒤에, 이스라엘끼리의 수평적 관계에서 일어나는 거의 모든 문제들로부터의 성결을 구체적 항목들로 나누어 세부적으로 다룬다.

그중에서 가장 특이한 것은 성적 타락에서의 성결이다. 그 이유는 당시 거의 모든 사회가 대가족 공동체를 이루고 살았기 때문에 자연스럽게 가족 간의 성적인 타락이 만연할 수 있었던 문제였기 때문일 것이다. 우리는 왜 이 문제가, 약간의 차이는 나지만 두 번씩(18, 20장)이나 언급되었는지를 잘 알지 못한다. 그러나 이스라엘이 탈출하였지만 이미 익숙한 애굽에서나, 장차 들어가서 살 가나안 땅에서 이런 것이 너무나 만연한 것이었기 때문에 이것을 강조할 수밖에 없었을 것이다. 이것은 다른 종들끼리 교배하는 것이나, 밭에 두 종자를 섞어 뿌리는 것이나, 두 재료로 직조한 옷을 입지 말 것을 명령한 것과 동일한 창조 질서에서 나온 것일 가능성이 크다(19:19).

3대 절기: 유월절, 오순절, 초막절(레 23장)

간단하게 언급된 출애굽기(출 23장)나 의미를 상세하게 설명하는 신명기(신 16장)에 비하여, 레위기(23장)에 표현된 이스라엘의 3대 절기는 모두 추수와 관련되어 있다. 즉, 모든 추수를 드릴 때에 번제(12절), 속죄제(19절), 화목제(19절)의 희생제물도 같이 드렸다. 이 절기들은 추수에 대한 감사를 나타내는 의미를 지녔다. 이 절기들의 현대적인 의미를 생각해 보자.

우선 '유월절', '무교절'은 예수 그리스도의 십자가에 죽으심으로 완성되었다. 그리스도의 속죄 사역이 완성됨을 나타내는데, 이것을 위하여 예수께서 죽으신 날짜(성 금요일)가 구약의 유월절 날짜(이스라엘력 1월 14일)에 우연하게 들어맞은 것이 아니라 정확하게 일치하게 하셨다. 그래서 그리스도 자신이 부활하심으로 구속의 첫 열매(고전 15:23)가 되시고, 그 대속 사역의 결과로 새 생명을 모든 사람들이 나누어 가질 수 있게 된 것이다. 즉, 이스라엘력 1월 15일부터 7일 동안 누룩 없는 떡을 먹는 무교절은 우리의 죄로 인하여 그리스도가 당하신 고난을 상징하는 것이다.

유월절, 무교절은 신약의 성도들에게는 그리스도께서 완성하신 속죄 사역을 감사하고 적용하고 선포하는 것을 의미한다. 현대의 성도들에게 이 절기는 과거적이며 이미 역사적이다. 즉, 하나님 나라를 새롭게 이루는 그 기초를 역사적으로 완성하신 그리스도의 우주적 속죄 사역의 기초 위에 일단 든든히 서야 한다. 그리고 그 위에서 하나님 나라의 사역을 진행해야 할 것을 의미한다.

'오순절', '칠칠절', '맥추절'은 첫 절기 후 50일째에 지키는 절기이다. 신약의 성령께서 강림하신 날짜가 다른 어떤 날이 아닌 구약의 오순절 날짜에 우연이 아니라 정확하게 일치한 것은, 유월절의 경우와 같이 신약에서 성령께서 강림하심으로 구약의 오순절이 완성됨을 나타낸다. 성령께서 강림하심으로 그리스도께서 완성하신 구속 사역이 현재적으로 우리에게까지 적용되어 이제 성령의 처음 익은 열매가 된다(롬 8:23). 구약 오순절의 현대적인 의미는 신약의 교회에 강림하고 계신 성령께서 능력으로 역사하셔서 그리스도께서 완성하신 속죄 사역을 현재적으로 적용하실 것을 고대하며 주신 성령의 은사(고전 12~14장)와 성령의 열매(갈 6장)를 적극적으로 사용해야 한다는 데 있다.

마지막 절기가 모여 있는 이스라엘력 7월에 대해 레위기는 가장 자세히 언급한다. 1일은 그달이 시작되는 것을 나팔로 알리는 나팔절이요, 10일은 이미 언급한 대속죄일이다. 그리고 15~21일은 '초막절, 장막절, 수장절'로 불리는 본격 절기요, 22일은 마무리하는 거룩한 대회다. 그러므로 7월 전체가 하나의 절기로 가득 찬 셈이다. 대속죄일은 일 년에 한 차례 이스라엘 전체의 속죄를 위한 것이요, 그 후에야 비로소 세 번째 절기인 초막절이 시작된다. 만약에 처음 두 절기가 신약에서 시간적으로 일치되어 그 완성을 나타내었다면, 형식 논리적으로 우리는 구약의 이 세 번째 절기의 시기와, 신약의 성도에게 남은 가장 중요한 사건이며 우주의 마지막 추수인 예수님의 재림과 심판의 시기와 일치될 것을 예상할 수 있다.

그러나 예수님은 인간들이 이렇게 추론하여 큰 위험에 빠질 것을 미리 아시고, 그날과 그 시에 대해서 도무지 상관하지 말고 그날이 오기까지 열심히 주의 일을 하라고 명하셨다. 그러므로 세 절기의 역사적인 완성은 우리에게 구속사의 거대한 흐름에 대한 지식과 확신을 주는 축복임과 동시에 날짜의 일치성에 대한 유혹에 빠져서 현재적인 헌신을 망각하지 말아야 할 것을 나타내는 위험 신호이기도 하다.

이 마지막 절기는 미래적이고, 성도의 소망이 현재에 있는 것이 아니라 구약의 나팔절로 시작한 것같이 나팔소리와 함께 시작될(살전 4:16) 우주의 추수에 있다는 것을 나타낸다. 이어서 구약의 대속죄일과 같이 죄의 우주적 청결인 심판이 있을 것이다. 그 후에 지킨 초막절과 같이, 우리는 새 예루살렘에서 하나님과 영원히 함께 살게 될 것을 학수고대한다. 그러나 레위기의 초막절에는 이렇게 구속의 마지막을 기념하는 것뿐 아니라 구속의 시작인 출애굽을 회상하고 감사하는 의미도 포함되어 있다(23:43).

안식년, 희년(레 25장)

경제 원리를 앞세워 최대 이윤을 뽑고자 하는 현대인이 상상도 할 수 없는 제도가 7년마다 돌아오는 안식년과, 50년마다 돌아오는 희년 제도이다. 이 두 제도는 정기적으로 땅과 사람이 안식하며 원 상태대로 돌아가도록 하고 이 축복을 남종, 여종, 객뿐 아니라 심지어 육축과 들짐승도 나누어 가지는 것을 목적으로 하고 있다(6절). 안식년만 언급하는 출애굽기(출 23:10~11)나 신명기(신 15장)에 비해, 레위기는 두 가지를 다 언급하지만 특히 희년에 대해서 자세한 경우를 들어 설명한다.

이 두 제도는 결국 이스라엘이 장차 완성할 하나님 나라의 또 하나의 측면인 땅의 완성과 관계된다. 언약으로 완성된 그 씨가 그 땅에 들어가서 살아야 할 가장 근본적인 원칙이 선포된 셈이다. 그 씨가 하나님의 언약법을 따라야 하듯이, 동시에 그 땅에서의 삶도 하나님의 언약법을 따라야 한다.

이 땅에서 열심히 살면 부의 축적이 어느 정도 가능할 수 있다. 그러나 과도한 부의 축적은 언약 백성의 삶의 모본이 될 수 없다. 그래서 6년 동안은 그 땅에서 일을 하되, 제7년에는 땅 자체가 안식하도록 해서 그 기간 동안 들에서 나는 것들을 다른 사람이나 동물이 먹게 하도록 자비를 요구하고 있다.

또 희년은, 동서고금을 막론하고 가장 오래된 재산의 형태인 땅에 대한 과욕적인 축적을 근본적으로 금한다. 땅 자체가 50년마다 그 원래 소유의 가족을 따라서 완전히 원상 복구되고, 종으로 팔린 동족도 희년에 원래대로 자유인이 되도록 한 것은 하나님 나라의 씨와 땅이 완전한 상태에 이름을 이상으로 한 것이다.

축복과 저주(레 26장)

레위기 마지막(26장)에 기록된 축복과 저주가 레위기의 문맥에 적합하지 않은 것처럼 보이기도 한다. 왜냐하면 이 장을 출애굽기와의 관련성 속에서 보기가 쉽지 않기 때문이다. 하나님과 이스라엘 사이의 첫 언약인 시내산 언약(출 19~24장)이 체결되었을 때는 그 관계의 장래에 대한 축복만 있지, 저주를 언급할 수도, 필요도 없었다. 왜냐하면 처음 결혼한 것과 같은 상태이기 때문이다. 그 누가 부부 사이에 신실하지 못할 경우 해야 할 배상과, 이혼할 경우의 위자료를 결혼 서약서에 언급하겠는가.

그러나 이스라엘이 황금 송아지와 언약을 세움으로 너무나 빨리 하나님을 배신하였고, 이에 대한 하나님의 심판은 준엄하였으며(출 32~33장), 이어서 언약이 회복되었다(출 34장). 이 새롭게 회복된 언약에서 축복과 저주의 항목을 언급하는 것은 당연할 것이다. 그런데 하나님과 이스라엘이 만든 언약의 증거막과 그 속에서의 삶에 대한 규례가 출애굽기 35장에서 레위기 25장까지 정리되고 나서야 비로소 이 내용이 언급될 수 있게 된 것이다.

이제 이스라엘의 언약적 삶은 현실적이 되어야 했다. 즉, 축복(3~13절)보다 네 배나 많은 저주(14~45절)의 항목은 인간 속에 선함보다 악함이 많은 것을 하나님이 역사적으로 확증한 것으로 볼 수 있다. 그러므로 이스라엘은 자신의 죄 성을 알고 겸손히 하나님의 언약법에 순종하면서 살아야 한다. 현대를 사는 우리는 인간의 선함과 악함에 대해 어느 쪽에 더 많은 비중을 두는가? 하나님의 냉혹한 인간 평가에 근거해서 소박하지만 근실한 삶을 살아 하나님의 축복으로 나아갈 것인가 아니면 인간의 가능성과 선함에 무지개와 같은 소망을 걸었다가 패망의 길로 갈 것인가는 우리의 선택에 달렸다.

02

레위기에 나타난 '영원한 규례'에 대한 연구

우리는 레위기를 읽을 때 '영원한 규례'(עוֹלָם חֻקַּת후캇 올람 / חָק학)라는 문구를 자주 발견한다.

그 첫 실례는 "너희는 기름과 피를 먹지 말라 이는 너희 모든 처소에서 대대로 영원한 규례니라"(3:17)는 명령이다. 만일 '영원한 규례'가 문자 그대로의 뜻이라면 21세기를 사는 현대 그리스도인들에게도 똑같은 구속력이 있는 하나님의 계명이 되어야 할 것이다.

히브리어 원문을 따른다면, '모든 (짐승의) 기름과[1] 모든 피'는 어떤 장소에서도(하나님께 제사 또는 예배를 드리는 성막이나 성전이나 교회의 안팎이든, 하나님이 기업으로 주신 가나안 땅 안팎이든) 대대로 (구약 시대의 성막 또는 성전이나 신약 시대의 성전 또는 교회의 유무에 관계없이) 먹을 수 없는 절대성[금지의 개연성을 표시하는 '알'(אַל)이 아니라 십계명의 필연법(apodictic law)처럼 '로'(לֹא)를 사용]을 보여 주고 있다.

따라서 식사 문화가 세계에서 제3위로 알려져 있고,[2] 사슴이나 자라의 생피가 정력제로, 또한 선지, 곱창, 양, 꼬리, 족발, 순대가 그 기름과 함께 일미를 주는 우리나라 문화권에서 레위기를 어떻게 현대 그리스도인들에게 설교할 것인가에 대한 일반적 질문과 함께, 특별히 '영원한 규례'의 정확한 뜻은 무엇이며 오늘 여기 우리와 어떤 실제적인 관계가 있는지는, 하나님을 사랑하므로 그 계명을 순종하여 지키려는(요일 5:3) 설교자와 성도에게 중요한 문제가 아닐 수 없다.

'영원한 규례'의 원어적 분석

'영원한 규례'는 '영원'(עוֹלָם올람)과 '규례'(חֻקָּת후캇 / חֹק혹)라는 두 단어가 합성된 것으로,[3] 먼저 그 두 단어의 원어적 고찰을 필요로 한다.

1. '규례'

'후캇'은 동사 '하캅'(חקק 구약에 12회 사용)과 그 파생형 '하카'(חקה by-form; 구약에 4회 사용)에서 온 것으로, 기본 의미는 '새기다'(사 22:16; 겔 4:1) 또는 '새겨 쓰다'(사 10:1; 30:8)이다. 따라서 명사 '혹'은 '인공적인 경계선'[욥 38:10; 렘 5:22; 자연적 경계선을 가리키는 '게불'(גְּבוּל 신 10:14; 잠 22:28)과 비교], '경계선으로 제한되는 작업량'(출 5:14; 잠 31:15), '할당량/몫'(창 47:22; 레 6:18; 잠 30:8),[4] '할당 시간/생애'(욥 14:5, 13; 23:14), '경계선에 의해 확립된 질서/규칙'(욥 28:25; 시 148:6; 창 47:26)의 여러 의미가 있다.

특별히 신학적으로는 하나님의 창조 활동에서의 영역 분리/경계선을 통한 '자연 법칙'(욥 38:33; 잠 8:27; 렘 31:35~36)이나, '질서/규칙'(시 2:7; 렘 31:36)과 '제사적 규례'[5]의 의미로 사용된다.

2. '영원'(올람)

구약에서 440회 쓰였는데, 그중 레위기에 21회(비교 다니엘과 에스라에 20회 사용된 아람어 עָלַם알람) 나타나며, 성경의 히브리어가 속해 있는 북서 셈족 동계어에 널리 사용된 것으로 그 기본 의미는 '아주 먼 시간'이다. 따라서 화자(話者)의 현 시점에서 과거나 미래의 어떤 순간이나 기간이든, 아니면 과거에서 미래까지의 기간을 '주관적으로' 언급하거나 혹은 시간 개념이 불분명한 본문에서 어떤 인격/사물의 성질과 상태의 '불변, 규칙, 항존'을 의미할 때 사용되었다.[6] 이것은 '올람'이 모든 본문에서 자동적으로 '영원'이란 뜻을 가질 수 없으며, 현대 철학적 개념으로써의 '영원'을 기계적으로 대입할 수 없는 사실을 단정한다.

과거 용법은 개역한글에서 '옛'(잠 22:28; 23:10; 렘 18:15), '옛날'(신 32:7; 사 51:9; 미 7:14; 말 3:4), '옛적'(욥 22:15; 사 63:9, 11; 렘 6:16; 겔 36:2), '오래'(사 58:12; 61:4), '오랜'(시 143:3; 렘 5:15), '이전'(시 77:5) 등으로, 특별히 시간의 출발점을 가리키는 전치사 '미'(מִן ~으로부터)와 결합하여(27회; 아람어 1회), '예'(스 4:15, 19; 아람어), '옛적'(수 24:2; 삼상 27:8), '고대'(창 6:4), '상고'(잠 8:23; 미 5:2), '자고'(自古, 렘 28:8) 등으로 각각 번역되었다.

'올람'이 구체적으로 자신의 과거 어떤 시점(시 77:5)이나 출애굽 사건을 가리키는 것은(삼상 27:8; 사 51:9; 63:9, 11; 아마도 겔 36:2) 특기할 만하다.

미래 용법은 주로 시간의 종점을 가리키는 전치사 '아드'(עַד ~까지, 81회; 아람어 3회), '레'(לְ ~까지, 181회; 아람어 8회)와 결합하여 미래의 기간을 나타내는 바, 인생의 수명 제한(창 6:3; 욥 7:16. 비교 욥 3:22),[7] 개인의 여생(출 19:9; 21:6; 삼상 1:22; 잠 10:25), 가문(삼상 20:15, 23; 왕하 5:27)이나 왕조(삼하 3:28)의 수명 같은 비교적 가까운 장래를 가리킬 수도 있다. 신학적으로 '법원'의 개념은 여호와 하나님과 관련해서만 이해될 수 있다.

하나님의 별칭(epithet)인 '엘 올람'(אֵל עוֹלָם 창 21:33. 참고 사 9:6; 40:28; 단 7:9)은 창조 이전에 영존하신 하나님(사 44:7; 46:9; 63:16; 잠 8:23)에 대한 '영원무궁'의 영광송을 돌리게 한다.[8] 하나님이 '영원한 자비'(חֶסֶד עוֹלָם헤세드 올람 사 54:8)로 하나님의 은혜 왕국을 건설하심에 있어서 노아, 아브라함, 이스라엘, 레위 제사장,[9] 다윗, 다윗의 후손된 메시아[10]를 선택하여 '영원한 언약'(16회; בְּרִית עוֹלָם브릿 올람 창 9:16; 17:7, 13, 19; 출 31:16; 레 24:8; 민 18:19; 25:13; 삼하 23:5; 사 55:3; 61:8; 렘 32:40; 50:5; 겔 16:60; 37:26; 시 105:10=대상 16:17)을 맺으시고, 그 언약의 순종에 대한 영원한 복(신 5:29)과 불순종에 대한 영원한 저주(신 28:46)의 선택을 두셨다.

구약 역사 전반이 보여 주는 실증적 교훈은, 이 영원한 언약은 종말론적으로 우리 주 예수 그리스도 안에서만 영속됨을 전망하고 기대하게 되는 것이다.

'영원한 규례'의 본문 분석[11]

레위기에 17회 나타나는 '영원한 규례'라는 표현은 원어상 두 종류로 나눌 수 있다.

1. '후캇 올람'(12회)

제사장들에게 해당되는 '영원한 규례'로써는 화목제물 중 아론과 그 자손에게 돌려야 할 소득(7:36), 회막 출입시 포도주나 독주 금주(10:9), 등잔불 정리(24:3) 등이었다. 백성들에게 해당되는 '영원한 규례'로써는 기름과 피를 먹지 말 것(3:17), 대속죄일 제사와 금식(16:29, 31, 34), (숫염소로 대표되는) 우상숭배와 성막 이외의 장소에서 제물 잡는 것 엄금(17:7), 유월절과 무교절의 요제(搖祭), 번제, 소제(素祭), 전제(奠祭, 23:14), 오순절 노동 금지(23:21), 대속죄일 노동 금지(23:31), 초막절 제1, 8일에 성회 및 노동 금지 및 7일 동안 화제(火祭, 23:41) 등이었다.

이 동일한 문구는 레위기 밖에서도(11회) 제사장들에 대한 '영원한 규례'로써 등잔불 정리(출 27:21), 회막 출입시 의복 규정(출 28:43), 제사장 직분 자체(출 29:9), 광야 진행 나팔 불기(민 10:8), 레위인의 분깃 없음(민 18:23) 등과, 백성들에 대한 '영원한 규례'로써 유월절과 무교절 준수(출 12:14, 17. 비교 출 12:24), 백성과 거주 타국인의 동일한 제물 규정(민 15:15), 붉은 암송아지 속죄제와 그 정결케 하는 물 뿌림(민 19:10, 21), 매일 아침 소제(겔 46:14) 등으로 발견된다.

2. '학 올람'(חָק־עוֹלָם 5회)

제사장들을 위한 영원한 소득으로써의 소제(6:18. 참고 6:17 "소득"), 화목제의 요제와 거제(擧祭, 7:34), 소제와 화목제(10:15), 진설병(24:9) 등과, 제사장들을 위한 '영원한 규례'로써의 제사장 자신을 위한 소제(6:22)에 사용되고 있다.

이 동일한 문구는 레위기 밖에서도(6회) 제사장들을 위한 '영원한 소득'으로써 제사장 위임식의 화목제 거제물(출 29:28), 불사르지 않은 모든 거제물(민 18:8, 19), 거제물과 요제물(민 18:11)과 제사장들을 위한 '영원한 규례'로써의 물두멍에서 수족 씻음(출 30:21) 및 '영원한 한계/자연법칙'으로써의 바다 모래(렘 5:22) 등으로 나타난다.[12]

3.'영원한 규례'('영원한 소득') 본문 분석 정리

우리는 '영원한 규례' 혹은 '영원한 소득'으로 이해하는 레위기의 본문 분석에서 다음과 같은 사실들을 종합 정리할 수 있을 것이다.

1) 기한부적 연속성

'영원'의 원어적 분석에서 살핀 대로, '영원'(eternity)이라 번역된 규례의 모든 내용들은 사실상 기한부적 '연속성'(perpetuity)으로 이해할 수밖에 없다. 광야 진행 나팔 불기(민 10:8)를 예로 들면, 가나안 진입 이전까지 연속되고(민 10:1~8), 가나안 땅에서의 전쟁시(민 10:9)나 절기와 월삭(민 10:10)의 나팔과는 별개의 규례이며, 성막(그 후 성전)과 관련된 이 규례들이 성전 파괴 후에는 실제 적용의 의미가 사라지기 때문이다.

2) 본문 위치 무관

주후 12세기 유대인 철학자요 주석가인 마이모니데스(Maimonides)가 확정한 대로 모세 오경 속에 '하라'의 명령 248개(이것은 인체 구성 부분의 합계)와 '하지 말라'의 금지 365개(이것은 일 년 365일) 총 613개의 율법 가운데서, 레위기에는 92개의 명령과 156개의 금지가 나타난다.

'영원한 규례'의 중복되는 목록이나[예를 들면, 등잔불 정리(출 27:21; 레 24:3), 유월절과 무교절(출 12:14, 17; 레 23:14), 제사장의 화목제물 소득(출 29:28; 레 7:34, 36; 10:15; 민 18:8, 11, 19)], 총 613개의 모세 율법과의 관계를 비교해 볼 때,[13] 서두(superscript)나 결어(subscript)의 위치에 놓인 '영원한 규례'의 문단적 강조 외

에는 그 규례의 '영원한'이란 한정어의 질적 차이를 전혀 발견할 수 없다는 것이다.[14]

3) 종말론적 메시아를 통한 새 언약 성취를 모형론적으로 전망

'영원한 규례'는 '영원한 언약'과 완전 동의어이므로(레 24:8~9; 시 105:10=대상 16:17) 앞서 살핀 '영원한 언약'(16회) 역시 '영원한 규례'의 의미로 이해할 수 있다. 따라서 그 영원한 언약을 맺은 당사자는 바뀌었지만 그 원리는 종말론적 메시아사상과 함께 새 언약으로 영속된 것과 마찬가지로, '영원한 규례' 역시 종말론적 메시아를 통한 새 언약에서 성취될 것을 모형론적으로 전망하고 있다.

그리스도 안에서의 성취와 그 적용

레위기는 하나님의 은혜 왕국의 삼위일체적 복(=주권+국민+영토) 가운데 주권, 즉 하나님과 그 백성 간의 바른 관계성을 중점으로 강조하는 예배 모범이다. 레위기의 중심 주제는 '내가 거룩하니 너희도 거룩하라'(11:44; 19:2; 20:7, 26; 21:8, 15; 22:9, 16, 32. 비교 살전 4:3; 히 12:4; 벧전 1:14~17)는 신앙과 생활의 광채(고후 4:6), 고상(골 3:1~4), 청결(요일 3:21)이다.[15] 히브리서는 레위기의 신약 주석으로 레위기의 해석과 적용에 대한 완벽한 규범서이다. 레위기에 명시된 모든 신앙과 생활에 대한 규례와 모형의 세목들, 즉 먹고 마시는 것과 여러 가지 씻는 것과 함께 육체의 '예법'은 우리 주 예수 그리스도 안에서 영, 단번, 완전히 "개혁할 때까지 맡겨 둔"(히 9:10) 것이다.

레위기의 '영원한 규례'는 이제 그리스도께서 완성하신 구원의 은총 아래서 율법적인 구속력이 사라졌지만, 거룩한 신앙과 생활로써 성삼위 하나님과 교제하기 위하여 그 정신은 영속되고 있다.[16]

글의 서두에서 "너희는 기름과 피를 먹지 말라"는 '영원한 규례'를 제기했

다. 예수님의 살과 피를 먹고 마시는 그리스도인들은(요 6:52~58; 고전 10:18; 11:23~32) 모두 거룩한 제사장으로서(롬 15:16; 벧전 2:9; 계 1:6; 5:10) "먹든지 마시든지 무엇을 하든지 다 하나님의 영광을 위하여 하라"(고전 10:31)는 권면 속에서 그 말씀을 이해해야 할 것이다.[17]

한국의 다양한 식사 문화 속에서, 문화의 변혁자요 신앙의 개혁자 된 그리스도인으로서 거룩을 시위하는 식사 문화는 어떤 것인지 계속 긍정적이고 적극적인 태도로(요일 5:3) 규명해야 할 것이다. 초대 교회 사도들의 공의회가 이방 그리스도인의 거룩한 삶의 표지와 유대인 그리스도인의 건덕을 위하여 "다만 우상의 더러운 것과 음행과 목매어 죽인 것과 피를(참고 '기름'은 언급 없음) 멀리하라"(행 15:20)고 결정한 것도 같은 맥락이다.

우리는 '영원한 규례' 에 대한 고찰을 맺으면서 '영원하신 큰 대제사장'(히 4:14; 6:20)으로 '항상 살아서'(히 7:25; 13:8) "영원한 구원의 근원이"(히 5:9)신 영원한 복음(계 14:6)의 우리 주 예수 그리스도를 다시금 찬양하게 되는 것이다. "하나님의 나라는 먹는 것과 마시는 것이 아니요 오직 성령 안에서 의와 평강과 희락이라"(롬 14:17).

03

레위기에서의 거룩의 의미[1]

‘거룩’은 레위기의 중심 사상이다. ‘내가 거룩하니 너희도 거룩할지어다’(11:44~45; 19:2; 20:26)라는 말씀은 레위기의 표어(motto)라고 할 수 있다.

실제로 레위기 전체는 ‘거룩’이라는 개념으로 서로 연결되어 있다(거룩을 의미하는 히브리어 어근 קדשׁ 카도쉬는 레위기 전체에서 무려 152회나 등장한다). 레위기에서 여호와 하나님은 무엇보다도 거룩하신 분으로 묘사되고, 이스라엘은 반복적으로 거룩하게 될 것을 요청받는다.

출애굽 이후 이스라엘은 시내산에서 여호와 하나님과 언약을 맺고, ‘제사장 나라’와 ‘거룩한 백성’이 될 것을 약속받았다(출 19:5~6). 이스라엘은 여호와 하나님을 섬기며, 하나님의 거룩하심을 열방 가운데 드러내는 일을 위하여 부르심을 받았다. 따라서 제사장 나라와 거룩한 백성이 되는 것은 이스라엘이 추구해야 할 궁극적인 목표이며, 이스라엘의 존재 이유이기도 하다.

레위기는 하나님과 언약 관계에 있는 이스라엘이 어떻게 거룩하신 하나님과 지속적인 관계를 누리면서 ‘거룩한 백성’과 ‘제사장 나라’의 목표를 이룰 수 있을 것인가에 대한 실제적인 답을 제시한다.

그런 의미에서 레위기는 하나님의 언약 백성을 향한 ‘거룩의 교본’(manual of holiness)이다.

고대 근동에서의 거룩

레위기에 나타난 거룩의 의미를 살펴보기 위해서 우리는 먼저 고대 근동의 거룩에 대한 이해를 살펴보는 것이 필요하다. 거룩(혹은 성스러움)은 이스라엘뿐만 아니라 고대 근동 지역의 대부분의 종교에 존재한 공통적인[오토(Rudolf Otto)의 표현에 의하면 'noumen'적인] 요소라고 할 수 있다.[2] 구약성경이 '거룩하다'로 번역하는 '카도쉬'는 고대 근동의 서부 셈족 언어에 그 기원을 두고 있다.[3] 그렇지만 안타깝게도 아직까지 그 용어의 어원학적인 의미는 명확하게 밝혀지지 않고 있다. 학자들에 의하면, 거룩이라는 용어는 두 가지 셈족 언어와 관계되어 있다. 그중 하나는 '분리하다'의 의미를 지닌 우가리트어 'qdš'이고, 남은 하나는 '빛나다', '깨끗하다'의 의미를 지닌 아카디아어 'qadašu'이다.[4] 어원학적인 관점에서 고대 근동의 거룩은 '함부로 가까이할 수 없는 성스러운 것'이나 '일상적인 용도로부터 구별됨'을 말한다.

밀그롬(Jacob Milgrom)은 고대 근동의 거룩에 대한 보편적인 개념을 다음의 두 가지로 요약한다.[5]

첫째, 고대 근동의 거룩은 내재적(innate)인 성격이 있다. 이러한 내재적인 성격의 거룩의 개념은 당시의 다신론적(polytheistic)이거나 혹은 범신론적(pantheistic)인 배경과 밀접하게 연관되어 있다. 당시 고대 근동의 사고에 의하면 신들의 영역은 인간 세상과 전적으로 분리되어 있거나, 전적으로 초월적인 영역이 아니었다. 때로 특정한 나무, 강, 바위 같은 자연물에 '초월적인 힘'(supernal force)이 있는 것으로 여겼고,[6] 이러한 힘은 독립적으로 신들이나 사람들에게 예측할 수 없는 위험이 된다고 생각했다. 당시 사람들은 이러한 위험한 힘(세력)과 관계된 것으로 거룩을 이해했다. 이런 배경에서 고대 근동에서 거룩은 신들(deity)뿐만 아니라 신성하다고 여겨지는 대상들과 연관되어 사용되었다.[7]

둘째, 고대 근동의 거룩은 윤리성(도덕성)과 상관없이 사용되었다. 고대 근동에서 거룩은 제의적으로 '신적인 대상 혹은 성스러운 대상에게 드려지기 위해 구별됨'을 의미한다. 따라서 고대 근동에서 거룩은 거의 장소나 사람을 성별하는 의식과 관계되어(religious–cultic context) 나타난다.[8] 히브리어 어근 '*qdš*'(카도쉬)와 관련된 아카디어 '*qadištu*'나 우가리트어 '*qedešah*'는 '신전 창기'(temple prostitute)를 가리키는 단어로 사용되었다. 어떤 물건이나 사람이 '성스러운 것'(the sacred)이 되는 과정은 '제의적인 의식'만으로 이루어졌다. 요약하면, 고대 근동에서의 거룩은 기본적으로 '신적인 존재를 포함하여 신성시되는 물체에 내재된 힘'(noumen)이나 '성스러운 목적으로 세속으로부터 구별됨'을 의미하며, 도덕적인 개념과는 상관없이 제의적으로 사용되었다.

레위기의 거룩

1. 거룩과 관련된 세 가지 개념

레위기는 거룩과 관련해서 '속됨'(חל홀), '부정함'(טָמֵא타메), '정함'(טָהוֹר타호르)이라는 세 가지의 개념을 제시한다(10:10 "그리하여야 너희가 거룩하고 속된 것을 분별하며 부정하고 정한 것을 분별하고"). 레위기에서 이러한 용어들은 거룩을 이해하는 중요한 개념들이다. 레위기에 의하면 존재하는 모든 것은 거룩하거나 속된 것이다. 다시 말하면 거룩하지 않은 모든 것은 속된 것이다. 따라서 거룩과 속됨은 서로 상반되는 개념이다(거룩한 것⇔속된 것). 거룩이 하나님과 관계된 것을 의미한다면, 속된 것은 세속적인 영역에 속한 것을 의미한다. 따라서 속된 것은 일상적인 인간 활동의 영역을 의미하기도 한다. 예를 들면, 거룩한 장소인 성소 밖에 있는 대상들은 속하다. 그래서 속됨의 영역에는 '정한 것'과 함께 '부정한 것'도 존재한다(속됨=정한 것+부정한 것).[9]

'정함'(혹은 정결)의 기본 의미는 '깨끗함'(purity)이다. '정함'에 해당하는 히브리어 '타호르'는 기본적으로 제의적인 개념이다. 그렇지만 '타호르'가 위생적이거나 심미적으로 깨끗한 것을 나타내기도 한다(11장). 레위기에서 정함은 때로 정상적인 상태를 의미하기도 한다(13:13, 17, 39). 정함의 상태는 거룩이나 부정과는 달리 전이되지 않는다. 정함은 일종의 '기본 상태'(ground state)를 의미한다.[10]

'부정'(타메)은 속됨의 영역 가운데서 '정함'(타호르)과 반대되는 상태를 의미한다. 속된 것 중에서 '정하지'(타호르) 않은 것은 무엇이나 '부정하다'(타메). 거룩과 속됨이 상반되는 개념인 것처럼, 정함과 부정은 서로 대립적인 개념이다(정한 것⇔부정한 것).[11] 어떤 대상이 본질적으로 부정할 수도 있지만(예를 들면 레 11장의 부정한 짐승들), 정한 것이 일시적으로 부정해질 수 있다. 레위기에서 부정은 일상생활 속에서 쉽게 경험할 수 있는 것들을 포함하기도 한다(예를 들면, 죽은 짐승의 시체를 만지는 것, 여인의 생리 현상 등). 부정의 정도는 하루 동안에 제거될 수 있는 가벼운 것(11:27~28, 31; 15:16~18)부터 장기간 동안 부정케 되는 경우(12:2~5)까지 다양하다. 생식기의 비정상적인 유출이나 심한 피부 질환과 같은 부정은 그 증상이 사라질 때까지 부정의 상태가 지속된다(13:46; 15:3, 25). 이러한 부정은 일종의 '죽음의 증상'을 지닌 심각한 부정으로 간주되었다. 레위기는 그 부정이 무엇이든지 부정한 것을 규정된 시간 내에 의식적으로 정하게 하거나 진 밖으로 제거할 것을 명령한다. 부정하게 되는 것 자체는 죄가 아니지만, 그것을 방치하게 되면 죄가 된다. 왜냐하면 부정을 방치하는 것은 부정을 처리할 수 있는 규정을 고의적으로 어기는 것이기 때문이다. 레위기에서 부정은 거룩을 위협하는 세력이다(15:31). 시체(죽음)는 부정한 것의 대표이다. 따라서 거룩한 사람들(예를 들면, 제사장, 나실인)은 시체(죽음)를 가까이해서는 안 된다(레 21:1; 민 6:6).

백성들은 일상의 반복되는 삶의 과정 속에서 부정하게 될 때마다, 정결하게 되기 위해서 규정된 정결 의식을 수행해야만 했다(11:39~40; 15장). 이것은 이스라엘 백성들이 진영 내에 지속적으로 머물기 위한 필수 요건이다. 레위기에서 정결케 되는 방법은 주로 물로 씻는 것이다(11:40; 13:34, 54; 14:7, 9 등).[12] 미미한 부정의 경우에는 물로 씻을 필요도 없이 단지 저녁까지 기다리면 된다(11:24, 31). 보다 심각한 부정의 경우에는 목욕을 하고 저녁까지 기다리면 정하게 된다(11:25; 15:5~8). 아주 심각한 부정의 경우는 물로 씻는 것

외에 제사를 드림으로 정결케 된다(14:20; 15:15, 29).

사람이나 동물이 거룩의 영역에 들어가기 위해서는 반드시 정결하게 되어야만 한다. 왜냐하면 부정은 거룩과 양립할 수 없는 개념으로(참고 주 11의 도표), 거룩과 접촉해서는 안 되기 때문이다(7:20~21; 22:3). 부정과 접촉할 경우, 거룩은 파괴적인 힘(예를 들면, '소멸하는 불')으로 나타난다(10:1~2). 그래서 레위기는 부정한 사람이 거룩한 성소에 들어올 수 없도록 규정한다. 따라서 거룩한 성소에 들어가기 위해서는 반드시 정결 의식과 함께 거룩하게 되는 의식을 거쳐야만 한다. 사람이나 동물은 이러한 성별의 과정을 통해서 비로소 속된 영역이나 정결의 상태에서 거룩의 영역으로 이동할 수 있게 된다. 이와 반대로 거룩한 것이 오염되면 '속된 것'(홀)이 된다. 그리고 '정결한 것'(타호르)은 더럽혀짐으로 '부정하게'(타메) 된다. 이것은 레위기의 거룩의 개념이 정적인(static) 개념이 아니라 동적인(dynamic) 개념이라는 것을 의미한다. 이것을 도표로 나타내면 다음과 같이 요약할 수 있다.[13]

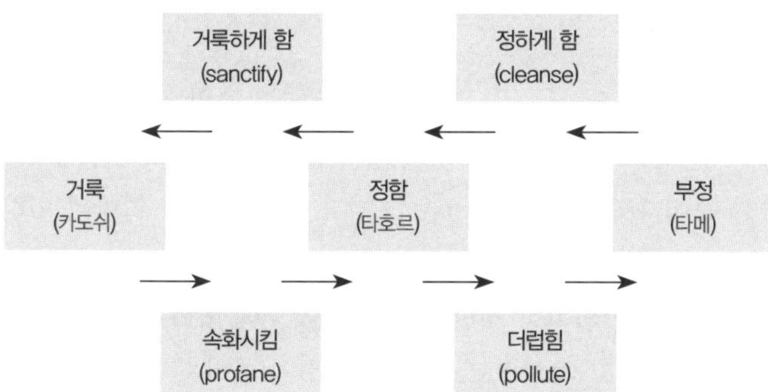

위의 도표에 의하면 정함은 거룩과 부정 사이의 중간 상태이다. 부정한 것은 정결 의식을 거쳐 정한 상태에 이르게 되고(타메⇒타호르), 성별의 과정을 거처 거룩하게 된다(타호르⇒성별⇒카도쉬). 부정한 것은 곧바로 거룩하게 될 수 없다. 왜냐하면 거룩과 부정은 개념상 양립할 수 없기 때문이다.[14] 반면 정한 것이 오염되면 부정하게 되고(타호르⇒타메), 거룩한 것이라 할지라도 속화와 오염의 과정을 거쳐 부정하게 될 수 있다(카도쉬⇒속화, 오염⇒타메).

레위기는 모든 것을 정함과 부정, 그리고 속됨과 거룩의 관점에서 이해했다. 레위기는 사람, 사물, 장소가 모두 이 네 가지 범주(거룩, 속됨, 정결, 부정)에 속해 있다고 전제한다.

2. 거룩, 정, 부정의 스펙트럼(등급)

레위기에 나타난 거룩의 개념 중 독특한 것은 '거룩함에 이르는 등급(혹은 차등)'(gradation of holiness)이다. 이것은 레위기의 거룩이 여호와 하나님과의 관계 속에서 정의되기 때문에 나타나는 현상이다. 레위기에 의하면 어떤 대상이 하나님과 가까이하면 할수록 더 거룩해야 한다. 따라서 사람이나 사물은 거룩하신 '여호와 하나님과의 근접성'(proximity to Yahweh)에 의해 거룩의 요구가 달라진다.[15] 거룩하신 하나님 가까이에 있는 사람이나 동물은 그렇지 않은 사람이나 동물에 비해 거룩함의 요구가 다를 수밖에 없다. 하나님께서는 그분의 임재 가까이 있는 대상에게 거룩함의 정도에 있어서 더 높은 수준을 요구하신다.

거룩함에 있어서의 차등은 구체적으로 이스라엘의 진영 배치에 잘 나타나 있다.[16] 진 밖은 부정한 영역인 반면(14:40, 41, 45), 이스라엘이 머무는 진은 정결한 곳이다(4:12; 6:11; 10:14). 그리고 진 중앙에는 회막이 있다. 회막 안에는 성소가 세워져 있고, 성소(혹은 성막)는 거룩한 장소이다(6:16, 26, 27; 7:6 등).[17] 진 중앙에 위치한 회막도 거룩의 정도에 따라 회막문(번제단과 회막문 사이), 성소, 그리고 지성소로 차등을 두었다. 따라서 회막은 이스라엘 백성이 들어갈 수 있는 회막문(3:2; 8:3~4), 제사장이 들어갈 수 있는 성소(6:26, 30), 그리고 대제사장만이 일 년에 한 차례 들어갈 수 있는 지성소(16:2)로 구분이 된다.

거룩, 정, 부정의 스펙트럼은 각각의 영역에 관계된 사람들에게도 그대로 적용이 된다. 지속적인 부정함을 지닌 사람들[예를 들면, '차라아트'(צרעת 문둥병 혹은 악성 피부병) 환자]은 진 밖에 거주해야 한다(13:46; 14:40). 그리고 부정한 사람이 거룩한 성소가 있는 진 안으로 들어오기 위해서는 반드시 정결에 대한 규정(의식)을 지켜야만 한다. 왜냐하면 부정한 것이 '거룩'과 접촉해서는 안 되기 때문이다(22:3).

따라서 정결한 영역은 '거룩'과 부정이 만나지 않도록 하는 완충 지대의 역할을 한다. 이스라엘 사람들은 정결한 장소인 진 안에 거주한다. 이스라엘 백성들은 의식적으로 정결한 상태에서 성소의 뜰에까지 들어갈 수 있었다.

반면 성소를 섬기는 직무를 지닌 제사장은 거룩한 성막 안에 들어갈 수 있었다. 이 때문에 제사장들은 이스라엘 백성들보다 거룩에 있어서 더 높은 수준이 요구되었다(10:3). 일 년 한 차례 지성소에 들어가는 대제사장에게는 일반 제사장들보다 더 높은 차원의 거룩함이 요구되었다(21:10~15).

거룩, 정, 부정에 있어서의 차등은 동물의 경우에도 똑같이 적용된다. 모든 짐승들은 부정한 짐승, 정한 짐승, 거룩한 제물의 세 가지 영역에 속해 있다. 부정한 짐승은 이스라엘 백성들에게는 혐오스러운 것으로 간주되었다(11:10, 20, 23 등). 부정한 짐승은 당시 부정하다고 간주되었던 이방인들의 음식인 셈이다. 반면 정한 짐승은 이스라엘 백성들의 음식이다. 이스라엘은 정결한 백성들로서 정하다고 규정하는 동물을 먹어야 한다(11장). 반면 제사장들은 거룩한 사람들로서 성물(거룩한 음식)을 먹을 수 있는 권한이 주어진다(6:18, 29; 7:34 등). 그렇지만 제사장들도 피를 먹어서는 안 된다(7:26~27). 피는 생명이기 때문이며, 따라서 하나님께 속한 것이기 때문이다(17:14). 대속죄일에 대제사장은 희생제물의 피를 지성소로 가지고 들어가 속죄소 앞에 뿌리는 의식을 행한다(16:15).

위와 같이 레위기는 거룩하신 하나님과 관계된 대상들에 있어서 거룩함에 대한 요구를 각각 다르게 적용하고 있다. 하나님은 모두에게 동일한 수준을 요구하시는 것은 아니다. 하나님은 부정한 이방인들보다 정한 이스라엘 백성들에게서 더 높은 수준(즉, 거룩함)을 요구하신다. 그리고 하나님은 하나님을 가까이서 섬기는 제사장들에게서 특별한 수준의 거룩을 기대하신다(10:3; 21~22장). 이처럼 레위기의 거룩은 거룩하신 여호와 하나님과 가까이 있는 대상일수록 거룩함의 정도에 있어서 더 높은 수준을 보여야 함을 강조한다. 우리는 레위기의 거룩, 정, 부정의 스펙트럼을 다음의 도표로 요약해 볼 수 있다.

대상 \ 단계	지극히 거룩	거룩	정함	부정
장소	지성소	성소	진	진 밖
사람	대제사장	제사장	이스라엘 백성	부정한 사람
동물	제물의 피	희생제물	정결한 짐승	부정한 짐승

3. 레위기의 거룩의 신학적인 의미

레위기는 '세속으로부터의 분리' 혹은 '성별'이라는 고대 근동의 기본적인 거룩의 개념을 수용하면서, 이것을 보다 신학적으로 발전시킨다. 레위기는 고대 근동의 경우와는 달리 거룩을 여호와께 독점적으로 귀속시킨다. 그리고 여호와 하나님과 관계된 대상에 한해서만 거룩하게 된다. 따라서 레위기에서의 거룩은 '하나님의 속성', '하나님께 성별됨', '하나님을 닮아 감'과 같은 주제들과 밀접하게 연관되어 표현된다.

1) 하나님의 속성으로써의 거룩

(1) 거룩하신 하나님

레위기에서의 거룩은 여호와 하나님의 본질(혹은 속성, attribute)이다.[18] 레위기에 의하면 여호와 하나님은 무엇보다도 거룩한 분이시다. 그래서 여호와께서는 이스라엘에 그분을 계시하면서, 무엇보다도 거룩하신 하나님으로 나타낸다. 이런 배경에서 '거룩한 이름'은 여호와 하나님에 대한 또 다른 칭호로 레위기에 나타난다(20:3; 22:2, 32).

"나도 그 사람에게 진노하여 그를 그 백성 중에서 끊으리니 이는 그가 그 자

식을 몰렉에게 주어서 성소를 더럽히고 '내 성호'(קָדְשִׁי שֵׁם쉠 코드쉬)를 욕되게 하였음이라"(레 20:3).

"아론과 그 아들들에게 고하여 그들로 이스라엘 자손이 내게 드리는 성물에 대하여 스스로 구별하여 '내 성호'(쉠 코드쉬)를 욕되게 함이 없게 하라 나는 여호와니라"(레 22:2).

"너희는 나의 계명을 지키며 행하라 나는 여호와니라 너희는 '나의 성호'(쉠 코드쉬)를 욕되게 말라 나는 이스라엘 자손 중에서 거룩하게 함을 받을 것이니라 나는 너희를 거룩하게 하는 여호와요"(레 22:31~32).

위에서 '나의 성호'(쉠 코드쉬)의 문자적인 번역은 '나의 거룩함의 이름'이다. 동일한 의미가 19:12과 21:6에서는 '나의 거룩함의 이름' 대신 '하나님의 이름'으로 표현되고 있다. 이것은 '나의 거룩함'(קָדְשִׁי코드쉬)이 여호와 하나님과 동의어로 사용되고 있음을 의미한다(비교 사 40:25; 호 11:9; 합 3:3). 다시 말하면 '여호와의 거룩하심'은 곧 '여호와의 하나님 되심'을 의미한다. 이스라엘이 성물이나 성소에 관한 규정을 어김으로 하나님의 거룩을 범하는 것은 곧 하나님을 '욕되게 하는'(חִלֵּל힐렐) 것이다(20:3; 22:2, 31~32). 거룩하신 하나님을 욕되게 하지 않기 위해서 이스라엘은 성소와 성물에 대한 계명들을 지켜야만 한다(22:31). 여호와의 속성으로써의 거룩은 성결 법전(17~26장)의 반복적인 동기 절(motive clause) '너희는 거룩하라 내가 거룩함이니라'(19:2; 20:7, 26)에서 강조되어 나타난다.[19]

여호와의 속성으로써의 거룩은 여호와를 다른 모든 피조물로부터 구별시키는 요인이 된다. 레위기에 의하면 오직 여호와 하나님만이 거룩하시다. 거룩하신 여호와 하나님 외에 어떤 대상도 스스로 거룩하게 될 수 없다.[20] 사람, 동물 그리고 특정한 장소가 거룩하게 되는 것은 오직 거룩하신 하나님과 관계할 때 가능하다. 이런 배경에서 레위기는 여호와께서 계시는 성소(6:26;

8:15; 15:31), 여호와를 섬기는 백성(19:2), 여호와께 드려지는 제물(1~7장)을 거룩하다고 한다. 이들의 거룩은 하나님에 의해서 부여된 파생적인 거룩인 셈이다. 거룩이 본질적으로 여호와께 속한 것으로 보는 레위기의 사상은 고대 근동에서 '어떤 대상이 그 자체로 거룩할 수 있다'고 보는 것과 차이를 보인다.

여호와의 속성으로써의 거룩은 레위기에서 두 가지 차원, 즉 제의적(혹은 의식적)인 영역과 윤리적인 영역으로 표현된다. 제의적인 영역이 하나님의 '초월성'(혹은 '타자성')과 '신비성'(numinous)을 강조한다면, 윤리적인 영역은 하나님의 의로우심과 선하심을 부각시킨다. 이것은 레위기 전체의 구조에 반영되어 있다. 전반부(1~16장)가 제의적인 차원에서의 하나님의 거룩을 다룬다면, 후반부(17~26장)는 윤리적인 차원에서 하나님의 거룩을 조명한다. 레위기에서 이 두 가지 차원의 하나님의 거룩은 서로 연결되어 있다.

(2) 거룩과 영광

'여호와의 거룩'과 밀접하게 연관되어 있는 개념은 '여호와의 영광'이다. '영광'(כָּבוֹד카보드)은 여호와의 '거룩하심의 외적인 현시'(external manifestation of holiness)이다.[21] 프리젠(Th. C. Vriezen)의 표현에 의하면, '영광'(카보드)은 '여호와의 존재의 광채 나는 권능'(radiant power of His Being)이다.[22] 여호와께서 자신을 드러내실 때, 그분의 거룩하심은 가시적인 영광의 모습으로 나타난다. 거룩이 여호와의 내적인 본질(본성)을 의미한다면, 영광은 그분의 거룩이 외적으로 드러난 것을 나타낸다. 따라서 영광은 거룩과 연관되어 있지만 동일하지는 않다. 제사장 제도에서 여호와의 영광은 하나님의 임재가 머무는 성막과 관계되어 나타나며, 자주 구름이나 불과 같은 모습으로 표현된다(출 40:34~38; 레 9:23~24). 백성들은 여호와의 영광을 통해서 하나님의 거룩하신 임재를 느끼게 된다. 영광으로 나타나는 거룩하신 하나님의 임재는 이스라엘에게 경외심과 두려움을 불러일으켜서 회개와 예배의 자리로 나아가게 한다.

2) 하나님께 성별됨: 분리에서 통합으로

(1) 분리(separation/withdrawal)

고대 근동의 거룩처럼, 레위기에 나타난 거룩의 기본적인 의미는 세속(일상적인 영역)으로부터의 분리이다. 그리고 이 분리의 개념이 장소, 사람, 그리고 시간에 적용된다. 그 대상이 무엇이든지 거룩하게 되기 위해서는 일상적인 영역으로부터 분리되어야 한다. 그렇지만 레위기의 거룩이 분리의 목적을 여호와를 섬기는 데 두는 점에 있어서 고대 근동의 경우와 차이를 보인다. 다시 말하면 '하나님께 드려지기 위한'(혹은 하나님을 섬기기 위한) 목적으로 사람이나 제물은 따로 구별되어야 한다(22:3).[23] 분리로써의 거룩은 제사법(1~7장)과 음식법(11장) 규정에 잘 나타나 있다.

레위기의 제사법(1~7장)에 의하면, 하나님께 드리는 제물은 따로 '구별'(separation)되어야 한다. 제사에 쓰이는 제물은 많은 동물들 중에서 특별히 구별된 소, 양, 염소, 비둘기로 한정된다. 하나님께 드려지는 제물의 부위도 따로 구별하도록 규정하고 있다. 이렇듯 레위기의 제사 규정은 분리로써의 거룩의 의미를 강조한다. '분리로써의 거룩'은 음식법(11장) 배후에 있는 기본 사상이기도 하다. 이스라엘 백성은 부정한 짐승 외에, 정하다고 규정된 짐승만 먹도록 되어 있다. 이것은 이스라엘이 하나님의 백성으로서 구별되어야 할 것을 의미한다. 정한 짐승을 구분하는 근거로 '굽이 갈라진 것'(=구별됨)을 제시하는 것은 이런 배경에서 이해된다. 정한 짐승이 다른 동물로부터 구분되어야 하듯이, 이스라엘 백성은 이방 백성과 구분된 삶을 살아야 한다. 구별된 백성으로서의 이스라엘의 정체성은 11:44~45과 20:24~26에 잘 나타나 있다.

> "나는 여호와 너희 하나님이라 내가 거룩하니 너희도 몸을 구별하여 거룩하게 하고 땅에 기는 바 기어 다니는 것으로 인하여 스스로 더럽히지 말라 나는 너희의 하나님이 되려고 너희를 애굽 땅에서 인도하여 낸 여호와라 내가

거룩하니 너희도 거룩할지어다"(레 11:44~45).

"나는 너희를 만민 중에서 구별한 너희 하나님 여호와라 너희는 짐승의 정하고 부정함과 새의 정하고 부정함을 구별하고 내가 너희를 위하여 부정한 것으로 구별한 짐승이나 새나 땅에 기는 곤충으로 인하여 너희 몸을 더럽히지 말라 너희는 내게 거룩할지어다 이는 나 여호와가 거룩하고 내가 또 너희로 나의 소유를 삼으려고 너희를 만민 중에서 구별하였음이니라"(레 20:24~26).

위의 구절들은 하나님께서 이스라엘을 애굽 땅에서 인도하신 행위를 하나의 '성별의 행위'로 묘사한다. 하나님께서 이스라엘을 구별하여 부르신 이유는 여호와 하나님을 섬기게 하기 위함이다(11:45 "나는 너희의 하나님이 되려고"; 20:26 "너희로 나의 소유를 삼으려고"). 그리고 이스라엘이 거룩하신 하나님을 섬기기 위한 첫 번째 과정은, 부정한 것으로부터의 분리이다. 따라서 레위기의 정, 부정의 시스템은 이스라엘을 성별하는 장치이다.[24] 성별(혹은 분리)로써의 거룩의 의미는 제사장들의 위임식 과정에서 몸을 물로 씻는 의식에서도 나타난다(레 8:6. 비교 출 29:4; 40:12). 제사장은 거룩하신 하나님을 섬기기 위해 물로 씻는 의식을 통해 먼저 부정한 요소로부터 깨끗케 되어야만 한다. 즉, 위임식 때 제사장이 몸을 물로 씻는 의식은 하나님을 섬기는 목적을 위하여 성별(혹은 구별)되었음을 의미한다.[25]

이와 같이 레위기에서의 거룩의 개념은 고대 근동의 기본적인 '분리'의 의미를 수용하지만, 분리의 목적이 거룩하신 하나님을 섬기기 위한 것이라는 면에서 차이를 보인다. 거룩한 나라가 되기 위해서 이스라엘은 스스로 이방 나라들과 분리되어야 한다(18:2~5, 24~25; 20:23~26). 이것은 레위기의 거룩이 '무엇(세속적인 것)으로부터의 분리'(separation from) 뿐만 아니라 '무엇(여호와 하나님)을 향한 분리'(separation to)임을 의미한다.

(2) 통합(wholeness)

레위기에 나타난 거룩의 기본적인 의미는 세속적인 영역으로부터의 분리이지만, 단순히 세상으로부터의 분리만을 의미하지 않는다. 레위기에서 거룩은 '세속으로부터의 분리'(1~16장)로 시작하지만 공동체의 삶 속으로 나아가야 할 것(17~27장)을 요청한다. 즉, 이스라엘의 거룩이 하나님 경외에서 출발해서 이웃 사랑으로 완성되어야 함을 의미한다.

다시 말하면 거룩은 제의적인 영역에서뿐 아니라 세속적인 영역에서 실천되어야 한다는 것이다. 이것을 가장 잘 표현하고 있는 부분은 19:1~18이다.

19:1~18은 거룩에 대한 하나님의 명령(19:2 "너희는 거룩하라")과 그에 대한 신학적인 근거(19:2 "너희 하나님이 거룩함이니라")를 제시하는 것으로 시작된다.

이어지는 내용(19:3~18)은 거룩을 실천하는 영역, 즉 어떻게 해서 하나님의 명령인 거룩을 이룰 것인가 하는 방법에 대한 제시이다. 전반부(19:3~10)는 종교적인 규례('하나님 앞에서 거룩')를 다루고 있는 반면, 후반부(19:11~18)는 공동체 안에서의 윤리적인 계명('세상 속에서 거룩')을 다룬다.

따라서 19:1~18의 구조는 거룩을 '전체성'(wholeness)으로 규정한다.[26] 거룩은 '제의와 윤리'의 통합이며, '하나님 앞에서의 삶'과 '세상 속에서의 삶'의 통합이다. 그리고 '개인적인 경건'(19:3~8)과 '공동체의 하나 됨'(19:11~18)의 통합이다.[27] 레위기 전체의 구조는 거룩의 개념이 '분리'(혹은 성별, 레위기의 전반부)에서 '통합'(레위기의 후반부)으로 나아감을 보여 준다.

		하나님 앞(성소)에서		공동체 속에서
		제의적인 면		윤리적인 면
레위기의 거룩	=	세속으로부터의 성별	+	하나님을 위한 성별
		하나님 사랑		이웃 사랑
		개인적인 차원		공동체적인 차원

3) 하나님을 닮아 감(imitation of Yahweh)

레위기에서 반복되는 주제는 하나님의 백성들이 여호와 하나님처럼 거룩해야 할 것에 대한 요청이다(11:44~45; 19:2; 20:7, 26). 즉, 이스라엘의 거룩이 '하나님을 닮아 가는 삶'으로 표현되어야 함을 의미한다. 그리고 '하나님을 닮아 가야 하는' 신학적인 근거는 여호와 하나님과 맺은 언약이다. 레위기 전체의 모토(motto)인 '거룩하라 너희 하나님 여호와가 거룩함이니라'는 출애굽기 19:6("너희가 내게 대하여 제사장 나라가 되며 거룩한 백성이 되리라")을 배경으로 한다. 이런 배경에서 레위기는 이스라엘 백성이 여호와 하나님을 닮아야 하는 신학적 근거로 출애굽의 구원의 사건을 제시한다(19:34, 36). 따라서 여호와께서 이스라엘과 맺은 언약은 레위기 안에 소개되는 모든 규정의 준수에 대한 규범적인 틀을 제공한다.[28] 여호와 하나님과 언약 관계에 있는 이스라엘 백성의 본분은 여호와 하나님의 거룩하심을 본받는 삶을 사는 것이다. 그리고 그 방법은 제의적인 규정을 포함한 모든 율법을 지키는 것이다.

무엇보다도 19장은 '하나님을 닮아 가는 삶'으로써의 거룩의 의미를 가장 잘 표현하고 있다. 19장은 16개의 단락으로 구성되어 있는데, 매 단락의 끝에는 '나는 (너희 하나님) 여호와니라'는 후렴구가 등장한다. 이 후렴구는 각각의 율법을 지키는 동기가 거룩하신 '여호와를 닮아 가는 것'(imitation of Yahweh)임을 보여 준다. 다시 말하면 여호와 하나님과 언약 관계 안에 있는 이스라엘은 계명을 실천함으로써 여호와 하나님의 거룩하심을 본받아야 함을 말한다. 왜냐하면 하나님의 계명(혹은 율법)은 하나님의 성품을 나타내기 때문이다. 따라서 하나님의 거룩하심을 본받는 것은 여호와와 언약 관계에 있는 이스라엘이 추구해야 할 궁극적인 목표이다. 그리고 하나님의 거룩을 본받는 삶은 윤리적인 영역(17~26장)에서 표현되어야 한다.

4) 거룩과 온전(완전)

레위기는 거룩과 관련해서 '온전'(혹은 완전, wholeness, perfection)이라는 개념을 다룬다. 레위기의 내용 가운데 많은 부분은 온전에 관한 진술에 할애되고 있으며, 기타 가르침들은 또 다른 방향에서 온전함의 개념을 전개하고 있다.[29] 레위기에는 온전을 의미하는 '타밈'(תָּמִים)이라는 단어가 자주 등장하고 있으며, 비록 이 단어를 직접 사용하지 않더라도 의미상으로 긴밀하게 연결된 개념들이 등장한다.

(1) 제물의 온전

레위기에서 가장 뚜렷하게 온전의 개념이 표현되는 곳은 희생제물에 대한 요구를 다루는 단락이다(1~7장). 레위기에서 히브리어 '타밈'은 일차적으로 제물의 온전함을 의미하는 용도로 사용된다(1:3, 10; 3:1, 6, 9; 4:3, 23, 28, 32; 5:15, 18; 6:6). 레위기 제사 규정은 하나님께 드려지는 제사가 열납되기 위해서는 반드시 제물이 '흠이 없어야 함', 즉 '온전해야'(타밈) 할 것을 요구하고 있다(1:3, 10; 22:19, 21). 문자적인 의미에서 볼 때, 하나님께 드려지는 제물은 일종의 하나님의 음식이기 때문에 온전한 것이어야 한다.[30] 제물을 '신에게 드리는 음식'으로 이해했던 고대 근동의 보편적인 사상을 근거로 레위기는 제물의 온전함에 대한 요구를 하고 있다.

제물의 온전함에 대한 개념이 가장 잘 표현되어 있는 부분은 하나님께 드려야 할 제물의 자격 요건을 규정하는 22:17~25이다. 여기에서는 하나님께 드려지는 제물에 대해 반드시 흠 없는 온전한 것이어야 하며, 그렇지 않으면 하나님께 열납되지 못할 것임을 강조한다(22:20, 21, 25). 흠이 있는 제물의 예로는 각각 눈먼 것, 상한 것, 지체에 베임을 당한 것, 종기 있는 것, 괴혈병 있는 것, 비루먹은 것, 우양의 지체가 더하거나, 지체가 덜한 것, 불알이 상하였거나, 치었거나, 터졌거나, 베임을 당한 것으로 열두 가지를 제시하고 있다. 여기에 제시된 열두 가지의 목록은 온전함을 나타내기 위함이다.[31] 이를 통해 레위기는 하나님 앞에서 '온전함'(타밈)의 의미가 무엇인가를 상징적으로 보여 준다. 희생제물이 거룩하신 하나님께 드려지기 위해서는 온전해야만 한다.

(2) 제사장의 온전

제물의 흠 없음(온전함)에 대한 요구 외에 온전이 표현되고 있는 부분은 제사장의 거룩에 관한 요청이다. 레위기에 의하면 하나님을 가까이 섬기는 제사장은 거룩함에 있어서 온전함을 유지해야 한다. 제사장의 거룩에 대한 요건은 21~22장에 잘 표현되었다. 여기에서는 제물의 온전에 대한 요청이 제사장들에게 그대로 적용되고 있다. 레위기에 의하면 제물이나 제사장이 의미상 연관되어 있다. (1) 제물이 많은 짐승들 중에서 특별히 성별됨같이 제사장은 이스라엘 백성들 중에서 하나님을 섬기는 목적을 위해서 특별히 성별된 사람이다.[32] (2) 제물이 하나님 앞에 드려지는 것처럼 제사장은 하나님의 임재 앞에 서 있는 존재이다. (3) 제물이 하나님의 소유인 것처럼 제사장은 하나님께 속한 사람이다(레 27:9~13, 26~28; 민 3:12). 한마디로 요약하면 제사장은 제물처럼 구별되어 하나님께 드려진 사람이요, 하나님 앞에 서 있는 사람이다. 제물의 흠 없음(온전함)에 대한 요구가 21장에서는 제사장의 온전에 대한 요구로 적용되고 있는 것은 이 둘 사이의 연관성 때문이다.

	21:18~20(제사장의 온전)	22:22~24(제물의 온전)
1	소경(עִוֵּר이베르)	눈먼 것(עַוֶּרֶת아베레트)
2	절뚝발이(פִּסֵּחַ피쎄아흐)	상한 것(שָׁבוּר샤부르)
3	코가 불완전한 자(חָרֻם하룸)	지체에 베임을 당한 것(חָרוּץ하루츠)
4	지체가 더한 자(שָׂרוּעַ사루아)	종기 있는 것(יַבֶּלֶת야벨레트)
5	발 부러진 자(שֶׁבֶר רָגֶל쉐베르 라겔)	괴혈병 있는 것(גָּרָב가라브)
6	손 부러진 자(שֶׁבֶר יָד쉐베르 야드)	비루먹은 것(יַלֶּפֶת얄레페트)
7	곱사등(גִבֵּן기벤)	지체가 더한 것(사루아)
8	난쟁이(דַּק다크)	지체가 덜한 것(קָלוּט칼루트)
9	눈에 백막이 있는 자(תְּבַלֻּל בְּעֵינוֹ테발룰 베에노)	불알 상한 것(מָעוּךְ마우크)[33]
10	괴혈병(가라브)	불알 치인 것(כָּתוּת카투트)
11	버짐 있는 자(얄레페트)	불알 터진 것(נָתוּק나투크)
12	불알 상한 자(מְרוֹחַ אָשֶׁךְ메로아 아쉐크)	불알 베임을 당한 것(כָּרוּת카루트)

두 본문은 두 가지 면에서 연관성을 보인다. 하나는 완전을 상징하는 열두 개의 병명이고, 또 하나는 병명의 유사성이다. 두 목록은 각각 다섯 개의 동일한 병명과 세 개의 유사한 용어를 사용한다.[34] 이것은 제물의 온전함에 대한 요구가 제사장에게 그대로 적용되고 있음을 보여 준다. 다시 말하면 신체에 '흠'(מום 뭄)이 있어 하나님께 드릴 수 없는 제물(22:17~25)은 흠이 있어서 성소에 들어갈 수 없는 제사장(21:17~21)과 의미상 상응한다. 희생제물이 하나님께 속한 것으로써 하나님께 드려지기 때문에 흠이 없어야 하는 것처럼 제사장은 거룩하신 하나님 앞에서 성소를 섬기는 사람으로서 온전함을 갖추어야 한다.[35]

제사장의 온전에 대한 요구는 제사장의 위임식 의식에 반영되고 있다. 8장에서 제사장은 온 몸을 물로 씻는 의식과 도유(기름 바름)와 관유(기름 부음)의 의식을 통해 의식적으로 온전함을 이룬다. 제사장의 귓불과 엄지손가락 끝, 그리고 엄지발가락 끝에 피를 바르는 의식(8:23~24)은 제사장이 의식적으로 '온전히' 성별되었음을 상징적으로 나타낸다.[36] 레위기는 이 의식을 통해 제사장이 하나님의 임재 앞에 나아가기 위해 온전케 되어야 함을 보여 준다. 거룩하신 하나님을 가까이에서 섬기며 하나님의 음식(성물)을 먹는 제사장은 거룩함에 있어서 온전케 되어야 한다. 제사장의 취임식에 나타난 제사장의 온전에 대한 개념은 헬라어 구약성경 70인역에 반영되어 있다. 제사장 취임식 단락(8~9장)에서 70인역은 제사장의 위임식을 표현하는 '밀루임'(מִלֻּאִים)을, 완전을 의미하는 '텔레이오시스'(τελείωσις)라는 단어로 번역한다(8:22, 26, 28, 29, 31, 33). 70인역의 해석에 의하면 하나님께서는 제사장에게 거룩함에 있어서 온전함을 요구하고 있고, 그런 면에서 '제사장이 되는 의식'은 '온전케 되는 의식'이다.

하나님의 거룩을 닮아 감에 있어서의 온전은 제의뿐만 아니라 제사장의 일상생활(혹은 윤리 지침)에 관한 규정에도 잘 나타나 있다. 제사장들은 이스라엘의 회중보다 더 엄격한 규범을 따라 살 것이 요구되었다. 레위기에 의하면 제사장은 아무하고나 결혼해서는 안 된다(21:7~9). 제사장들은 기생이나 부정한 여인, 심지어 이혼당한 여인을 취해서도 안 된다.[37] 이것은 일반 이스라엘 백성들에게 요구하지 않는 엄격한 규정이다. 이러한 부류의 여자들과의 결혼은 제사장을 부정하게 만들고, 제단에서 의식을 집례할 수 있는 자격을 상실하게 됨을 의미한다. 이것은 제사장이 성(性)문제에 있어서 거룩함을 보이며, 결혼생활에 있어서도 흠이 없어야(본을 보여야) 함을 의미한다. 그리고 행음한 제사장의 딸을 불로 태우도록 하는 엄한 규정(21:9)은 제사장이 가정교육에 있어서 본을 보여야 함을 의미한다.

레위기는 제사장이 거룩함에 있어서 온전해야 하는 이유를 두 가지로 제시한다. 첫째, 제사장은 여호와의 식물을 드리는 자이기 때문이다(21:6). 제사장들은 하나님을 가까이 섬기는 위치에 있기 때문에 특별한 '거룩'을 유지해야 한다는 의미이다. 둘째, 제사장은 백성들의 지도자이기 때문이다(21:4). 제사장은 백성들에게 거룩을 가르치는 사명(10:10~11)을 맡은 자로서 거룩함에 있어서 본을 보여야 한다. 이스라엘 백성들은 제사장의 가르침과 삶을 통해서 하나님의 거룩하심을 깨닫게 된다. 제사장은 하나님을 섬김과 하나님을 닮아 감에 있어서 이스라엘에게 하나의 모델이 되어야 한다.

요약하면, 레위기에 나타난 온전은 한마디로 '거룩함'에 있어서의 온전케 됨이며, 일차적으로는 제물에 적용되지만 제물뿐 아니라 의미상 제물과 연관되어 있는 제사장에게도 적용되고 있다. 이렇게 함으로써 레위기는 고대 근동의 일반적인 온전의 개념을 거룩의 맥락에서 신학적으로 발전시킨다.

맺는 말

지금까지 레위기에 나타난 거룩의 의미에 대하여 살펴보았다. 먼저 레위기의 거룩은 '분리' 혹은 '성별'이라는 고대 근동의 기본적인 의미를 담고 있다. 이런 배경에서 여호와 하나님은 모든 부정한 요소로부터 분리되어야 한다. 거룩한 백성으로 부르심을 받은 이스라엘도 우상 숭배와 이방 문화로부터 분리되어야 한다. 레위기는 고대 근동의 기본적인 거룩의 의미를 수용하면서, 그 개념을 세 가지 차원에서 신학적으로 발전시킨다.

첫째, 레위기는 거룩을 여호와 하나님께 독점적으로 귀속시킨다. 레위기에 의하면, 여호와 하나님만이 거룩하시다. 그리고 여호와와 관계되는 대상인 제사장, 제물, 성소는 파생적인 의미에서 거룩하다. 그들이 거룩하게 되는 것은 여호와 하나님에 의해서만이 가능하다.

둘째, 레위기는 분리에서 시작된 이스라엘의 '거룩'이 '통합'으로 나아가야 할 것을 요구한다. 하나님의 백성들의 거룩함은 '하나님 앞에서의 삶'과 '세상 속에서의 삶', '개인적인 거룩'과 '공동체의 거룩', '하나님 사랑'과 '이웃 사랑'에 있어서 조화를 이루어야 한다.

셋째, 레위기는 거룩의 제의적인 차원뿐만 아니라 윤리적인 차원을 강조한다. 거룩하신 하나님과 언약 관계에 있는 이스라엘은 하나님의 거룩하심을 본받아야 하고, 그것은 제의적인 차원뿐 아니라 윤리적(도덕적)인 면에서도 나타나야 한다.

넷째, 레위기는 거룩과 관련하여 온전의 개념을 중요한 위치에서 다룬다. 레위기는 하나님을 가까이 섬기는 위치에 있는 대상에게 온전함을 요구하신다. 제사장이 거룩함에 있어서 온전함을 보여야 하는 이유는 그들이 거룩하신 하나님을 가까이 섬기는 위치에 있기 때문이다.

신약의 교회는 '거룩한 나라'와 '제사장'으로 부름을 받았다(벧전 2:9; 계 1:6; 20:6). 따라서 거룩은 예수 그리스도 안에 있는 모든 신자들의 목표이다. 신약의 성도들(οἱ ἅγιοι 호이 하기오이)은 모든 행실에서 거룩하게 되어야 한다(벧전 1:15; 벧후 1:4~7; 빌 4:8). 뿐만 아니라 신약의 성도들은 예수 그리스도의 제자로서 '온전한 사람'을 이루어야 한다(살전 5:23). 신약의 성도들은 예수를 따르는 제자로서 예수 그리스도의 장성한 분량이 충만한 데까지 자라야 하며(엡 4:13), 하나님의 자비하신 성품을 '온전히' 닮아 가야 할 것을 목표로 삼아야 한다(마 5:48).

04

레위기에 나타난 제사법

제사는 구약에서 매우 중요한 주제 중 하나이다. 이러한 제사를 이해하기 위해서는 무엇보다 구약에 대한 이해가 선행되어야 한다. 그런데 많은 사람들이 구약을 문자적으로 보는 경향이 있다. 이것은 너무나도 큰 오해이다. 구약은 하나님의 구원사의 큰 흐름 속에서 예언적, 모형적, 상징적 의미가 있음을 알아야 한다. 그렇지 않다면 우리는 모두 이스라엘 사람이 되어야 하고 이스라엘 땅으로 가야 한다는 데까지 이르게 된다.

상징, 모형, 예언

구약의 제사를 보기 전에 상징, 모형, 예언에 대한 이해가 선행되어야 하기 때문에 이 부분을 먼저 살펴보겠다.

먼저 상징에 대하여 살펴보겠다. 예를 들어, 성수는 보통 물에 불과하다. 일반 물과 맛이나 냄새가 다르지 않는다는 점에서는 그렇다. 그러나 성수가 보통 물과 다른 것은, 믿음을 가지고 성수를 먹음으로써 병이 낫기도 하고 큰 힘을 얻을 수도 있다는 점이다. 성수가 물 이상의 어떤 힘이 있는 것은 상징성을 띠기 때문이다.

하나님은 거룩하고 초월적인 존재이시다. 그분은 우리 인간과 질적으로 다른 분이시다. 여기에, 영원한 분과 제한적인 존재인 인간과의 교제에 상징이란 도구가 제시된다. 성경은 버나드 램(Bernard Ram)이 말한 대로 상징이 가득한 책이요, 상징을 모르면 이해할 수 없는 책이다. 우리가 앞으로 논의하려는 제사도 성경의 상징 중 하나이다.

다음으로 모형에 대하여 살펴보자. 게할더스 보스(Geerhardus Vos)가 지적한 대로 성경의 제사를 이해하기 위해서는 상징과 더불어 모형에 대한 이해가 중요하다. 모형이라는 말은 진짜와 대조되는 것으로 생각하면 이해할 수 있다. 단지 모형을 통해서 원형을 미리 쉽게 이해할 수 있는 것이다. 모형은 진짜와 대조되는 것이라고 보면 된다. 모형을 통해서는 단지 원형을 미리 쉽게 이해할 수 있는 것이다.

예언적이라는 것 역시 구약성경, 특히 제사의 또 다른 특징이다. 성경은 한마디로 예언의 책이다. 성경의 예언을 두 가지로 나눌 수 있다. 하나는 언어적 형태의 예언이고, 다른 하나는 모형을 통한 예언이다. 모형을 통한 예언의 대표적인 것이 제사이다. 그러므로 게할더스 보스의 말대로 레위기의 제사 속에서 우리는 빛나는 복음을 본다.

구약의 레위기에 나타난 제사와 관련된 성전, 제사장, 제물 등은 상징적이다. 동시에 제사는 모형적이다. 그러므로 구약 제사의 모형적 성격을 문자적으로 이해한다면 큰 오류에 빠지게 된다.

성경의 상징과 모형을 생각할 때 무엇보다 상징과 모형의 해석 문제가 제기된다. 필자는 여기서 상징과 모형을 해석하는 방법에 대하여 다루는 것을 생략한다. 하지만 성경의 상징과 모형의 해석에 있어서 우리나라 교회에 소위 '영해'(靈解)라는 이름 아래 그릇된 해석들이 크게 난무하는 것은 매우 우려할 일이라고 지적하고 싶다. 성막에 나타난 울타리, 번제단, 물두멍 등 성막(성전)에 있는 하나하나의 기물들이 대단한 의미가 있는 것처럼 해석하는 것은, 마음대로 성경을 해석하는 것이다. 소위 알레고리적 해석(allegorical intepretation) 방법으로 알려져 있는 비유적, 풍유적 해석 방법이 그것인데 성경이 전혀 의도하지 않은 것을 과도하게 해석하는 방법이다. 성경의 구원사적 흐름을 잘 모르는 성도들이 이러한 해석을 들으면 그럴듯하게 들릴지 모르지만 이러한 해석 방법은 잘못된 것이다.

성경의 제사

구약의 제사를 이해하기 위해서는 우선 성경 제사의 세 요소를 알아야 한다. 첫째는 제사를 드리는 장소(성막 또는 성전), 둘째는 제사 드리는 방법(제물), 셋째는 제사 드리는 사람(대제사장)이 있다. 이제 제사의 세 요소를 중심으로 살펴보자.

1. 제사를 드리는 장소: 성막 또는 성전

성막에 대한 언급은 레위기 바로 앞에 있는 출애굽기에 나와 있다. 출애굽기는 40장으로 구성되어 있는데, 그중 성막에 관한 기록이 11장이나 된다. 오바다, 빌레몬서, 요한2서, 요한3서, 유다서가 각각 한 장으로 된 성경이라는 것을 기억한다면 성막에 대한 기록이 얼마나 큰 비중을 차지하고 있는가를 알 수 있다. 성경을 많이 읽은 사람이라도 이 성막에 관한 기록을 빠짐없이 읽은 사람은 흔치 않으리라 생각한다.

얼핏 생각하면, 몇 구절로도 설명이 가능한 내용을 왜 이렇게 언급하였는지 의아해 하게 된다. 그러나 하나님의 의도는 우리의 생각과 다르다. 그만큼 제사 장소로써 성막(성전)이 중요하다는 말이다. 하나님께서 친히 성막의 설계도를 설계하셨다. 성막의 설계와 시공은 정확하게 하나님의 지시대로 되어야 한다. 그러므로 하나님께서 모세에게 여러 번 이 점을 강조하셨다.

"너는 삼가 이 산에서 네게 보인 식양(式樣)대로 할지니라"(출 25:40).

"무릇 내가 네게 보이는 대로 장막의 식양과 그 기구의 식양을 따라 지을지

니라"(출 25:9).

"너는 산에서 보인 식양대로 성막을 세울지니라"(출 26:30).

"산에서 네게 보인 대로 그들이 만들지니라"(출 27:8).

하나님께서 보여 주신 대로 시공해야 한다는 것이 여러 번 강조되었다는 사실을 우리는 특히 유의하여야 한다. 성막은 불순종한 죄 때문에 단절된 하나님과 인간 사이의 구원 역사에 매우 큰 의미가 있다. 출애굽기 25:8은 "내가 그들 중에 거할 성소를 그들을 시켜 나를 위하여 짓되"라고 말씀한다. 무엇보다 성막은 하나님께서 친히 사람들과 함께 거처하시는 곳이다. 성막이 하나님께서 거처하시는 곳이라는 중요한 의미를 잊고 지엽적인 것에 관심을 가짐으로써 성경의 핵심적인 교훈을 이해하는데 혼란을 야기시켜서는 안 된다.

"내가 이스라엘 자손 중에 거하여 그들의 하나님이 되리니 그들은 내가 그들의 하나님 여호와로서 그들 중에 거하려고 그들을 애굽 땅에서 인도하여 낸 줄을 알리라 나는 그들의 하나님 여호와니라"(출 29:45~46).

하나님께서 사람들 중에 거하시는 것은 그들의 하나님이 되시기 위함이다. 이스라엘 민족을 애굽에서 인도하여 내신 것도 그들 중에 거하시기 위함이다.

성막은 영원과 거룩이 인간의 시간, 세상과 함께 만나는 놀라운 접촉점이다(출 25:22; 레 1:5). 성막은 하나님께서 사람과 함께 거처하면서(출 25:8~9) 인간을 만나고 말씀하며(출 25:22; 레 1:5) 예배를 받고(1:1~5) 용서하시는(4:18~20; 17:3~4) 곳이다. 그러하기에 수없이 많은 구약의 성도들이 하나님이 계신 성전을 사모하였고, 가까이 가기를 애썼으며, 성전에 절대적으로 헌신하고 집착했다. 다윗은 성전을 향하여 "여호와여 내가 주의 계신 집과 주의 영광이 거하는 곳을 사랑하오니"(시 26:8)라고 노래하였다. 성막(성전)은 이스라엘 민족에게 있어서 삶의 중심이었다. 그들은 성전을 중심으로 하여 머물렀고 전진했으며 싸웠다(민 2:34).

이 성막(성전)이 우리와 무슨 상관이 있는가? 그것은 한낱 이스라엘 민족의 신앙이 아닌가? 우리는 앞에서 성경에 나타난 상징과 모형의 의미를 잘 이해할 때 성경의 메시지 역시 보다 잘 이해할 수 있음을 보았다. 성막은 하나님의 임재의 상징일 뿐이다. 이스라엘 민족의 성막에 대한 신앙은 절대적이었다. 그러나 성막은 상징과 모형일 뿐이지 원형이 아니다. 그러므로 이스라엘 민족은 더 좋은 원형을 갈망했다. 이 갈망은 곧 원형을 기다리는 신앙이었다. 성경은 예언의 책이다. 모형은 바라봄과 기쁨을 미리 보여 주는 것이라고 했다. 성막의 원형은 나타나야 했다. 우리는 요한복음 1:14에서 그것의 위대하고 놀라운 성취를 본다.

> "말씀이 육신이 되어 우리 가운데 거하시매 우리가 그 영광을 보니 아버지의 독생자의 영광이요 은혜와 진리가 충만하더라"(요 1:14).

이스라엘의 하나님은 일찍이 성막 가운데서 함께 계셨다. 하나님께서 모세에게 성막을 지을 것을 말씀하실 때 '내가 그들 중에 거할 성소를 그들을 시켜 나를 위하여 짓게 하라'고 하셨다. 그러나 지금은 좀 더 직접적이고 친숙한 방법으로 하나님의 처소가 우리와 함께 있는데, 곧 말씀이 육신이 되어 우리 가운데 거하신 것이다. 이 얼마나 놀라운 말씀이요, 예언의 성취인가! 얼마나 많은 성도들이 이 한 구절의 오묘한 뜻에 깊이 매료되어 감격하고 흥분했던가! 이 얼마나 놀라운 선언인가! 얼마나 기다리고 기다리던 성취인가! 예수님께서 자신을 가리켜 성전보다 '더 큰 이'라고 하신 것은 구약의 모형적, 예언적인 성전보다 더 온전한 성전임을 말씀하고 계신 것이다. 구약에서 성전과 함께 계시던 임마누엘의 하나님께서 이제 예수 그리스도 안에서 우리와 함께하시겠다는 말씀이다. 예수 그리스도는 임마누엘의 하나님이요, 하나님의 임마누엘이시다.

오, 예수님께서 친히 자신을 성전이라고 말씀하셨으니 유대인들에 의해 얼마나 심한 반발을 받았겠는가. 유대인들에게 이 말은 하나님에 대한 엄청난 모독이었다. 참으로 불경스러운 말이었다. 성전은 그들의 삶의 중심이었고 소망이었다. 그런데 예수님께서는 '내가 성전이요, 성전보다 더 큰 이다'라고 말씀하신 것이다. 그 말이 그들에게 얼마나 엄청난 신성 모독이었겠는가! 그들은 예수님에게 십자가형을 선고하면서 하나님의 성전을 헐고 사흘에 지을 수 있다는 말씀을 들어 성전 모독죄로 기소하였다(마 26:61). 이 죄목은 당시 이스라엘 사람들이라면 누구나 공감할 만한 사형죄였다.

학개 2:6~9은 학개서의 중심적 교훈이라고 할 수 있는데, 곧 영광스런 성전이 머지않아 나타날 것을 말한다. 즉, 참된 성전이신 예수 그리스도에 대한 예언이다. 그런데 학개서나 역대상 29:1~9의 뜻을 예배당 건물을 잘 지으라는 것이라고 한다면, 이 얼마나 엄청난 무지이며 오해인가! 구약 시대의 성전과 신약 시대의 예배당은 건물이라는 점에서는 같을 수 있으나 성경이 의도한 의미에 있어서는 전혀 다르다. 오늘날의 예배당이 구약 시대의 성전과 같다고 이야기한다면, 그리스도의 죽으심과 부활을 부인하는 적그리스도적인 행위인 것이다. 성전은 예수 그리스도 그분 자신이시다! 그러므로 구약에서 성전을 볼 때, 예수 그리스도를 통하여 보아야 한다. 예수 그리스도의 모형으로써 성전을 보아야 한다.

지금까지 제사하는 장소인 성막(성전)에 대하여 살펴보았다. 성전은 그리스도 자신이다. 구약에서는 성전에 계셨던 하나님께서, 신약에서는 그리스도 안에서 죄 지은 인간과 함께 임마누엘을 이루셨다. 구약성경의 성막과 성전에 관한 기록은 예수 그리스도 안에서 비로소 그 의미가 있는 것이다. 예수 그리스도 안에서 잠자고 있던 구약의 활자가 살아 있는 생명으로 꿈틀거리는 것이다.

2. 제사 방법: 제물

다음으로 제사하는 방법에 대하여 살펴보자. 제사에 대해서는 1~8, 16장 등에 자세하게 기록되어 있다. 하나님의 집인 성막은 인간이 고안하거나 설계한 것이 아니라, 하나님께서 친히 설계하고 보여 주신 대로 따라 지은 것이다. 하나님께서는 자상하게도 많은 제사의 규례를 선포하신다. 우리가 레위기를 잘 이해하게 될 때 비로소 예수 그리스도가 누구이신지와, 또 그분이 하신 일을 더욱 잘 알게 될 것이다. 제사의 주요한 절차를 보면 다음과 같다.

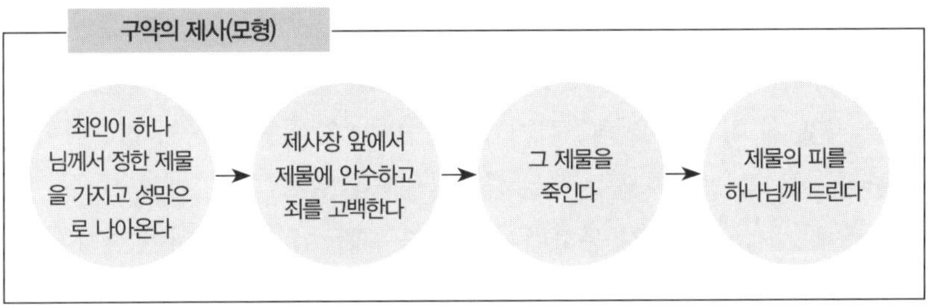

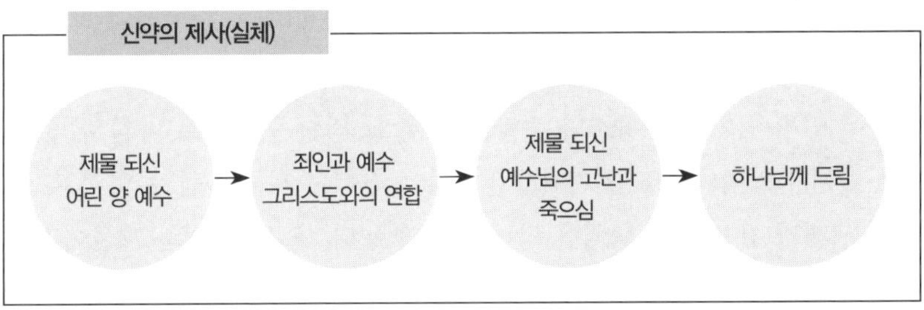

제사 드리는 자가 제물을 가지고 성막으로 나오는 것부터 시작한다. 17장에 제물에 관한 대표적 성경 구절이 나온다.

> "무릇 이스라엘 집의 누구든지 소나 어린 양이나 염소를 진 안에서 잡든지 진 밖에서 잡든지 먼저 회막문으로 끌어다가 여호와의 장막 앞에서 여호와께 예물로 드리지 아니하는 자는 피 흘린 자로 여길 것이라 그가 피를 흘렸은

즉 자기 백성 중에서 끊쳐지리라"(레 17:3~4).

제물을 가지고 하나님께 나아가지 않는 자를 죽어 마땅한 죄를 지은 자로 인정한다는 것을 알 수 있다. 인간은 근본적으로 죄인이다. 죽을 수밖에 없는 존재다. 죽음은 자연스러운 것이 아니라 죄 지은 인간에 대한 하나님의 형벌이다. '죄 값은 사망이다'(롬 6:23). 그러므로 생명을 얻기 위해서 인간은 하나님을 찾아야 한다. 하나님 앞에 나아갈 때에는 제물을 가지고 나아가야 한다. 이것은 제사의 필수적인 요소요, 절차다. 제물을 가지고 나아가야 한다는 말은 예배할 때 꼭 헌금을 가져가야 한다는 말이 아니다. '피 흘림이 없이는 죄 사함이 없느니라'(히 9:22). 제물은 피를 위한 것이다. 제물은 피, 바로 그 자체다. 이 죽음을 해결하기 위해 하나님 앞에 제물을 가지고 나아가야 한다. 제물을 드리지 않는 자는 하나님을 만날 수 없다.

그런데 제물은 반드시 동물이어야 한다. 제물이 동물이어야 한다는 것은 생명을 가지고 나아감을 상징한다. 22:17~33에서는 희생제물로 바칠 수 없는 제물에 대해 언급한다. 만일 눈이 멀거나 다리를 절거나 종기가 나 있거나 피부병이 있거나 또 상처가 났거나 깨어지고 부서졌거나 베인 칼자국이 있거나 거세된 황소나 숫양일 경우 그 짐승을 제물로 바칠 수 없다(22:22~24). 그 이외에도 난 지 8일이 지나기 전에는 제물이 될 수 없었고, 어미와 새끼가 같은 날에 죽임을 당해서도 안 된다. 오직 흠 없는 제물이라야 하나님께서 받으신다(22:20).

그렇다면 이러한 구약 시대 제사와 다양한 제물이 오늘 우리에게 무슨 의미가 있단 말인가? 이미 앞에서 고찰한 바와 같이 제사의 상징과 모형 속에서 오늘의 의미를 찾아야 할 것이다. 여기 실체가 있다.

"보라 세상 죄를 지고 가는 하나님의 어린 양이로다"(요 1:29).

이 말은 구약의 마지막 선지자로 신약 시대를 연 세례 요한이 예수님을 소개하는 말씀이다. 세례 요한은 예수님을 '세상 죄를 지고 가는 어린 양'이라고 소개했다. 요한복음 1장에서 이 말이 두 번이나 반복되고 있다(요 1:29, 36). 우리는 이 말씀을 이해하는 것이, 구약성경을 충분히 이해하지 않고는 불가능함을 곧 알게 된다. '보라'는 말에는 깊은 비밀을 발견한 자의 감격과 기쁨과 호소가 표현되어 있다. '하나님의 어린 양'은 하나님이 친히 준비하신 '바로 그' 어린 양이다.

구약 제사의 여러 가지 제물들은 예수 그리스도께서 제물이신 것을 예표적으로 보여 주는 것이다. 그 제물들이 예수 그리스도 안에서 이루어진 것이다. 예수 그리스도는 바울이 말한 대로 유월절 양이요(고전 5:7), 베드로가 말한 대로 오직 흠 없고 점 없는 어린 양이시다(벧전 1:19). 이제 속죄일에 드렸던 수송아지와 염소의 피가 예수 그리스도의 피로 바뀌었다.

> **"염소와 송아지의 피로 아니하고 오직 자기 피로 영원한 속죄를 이루사 단번에 성소에 들어가셨느니라"**(히 9:12).

구약의 성도들은 송아지와 염소의 피를 속죄소에 드림으로 속죄되었다. 그러나 그 동물들의 피는 모형이요, 복사판이요, 그림자일 뿐이다. 그것은 불완전한 것이다. 하지만 예수 그리스도의 피는 완전한 것이다. 그것은 흠 없는 피다! 예수 그리스도의 피를 통해서 우리의 죄는 가리움을 받고, 그분의 피로 말미암아 하나님 앞에 의롭게 되는 것이다.

3. 제사 드리는 사람: 대제사장

그러나 장소와 제물이 있다고 해서 누구나 제사를 드릴 수 있는 것은 아니다. 죄를 지은 인간은 스스로 하나님을 만날 수 없다. 그는 하나님의 거룩과 영광에 감히 가까이 갈 수 없는 존재다. 그러나 하나님께서는 그분을 만날 수 있는 장소를 친히 보여 주고 제사의 방법을 친히 가르쳐 주신 것처럼, 모든 사람을 대표하여 하나님께 제사드릴 수 있는 사람을 정해 주셨는데 그가 곧 제사장이다.

제사장이라는 말은 구약성경에 700회 이상 나오고, 신약성경에도 80회 이상 나온다. 제사장을 크게 대제사장, 제사장, 레위인 등 세 집단으로 나눌 수 있다. 모든 제사장은 레위인이었으나, 모든 레위인이 다 제사장은 아니다. 제사장직의 최고 단계는 대제사장직인데, 대제사장만이 지성소에 들어갈 수 있었고 1년에 단 하루 모든 백성의 죄를 속죄할 수 있는 속죄일 제사를 드렸다. 아론은 구약의 대제사장 중에 대표적인 존재이다. 그는 하나님이 주신 절대적인 권위로 백성을 대표하여 하나님이 계신 지성소에 들어갈 수 있었다. 그리고 거기서 백성들의 죄를 위하여 제사를 드렸다.

이스라엘 백성들은 지성소에서 대제사장이 제사를 드리는 동안 지켜보고 있기만 하면 된다. 그들이 한 일이라고는 아무것도 없다. 하나님께서 임명한 중보자인 대제사장만이 오직 일한다. 백성들은 대제사장이 드리는 제사를 믿음으로 기다리고 바라볼 뿐이다. 그 믿음으로 그들은 구원을 얻고 하나님으로부터 평화를 얻었다.

그러나 그것으로는 부족하다. 그것은 완전한 것의 그림자요, 모형이요, 복사판일 뿐이다. 새롭고 완전한 것이 와야 한다. 그래서 히브리서 기자는 이렇게 말한다.

> **"레위 계통의 제사 직분으로 말미암아 온전함을 얻을 수 있었으면 어찌하여 아론의 반차(班次)를 좇지 않고 멜기세덱의 반차를 좇는 별다른 한 제사장을 세울 필요가 있느뇨"**(히 7:11).

예수 그리스도는 우리의 대제사장으로 오셨다. 구약의 대제사장인 아론은 그림자와 모형일 뿐이지만, 예수 그리스도는 실체와 원형이시다. 히브리서 기자는 예수 그리스도가 참된 대제사장이라고 말하고 있다.

> **"그러므로 함께 하늘의 부르심을 입은 거룩한 형제들아 우리의 믿는 도리의**

사도시며 대제사장이신 예수를 깊이 생각하라"(히 3:1).

우리의 대제사장이신 예수 그리스도께서는 사람이 지은 성막에서 제사 드리는 것이 아니라 사람의 손으로 짓지 아니한 하늘의 지성소에서 속죄 제사를 드리신다. 하나님과 인간 사이에 어떤 중보자도 있을 수 없다. 목사나 신부가 우리를 대신하여 제사 드리는 사람이 아니다. 인간의 죄를 위한 속죄 제사는 예수 그리스도만이 드릴 수 있다. 어떤 사람도 예수 그리스도가 드린 제사를 대신하거나 보충할 수 없다. 우리는 단지 그분이 하신 일을 믿고 있을 뿐이다.

아론이 드리는 제사는 불완전했다. 그러나 아론과 달리, 그분에게는 사람들을 온전하게 할 수 있는 자격이 있으시다. 그분도 아론과 같이 스스로 택하지 않고 하나님에 의해 임명되셨다(히 5:5). 그분은 완전한 인성을 가지셨다(히 2:17). 그래야만 대제사장이 될 수 있는 것이다. 제사장은 사람에게서 취해야만 하기 때문이다(히 5:1). 또 그분도 사람들이 당하는 모든 시험을 당하셨다. 그러므로 예수 그리스도는 그분이 구원하러 온 자들을 동정하실 수 있다(히 4:15). 그분은 모든 면에서 사람과 같았으나 단 한 가지 점에서 달랐다. 그것은 죄가 없으시다는 점이다(히 4:15). 예수 그리스도의 대제사장직은 아론의 대제사장직이 일시적이고 유한한 것과는 달리 참되고 영원한 것이다.

"그러므로 우리에게 큰 대제사장이 있으니 승천하신 자 곧 하나님 아들 예수시라 우리가 믿는 도리를 굳게 잡을지어다"(히 4:14).

아론은 엉터리이며 실수투성이인 인간이었다. 그러나 하나님의 선택으로 인하여 대제사장이 되었다. 또 아론이 대제사장이 됨으로써 아론 가문 가운데 흠이 없는 남자는 모두 제사장이 될 수 있었다. 예수 그리스도께서 하나님이 택하신 대제사장의 진정한 실체가 되신 것처럼 예수 그리스도의 자녀 된 성도들도 모두 제사장인 것이다.

> **"너희도 산 돌같이 신령한 집으로 세워지고 예수 그리스도로 말미암아 하나님이 기쁘게 받으실 신령한 제사를 드릴 거룩한 제사장이 될지니라"(벧전** 2:5).

신약에서는 제사장이라는 단어가 세 종류로 사용되는데, 첫째는 구약의 제사장을 가리킬 때, 둘째는 하나님의 집을 다스리는 큰 제사장(히 10:21)이신 예수 그리스도를 가리킬 때 사용되었다. 그분은 십자가에서 단번에 자신을 희생제물로 드렸고, 지금도 살아계셔서 우리를 위해 중보하신다. 셋째, 예수 그리스도께서 하나님 아버지를 위하여 제사장(계 1:6; 5:10)으로 삼으신 모든 그리스도인을 가리킬 때 사용되었다.

오늘날 교회에서 목사 스스로가 자신을 제사장이라고 생각하는 사람이 있는가 하면, 성도들도 목사를 제사장으로 크게 잘못 알고 있는 사람도 있다. 이것은 구속사적 의미를 모르기 때문에 하는 말이다. 목사를 제사장으로 생각해서 구약 시대 제사법에서 가진 권위와 위엄을 가진다고 생각한다면 성경을 크게 오해하는 것이다.

성경은 목사와 평신도를 모두 하나님 앞에서 거룩한 제사장이요(벧전 2:5), '왕 같은 제사장'(벧전 2:9)이라고 분명하게 말한다. 그리스도인이면 목사와 평신도를 불문하고 구약의 제사장직을 대신하는 거룩한 제사장이기 때문에 하나님이 기쁘게 받으실 신령한 제사를 드림으로써(벧전 2:5) 하나님을 섬겨야 한다. 이것을 소위 그리스도인의 '만인 제사장직'이라고 말한다.

> **"오직 너희는 택하신 족속이요 왕 같은 제사장들이요 거룩한 나라요 그의 소유된 백성이니 이는 너희를 어두운 데서 불러내어 그의 기이한 빛에 들어가게 하신 자의 아름다운 덕을 선전하게 하려 하심이라"(벧전** 2:9).

하나님 앞에서 목사와 평신도는 지위에 있어 동일한 존재이며 단지 직능면에서 차이가 있을 뿐이다. 바울이 "직임(職任)은 여러 가지나 주(主)는 같으며"(고전 12:5)라고 한 말은 매우 적절한 표현이다. 그리스도인은 하나의 지체로서 서로 조화를 이룬다. 모든 그리스도인은 맡은 일이 다를 뿐이며 서로가 서로에게 봉사하고 섬겨야 한다. 그리스도인을 목사와 평신도로 이원화하는 것은 비성경적이다. 신약성경의 어느 곳에도 평신도라는 말이 없다. 그 누구도 다른 그리스도인의 위나 아래에 있지 않다. 신약성경에서는 아무런 계급 조직을 발견할 수 없다. 다양한 은사들은 있지만 계급은 없다. 물론 목사는 교회 안에서 하나님의 말씀을 맡은 자로서 교회 질서를 위해 일하는 지도자다.

우리는 구약의 제사를 어떻게 볼 것인가에 대하여 살펴보았다. 무엇보다 구약성경의 모형성을 분명히 하지 않으면, 우리는 허둥대며 우리 생각대로 한없이 헤맬 것이다.

"또 저희 죄와 저희 불법을 내가 다시 기억지 아니하리라 하셨으니 이것을 사하셨은즉 다시 죄를 위하여 제사드릴 것이 없느니라"(히 10:17~18).

"다 이루었다"(요 19:30)!

05

히브리서에서의 레위기 사용

히브리서에서의 구약성경 인용

신약성경의 다른 책과 마찬가지로 히브리서는 구약성경을 많이 인용하고 있다. 히브리서의 구약성경 사용 방식을 직접 인용과 간접 인용으로 나누어 생각할 수 있다.

1. 직접 인용

히브리서에서 구약성경이 직접 인용된 경우들을 살펴보면 다음과 같다.

히 1:5상=시 2:7
히 1:5하=삼하 7:14
히 1:6=신 32:43(또는 시 97:7)
히 1:7=시 104:4
히 1:8~9=시 45:7~8
히 1:10~12=시 102:26~28
히 1:13=시 110:1
히 2:6~8=시 8:5~7
히 2:12=시 22:23
히 2:13상=사 8:17
히 2:13하=사 8:18
히 3:2, 5=민 12:7
히 3:7~4:13=시 95:7~11
히 4:4=창 2:2하
히 5:5=시 2:7
히 5:6=시 110:4
히 6:13~14=창 22:16~17
히 7:1~2=창 14:17~18, 20
히 7:17=시 110:4
히 7:21=시 110:4
히 8:5=출 25:40
히 8:8~12=렘 31:31~34
히 9:20=출 24:8
히 10:5~10=시 40:7~9
히 10:16~17=렘 31:33~34
히 10:30상=신 32:35
히 10:30하=신 32:36
히 10:37~38=사 26:20; 합 2:3~4
히 11:18=창 21:12
히 11:21=창 47:31(70인역)
히 12:5~6=잠 3:11~12
히 12:20=출 19:13
히 12:26=학 2:6
히 13:15=신 31:6
히 13:6=시 118:6

이렇게 볼 때 히브리서가 구약성경을 30여 개 이상 직접 인용하고 있음을 알 수 있다. 히브리서에는 모세 오경과 사무엘, 이사야, 예레미야, 하박국, 학개가 등장한다. 히브리서 기자는 성경을 잘 알고 있었던 것이다. 성문서 가운데 잠언을 한 번 인용하며, 그 외에는 시편을 압도적으로 많이 인용하고 있다. 그 수는 히브리서의 구약성경 인용 가운데 절반을 차지할 정도다. 여기에서 추론할 수 있는 것은 히브리서 기자가 구약성경 전체를 소지하고 있었다는 것이다. 히브리서 기자는 구약성경이 있었으므로 히브리서를 기록할 때 폭넓게 그것을 사용할 수 있었다.

2. 간접 인용

또한 히브리서는 구약성경을 상당히 많이 간접 인용했다. 예를 들면, 히브리서 1:3은 시편 110:1을, 히브리서 2:16은 이사야 41:8~9을 간접 인용했다. 히브리서 12:18~28에 나오는 시내산 선포(출 19:16~19)는 간접 인용의 대표적인 예이다. 잘 알고 있는 대로 히브리서 11장에 열거되는 구약 인물들도 역시 간접 인용으로 생각할 수 있다. 히브리서 기자는 구약성경의 문구를 변형하거나 압축하거나 요약하는 것을 주저하지 않았다. 이것을 볼 때 히브리서 기자는 구약성경 사용에 상당한 자유를 행사하였다.

히브리서에서의 레위기 사용

레위기는 히브리서에서 중요한 위치를 차지하고 있다. 히브리서를 읽을 때 레위기적인 표현들을 많이 만나게 된다는 점에서 이 사실을 쉽게 발견할 수 있다. 그런데 여기에 놀라운 사실이 한 가지 있다. 그것은 히브리서가 한 번도 레위기를 직접적으로 인용하지 않았다는 것이다. 레위기는 히브리서에서 단지 간접적으로 사용되고 있을 뿐이다. 우선 레위기가 히브리서에서 어느 정도 사용되고 있는지 자세히 살펴보도록 하자.

1. 히브리서와 레위기 비교

먼저 히브리서를 기준으로 레위기를 배열시켜 보자.

히브리서	레위기	내용
5:3	4:3; 9:7; 16:6, 11, 15~16	백성과 대제사장을 위한 제사
6:19	16:2, 12, 15	휘장 안으로 들어감
7:27	16:6, 11, 15	백성과 대제사장을 위한 속죄
9:2	24:5~8	진설병
9:4	16:12~13	향로를 지성소에 들임
9:5	16:2	성소 휘장 안 법궤 위의 속죄소
9:7	16:2, 11, 14~15, 34	일 년 일 차 지성소 제사
9:10	11:2; 15:18; 19:13	먹는 것과 씻는 것
9:13	16:14~16	염소와 송아지의 피
	17:11	피
9:19	14:4	홍실과 우슬초
	14:7	뿌림
9:21	8:15, 19	피 뿌림
9:22	17:11	피가 죄 사함
10:3	16:34	일 년 일 차 지성소 제사
10:4	16:18	황소와 염소의 피
10:22	16:4	물로 씻음
12:10	11:44	거룩함에 참여
13:11	6:23	불사름
	16:27	영문 밖
13:13	24:14	진 밖으로
13:15	7:12	제사드리라

여기에서 내릴 수 있는 결론은 레위기가 히브리서에서 5~13장에 골고루 분포되어 있다는 것이다. 그럼에도 불구하고 레위기는 특히 히브리서 9장에서 집중적으로 사용되고 있다.

2. 레위기와 히브리서 비교

레위기를 기준으로 히브리서를 배열시키면 다음과 같다.

레위기	히브리서
4:3	5:3
6:23	13:11
7:12	13:15
8:15, 19	9:21
9:7	5:3
11:2	9:10
11:44	12:10
14:4	9:19
15:18	9:10
16:2	6:19; 9:7
16:4	10:22
16:6	5:3; 7:27
16:11	7:27; 9:7
16:12	6:19
16:14~15	9:7
16:18	9:13; 10:4
16:27	13:11
16:34	10:3
17:11	9:13, 22
24:14	13:13

여기에서 발견하는 것은 레위기가 앞뒤의 몇 장씩을 제외하고는 거의 전반적으로 히브리서에 사용되었다는 점이다. 그런데 그럼에도 불구하고 역시 여기에서도 특이하게 레위기 16장이 히브리서에서 집중적으로 사용되는 것을 볼 수 있다.

위에서 본 바와 같이 히브리서에서 레위기는 상당수 사용되고 있다. 여기서는 먼저 이와 같은 자료를 가지고 왜 레위기 16장이 히브리서 9장에서 집중적으로 사용되었는지 살펴보고자 한다. 우선 사실적인 관찰을 한 다음, 신학적인 내용을 검토할 것이다.

사실적인 사항

히브리서가 레위기로부터 진술하는 사실적인 사항에는 성막 구조와 성막 물건, 대제사장과 제사법이 중요하다.

1. 성막 구조와 성막 물건

히브리서 9:2~5에서 히브리서 기자는 성전의 구조와 물건에 관하여 언급한다. 이것은 대체적으로 출애굽기 25장 이하를 따르는 설명이다. 히브리서 기자는 성전을 두 장막으로 나눈다. 첫째 장막은 '성소'라고 불리는데, 거기에는 촛대와 상과 진설병이 있다. 둘째 장막은 '지성소'라고 불리는데, 거기에는 법궤와 향로가 있다. 법궤 안에는 만나의 항아리와 아론의 싹 난 지팡이와 언약판이 들어 있고, 법궤 위에는 속죄소와 영광의 그룹이 있다. 그런데 이 설명에는 출애굽기의 내용과 특이하게 다른 점이 있다. 그것은 향로가 지성소에 있다는 진술이다(히 9:4). 이것은 출애굽기적인 표현이라기보다는 레위기적인 표현이다. 아마도 히브리서 기자는 레위기 16:12~13에 근거하여 대제사장이 향로에 제단 불을 담아 지성소 안으로 가지고 들어오는 것을 염두에 둔 것처럼 보인다.

2. 대제사장과 제사법

히브리서 기자는 레위기 16장을 중심으로 '대속죄일'(יום כיפור 욤 키푸르 또는 יום הַכִּפֻּרִים 욤 하키푸림)의 제사법을 소개한다. 여기에서 가장 중요한 것은 대제사장의 기능에 대한 설명이다. 대속죄일에 대제사장은 일 년에 한 번 지성소에 들어간다(히 9:7; 10:3=레 16:2, 11, 14~15, 34). 대제사장은 '사람들을 위하여 하나님께 속한 일에 세움을 받는다'(히 5:1상). 그리하여 대제사장은 '적들을 위하여 예물과 제사를 드린다'(히 5:1하). 한마디로 말해서 대제사장은 '예물과 제사를 드리는 것을 위하여 세움을 받는다'(히 8:3. 참고 히 9:9; 10:11). 그런데 대제사장은 백성만을 위하여 속죄하는 것이 아니라, 자기를 위해서도 속죄해야 한다(히 5:3; 7:27=레 4:3; 9:7; 16:6, 11, 15~16).

사실상 대제사장은 먼저 자기를 위하여 속죄하고 나서 백성을 위하여 속죄하게 된다. 이때 대제사장은 속죄를 위한 제물로 황소와 염소를 사용한다(히 9:13; 10:4=레 16:14~16, 18). 대제사장은 황소와 염소의 피를 속죄소 위와 속죄소 앞에 뿌려야 한다(히 9:13=레 16:13. 참고 히 9:19=레 14:4; 히 9:21=레 8:15, 19). 피 뿌림이 중요한 것은 피 흘림이 없으면 속죄도 없기 때문이다(히 9:22). '피가 죄를 속하느니라'(레 17:11).

히브리서의 신학과 사상

이상에서 살펴본 바와 같이 히브리서 기자는 레위기로부터 몇 가지 중요한 사항들을 사용함으로써 다음과 같은 신학을 구성한다.

1. 구속사

히브리서는 레위기에서 구속사를 발견하였다. 구속사는 특히 실체와 그림자라는 도식으로 설명된다. 첫째로, 히브리서는 대제사장과 관련하여 그 기능이 매우 제한적임을 밝힌다. "저희가 섬기는 것은 하늘에 있는 것의 모형과 그림자라"(히 8:5. 문자적으로는 '그들은 하늘에 있는 것들의 모형과 그림자를 섬긴다'로 번역될 수 있다. 참고 히 9:23~24). 그 까닭은 대제사장이 "약점을 가진 사람들"(히 7:28)로서 땅에 속하여 일시적으로 존재하는 것들을 섬기기 때문이다. 둘째로, 히브리서는 성막을 불완전한 것으로 이해한다. 성막은 모세가 지시하심을 받아(히 8:5) 사람이 지은 것이기 때문이다(히 8:2). 그러므로 '이 장막은 현재까지의 비유이다'(히 9:9). 왜냐하면 성막이 있는 동안에는 아직 모든 신자가 지성소에 들어가는 길이 나타나지 않았기 때문이다. 이것은 성령이 보여 주신 사실이다(히 9:8).

여기에서 또 하나의 구속사적인 구분이 성립된다. 그것은 첫 언약과 새 언약의 관계이다(히 8:7~9:22). 대제사장과 성막을 통하여 확증되었던 첫 언약은 밝아지고 쇠하고 없어진다(히 8:13). 첫 언약은 결코 무흠하지 않다(히 8:7). 따라서 새 언약이 주어진다(히 8:13). 새 언약은 '더 좋은 언약'(히 7:22; 8:6)이다. 새 언약의 내용은 예레미야서를 인용함으로써 잘 보여 준다(히 8:10~12).

따라서 마지막으로 위의 모든 것을 율법의 개념으로 이렇게 요약할 수 있다. "율법은 장차 오는 좋은 일의 그림자요 참 형상이 아니니"(히 10:1)다. 율법은 약점을 가진 사람들을 제사장으로 세웠고(히 7:28), 사람의 손으로 성막을 지었고(히 8:5), 첫 언약에 있던 사람들이 버렸다(참고 히 8:10). 이렇게 볼 때 율법은 연약하며 무익한 것이므로 아무것도 온전하게 할 수가 없다(히 7:18~19). 율법은 반드시 변이하고 폐지된다(히 7:12, 18). 율법이라는 것은 육체의 예법만 되어 개혁을 기다리는 것이다(히 9:10)

히브리서는 이와 같이 레위기를 기반으로 하여 여러 가지 구속사적인 변화를 발견하였다. 그러면 히브리서는 이 같은 구속사적인 변화를 가능하게 하는 것이 무엇이라고 생각하는가. 그것은 기독론에서 설명된다.

2. 기독론

히브리서는 구속사적인 전환을 가능하게 하는 요소가 대제사장 기독론이라고 생각한다. 히브리서는 구속사의 변화를 위한 근간이 되는 대제사장 기독론을 설명하기 위하여 대제사장과 그리스도의 관계를 다음과 같이 진술한다.

1) 유사성

먼저, 히브리서는 대제사장과 그리스도 사이에 성립되는 유사점을 설명한다(히 5:1~10). 이때 히브리서는 "이와 같이"(히 5:5)라는 단어를 사용하여 양자의 유사성을 명시한다. 우선 신분과 관련하여 볼 때 대제사장이 되는 존귀는 사람이 스스로 취하지 못하고 하나님의 부르심으로 되듯이, 그리스도께서 대제사장이 되신 영광도 스스로 취한 것이 아니라 하나님의 말씀을 따른 것이다(히 5:4~5). 히브리서는 이 사실을 두 개의 시편으로 입증한다(시 2:7; 110:4). 또한 성품과 관련하여 볼 때 대제사장이 "무식하고 미혹한 자를 능히 용납할 수 있는 것"(히 5:2)같이, 그리스도도 '우리의 연약함을 체휼하지 않는 자가 아니다'(히 4:15). 왜냐하면 대제사장이 '자기도 연약에 싸여 있는'(히 5:2) 것처럼, 그리스도도 "육체에 계실 때에… 심한 통곡과 눈물"(히 5:7)을 가진 분이셨기 때문이다.

2) 상이성

그러나 대제사장과 그리스도 사이에는 대단히 큰 차이점이 있다. 히브리서는 이것을 다방면으로 표현한다.

첫째로, 대제사장의 자기를 위한 속죄의 문제다. 대제사장은 백성을 위하여 속죄해야 하듯이 자기를 위해서도 속죄해야 한다. "백성을 위하여 속죄제를 드림과 같이 또한 자기를 위하여 드리는 것이 마땅하니라"(히 5:3). 히브리서는 이 사실을 여러 차례 언급한다(히 7:27; 9:7). 대제사장이 자기를 위해 속죄해야 할 이유는, 대제사장은 사람 가운데서 취한 자로서(히 5:1) 연약에 싸여 있기 때문이다(히 5:2). 그러나 이에 비하여 그리스도는 자기를 위하여 속죄할 필요가 없으시다. 그리스도는 죄가 없으시기 때문이다(히 4:15). "이러한 대제사장은 우리에게 합당하니 거룩하고 악이 없고 더러움이 없고 죄인에게서 떠나 계시고 하늘보다 높이 되신 자라"(히 7:26).

둘째로, 대제사장의 반복적인 제사의 문제이다. 이것은 두 가지 면으로 설명된다. 우선 대제사장의 제사 반복은 대제사장의 수효와 관련이 있다. 대제사장의 수효는 많다. 그것은 대제사장이 죽음을 인하여 항상 있지 못하고 바뀌기 때문이다(히 7:23). 따라서 '제사장 직분은 변역한다'(히 7:12). 그러나 그리스도는 영원한 제사장이시다(히 6:20; 7:21). "예수는 영원히 계시므로 그 제사 직분도 갈리지 아니하나니"(히 7:24).

또한 대제사장의 제사 반복은 대속죄일의 시효와 관련이 있다. 대제사장은 해마다 다른 것의 피를 가지고 성소에 들어가야 한다(히 9:25). 이것은 대제사장의 일 년 일 차 제사이다(히 9:7; 10:1, 3). 그러나 그리스도의 제사는 단회적이다(히 7:27). 그리스도는 '많은 사람의 죄를 담당하려고 단번에 드리신 바 되셨다'(히 9:28. 참고 히 10:10). 그리스도께서 죄를 없게 하려고 세상 끝에 나타나셔서 자기를 단번에 제사로 드린 것을 "영원한 제사"(히 10:12)라고 부를 수 있다. 바로 여기에서 그리스도의 제사의 종말론적인 성격과 영원한 성격이 결합된다(참고 히 1:2).

셋째로, 대제사장의 반차의 문제이다. 대제사장은 아론의 반차를 따른다(히 5:4). 그러나 그리스도는 멜기세덱의 반차를 좇는다(히 5:6, 10; 6:20). 히브리서는 그리스도의 멜기세덱 반차를 입증하기 위하여 시편 110:4을 인용한다(히 5:6). 멜기세덱은 구약성경에서도 오직 두 곳에만 나올 뿐이다(창 14:18~20; 시 110:4)

그런데 히브리서 기자는 이 두 내용을 근거로 하여 그리스도께서 멜기세덱의 반차에서 온 대제사장이시라는 사실을 집요하게 설명한다(히 5~7장). 아론보다 멜기세덱은 큰 대제사장이다.

그 첫째 이유는, 멜기세덱의 신분 때문이다. 멜기세덱은 시작도 없고 끝도 없는 인물이다(히 7:1~3). 둘째 이유는, 아론(또는 레위)의 조상인 아브라함과 멜기세덱의 관계 때문이다. 아브라함은 멜기세덱에게 예물을 드렸고, 멜기세덱은 아브라함을 축복하였다. 낮은 자가 예물을 드리고, 높은 자가 축복을 한다(히 7:4~10). 셋째 이유는, 멜기세덱의 시간적인 우선성 때문이다. 멜기세덱은 레위(또는 아론)보다 훨씬 먼저 활동하였다(히 7:5, 10). 넷째 이유는, 대제사장이 된 조건 때문이다. 아론의 반차를 따르는 대제사장은 맹세 없이 되었으나, 멜기세덱의 반차를 따르는 그리스도는 맹세로 되었다(히 7:11~28. 참고 특히 히 7:20~21). 아론의 반차에서 나오는 대제사장들은 육체에 상관된 계명의 '율법'(히 7:16상)을 따르지만, 멜기세덱의 반차에서 나오신 그리스도는 "무궁한 생명의 능력"(히 7:16하)을 따르신다. 한마디로 말해서 전자는 율법의 계명으로 된 대제사장이요, 후자는 맹세의 말씀으로 된 대제사장이다(히 7:28). 이러한 의미에서 예수 그리스도는 영원히 온전하신 하나님의 아들이시다(히 7:28).

넷째로, 대제사장의 기능의 문제이다. 먼저 대제사장이 섬기는 공간을 살펴보자. 대제사장은 땅에 있는 성소에서 섬긴다. 그러나 그리스도는 하늘에 있는 성소에서 섬긴다. "그가 하늘에서 위엄의 보좌 우편에 앉으셨으니 성소와 참 장막에 부리는 자라"(히 8:1~2). 이 장막은 하나님께서 베푸신 것이요 사람이 만든 것이 아니다(히 8:2). 그리스도께서는 "손으로 짓지 아니한 곧 이 창조에 속하지 아니한 더 크고 온전한 장막"에서 섬기신다(히 9:11. 참고 히 9:24).

이제 대제사장이 드리는 제물을 살펴보자. 대제사장과 그리스도의 제사에서 제물의 피가 중요하다는 점은 공통적이다. 그러나 제물의 종류는 다르다. 대제사장은 속죄를 위하여 염소와 송아지의 피를 사용한다(히 9:12, 13, 19; 10:4). 그리스도는 자기의 피로 속죄를 이룬다(히 9:12, 14). 염소와 송아지의 피는 온전한 속죄를 이루지 못하지만 흠 없는 자기를 하나님께 드린 그리스도의 피는 진정한 속죄를 이룬다(히 9:14).

3. 교회론

히브리서는 이렇게 대제사장 기독론을 중심으로 하여 구속사를 밝혀 주고 있다. 그러면 대제사장 기독론적인 구속사는 성도에게 어떤 효과를 주는가. 히브리서는 이것을 놓치지 않고 설명한다.

멜기세덱의 반차를 따라 영원한 대제사장이 되어 성소의 휘장 안으로 들어가신 그리스도는 우리를 위한 '선구자'가 되신다(히 6:20). 그러므로 이제 우리도 예수의 피를 힘입어 성소에 들어갈 담력을 얻었다(히 10:19. 참고 히 6:19). 성소에 들어간다는 것은 온전한 구원을 의미한다(히 7:25). 우리는 이제 온전한 구원의 소망을 가지고 있다. 이 소망은 견고하고 확고한 영혼의 닻과 같다(히 6:19). 히브리서가 레위기를 사용하여 우리에게 주려는 교훈 가운데 대제사장 기독론적인 구속사는 가장 중요한 것이다.

히브리서는 대제사장 기독론적인 구속사에 포함된 우리를 향하여 이렇게 초청하고 있다. "그러므로 우리에게 큰 대제사장이 있으니… 은혜의 보좌 앞에 담대히 나아갈 것이니라"(히 4:14~16).

06

언약 관계와 5대 제사의 의미
(레 1~7장)

1~7장을 신·구약의 다른 본문들처럼 장별로 연속적인 강해 설교 형태로 하기는 어렵다. 여기에 나오는 다섯 가지 제사는 그 세부적인 행동에 있어 동일할 경우가 많기 때문이다. 또 각 제사에 대해서 두 번씩, 즉 한 번은 제사인의 관점에서(1~5장) 또 한 번은 제사장의 관점에서(6~7장) 기록하기 때문에 같은 주제로 설교를 두 번 하는 것은 무리이다. 그래서 이 글에서도 우선 제사의 일반적인 의미에 대해서 서론적으로 다룬 후 각 제사의 공통된 요소와 의미를 다룰 것이다. 이어서 각 제사의 독특한 내용과 그 신약적 의미를 다루려고 한다.

구약의 제사

1. 구약 제사의 본래적인 의미는 언약의 회복 혹은 발전에 있다

우리나라는 종교성이 강한 나라였다. 기독교가 우리나라에 소개되기 전에도 이미 다른 종교들이 있었기 때문에 한편으로 기독교를 이해시키기 쉬웠지만, 정반대로 그 종교들에게서 배운 종교적 개념에 대한 선 이해(先理解) 때문에 기독교의 정확한 진리를 이해시키기 힘들기도 했다. 그중 하나가 바로 제사에 관한 것이다. 사실 제사는 모든 종교에서 볼 수 있는 현상이므로 우주적 종교 현상이라고 할 수 있다.

그러나 성경이 말하는 제사의 의미는 그런 종교 현상이나 원리와는 본질적으로 다르다. 구약이 말하는 제사의 본래적 의미는 하나님과 이스라엘의 언약 관계 속에서 찾아야 한다. 구약의 제사는 이 언약 관계가 깨졌을 경우에 회복시키거나, 이미 있는 관계를 발전시키는 역할을 한다. 언약에 해당하는 히브리어 '베리트'(בְּרִית)는 단순히 말로 하는 약속이 아니라 인격 당사자 간의 공적인 관계 형성을 의미한다.

오경에서 사실과 사건을 기록하는 순서에 있어서도 이 점이 명백해진다. 먼저 시내산에서 언약 관계를 공식적으로 체결하며(출 19~24장), 이스라엘은 여호와만을 자신의 하나님으로, 여호와는 이스라엘만을 자신의 '보배로운 백성'(סְגֻלָּה세굴라 출 19:5; 신 26:18)으로 받아들인 것이다. 이어서 언약 당사자들이 더불어 살아갈 장소이자 그 맺은 언약을 증거 하는 증거막이 준비되었다(출 25~31, 34~40장).

그리고 제사에 대하여 언급되었는데(1~7장), 이 사실은 제사가 독립적인 하나의 종교적 행동이 아니라 앞에서 맺은 언약과 관계된다는 점을 보여 준다. 즉, 제사는 하나님과 이스라엘 사이에 맺은 언약 관계가 깨졌을 경우에 이것을 회복하거나 더 나은 관계로 발전시키는 것이 목적이다. 레위기의 제사에는 언약법을 어긴 죄에서 회복하는 내용도 있지만 이스라엘이 그들의 죄와 관계없이 사랑과 자비를 나타내 주신 하나님께 감사하고 서원하며 자원하는 경우도 있다. 이 경우는 언약 관계를 사랑으로 발전시키는 의미가 포함된 제사이다.

레위기의 제사가 단순히 그리스도의 속죄로 완성되었다고 생각하고 깊이 연구할 필요성을 느끼지 못하여 레위기를 건너뛰어 읽곤 했던 현대의 그리스도인들에게 이 의미는 충격적이다. 구원이 그리스도의 은혜라 할지라도 적극적인 자기 적용을 통해 하나님과의 언약 관계의 회복으로 들어가는 것과, 계속되는 언약 관계를 사랑으로 발전시킬 책임은 결국 자신에게 달려 있기 때문이다.

이처럼 속죄와 관계없는 제사의 적극적인 면은 현대의 성도들에게 잘 알려지지 않았다. 다윗이 자신의 집과 하나님의 집을 비교하여 자원해서 성전을 건축할 의도를 가진 것 자체를 기뻐하며 영원한 다윗 왕국을 이룰 것을 언약하시는 하나님의 모습은 언약 관계의 깊은 발전을 나타낸다(삼하 7장).

2. 제사 드리는 장소: 회막, 증거막

구약성경은 보통의 종교에서 신이 사는 장소로 표현하는 '성소'나 '성전'을 잘 사용하지 않고, 다른 종교에서 볼 수 없는 '회막'(אֹהֶל מוֹעֵד 오헬 모에드 會幕, the tent of meeting), '장막'(מִשְׁכָּן 미쉬칸 the tabernacle), '증거막'(מִשְׁכַּן הָעֵדֻת 미쉬칸 하에둣 證據幕, the tent of witness, 민 1:50) 등 특별한 용어들을 더 많이 사용한다.[1]

이 가운데 비록 가장 드물게 사용되지만 가장 일관성 있는 용어가 바로 '증거막'이다. 왜냐하면 이 막 안의 내용물이 '증거판', 즉 법판이며 이것을 담는 기구를 '증거궤'라고 표현하기 때문이다. 그렇다면 무엇에 대한 증거인가? 그것은 하나님과 이스라엘의 언약 관계에 대한 증거이다. 이 막이 하나님과 이스라엘 사이에 맺어진 언약 관계를 증거 하는데, 그 실제가 하나님과 이스라엘이 일종의 결혼식을 하고 같이 만나서 사는 신혼방과 같은 삶의 장소이기 때문에 '회막'이라고 불린다.

신약적으로 하나님의 교회가 바로 구약의 증거막이며, 공적으로 증거 하는 내용은 신약의 교회가 하나님과 언약을 맺은 영적인 이스라엘이라는 것이다. 여기서 이스라엘 백성은 개인으로나 공동체로 하나님을 만날 수 있으므로 이 교회가 바로 회막이 되는 것이다. 그런데 신약에서는 구체적인 장소 자체가 중요하다기보다 성도들의 모임 자체가 증거막이 되고 교회가 되는 것이다. '네 집에 있는 교회'(고전 16:19)라는 표현에서 알 수 있듯이 '집'이라는 장소에서 모이는 공동체 자체가 교회인 것이다. 그러므로 장소가 관건이 아니라, 영이신 하나님을 '영과 진리로' 만나는 것이 교회의 증거막 됨에 있어서 가장 중요한 요소이다(요 4:24).

3. 안수의 의미

제사에 있어서 안수의 의미는 일반적으로 두 가지로 해석된다. 즉, 죄의 '전가'(transfer) 또는 동물이 사람을 '대신'(substitute)함이다.

그러나 후자가 가능성이 많다는 것을 나타내는 증거들이 있다. 우선 제사에 있어서 안수를 하는 경우는 번제, 화목제, 속죄제이다. 이 세 제사에서 번제와 화목제는 죄와 관련이 있는 경우도 있지만, 그렇지 않은 경우도 있다. 이런 경우에 전가될 죄가 없으므로 안수의 의미를 전가로 해석할 수 없다.

더 구체적으로 화목제를 감사제, 서원제, 자원제로 드릴 경우(7:12, 16)에 안수를 하는데, 이때는 죄와 상관없으므로 적어도 이 경우는 '전가'가 아니라 '대신'의 개념으로 설명해야 한다. 즉, 내가 내 몸을 감사제, 서원제, 자원제로 드리는 대신에 동물을 드린다는 것이다.

그러므로 안수를 일관성 있게 설명하는 길은 아무래도 전가가 아니라 '대신'인 것 같다.

신약적으로 그리스도인이 되는 것을 그림으로 설명하면, 우리가 그리스도의 머리 위에 안수하여 그가 우리 죄를 대신하여 죽으심을 받아들이는 것을 의미한다. '안수'에 해당하는 히브리어 '싸막'(סָמַךְ)이 단순히 손을 얹는 행동을 의미하기보다 '누른다'는 의미가 있으므로 의지적으로 자신을 대신하여 죽으신 하나님의 아들을 의뢰하는 마음이 있어야 할 것이다.[2]

또 안수는 제사장이 하는 것이 아니라 죄를 지은 이스라엘 백성 자신이 하는 것이다. 그러므로 신약의 성도들이 하나님 앞에 설 때나 공적인 예배에 임할 때마다 각자의 죄에 대해 적극적으로 고백하며, 그리스도의 공로에 의지하여 죄 씻음을 새로이 얻으며, 자신을 대신하여 죽으신 하나님의 아들에 대한 감사와 함께 새로운 신뢰가 있어야 할 것이다.

4. 제사인과 제사장의 역할 분담

현대를 사는 예배자의 상식적 생각과 근본적으로 다른 점은, 구약의 제사인은 능동적으로 제사에 참여한다는 것이다. 더 정확하게 말하면, 제사인이 능동적이어서 제사장은 제사인이 능동적으로 준비한 것을 수동적으로 처리하고 있다는 느낌이 들 정도이다.

번제를 예로 들어보자. 먼저 제사인은 제사를 위한 희생물을 회막문에 끌고 나와 안수하고 나서 그 동물을 제의적으로 죽인다. 이때 제사장이 하는 일은 희생물을 죽일 때 나오는 피를 가져다가 단 사면에 뿌리는 것이다. 그다음에 제사인은 번제 희생물의 가죽을 벗기고 각을 뜬다. 제사장은 그 각 뜬 것을 미리 준비하였던 번제단의 나무와 불 위에 놓는 일을 한다. 또 제사인이 내장과 정강이를 물로 씻고 나면, 제사장은 그 전부를 단 위에서 사른다.

이 사실을 적극적으로 뒷받침하는 것은 1~7장에서 각 제사가 두 번씩 언급된다는 점이다. 한 번은 제사인의 관점(1~5장), 또 한 번은 제사장의 관점에서(6~7장) 기록되었다. 제사인은 적극적으로 제사에 참여해야 하기에 제사법을 잘 알아야 했다. 따라서 제사인의 관점에서 기록된 본문이 훨씬 더 많은 분량을 차지한다. 예를 들어 속죄제를 설명할 때 제사장의 관점에서의 기록은 7절밖에 되지 않는 반면(7:1~10), 제사인의 관점에서의 기록에는 48절이나 할애하고 있다(4:1~5:13).

이 두 관점이 명확하게 드러나는 것은 소제의 경우이다. 제사장이 드리는 소제가 별도로 언급된 곳이 후반부인 6:19~23이다. 여기서 제사장은 제사를 집행하는 자로서보다 한 명의 제사인이 되어서 자신에게 해당하는 사항에 대해 제사를 드리는 것이다.

제사인은 적극적으로 자신의 제사를 준비하고 제사장은 오히려 그 준비된 것을 진행하는 모습이, 수동적으로 공동체의 예배에 참여하는 현대의 예배자들의 모습과는 너무나 대조적이다. 구약 제사에 비추어 볼 때, 오늘날 교회는 적어도 죄 고백의 예배 순서에서 예배자가 매우 능동적으로 자신과 가정, 교회와 사회의 구체적인 죄를 고백하고 애통하는 마음으로 용서하심을 구하며 결단의 차원으로 나아가도록 해야 할 것이다.

5. 속죄의 중요성

레위기에 언급된 제사는 모두 다섯 가지이다. 이 중에서 죄와 직접적으로 관계되는 제사는 속죄제와 속건제이다. 나머지 세 제사(번제, 소제, 화목제)는 죄와 관련되기도 하고 그렇지 않기도 하다. 그러므로 사실 모든 제사가 다 죄와 관계되는 것이다.

이것은 하나님과 이스라엘의 언약 관계에서 가장 중요한 문제가 죄의 처리임을 말해 준다. 죄의 처리는 신약 시대에도 역시 하나님과 영적 이스라엘인 교회의 언약 관계에서 가장 중요한 문제인 것은 두말할 필요도 없다.

이 점은 교회 부흥에 있어 가장 중요한 관건은 역시 죄의 처리라는 것을 웅변적으로 말해 준다.

그리고 다섯 제사는 죄가 다섯 가지 관점에서 처리되어야 함을 나타낸다는 점에서, 레위기가 죄에 대해서 얼마나 구체적이고 민감한지를 알 수 있다. 이 제사들은 죄의 원인과 결과, 그리고 그 완전한 회복과 치유까지를 목적으로 하고 있다. 죄와 관련된 '번제'와 '소제'는 인간이 지은 죄에 대해 하나님께서 그 진노를 완전히 돌이키심에 대한 감사와 새로운 헌신을 나타낸다. '화목제'는 죄로 인해 막힌 하나님과 인간, 그리고 인간끼리의 막힌 담을 헐어서 진정한 샬롬의 상태가 되는 것을 목적으로 한다. '속죄제'가 죄로 오염된 것을 씻어 냄을 목적으로 한다면, '속건제'는 죄로 인해 생긴 피해를 넘치도록(20% 덧붙여서) 보상하도록 함으로써 완전한 원상 복구까지를 이상으로 하고 있다.

신약 시대의 그리스도인들은 죄로 인한 모든 종류의 파괴와 파멸에서의 완전한 회복과 치유가 결국 하나님의 아들의 공로로 역사의 마지막에 이루어질 것을 믿는다. 그때가 오기까지 그리스도의 속죄 사역의 완전성과 전포괄성과 전능성을 믿으며, 그리스도인들은 계속해서 그것을 역사와 현실 속에 적용해 나아가야 할 것이다.

제사에 대한 고찰

1. 번제(1:1~17; 6:8~13)

1) 죄와 관련이 있는 경우

1:4에 번제의 목적이 아주 명확하게 언급되었다('속죄가 될 것이니' 14:20; 16:24).

레위기 밖에서 번제가 속죄와 관련된 경우를 많이 찾아볼 수 있다. 물론 속죄와 직접 관련 있는 제사는 속죄제와 속건제이다. 그러나 속죄제나 속건제에서 볼 수 없는 내용을 번제는 담고 있는데, 그것은 번제가 '여호와께 향기로운 냄새가 된다'(1:9, 13, 17)는 것이다. 이것은 번제가 주로 인간의 범죄로 인하여 인간에 대하여 가지신 하나님의 태도를 돌이키는 역할과 관계된 것 같다(창 8:21). 즉, 인간의 죄에 대한 하나님의 진노를 누그러뜨리는 역할을 하는 것이다(민 15:24; 삼하 24:25; 대상 21:26; 욥 1:5; 42:8; 대하 29:7~8). 그래서 작정한 하나님의 진노의 결과인 심판이 면제되는 것이다.

번제의 신약적 의미는 무엇인가? 그것은 자신의 죄 때문에 하나님의 진노의 불길을 받아서 영원한 지옥 불에서 고통을 당해야 할 성도들을 대신하여 완전히 태워지듯이, 고난당하고 지옥 형벌을 받으신 하나님의 독생자의 사역을 진실함과 감사함으로 받아들이는 것이다. 그리고 이제는 하나님의 자녀로서 아버지와 더 깊은 언약적 관계를 누리며 살기로 하는 새로운 결심을 해야 한다.

2) 죄와 관련이 없는 경우

번제가 죄와 관계되지 않는 구체적인 예를 창세기 22장에서 이삭을 번제로 드리는 경우에서 볼 수 있다. 여기서의 번제는 아브라함의 죄와 관계된 것이 아니라 아브라함의 전적 헌신, 즉 전적 포기와 관련되었다. 어느 정도의 헌신인가? 하나님이 아브라함에게 이 아들을 통하여 주신 비전조차도 포기할 수 있고, 오직 모든 것을 가능하게 하시는 하나님만 의존할 수 있는 헌신이다.

또 언약 제사에서 드려진 번제의 경우(출 24:5; 신 27:6. 비교 출 32:6)는 이스라엘이 지은 또는 지을 죄와 무관한 것이고, 언약 당사자이신 여호와께 대한 이스라엘의 전적인 헌신을 나타낸다. 그 이외의 경우를 통하여 알 수 있는 바와 같이(출 18:11~12; 왕상 18:38~39; 삼상 15:22; 시 40:7; 민 6:14; 15:3; 시 50장; 66:13~15), 번제가 죄와 관련이 없는 경우에는 전적 헌신과 말로 다할 수 없는 감사와 조건 없는 봉사와 관련되었다.

3) 번제의 특성이 주는 교훈

번제의 나머지 특성은 밖에 버려질 더러운 부분을 제외하고는 드려진 제물 전체가 다 태워지는 것이다. 즉, '완전히 태워짐'의 개념이 가장 중요한 특징으로 강조되었다. 그런데 이것이 죄와 관계된 경우는 하나님의 완전한 진노, 죄와 관계없는 경우는 하나님께 전적으로 자신을 드림과 관련이 있다.

또 제사장을 위하여 주어진 번제에 대한 규례에서 강조된 점은(6:8~13에서 3회나!) 번제단의 불을 꺼뜨리지 않는 것이다. 이 목적을 위해 화목제를 드릴 때에 나온 기름까지 번제단에 사용하도록 하였다(6:12). 또 번제는 성전에서 매일제로 드려졌다(민 28장). 이러한 사실들은 우리가 죄에 대하여 지속적인 경각심을 가져야 함과 동시에 언제나 하나님께 대하여 변함없는 헌신을 해야 함을 나타낸다.

2. 소제(2:1~16; 6:14~23)

1) 소제의 원리적 의미

소제는 제사 중에서 유일하게 동물의 희생, 즉 피와 관계없이 곡식을 제물로 드리는 제사이다. '소제'(מִנְחָה밍카)는 종교적, 비종교적으로 일종의 '선물'(tribute)의 의미가 있는데, 종교적으로 인간이 하나님께 드리는 일종의 감사의 선물과 같은 것이라고 볼 수 있다. 부정에 대한 의심을 받는 아내가 있을 경우에 드리는 의심의 소제와 같은 경우를 제외하면, 주로 이 제사는 다른 제사에 동반하여 드려졌으므로 그 의미를 파악하기가 쉽지 않다.

그러나 소제의 가장 중요한 특징인 피와 관계가 없다는 사실과, 다른 제사에 동반된다는 사실은 중요한 점을 암시한다. 다른 제사가 의미하는 것이 주로 하나님이 인간에게 시여(施輿)하는 것, 즉 용서와 회복 같은 것이라면 그것에 대한 인간 편에서의 반응, 곧 감사와 찬양과 헌신과 봉사를 표시하는 행위와 같은 것이 소제라고 할 수 있다. 다시 말하면 하나님이 하신 일에 대한 인간 편에서의 반응의 표시로써의 소제를 생각할 수 있다. 예를 들면, 번제와 함께 드려지는 소제는 번제로 죄에 대한 하나님의 진노를 피하고 용서함을 받은 것에 대한 감사와 앞으로의 삶에 대한 결단을 나타낸다고 볼 수 있다.

이 점은 신약적으로 성도들이 하나님께서 하신 모든 행동, 즉 구속과 사죄와 회복 그리고 모든 열매와 능력 주심, 사랑과 관심에 대해 어떻게 반응해야 할 것인가를 나타낸다. 다시 말해, 우리와 하나님 사이에 있는 언약 관계의 회복과 발전이 궁극적으로 하나님의 은혜로 되는 것인데, 이 은혜에 대해서 성도 편에서 깊은 감사에 근거하여 어떻게 찬양과 진정한 교제, 헌신과 봉사 그리고 선교와 전파로 나타내야 할 것인가를 보여 준다.

2) 소제의 구체적인 내용

소제의 구체적인 모습을 보면 이러한 점들이 더 분명히 나타난다. 소제를 드리는 방법에는 오븐에 굽거나(2:4), 팬에 굽거나(2:5), 솥에 삶는 것(2:7) 세 가지가 있다. 거기에 반드시 들어가야 할 것이 있는가 하면(소금, 2:13), 반드시 들어가지 말아야 할 것이 있으며(누룩과 꿀, 2:11), 또 없어도 되지만 있으면 좋은 것이 있다(기름과 향유, 2:15).

먼저 소제를 드리는 방법이 다양한 것은 인간이 선천적으로 혹은 후천적으로 하나님께 받은 모든 재능, 여건, 능력, 재물을 통하여 하나님께서 베푸신 은혜에 다양하게 감사를 표현할 수 있음을 나타낸다. 또 우리가 처한 여건의 호불호에 관계없이, 백성과 방언과 문화의 다양성과 관계없이, 그 처한 곳에서 하나님께 감사의 표현을 행위로 나타낼 수 있음을 보여 준다.

또 반드시 들어가야 할 것이 소금이라는 사실은 그 설명에도 나타나듯이('언약의 소금', 2:13), 이스라엘이 하나님과 맺은 존귀한 언약 관계는 영원한 언약임을 재천명하는 것이다(민 18:19; 대하 13:5). 즉, 이스라엘을 '가장 존귀한 보배'(세굴라 신 26:18; 출 19:5)로 삼겠다는 언약을 하나님은 결국 지키시며, 이스라엘은 여호와만을 하나님으로 섬기겠다는 의미가 소금을 뿌리는 행위에 담긴 것이다.

정반대로 반드시 들어가서는 안 되는 누룩과 꿀에 대해서는 소금의 반대 개념으로 설명할 수 있다. 즉, 언약 관계를 부패시키는 요소가 들어가서는 안 되는 것이다. 하나님과의 순전한 언약 관계를 파괴시키는 내면적 타락이, 인간이 표현하는 감사 행위 속에 들어감으로써 위선적인 모습이 나타나서는 안 되는 것이다.

또 들어가면 좋은, 그러나 없어도 되는 것은 기름과 향유인데, 이것은 제사를 드리는 인간 편에서의 자원하는 마음과 순전한 기쁨을 나타낸다.

3. 화목제(3:1~17; 7:11~21)

1) 죄와 관련이 있는 경우

죄와 관련된 화목제의 의미는 비교적 파악하기 쉽다. 하나님과 이스라엘이 맺은 언약 관계가 죄로 인하여 파괴되었는데, 이것을 회복하는 역할을 하는 제사가 화목제이다. 나머지 네 제사는 모두 단수로 표현되었으나, 화목제는 복수로 표현되었다. '화목제'(שְׁלָמִים슐라밈)는 잘 알려진 대로 '관계의 평안'(shalom)의 의미를 명백하게 지니는데 이는 이 '관계'가 쌍방적이라는 사실과 밀접한 관계가 있다. 즉, 아무리 하나님이 샬롬 관계의 회복을 제의하셔도 인간이 그것을 받아들이지 않으면 소용이 없는 것이다. 화목제를 드리는 것은 하나님이 만드신 관계 회복의 길을 따르겠다는 뜻이다. 다시 말해 그리스도께서 마련하신, 인간이 하나님과 화목하여 언약 관계를 회복할 수 있는 길을 따르기로 작정하는 것을 의미한다. 화목제를 드린 후에, 인간은 다시 하나님의 가장 보배로운 소유물로서의 관계로 회복되는 것이다.

2) 죄와 관련이 없는 경우

7장과 22:21은 화목제가 죄와 관계없이 드려지는 세 가지 경우, 즉 '감사제'(7:12), '서원제'(7:16. 비교 잠 7:14), '자원제'(7:16)를 말한다. 이 모든 것에 공통적으로 전제되어 있는 요소는 하나님의 구원과 평화다.[3] '감사제'(תּוֹדָה토다 tanksgiving)로 드리는 화목제의 경우는 이루어 주신 구원에 대한 감사를 나타내는 것이다. 또 서원제(vow)로써의 화목제는 하나님께서 미래에 혹은 과거에 구원을 베풀어 주실 것에 대하여 약속했던 서원을 미리 혹은 이제야 갚는 의미가 있다. 벧엘에서 야곱은 서원으로 돌에 기름을 부었고, 장차 그 서원이 이루어졌을 때에 제사를 드렸다(창 28:18; 35장). 또 한나는 자신이 했던 서원적인 요구가 이루어진 것에 대한 감사로 화목제를 드리며, 거기에 가루 한 에바와 포도주 부대를 드림으로써 넘치는 제사를 만들어 드렸다(삼상 1~2장). '자원제'(free-will offering)는 제사인이 추수 때와 같은 경우에, 하나님의 선하심을 깨닫고 그것에 대해서 스스로 드리는 제사이다. 이것은 예상하지 못했던 하나님의 은혜를 자각하고 드리는 제사이다(출 35:29; 스 1:4; 8:28; 시 54:8).

이처럼 죄와 관계없는 경우에 드려지는 화목제는 그야말로 하나님과 이스라엘의 언약 관계가 쌍방의 깊은 이해와 관심과 사랑 속에서 높은 차원으로 발전하는 것임을 보여 준다. 신약적으로도 화목제는 하나님께서 베풀어 주신 은혜에 감사하는 것으로, 혹은 하나님 나라의 역사의 과정 속에 인간의 활동이 사용되기를 대담하게 서원하는 것으로, 혹은 하나님의 무한한 자비의 속성이 역사에 드러남에 대해 자원하는 마음으로 헌신과 봉사의 삶을 살아드리는 것으로 볼 수 있다. 이것을 통해, 언약 관계는 하나님의 행동하심에 대한 인간 편에서의 적극적이고 능동적인 반응으로 더 깊이 발전할 수 있음이 잘 드러난다. 모름지기 언약은 인격 당사자 간의 관계이기 때문에 쌍방의 노력에 의해서 발전하기 때문이다.

3) 화목제의 중요한 특징인 공동 식사

제물의 처리에 있어 번제의 경우는 모든 것이 태워지므로 아무것도 남지 않는다. 소제나 속죄제의 경우는 일부만 태워지고 제사장이나 아론의 자손들이 나머지를 먹는다. 그러나 화목제의 경우는 제물의 일부만 태워지고 가슴과 뒷다리를 제사장이 취하고 난 뒤(7:30~33), 나머지를 제사인이 먹을 수 있다. 실제로 화목제에서 태워지는 것은 내장에 해당하므로, 결국 제사인이 먹을 수 있는 것은 고기다. 이것은 사실 언약 관계가 정상으로 회복되거나 더 깊이 발전한 것에 대하여 하나님이 기쁨 가운데 다시 되돌려 주시는 선물인 셈이다. 이 공동 식사로 하나님과의 관계뿐 아니라 이스라엘 서로간의 관계가 샬롬의 상태를 유지하거나 발전하는 것을 진정으로 기뻐하고 즐거워할 것이다.

그리스도인들이 성만찬에서 먹고 마시는 떡과 포도주의 기초는 유월절 제사에서 나온 것이다. 즉, 그리스도의 고난과 죽음으로 우리에게 생명이 주어진 것에 대한 상징으로 먹고 마시는 것이다. 여기에 우리의 죄와 관련된 그리스도의 화목제의 의미가 포함되어 있다. 그래서 그리스도의 사역으로 하나님과의 화목이 이루어진 가운데 기쁨의 식사를 같이 나누는 것이다. 또한 성도들이 하나님의 은혜에 감사해서 자원함으로 가져온 음식과 집과 땅 문서와 재산을 서로 나누는 초대 교회의 공동 식사와 공동 소유는 화목제의 적극적인 측면, 즉 언약 관계를 더 발전적으로 이루는 방향으로 적용된 것이다. 그러므로 신약의 성도들은 은혜에 대해 더 다양하고 깊이 있게 감사하는 종류를, 맹세와는 명백하게 구분되는 서원의 의미를, 하나님의 은혜로운 속성이 구속 역사에 적용되는 데 자신을 드리는 자원의 깊은 의미를 더 많이 알아야 하는 특권과 책임이 주어졌다.

4. 속죄제(4:1~5:13; 6:24~30)

1) 속죄제의 근본적 의미

'속죄제'(חַטָּאת하타앗 purification offering)는 그야말로 레위기에서 말하는 속죄와 관련해 가장 중심적인 제사이다. 이 제사는 근본적으로 죄 그 자체를 처리함으로써 이스라엘에서 죄를 정결케 하는 역할을 한다. 속죄제의 이 기능은 죄와 관계된 다른 제사들과의 비교를 통해서 잘 드러난다. 먼저 번제는 인간의 죄에 대해 인간이 받아야 할 하나님의 진노로부터 인간을 보호하는 역할을 한다.[4] 화목제는 죄로 인하여 갈라졌던 관계가 회복되게 한다. 또한 속건제는 죄의 결과로 남아 있는 부채 해결이 목적이다. 그러나 속죄제는 죄 자체가 처리되게 하여 오염과 부패와 타락을 적극적으로 막는 역할을 한다. 속죄제가 번제와 함께 드려진 경우를 보면 속죄제의 의미가 분명하게 드러난다(12:6; 14:13, 19; 15:15, 30). 이 경우 속죄제는 성소가 죄로 오염된 것을 정결하게 한다. 즉, 속죄제에서 나오는 제물의 피를 번제단 뿔(4:25)과 속죄소 덮개(16:14)에 바름으로써 죄의 오염을 방지하게 했다. 이 경우 피는 적극적인 속죄의 역할을 한다. 그러나 번제의 피의 경우에는 그냥 제단에 부어서 태웠는데 이는 피가 생명을 상징하기 때문에 버리지 않고 태운 것이다.

그리스도의 사역의 핵심은 역시 속죄제에서 표현되었다고 볼 수 있다. 즉, 죄 자체를 처리해서 죄의 근본을 없애고 모든 것을 회복시키는 역사를 이루셨다. 인간 세계에서 죄의 오염을 없애고 죄에서 자유롭게 한 것이다. 정결케 하는 것과 함께 그리스도와 같이 죽고 같이 사는 의미가 표현된 것이 신약 세례(baptizo)라면(롬 6장), 이 의미를 구약의 속죄제 외에 다른 제사에서는 찾을 수 없다.

또 속죄제를 드리는 네 가지 경우가 제시되었는데(제사장, 온 백성, 족장, 평민), 그중에 제사장의 죄가 온 백성의 죄보다 가장 중요한 것으로 먼저 취급되었다. 그 이유는 제사장이 온 이스라엘과 하나님과의 관계를 중보하므로 그가 죄를 범하면 어떤 관계도 회복될 수 없기 때문이다. 하나님의 나라를 앞에서 인도하며 세상의 죄에 대해서 중보하는 제사장의 직분을 감당하는 사역자들의 범죄가 우선적으로 처리되어야 할 것을 나타낸다고 볼 수 있다.

2) 의도적인 죄가 사해질 수 있는가

죄를 직접 속하는 제사인 속죄제와 속건제에 대하여 가장 근본적으로 가질 수 있는 질문은 '의도적으로 범한 죄가 사해질 수 있는가' 하는 것이다. 여기에 대해서 레위기는 단정적이다. 속죄제와 속건제를 드릴 수 있는 것은 '비의도적으로 범한'(שְׁגָגָה샤가 4:2, 13에서는 '그릇 범죄 하여'), '부지중에 범한'(4:22, 27) 죄로 단정한다. 만약 의도적으로 지은 죄가 있다면 그것은, 직접 언급하고 있지는 않지만, 백성에게서 끊어지는 결과가 있을 것이다. 즉, 구체적인 법의 발원지이며 언약의 주체이신 여호와의 권위 자체에 도전하는 것이므로, 언약 백성으로서의 자격을 상실했다고 보아야 할 것이다.

신약적으로도 이런 의도적인 범죄와 그 결과에 대하여 아주 드물지만 암시되어 있다. "안식에 들어갈 약속이 남아 있을지라도 너희 중에 혹 미치지 못할 자가 있을까 함이라"(히 4:1). "하나님의 선한 말씀과 내세의 능력을 맛보고 타락한 자들은 다시 새롭게 하여 회개케 할 수 없나니"(히 6:5~6). 심지어 사도 바울의 자신을 향한 말도 이것과 관련되는가에 대한 논쟁이 있다. "내가 남에게 전파한 후에 자기가 도리어 버림이 될까 두려워함이로라"(고전 9:27). 신약에서 성도들이 구약에 비하여 더 큰 은혜를 받았으므로, 의도적으로 하나님 나라와 복음을 대적한다면 더 깊은 저주에 빠질 것이다.

5. 속건제(5:14~6:7; 7:1~10)

1) 속건제의 의미

구약에서 죄를 적극적으로 처리하는 제사에 속죄제뿐 아니라 속건제가 있다는 사실이 현대인에게 충격적이다. '속건제' 혹은 '보상제'(אָשָׁם아샴 reparation offering, Compensation offering)를 흔히 '죄책제'(guilt offering)로 잘못

이해하기도 한다. 그러나 이렇게 되면 사실상 '속죄제'(purification offering, 이렇게 할 때에 죄제 'sin offering'으로 이해함)와 명확하게 구분할 수 없다. 속건제는 죄 때문에 생긴 손해를 처리하는, 즉 보상하는 제사의 의미가 있다. 그러므로 해당되는 물건 값의 20%를 덧붙여서 보상해야 하는 것이다. 그것이 성물, 즉 하나님께 속한 것이건 인간끼리의 관계에서 생긴 것이건 동일했다. 이 제사는 죄를 지었을 경우에 만족할 만한 보상이 이루어지는 것을 의미하고, 갚아야 할 죄의 빚이 처리되는 것을 나타낸다.

그리스도께서 당하신 고난의 중요한 의미가 속건제에 있다. 잘 알려진 이사야 53장은 속건제의 의미를 가장 적극적으로 그린 듯이 표현하고 있는 구절이다. 즉, 우리가 받아야 할 죄 값을 '대신 치르는'(substitution) 하나님의 어린 양으로 그리스도께서 사역하신 것을 나타낸다.

2) 속건제를 드리는 경우

속건제를 드리는 두 가지 경우는, 하나님의 성물에 대해서 범한 경우와 하나님의 거룩하신 이름이 법정에서 그릇 맹세되었을 경우이다. 이 모든 것에 공동으로 해당하는 사실은 물건 탈취와 관계된다는 것이다. 즉, 하나님께 바쳐진 것이든 타인의 것이든 일단 자신의 소유가 아닌 것을 탈취하는 일과 관계된다.

이때 원래의 것에 20%를 덧붙여서 보상해야 하는 것이다. 다른 사람의 것을 탈취하였으면, 원래의 것에 20%를 덧붙일 뿐 아니라 하나님께 보상제를 드려야 하므로 막대한 재산상의 피해를 감수해야 한다.

하나님께 향한 보상제는 그리스도의 보상 사역으로 만족이 되었지만, 형제와 이웃을 향하여 범한 죄는 그리스도의 사역으로 용서를 받을 뿐 아니라 당사자에게 정당한 보상을 해 주어야 함을 나타낸다. 타인의 재산을 탈취한 일이 있다면 네 배나 갚겠다고 선언한 삭개오에 대하여, 주님은 구원이 이 집에 이르렀다고 맞선언을 하셨다(눅 19:8~9).

6. 제사장을 위한 음식 규례(7:22~27, 28~38)

7:37("이는 번제와 소제와 속죄제와 속건제와 위임제와 화목제의 규례라")에 다섯 제사에 대한 규례를 마무리한다는 언급이 있다. 그런데 이것과 다섯 제사에 대한 규례 사이에 끼여 있는 내용은, 제사장에게 금지된 음식(7:22~27)과 제사장의 분깃(7:28~38)에 대한 규례이다. 이것은 제사에 대한 둘째 규례가 제사장의 관점으로 기록된 것에 이어서, 부록과 같은 의미로 주어진 것이다. 즉 중보 사역을 하는 제사장이 누릴 수 있는 특권, 곧 제물을 음식으로 사용할 수 있는 권리가 주어졌다. 이것은 중보 사역에 전념하는 사람이 세상의 일에서 제외되어서 살아갈 수 있도록 하신 조처다.

바울이 사도직을 수행하면서 사도로서 당연히 대접받을 권한을 말한다(고전 9장). 그러나 그는 복음의 진보가 나타나기 위하여 되도록 이 권한을 쓰지 않으려고 한다. 초대 교회의 파트릭(Patrick)과 콜룸바(Columba)의 무리들과 같은 선교를 위한 수많은 독신 공동체들이 결혼과 대접받을 권리를 포기하고 자급자족하며 가는 곳마다 복음과 함께 교육, 농업, 어업, 문화 등 삶의 전반에 있어서 혁명적인 사역을 감당하였던 것은, 바울의 길을 따라간 중요한 예가 될 것이다. 이런 것을 통해서 그리스도의 포괄적인 속죄 사역이 세상에 효과적으로 능력 있게 전파될 것이다.

07

이렇게 예배를 시작하라
(레 8~10장)

1~7장에서 이스라엘 백성들에게 각종 제사에 대한 지침[1]이 주어진 다음, 8~10장에서는 모세를 통하여 이제 이스라엘 백성들이 광야에서 구체적으로 어떻게 예배를 시작할 것인가에 대한 방법이 전달되고 있다. 레위기는 출애굽기에 이어지는 책으로써 연결하여 읽는 것이 자연스럽다.

우리는 출애굽기를 통하여 시내산에서 하나님과 이미 언약을 맺은 이스라엘 백성에게는 예배할 장소인 성막이 예배에서 고려해야 할 가장 중요한 요소임을 볼 수 있었다(출 25~31, 35~40장). 더구나 금송아지를 만들어 언약의 백성으로서의 위치를 이탈해 하나님의 진노를 당할 뻔했던 이스라엘에게 있어서, 여전히 자기 백성을 찾아오는 하나님이 거하시는 처소는 가장 심각하게 고려해야 할 내용이었다. 그런 다음, 이렇게 준비된 성막에서 어떻게 제사해야 하느냐에 대한 논의가 이어지는 것은 매우 자연스럽다고 할 수 있다(1~7장).

자기에게 나올 길을 보여 주신 하나님

성막의 제사에서는 제사장의 역할이 무엇보다 중요했다. 거룩하신 하나님께 아무렇게나 예배드릴 수는 없는 노릇이었다. 따라서 제사장의 위임 절차와 첫 제사의 방법, 제사장이 회막에 들어갈 때의 규례가 8~10장의 내용을 이루고 있다. 물론 이에 관한 지침이 이미 출애굽기 28~29, 39장 등에서 주어진 바 있다.

언약의 백성인 이스라엘은 하나님과 동행하는 데서 그 존재 의미를 찾을 수 있다. 이스라엘이 이스라엘 됨은, '이스라엘'이 의미하는 대로 하나님과의 만남에 그 진정한 의의가 있다. 그런데 고대의 이스라엘 백성들이 하나님께 나아가는 길은 제사 외에 다른 방법이 없었다.[2] 하나님의 강권하시는 역사를 따라 애굽을 빠져 나온 이스라엘 백성들에게 있어서 하나님은 생의 전부여야 했다. 삶의 전부이신 하나님께 올바르게 나아갈 수 있도록 하나님이 모세를 통하여 가르쳐 주신 것이다.

이것은 고대 근동의 여러 문화와 비교할 때 독특한 것이었다. 이스라엘을 둘러싼 여러 문명 세계는 자신의 필요를 따라 자신의 방법으로 신을 찾아가는 모습을 보여 준다. 그러나 이스라엘은 달랐다. 이스라엘이 스스로 하나님을 찾아간 것이 아니라 하나님께서 친히 당신께로 나아가는 길을 보여 주신 것이다. 오늘날 많은 종교들 가운데서 기독교의 독특성 역시 바로 이 점에서 발견된다.

땅의 모든 종교는 신을 찾는 법을 스스로 찾아낸다. 그러나 여전히 언약의 하나님 여호와를 찾는 백성들은 하나님의 방법을 따를 뿐이다. 모세에게 제사를 가르쳤던 하나님은 이제 예수 그리스도를 통하여 누구든지, 언제든지 하나님 앞에 나아올 수 있음을 가르쳐 주고 있다. 히브리서는 구약 시대로부터 신약 시대에 이르는 바로 이러한 예배 방법의 변화를 잘 보여 주고 있다.

8~10장은 이스라엘 백성들이 하나님 앞에서 어떻게 예배해야 할 것인가를 밝혀 주며, 아론이 이 지시를 따라 처음으로 제사를 드리는 장면과 아론의 아들들로 이루어진 최초의 제사장들의 문제와 그에 대한 엄격한 징계, 백성들의 제사를 대신하는 제사장들이 지켜야 할 규례를 기록하고 있다.

1. 제사를 시작하며(8:1~2)

올바른 제사를 위해서는 무엇보다 제사장이 필요하다. 하나님은 제사장을 세우기 위하여 모세에게 의복, 관유, 속죄제를 위한 수송아지와 숫양 두 마리, 무교병 한 광주리를 준비하여(2절) 회중을 회막문 앞으로 모으도록 지시하셨다. 출애굽기 28:1 이하에서 '이미 명령한 대로' 아론과 그의 아들들을 제사장으로 세우는 위임식을 거행하려는 것이다. 제사장 위임은 은밀히 행해질 성질의 것이 아니라 만천하에 선포되어야 할 역사적인 사건이었다. 또한 제사장은 철저히 회중을 위한 존재임을 보여 준다.

모세는 하나님의 말씀에 즉각 순종하여 회중이 한자리에 모이게 했다. 아론의 제사장 위임식은 무엇보다도 철저하게 하나님이 명하신 대로 진행되었으며, 모세가 그 중심적인 역할을 담당했다. '여호와께서 모세에게 명하신 대로'(8:4, 5, 9, 13, 17, 29, 36; 9:5, 7, 10, 21)라는 말이 끊임없이 반복되어, 8~10장의 두드러진 특징 가운데 하나로 나타난다.[3] 이는 제사장을 세우는 일에 하나님 아닌 그 누구의 뜻도 개입되지 않았다는 말이다. 모세가 자신의 일을 줄이기 위해서도, 형제간에 서로 세워 주거나 협력하기 위해서도 아니었다. 그저 하나님의 명령을 따랐을 뿐이었다.

하나님의 뜻을 이루기 위해서는 그 뜻을 수행할 사람이 필요하다. 하나님께서는 필요에 따라 적절한 사역자를 세우신다. 모세는 하나님 말씀의 가장 확실한 수종자였다. 그는 이스라엘 통치라는 중대한 임무를 맡고 있었다. 허물과 실수를 얼마든지 저지를 수 있는 자리에서, 그러나 모세는 하나님께서 명하신 대로 순종하였다. 이스라엘을 이끌고 애굽을 탈출한 경험이 있는 모세로서는 모든 일을 스스로 '알아서' 할 만한 때도 되지 않았느냐고 반문할 수 있을지 모른다. 그러나 그는 자신을 잘 알고 있었다. 따라서 위임식을 거행할 때와 첫 제사를 드릴 때에는(8:14~36) 모세가 주도하였지만, 9장에 들어서면 모세가 아론에게 그 직임을 넘겨주는 것을 볼 수 있다(10:8 이하). 적어도 제사하는 일에 있어서는 이제 '모세는 쇠하고 아론이 흥하게' 된 것이다.

2. 제사장의 화려한 예복과 기름 부음(8:3~13)

회중이 모여들자 모세는 하나님께서 명령하신 내용을 발표한다(3~5절). 물로 씻기고 옷을 입히며 관을 씌운다(6~9절). 그런데 여기서 주목할 것은 아론과 그의 아들들을 함께 씻기기는 하지만, 그들을 위한 여타의 준비 사항은 서로 다르다는 사실이다(아론에 관해서는 7~12절, 그의 아들들에 관해서는 13, 14절). 아론에게는 속옷을 입히고 띠를 띠운 다음 겉옷 위에 에봇을 입히고 우림과 둠밈[4]을 넣는 판결 흉배[5]를 붙이고 관을 씌웠다. 그 후에 관유를 머리에 붓고 몸에 발라 거룩하게 하는 절차를 밟았다. 그러나 아론의 아들들은 속옷과 띠와 관을 쓰는 것이 전부였다. 아론은 아들들과는 다른 특별한 제사장 곧 대제사장으로 위임을 받았고, 그의 아들들은 보통의 제사장으로 세워졌음을 알 수 있다. 여러 제사장 가운데 한 사람만 오를 수 있는 대제사장의 자리는, 오늘 우리 모두를 제사장으로 불렀으나 여전히 필요한 한 분의 대제사장, 히브리서가 그처럼 강조하는 예수 그리스도를 연상케 하기에 충분하다.

제사장의 예복에 관해서는 이미 출애굽기 28, 39장에서 상술한 바 있어 여기서는 그 옷들이 아론과 아들들에게 '하나님이 명하신 대로' 입혀졌다는 사실만 강조한다. 출애굽기 28, 39장에 나타난 제사장의 옷은 대단히 화려하다. 금실과 청색, 자색, 홍색실과 가늘게 꼰 베실로 에봇을 짓고 호마노 보석에 이스라엘의 아들들의 이름을 새기고, 금테에 물리도록 했다. 그리고 순금으로 노끈처럼 두 사슬을 땋아 테에 달도록 하는 등 화려하기 짝이 없다. 판결 흉배는 아예 열두 보석을 전부 금테에 물린 것으로 장식하도록 하였다.

예로부터 화려한 직책을 가질수록 화려한 예복을 입었다. 왕복의 화려함은 어느 나라나 마찬가지이다. 화려한 제사장의 옷을 통해 직분의 영광스러움을 상징적으로 나타내려 했음이 분명하다. 영광스러운 모습의 제사장이 주도하는 구약의 제사 제도는 자연스럽게 대제사장 되신 예수 그리스도에게로 우리를 이끌어 간다.

히브리서 기자는 히브리서 4:14~10장에 이르기까지, 구약의 제사와 제사장 제도로부터 예수 그리스도의 사역을 설명하면서, 완전할 수 없는 제사

제도와 제사장으로 말미암아 날마다 드려야 했던 제사를 예수님께서 단번에 드린 제사로 이제는 영원히 온전하게 되었다는 사실을 강조하고 있다(히 10:12~14). 불완전한 제도였으나 겉보기에 화려했던 아론 제사장과, 완전한 제사장이었으나 "고운 모양도 없고 풍채도 없"(사 53:2)는 더 큰 대제사장 예수 그리스도의 대조적인 모습은 오늘 우리에게 새삼 의미 있게 다가온다. 교회와 목회자의 화려함이 결코 죄인인 하나님의 백성을 '영원히 온전케 할 수 없음'을 다시 한 번 확인하는 것은 너무나 중요한 일이다.

이스라엘 백성은 모두가 '제사장 나라'로 부름을 받았다(출 19:6). 그들은 제사장의 화려하게 차려 입은 모습을 통하여 그들이 이루어야 할 모습을 보도록 인도된 셈이다. 마찬가지로 신약 시대의 교회 역시 '거룩한 제사장'(벧전 2:5), '왕 같은 제사장'(벧전 2:9)으로 일컬음을 받았다. 이는 예수 그리스도를 바라보며 그분의 아름다움을 본받아 가야 한다는 말이다. 그래서 종종 그리스도인들은 제사장들이 입었던 화려한 것으로 자신을 장식할 것을 요청 받았다. "믿음과 사랑의 흉배를 붙이고 구원의 소망의 투구를 쓰자"(살전 5:8). "진리로 너희 허리띠를 띠고 의의 흉배를 붙이고"(엡 6:14). "그러므로 너희는 하나님의 택하신 거룩하고 사랑하신 자처럼 긍휼과 자비와 겸손과 온유와 오래 참음을 옷 입고"(골 3:12).

3. 제사장을 위한 제사들(8:14~36)

모세가 제사장의 위임식을 거행하면서 먼저 옷을 입히고 기름을 발라 거룩하게 한 다음 제사장들을 위한 제사를 집전한다. 역시 '여호와의 명하심과 같도록' 유의한다. "그 수송아지 곧 그 가죽과 고기와 똥은 진 밖에 불살랐으니 여호와께서 모세에게 명하심과 같았더라"(17절). 제사의 순서는 속죄제와 번제, 위임식의 숫양 순서로 진행된다. 출애굽기 29:10~14에서 이미 명한 대로 제사를 드린다. '속죄제'(贖罪祭, purification offering)[6]를 먼저 드린 이유는 하나님이 임재하실 곳이 죄의 오염으로부터 정결하게 되어야 함이 최우선일 수밖에 없기 때문인 것으로 보인다.

그런데 아론과 그의 아들들의 행동에 의문이 생긴다. 아론과 제사장들이 속죄제물과 번제, 위임식 제물 위에 안수하는 모습을 볼 수 있다. 안수가 제사 드리는 자의 죄를 전가하여 속죄를 이루는 것을 나타낸다면(4:1이하; 8:14이하), '제단을 속하여 거룩하게' 하기 위한 속죄제에 안수하는 이유는 무엇인가? 이것을 통해, 결국 제단의 거룩함은 바로 제사장의 거룩함을 포함하고 있다는 결론을 얻게 된다.[7]

제사장의 죄가 제단을 부정하게 하여 제사를 드리기에 합당하지 못하도록 하는 것을 막고자 속죄제를 드리는 만큼, 여기서 한 가지 주목할 것은 22절 이하에서 다른 제물과는 달리 위임식 숫양의 피는 아론과 그의 아들들의 오른쪽 귓불과 오른쪽 엄지손가락, 오른쪽 엄지발가락에 바르고 제단에 뿌리도록 하였다. 왜 몸의 일부분만 정화해야 한다고 여긴 것일까?

아마도 일부가 전부를 대표하는 의미라고 보인다. 오른쪽을 아무래도 왼쪽보다는 더 중요한 부분으로 여겨 머리, 손, 발의 오른쪽 부분에 피를 바른 것은 온몸에 피를 바른 것과 마찬가지 의미가 있다고 할 수 있다. 즉, 위임하는 제사장으로서 온몸을 거룩하게 하고 온전히 하나님께 드린다는 표현이라 할 것이다.

제사장 자신을 위하여 속죄제를 드려 제사장 자신과 제단을 거룩하게 하고, 번제를 드려 제사장 자신을 온전히 하나님께 드렸음을 고백하고, 위임제로 다시 한 번 거룩함과 전적 헌신을 나타내는 이 모든 절차를 통하여 우리는 무엇보다 거듭거듭 자신의 허물을 고백해야 한다는 교훈을 얻는다. 죄를 피할 수 있는 사람은 아무도 없다. 제사장들 역시 죄인일 뿐이다.

이스라엘 백성들을 위하여 제사장으로 부름 받은 아론과 그의 아들들은, 위임식이 행해지는 일곱 주야를 회막에 머물러 있으라는 명령을 받는다. 순식간에 끝나 버리는 예식이 아니라 꼬박 한 주간을 바쳐야 한다는 것은 제사장직의 고귀성을 말해 주는 것이다. 이는 성도들을 돌보도록 세움을 입은 목회자가 깊이 생각해 볼 일이 아닐 수 없다.

4. 아론의 첫 제사(9장)

위임식 제사를 드린 아론과 그의 아들들은 이제 명실공히 제사장으로서의 역할을 감당하기 시작한다. 9:8 이하에서 우리는 아론이 드리는 제사를 대하게 된다. 이미 8장에서 아론과 그의 아들들을 위하여 속죄제의 수송아지, 번제의 숫양, 위임식 숫양을 드린 바 있다. 그런데 다시 아론은 자기를 위한 속죄제 송아지를 잡고 번제물을 드린다. 백성들을 위해서는 속죄제의 염소, 번제, 소제, 화목제물의 수소와 숫양 등 속건제(reparation offering)[8]를 제외한 다른 모든 제사를 다 동원하고 있다.

왜 두 번씩이나 자기를 위한 제사를 드리는 것일까? 우선 생각해 볼 수 있는 것은 8장에서 드린 제사는 모세가 주도한 위임식 제사였다는 점이다. 따라서 아론 자신을 위한 것이기는 하였으나 모세 주도로 드린 것으로, 이제부터 계속될 제사의 본으로 먼저 제사장 자신을 위한 제사를 드림으로 공적인 사역을 시작한 것으로 이해할 수 있다. 이제 이스라엘의 공식 예배는 아론의 영역이라는 사실을 선언하는 행동의 일환으로 이해할 수 있을 것이다.

뿐만 아니라 제사장이라 하여 한 번의 제사로 만족할 수 없다는 사실을 주지시키는 것이라고 할 수 있다. 8일 만에 다시 제사장으로서의 생애 첫 제사를 드리면서 자신을 위하여 먼저 바치라고 하는 것은, 인간은 항상 죄의 문제를 안고 사는 존재임을 말해 주는 것이다.

또한 위에서 언급한 대로 네 가지 제사가 동원된 것을 보면 어떤 특정한 죄를 위한다기보다는 이스라엘의 전반적인 죄를 염두에 두고 있다고 봄이 옳을 것이다.

한편, 이 첫 제사를 통하여 예배의 목적이 무엇인지 분명하게 드러나고 있다. 제사의 지침이 주어지는 4, 6절과 제사가 끝난 23절은 약속과 성취의 전형을 보여 준다. "오늘 여호와께서 너희에게 나타나실 것임이니라"(4절), "여호와의 영광이 너희에게 나타나리라"(6절)는 약속이 "여호와의 영광이 온 백성에게 나타나며"(23절)라는 말로 이루어졌음을 보여 준다. 이스라엘에게 하나님의 영광은 하나님의 임재를 보는 것이었다(참고 출 24:16~17). 그것은 종종 구름과 불기둥으로 나타났다. 예배는 하나님의 영광에 이르고자 함이다. 오늘도 여전히 우리는 예배를 통하여 하나님의 내적 임재를 체험하는 자리에 나아갈 수 있도록 해야 한다. 오늘의 그리스도인들은 하나님의 영광을 체험하는 일이 없으니 기쁨의 '소리를 지르며' 하나님 앞에 겸손히 '엎드리는 일'도 없어지는 것이 아니겠는가(24절)?

제사장으로 위임받고 드린 첫 제사는 아론이 백성들을 향하여 손을 들어 축복하는 것으로 마치게 된다. 예배의 끝에는 하나님의 축복이 주어져야 한다. 하나님의 축복의 음성 듣기를 기다리는 것을 모조리 기복 주의 신앙으로 몰아붙여서는 안 된다.

5. 거룩하지 않은 불로 드리다니(10:1~7)

아버지는 대제사장으로, 네 아들들은 함께 섬기는 제사장으로 세움을 입은 아론이 첫 제사를 드리며 백성들을 축복하는 거룩한 사역을 감당한 후에 벌어진 이 사건은 매우 충격적이다. 이제 막 시작된 공식적인 제사 행위를 계속하기 위하여 분향을 한 아론의 아들들이자 제사장인 나답과 아비후가 불에 삼키움을 당했다는 것은 엄청난 일이었다. 아론뿐 아니라 백성들에게 얼마나 당황스러운 일인가? 지금까지 '불'에 관한 상세한 지시가 있었음을 기억할 수 없는데,[9] 그것이 그렇게 큰 문제였다면 상세하게 말씀해 주셨어야 하지 않는가?

왜 8, 9장에서 그토록 자주 모세가 '여호와의 명하신 대로' 행하였다는 것을 강조했는지 그 이유를 알 수 있을 것 같다. 모세는 철저하게 하나님의 명령대로만 행했을 뿐 아니라 여호와의 명령 없이는 아무것도 하지 않고, 할 수 없다는 태도를 보였음을 드러낸다. 그러나 제사의 직무가 아론 제사장 가문으로 넘어가자마자 '자기 식'의 예배가 시작되었다. 하나님의 반응은 즉각적이고 직선적이었다. 즉, 그들을 불로 삼켜 버린 것이다. 이를 통해서, 결코 용서할 수 없다는 하나님의 메시지를 읽을 수 있다.

그러나 여전히 의문이 남는다. '다른 불'이라는 것이 그렇게 큰 문제인가?

그것이 이제 막 세워진 제사장들이 죽임을 당해야 할 만큼 대단한 죄라는 것인가? 우리는 이와 비슷한 경우를 사도행전 5장의 아나니아와 삽비라 사건에서 보게 된다. 밭을 팔아 약속한 대로 돈을 모두 사도들의 발 앞에 가져오지 않은 것이, 자신의 재산을 팔아 구제하겠다는 부부를 죽일 만큼 심각한 죄였는가 하는 의문이다.

우리는 종종 우리의 수준에서 하나님을 판단하려 한다. 그러나 죄는 시작부터 다스려야 하고 사소한 것부터 제거해야 한다. 하나님이 사소한 일로 인하여 처절한 심판을 행한 경우를 역사에서 볼 수 있다. 이스라엘의 국부라 할 수 있는 모세가 나라를 위해 일생을 헌신하였고 가나안에 들어가기를 그렇게 소망하였지만 단 한 번 이스라엘 백성들 앞에서 믿음을 보이지 않고 거룩하게 처신하지 않은 죄를 지었다 하여 광야에서 죽게 한 분이 바로 하나님이셨다.

하나님의 영광은 백성들의 순종에서 드러나게 되는 것이다(3절 "나는 나를 가까이하는 자 중에 내가 거룩하다 함을 얻겠고"). 가까울수록 더 큰 책임을 질 수밖에 없는 보편적인 원리의 적용이다. 하나님을 가까이할 수 있는 것은 놀라운 특권이지만 잘못 이해하면 엄청난 화를 당하게 된다. 아모스 선지자는 이 점을 아주 분명히 한다. "내가 땅의 모든 족속 중에 너희만 알았나니 그러므로 내가 너희 모든 죄악을 너희에게 보응하리라"(암 3:2). 선택된 민족이므로 보응을 받지 않으면 안 된다는 논리는 이스라엘이 일찍이 들어본 적이 없었다. 나답과 아비후 사건을 통하여 특권에는 더 큰 책임이 있음을 가르쳐 주신 것이다.

죽은 아론의 두 아들에 대한 처리에도 규제가 가해졌다(4~7절). 시체에는 형제들의 접근조차 금지되었다(4절). 슬픔도 표현하지 못하게 하였다(6절). 죽음을 슬퍼하는 것은 또 다른 죽음을 몰고 올 것이라는 경고가 내려졌다. '여호와께서 치신 불로 인하여서만' 슬퍼하라고 하신다. 왜 하나님께서는 슬퍼하는 것까지 막으시는가? 아마도 나답과 아비후의 죽음의 의미를 왜곡시킬 위험 때문이었을 것이다. 울면서 그들의 죽음을 억울해 한다면 그것은 바로 하나님의 심판 행위에 대한 도전으로 비칠 수 있기 때문이었다. 하나님의 뜻을 조금이라도 왜곡시킬 수 있는 일이라면 근원부터 잘라야 한다.

이것은 오늘 우리 역시 깊이 염두에 두어야 할 문제이다. 사소한 일일지라도 '나의 입장'에서가 아니라 '하나님의 영광'의 측면에서 생각하고 행동해야 한다. 모든 일에 점점 하나님의 백성으로서의 거룩함을 고려하지 않고 행동이 느슨해지는 오늘의 신앙인의 삶의 태도를 다시 가다듬어 가야 할 것이다. "무릇 많이 받은 자에게는 많이 찾을 것이요 많이 맡은 자에게는 많이 달라 할 것이니라"(눅 12:48).

6. 성소에서의 제사장(10:8~20)

8~11절에서는 레위기에서 유일하게 하나님이 직접 아론에게 명하시는 말씀을 듣게 된다. 제사장은 거룩한 것과 속된 것, 부정한 것과 정한 것을 분별하고 가르쳐야 할 책임이 있는 만큼 포도주나 독주를 금할 것을 명하신다. "사망을 면하라"(9절)며 생명을 걸고 금하라고 하신다. 제사장된 그리스도인들 역시 거룩함과 정결함을 분별해야 하는 사명이 있다. 생명을 걸고 거룩함을 지켜 가야 한다는 점을 명심해야 한다. 그 일을 위하여 '마시는 일'을 절제함은 기본적인 것이다.

이스라엘의 제사는 제물 가운데 먹을 수 있는 부분을 제사장들이 먹는 데서 완전히 끝이 나게 되어 있다. 소제의 남은 것을 거룩한 곳에서 다 먹어야 했다(12절). 화목제물 역시 가슴과 뒷다리를 '정결한 곳'에서 제사장이 먹도록 되어 있었다(14절). 그것은 제사장 가족의 영원한 소득으로 분류되었다.

그러나 속죄제물의 처리는 달랐다. 6:25 이하에 의하면, 속죄제물을 여호와 앞 번제물을 잡는 곳에서 잡아야 하고, 죄를 위하여 제사 드리는 제사장이 그것을 먹어야 했다. 그러나 피를 가지고 회막에 들어가 성소에서 속죄하게 한 속죄제물은 먹지 못하도록 규정하였다(6:30). 아론은 9장에서 두 번의 속죄제를 드렸다. 자신을 위하여서는 피를 가지고 들어왔고, 백성을 위한 속죄제에서는 그렇지 않았다. 따라서 제사장이 먹어야 했다. 그러나 아론의 아들들은 이를 불살라 버렸다.

책망을 들은 아론은 두려움 때문에 그렇게 했다고 말했다. 제물을 드렸어도 아들 둘이 죽었는데 먹었다면 어떻게 되겠는가? 그것을 하나님이 좋아하시겠는가? 아론의 이 말은 모세에게 좋게 들렸다. 제물의 먹고 먹지 않음이 문제가 된다면 그것은 제사장이 어떻게 하나님께 나아가느냐는 자세에 따른 것이라는 말이다. 신중하지 못하게 자기 방법으로 하나님의 뜻을 이루려 하는 것보다는, 차라리 하나님을 두려워하여 자기 몫일지라도 포기하는 것이 오히려 하나님이 기뻐하시는 일이 된다는 결론은 그야말로 명령하면서도 명령에 매이지 않으시는, 인격적인 하나님의 모습을 보는 기쁨을 얻게 한다.

08

정, 부정에 대한 가르침과 그 적용 (레 11~15장)

정(淨), 부정(不淨)에 대한 가르침은 11~15장에 집중되어 있다. '청정법'(淸淨法)이라고도 불리는 11~15장은 '정결한 것'(טהר타하르)과 '부정한 것'(טמא타메)에 관한 규정을 다루고 있다.

11~15장을 읽어 보면, 정결한 짐승이나 부정한 짐승과 관련하여 사람들이 겪게 되는 부정함(11장), 출산 후 여인이 겪게 되는 부정함(12장), '차라아트'(צרעת)라 불리우는 피부병(개역한글에서는 '문둥병')이 일으키는 부정함(13~14장) 그리고 남녀의 성기에서 유출되는 분비물로 인해서 겪어야 되는 부정함(15장)이 차례대로 다루어지고 있다.

이 같은 규정은 짐승이나 가축 가운데 부정한 짐승이 있고(11장), 산후혈(産後血)이 부정하며(12장), 피부병을 일으키고 생활 환경을 더럽히는 곰팡이류가 부정하고(13~14장), 사람의 성기(性器)에서 흘러나오는 피나 고름이 부정하다는 것을 일깨워 주고 있다(15장).

11~15장을 자세히 들여다보면 본문이 크게 둘로 구분됨을 알 수 있다.

11장은 먹어서는 안 되는 것과 접촉해서는 안 되는 것이 무엇인지를 소개한다. 흔히 유대인의 음식법이라고 일컬어지는 말씀이 여기에 들어 있다.

12~15장은 부정한 사람, 부정한 환경에 대한 규정이다. 출산한 여인의 산후 조리에 관련된 부정(12장), '차라아트'라는 질병이 사람의 몸에서 일으키는 부정(13~14장), 사람의 성기에서 흘러나오는 피나 고름이 자아내는 부

정(15장)이 모두 이스라엘을 부정하게 만든다. 나아가 13~14장에서 '차라아트'는 사람의 피부뿐 아니라 의복, 가죽, 건물의 벽 표면 등 이스라엘의 생활환경도 부정하게 만든다(13:47; 14:34).

특히 11장은 '금령'(禁令)이다. 부정한 것을 먹지도 말고 접촉하지도 말라는 명령이다. 이에 비해 12~15장은 여러 사례들을 통해서 부정한 경우를 어떻게 극복해야 되는지를 처방하는 데 치중하고 있다.

재미있는 것은 다 같이 정, 부정의 문제를 다루면서도 11장이 사람 밖에 있는 대상이 사람의 몸을 더럽히는 경우를 지적하고 있다면, 12~15장은 사람 몸 안에서 밖으로 나오는 피, 고름, 질병 등이 이스라엘의 삶을 부정하게 만든다고 보고 있다.

정, 부정에 대한 레위기의 다양한 해석들

11~15장이 가르치는 '부정'과 '정결'(淨潔)은 여러 가지로 해석되었다.

1. 위생적 관점에서 보는 정, 부정

먼저, 위생적인 의미이다. 정결에 해당되는 히브리어 '타하르'는 위생적이거나 심미적으로 깨끗한 것을 지칭하고 , 부정에 해당되는 히브리어 '타메'는 비위생적이거나 더러운 것을 지칭한다고 보았다. 이런 입장에서 11~15장은 구약에서 읽는 일종의 건강 백과사전이다.

부정한 먹을거리들은 대부분 사람이 식용하기에 해롭거나 더러운 짐승들이다(11장).

산후 조리를 해야 하는 여인을 부정한 여인으로 격리시키는 것(12장)도 따지고 보면 출산한 여인을 보호하기 위한 건강상의 규정이다. 출산한 여인의 성을 보호하고자 이루어진 차단막이라는 것이다.

악성 피부병을 예방하고 관리하는 처방을 가르치는 것(13~14장)도, 또는 각종 성병(性病)이나 성 질환의 위험을 환기시키는 규정(15장)도 모두 위생적으로 청결한 삶을 유지하려는 의도와 연관이 있다.

그러나 문제가 그렇게 단순하지만은 않다. 레위기의 정, 부정에 관한 규례 속에 위생상의 배려가 숨어 있는 것은 사실이지만, 그렇다고 해서 그것을 모두 위생적으로만 풀 수는 없다.

만약 건강상의 문제가 정결한 상태와 부정한 상태를 구분 짓는 결정적인 조건이라면, 왜 12장은 여인이 아들을 낳으면 7일 동안 부정하고 33일이 지나야 산혈이 깨끗해져서 정결하게 된다고 규정하면서도, 딸을 낳으면 14일('이칠 일') 동안 부정하고 66일이 지나야 산혈이 깨끗해진다고 차별하고 있는가(12:1~5)?

2. 종교적 의미의 해석

종교적인 의미로 해석할 수도 있다. '정결'이란 예배에 참여할 수 있는 상태이고, '부정'이란 그 반대로 예배와 제사에 참여할 수 없는 상태에 해당된다. 부정함이란 하나님으로부터 벗어나 있는 상태이거나 아니면 하나님을 잃어버린 처지를 나타낸다는 것이다. 그런 의미에서 생명을 잃은 상태인 죽음은 부정한 것 중에서도 가장 부정한 상태에 해당된다. 이런 입장에서 보면 정, 부정은 종교 의식상의 문제이지 결코 위생적인 문제가 아니다.

이런 해석을 적극적으로 풀이하면 '부정'이란 한마디로 종교적인 금기(禁忌)이다. 이방 신앙과 연관된 대상, 사람, 장소, 물건, 상징 등은 모두 접촉해서는 안 되는 대상으로 취급된다. 피를 흘리거나 생명의 액체(정액)를 몸 밖으로 흘리는 일은 말할 것도 없이 터부(taboo)로 여겨졌다.

고대 애굽의 신전에서 신을 형상화한 짐승들이 11장에서 부정한 짐승으로 분류되는 것은 결코 우연이 아니다. 부정은 이스라엘 신앙과 반대된다. 부정함이란 하나님으로부터 소외된 상태, 곧 '하나님 없음'(desacralization)의 상태이다. 부정하게 된 자는 야훼 하나님의 제의에 참석할 수 있는 자격을 박탈당한다.

그러나 이런 해석도 정, 부정에 관한 레위기의 가르침을 모두 속 시원하게 해석하는 절대 기준이 되지는 못한다. 이를테면 11장에서 왜 돼지고기는 부정한 것으로 간주되었으며, 반대로 고대 근동 지방의 여러 곳에서 제물로 즐겨 봉헌되었던 소나 송아지는 부정한 것으로 간주되지 않았는가? 만약 이방인의 신앙이나 이교도의 제의에 연관된 사물, 대상이 모두 부정한 것으로 간주되었다면, 11장이 규정하는 부정한 짐승의 목록에 소나 송아지도 빠져야만 되는 것이 아닌가?

3. 사회-인류학적 해석

사회-인류학적 해석도 우리에게 도움을 준다. 정결과 부정에 대한 사회-인류학자들의 연구가 우리 관심을 끄는 것은 레위기가 규정하는 부정함을 금기로 보면서도, 그 금기의 의미를 단순히 종교적으로만 읽기를 거부하는 데에 있다.

레위기의 청정법 안에 어떤 사회적 · 경제적 기능이 있음을 읽어 내고자 한다. 사회-인류학자인 메리 더글러스(M. Douglas)가 그 대표적인 사람이다. 그녀는 레위기가 편찬한 정결 법전들의 이면에 정, 부정이 상징하는 '사회체제'(social order)에 대한 신념이 깔려 있다고 본다.

창조의 질서대로 움직이거나 다니지 못하는 것들은 한마디로 부정한 부류에 속하게 된다는 것이다. 날개가 있는 짐승인데도 날지 못하고 땅에서 걷는다거나, 땅에 사는 종류이면서도 걷거나 뛰지 못하고 배로 긴다면, 이는 모두 부정한 짐승으로 분류된다는 것이다.

다시 말해 레위기가 규정하는 이스라엘의 거룩함이란 '온전함', 즉 이스라엘 사회가 추구하는 질서/체제/형태와 꼭 들어맞는 상태이다. 여기에서 벗어나는 것들은 모두 부정한 것이 된다.

정, 부정이란 '제의적 은유'(cultic metaphor)가 아니라, '사회적 상태'(social status)를 드러내는 은유인 것이다. 이런 까닭에 정, 부정의 기초가 되는 원칙은 다름 아닌 사회 구조에의 '성실성'(integrity)이다.

물론 인류학자들이라고 모두 똑같은 목소리를 내는 것은 아니다. 마빈 해리스(Marvin Harris) 같은 사람은 음식 문화와 연관해서 이스라엘이 먹어서는 안 되는 부류로 여기는 짐승들이란 모두 팔레스타인의 생존 환경에서 생태학적으로나 경제적으로 부담이 되거나 비효율적으로 여겨지는 대상들이라고 지적한다.

11장에서 먹을 수 있는 짐승으로 여겨지는 것들은 대충 되새김질을 하는 가축들이다. 그런데 유독 가축 가운데서도 돼지는 부정한 짐승으로 취급된다. 그래서 먹어서는 안 되는 것으로 못 박아 놓았다. 그것은 소, 염소, 양 같은 초식 동물이 보통 풀이나 나뭇잎 같은 섬유소가 많은 것을 먹는 데 비해서, 돼지는 사람도 먹을 수 있는 옥수수, 감자, 콩 같은 섬유소가 적은 식물성 식품을 먹기 때문이라는 것이다.

게다가 돼지는 신체의 열을 조절하는 체계가 황량하고 태양이 내리쬐는 초원 환경에 맞지 않는다(돼지는 차가운 땅, 곧 진흙탕에 뒹구는 것을 통해 열을 전도시켜 발산한다). 돼지는 또 소나 양에 비해 쟁기를 끈다거나 젖을 낸다거나 가죽을 옷감으로 제공하지도 않는다.

이런 식으로 레위기는 생태학적 조건들에 비추어 사육에 적합하지 않거나 쓸모가 적다고 여겨지는 짐승들을 모두 만지거나 보거나 먹어서는 안 되는 혐오 짐승들로 여기게 되었다는 것이다.

부정에 대한 사회 인류학적인 연구는 레위기를 해석하는 일에 참으로 지대한 영향을 끼쳤다. 그러나 이런 해석도 11~15장의 수수께끼를 모두 푸는 열쇠는 되지 못한다. 돼지치기만 해도 고대 중동 지역에서 무척이나 성행했다는 고고학적 증거가 있지 않은가?

4. 도덕적·윤리적 해석

도덕적·윤리적 의미로 해석할 수도 있다. 즉, 죽음을 멀리하고 생명을 선택하는 것(생명 경외 사상)이 정, 부정을 일관되게 구성하는 의미 체계라는 것이다. 죽음의 힘, 죽음을 유발시키는 힘에서는 멀어져야 하고, 생명의 원천을 상실해서는 안 된다는 것이다.

육식 동물을 먹어서는 안 되는 짐승으로 간주한 것이나 피나 정액을 흘리는 상태를 부정한 것으로 규정한 이유가, 사실은 모두 생명 존중 사상을 암묵적으로 표현하는 수단이 된다는 것이다. 밀그롬(J. Milgrom)이 이런 입장을 대변한다.

그러니까 정, 부정이 의미하는 것은 살아 있는 생명체의 목숨을 앗아 가는 행위를 거부하자는 것이요, '생명력'의 상실/유출/강탈을 방지하자는 윤리적 가르침이다.

하지만 이런 해석도 정, 부정의 가르침을 모두 푸는 정답이 될 수는 없다. 부정한 것을 멀리하라는 가르침의 이면에 생명 존중 사상이 깃들어 있다면, 살아 있는 짐승을 죽여서 제물로 바치는 제사를 어떻게 정당하다고 말할 수 있겠는가? 이스라엘의 예배 제도 자체가 동물을 죽여서(동물을 죽인다는 것은 곧 생명에 반대되는 개념이다) 제물로 드리는 희생 제사에 기초를 두지 않았는가?

예배 공동체를 넘어 정결 공동체로의 부름

이처럼 레위기의 정, 부정은 여러 가지 각도에서 해석될 수 있다. 문자적으로 '부정'이란 보기에 끔찍한 것이다. 비위생적인 것이요 사람의 건강을 해치는 것이다. 윤리적으로는 반(反)생명적인 것이다. 종교적으로는 이스라엘의 신앙에서 용납될 수 없는 것이다.

하나님 신앙에서 볼 때 온전하지 못한 것도 부정에 속한다. 또 문화 인류학적으로 부정이란 이스라엘이 살았던 경제적, 사회적, 문화적 환경에 제대로 적응할 수 없는 것들이다. 어떤 관점에서 연구하든, 이 관점들은 모두 레위기의 정, 부정의 의미, 근거, 기능을 밝히는 데에 큰 도움을 준다.

하지만 그럼에도 불구하고 이 관점들은 모든 궁금증을 푸는 열쇠가 되지는 못한다. 11~15장은 '제사법'(1~7장), '성결법'(17~26장)과 함께 레위기의 중추 역할을 한다. 11~15장은 애굽의 속박에서 벗어난 이스라엘(출 1~18장)이 시내산에서 하나님의 백성으로 살겠다는 언약을 맺고(출 19~40장), 언약 백성으로서 하나님을 예배하며(1~10장), 하나님을 따라 정결하게 살고(11~15장), 거룩한 백성이 되는(17~26장) 과정 속에 수록되어 있다. 구원받은 공동체가 '예배→정결/순결→성결'을 이루어야 한다는 믿음의 중심 토막을 형성하는 데 일조하고 있는 것이다. 레위기의 가르침을 출애굽기에 이어서 해석해 보면, 시내산 위에서 말씀하시던 하나님(출애굽기)이 시내산 아래 이스라엘의 진영 속에 마련된 회막에서 말씀하시는 하나님(레위기)으로 이동하고 있는 것을 깨닫게 된다.

출애굽기에서 레위기로 이어지는 말씀에서 우리는 하나님의 이동(!)을 읽게 된다. 그 구체적인 증거가 바로 '회막/성막'을 세우고 건축하는 것으로 나타난다. 회막이 건축되기 전에 하나님은 시내산 위에서 모세를 부르셨다(참고 출 19:3). 하지만 회막이 세워지고 난 뒤(출 40:17, 34~35) 하나님은 모세를 회막에서 부르시게 된다(1:1). 회막이 어디에 세워지는가? 이스라엘 공동체가 자리 잡은 진영 한복판에 세워지게 된다. 회막과 함께 하나님이 이스라엘 속에 들어와 계신다(참고 출 25:8, 22). 하나님이 지금 이스라엘과 '임마누엘' 하신다!

임마누엘 하시는 하나님 앞에서 이스라엘은 어떻게 살아야 하는가? 11~15장은 이스라엘 가운데 들어와서 거하시는 하나님 앞에서 이스라엘이 정결하게 살아야 될 것을 주문하는 말씀이다. 하나님의 백성 이스라엘은 하나님께 예배하는 백성(1~10장)으로 그쳐서는 안 된다. 그들은 정결한 백성이 되어야 한다. 하나님은 하나님께 예배하는 자들을 향해서 정결하게 살도록 주문하시는 것이다.

이런 맥락에서 11~15장은 정결을 따르는 생활이 바로 거룩에 이르는 길이라고 가르치고 있다. 부정이란 '깨끗하지 않음'만 의미하지 않는다. 부정이란 '바르지 못함'(不正)이나 '정숙하지 못함/지키지 못함'(不貞)도 지칭한다.

하나님이 보시기에 어긋난 것은 모두 '부정'이다. 이스라엘 백성이 믿고 따라야 할 하나님의 말씀에서 벗어난 것은 모두 '부정'이다. 하나님 신앙을 바알 종교와 적당히 절충하는 것도 '부정'이다. 하나님께 대한 정절을 지키지 못한 것도 '부정'이다. 남편 된 자가 아내에게, 아내 된 자가 남편에게 지키지 못하는 순결도 '부정'이다. 몸으로 하는 생활도 정결한 질서를 따르지 못하면 부정을 낳는다.

11~15장은 이런 부정의 문제를 음식(11장), 출산(12장), 환경(13~14장), 성생활(15장)에 걸쳐서 다루고 있는 것이다.

정결은 가정생활을 중심으로

11~15장은 이 부정을 이스라엘의 가정생활을 중심으로 설명하고 있다. 가정에서 일어나는 먹고, 마시고, 눕고, 입고, 자고 하는 모든 생활을 중심으로 부정이 무엇인지를 설명하고 있다. 부정을 멀리하고 정결을 실천해야 하는 자리가 바로 가정이라는 것이다.

정결을 실천해야 할 곳은 성소가 아니다. 성소는 본질적으로 거룩한 영역이기 때문이다. 가정에서 정결을 실천해야 한다. 가정은 신앙 실천의 현장이다. 가정에서 하나님의 뜻을 지키도록 하자. 가장(家長)은 한 사람의 성직자이다. 주부는 한 사람의 제사장이다. 가정에서 이루어지는 모든 삶(먹고, 마시고, 눕고, 입고, 자고)에서 정결한 상태를 유지하라.

신명기의 '쉐마'는 이러한 삶을 실천하는 구체적인 방편이다(신 6:4). 날마다 계속되는 삶이 '거룩한 제의'가 되어야 하리라. 날마다 "경건에 이르기를 연습하라"(딤전 4:7). 거룩은 마음과 영뿐만 아니라 몸에도 구현되어야 하는 것임을 기억하라(고전 6:19~20). 마음의 거룩에 머물지 말고, 몸의 거룩까지 나아가자. 신앙생활에서 머무르지 말고 생활 신앙까지 전진하라.

형식이 아닌 '정신'을 계승하라

초대 교회는 그리스도교 신앙으로 개종한 이방인 회심자들에게 유대교의 규례를 지키도록 강요해서는 안 된다고 결정하였다(행 15:7~10, 13, 19~20). 먹는 것과 관련하여 신약은 '하나님께서 깨끗케 하신 것을 사람이 속되다고 말할 수 없다'(행 11:5~10)고 가르친다. 하나님이 지으신 창조 세계의 모든 것을 감사함으로 받으면 버릴 것이 없다는 것이다(딤전 4:4).

여기에서 우리는 레위기의 정, 부정을 예수 그리스도의 신앙 안에서 재해석해야 하는 과제를 안게 된다. 신약은 구약의 가르침(율법)을 결코 폐하고자 하지 않는다. 오히려 구약의 가르침(율법)을 완성하고자 한다(마 5:17). 우리가 기억할 것은 정결한 것과 부정한 것에 대한 레위기의 구별이 그 정신을 잃어버리고 하나의 형식으로 굳어졌을 때, 성경은 여기에 대해서 엄한 비판을 퍼붓고 있다는 사실이다.

유대인들은 돼지고기를 먹지 않고 정결한 음식법을 준수하는 것을 하나님의 백성 된 자의 특권이자 유대인의 신분을 드러내는 표식이라고 강조하였다. 무엇을 먹어서는 안 된다는 음식법은 이방인의 딸과 혼인해서는 안 된다는 결혼 규정이나 안식일 준수 규정 등과 함께, 유대인의 유대인다움을 드러내는 징표로 간주되었다.

문제는 바로 여기에서 일어난다. 정, 부정에 관한 규정이 그 정신을 잃어버리고 껍데기만 남게 되었을 때 이스라엘 신앙의 참된 힘이 상실되어 버린 것이다. 하나님이 이스라엘에게 요구하시는 것은 '깨끗한 손과 정결한 마음'(시 24:4)이지, 어떤 형식이나 외적인 절차가 아니다. 바리새인적인 겉치레가 아니라 마음의 청결을 통한 인간 구원에 그 참뜻이 있음을 알아야 한다(마 23:25~26; 막 7:13~23).

예수님은 입으로 먹는 것이 아니라 사람의 악한 마음에서 나오는 것이 진정 사람을 더럽게 한다고 지적해 주셨다. 외적인 형식이 사람을 부정하게 얽어매는 것이 아니라, 내적인 부패가 사람을 부정한 굴레 속에 살게 한다고 꾸짖으셨다. 이는 음식을 구별하여 먹음이 중요한 것이 아니라, 먹는 생활을 통하여 하나님의 영광을 드러냄이 중요하다는 것이다.

예수님은 유대인의 정결례가 고집하는 관습의 문자적 의미를 뛰어넘어 그 정신을 살릴 것을 촉구하셨다. 율법적인 의식이 사람을 깨끗케 만드는 것이 아니다. 예수 그리스도의 피가 인간을 죄와 더러움에서 깨끗케 한다고 말씀하고 있음을 기억하자(딛 2:14; 히 9:14; 요일 1:7).

신앙인은 몸을 구별하여 거룩하게 살아야 한다(11:44). 몸을 구별하여 거룩하게 사는 생활은 그리스도인이 지켜야 할 덕목이다(고전 6:19~20).

왜 몸을 거룩하게 지키는 삶을 살아야 할까? 신앙생활은 영적인 생활로 그치는 것이 아니다. 신앙생활은 몸으로 드러내는 생활까지 신앙적이어야 한다. 소극적으로 말하면 해서는 안 될 일(이를테면 음행)을 금해야 한다. 적극적으로 말하면 해야만 되는 일을 성심껏 지켜 가야 한다. 신앙인은 무엇을 하든지 하나님의 영광을 위해서 해야 한다. 먹든지 마시든지 무엇을 하든지 하나님의 영광을 위하여 해야 한다(고전 10:31).

이스라엘은 11~15장의 말씀의 빛에서 새롭게 조성되어야 한다. 새 이스라엘은 날마다 이루는 삶에서 조성된다. 가정에서 출발한다. 이스라엘이 새로워지려면 그들이 먹고 마시고 입고 자는 생활에까지 새롭게 개혁되어야 한다.

11~15장은 이 점에서 오늘 우리 한국 교회를 질책하고 있다. 하나님을 섬기는 일에 열중한 나머지, 그 형식과 관습에 몰두한 나머지, 하나님과 더불어서 같이 사는 데에는 아직까지 익숙하지 못한 한국 교회를 꾸짖고 있다. 예배와 은혜는 풍성하지만 그 은혜와 진리가 세상살이에 구현되는 일에 여전히 어설픈 한국 교회와 그리스도인들을 나무라고 있다.

날마다 이루는 삶이 거룩한 제의가 됨을 망각하고 있는 우리들에게, 가정을 중심으로 이루어지는 모든 생활이 성결하게 되어야 함을 미처 깨닫지 못하고 있는 우리들에게, 구원받음이 성화(聖化)로, 그 성화가 성도의 완전으로 이루어져야 함을 깨닫지 못하고 있는 우리들에게, 레위기의 정, 부정은 하나의 도전으로 읽히게 된다. 여기에 레위기의 청정법을 다시, 새롭게 읽어야 할 과제가 주어진다.

09

성결함으로 나아가라
(레 17~27장)

레위기의 구조

먼저 레위기의 구조를 살펴보자. 레위기 전체의 구조는 1~16, 17~26, 27장으로 세 등분된다.

1~16장은 제사 규례를, 17~26장은 하나님과 이스라엘의 성결의 문제를 집중적으로 다루고 있다. 27장은 사람들이 어기기 쉬운 서원의 문제를 부록으로 다루고 있다.

그중 17~26장은 성결을 특히 집중적으로 다루고 있다는 점에서 클로스터만(A. Klostermann)이 1877년에 '성결 법전'(Heiligkeitgesetz)이라고 명명한 이래 일반적으로 성결법 또는 성결 법전으로 불린다.

이 성결 법전은 전체적으로 '삼단 양식'(triadic pattern)으로 되어 있다.

삼단 양식은 히브리 문학의 중요한 표현법 중 하나이다. 이것은 동일한 어휘 또는 유사한 표현이 세 번 반복되거나, 한 문장 안에서 셋으로 구분되는 세 단락이 상호 유기적으로 연결되어 단일체를 구성하면서 그 내용을 강조하는 표현법이다.

삼단 양식을 기본 골조로 하고 있는 17~26장의 구조를 개괄하면 다음과 같다.

서론부	A 전반부(17:1~9)
	A′ 후반부(17:10~16)
제1대단원	A 제1단원(18장)
	B 제2단원(19장)
	A′ 제3단원(20장)
제2대단원	A 제1단원(21장)
	B 제2단원(22:1~16)
	A′ 제3단원(22:17~33)
제3대단원	A 제1단원(23장)
	B 제2단원(24장)
	A′ 제3단원(25장)
결론부	A 전반부(26:1~13)
	A′ 후반부(26:14~46)

이 성결 법전은 17장과 26장을 각각 전(全) 구조체의 서론부와 결론부로 갖는다. 이 양자 사이에서 18~25장은 제1대단원(18~20장), 제2대단원(21~22장), 제3대단원(23~25장)으로 구분되어 삼단 양식 구조체를 갖고 있다. 동시에 이 대단원들은 각각 A–B–A′의 삼단 양식을 가지며 주제 및 구조면에서 상호 연결되어 있다.

1. 17장

가축 도살과 희생에 관한 규례(1~9절)

성소 밖에서의 가축 도살 금지(1~7절)

성소 밖에서의 희생제물 봉헌 금지(8~9절)

피에 관한 규례(10~16절)

피를 먹지 못하는 이유 설명(10~12절)

사냥한 짐승과 관련된 피의 규례(13~16절)

1~9절에는 가축을 잡을 때나 희생제물을 드릴 때에 반드시 회막 어귀로 끌고 와서 행해야 한다는 규례가 선포되어 있으며, 10~16절에는 피에 관한 규례가 세부적으로 다뤄져 있다.

1) 1~7절

1~7절은 이스라엘 백성이 가축을 잡을 때 항상 회막 앞으로 끌고 와서 여호와의 성막 앞에 여호와께 바치는 제물로써 그것을 잡게 해야 하고, 그 피를 회막 어귀에서 제단에 뿌리고 기름기를 불살라 여호와를 기쁘게 해야 한다고 선포한다. 또 그냥 피를 흘리면 그 피를 흘린 것에 대한 벌을 면할 수 없다는 것이 선포되어 있다. 이 규례는 성막이 아닌 다른 곳에서 소나 양이나 염소 등의 주요 희생제물을 잡을 수 없도록 금지하고 있다. 이것은 광야에서 세속적인 일반 도살은 완전히 금지되었음을 의미한다.

만일 이스라엘 사람이 고기를 먹고 싶으면 일단 짐승을 화목제물로 바치고, 이것을 화목제물로 잡은 다음, 피를 뿌리고 기름기를 불사른다(5~6절). 그 후 그 짐승의 고기를 되돌려 받는다(3:1~17; 7:11~27). 이 규례를 어기면 백성으로부터 끊어지는 징벌을 받는데(4절), 이 징벌은 죽음과도 같은 추방 또는 죽음 등을 포함하는 하나님의 직접적 징벌을 가리킨다.

7절에 히브리어 '스이림'(שְׂעִירִם)이 나오는데, 이것의 일반적 의미는 '숫염소들'이다. 개역한글은 '숫염소'로, 공동번역은 '염소 귀신들'로, 표준새번역은 '숫염소 귀신들'로 번역하고 있다. 그러나 이는 단순히 숫염소들을 가리키는 것이 아니다.

역대하 11:15에는 숫염소 우상에게 예배하는 것을 질타하는 내용이 나온다. 실제로 이집트의 델타 지역에서는 염소를 섬기는 제사가 행해지곤 했다. 여기서는 이교 제사를 염두에 두고 숫염소 귀신들에게 제물을 바치는 것을 금지한 것으로 보인다. 출애굽기 22:20에 '주 밖의 다른 신에게 제사를 드리는 자를 반드시 없애야 한다'는 선포가 나온다. 그러므로 성경 전체에 흐르는 우상 숭배 금지가 강조되고 있는 것이다. 하나님과 그분의 뜻 이외에 그 어떤 것에도 절대적 가치를 두어서는 안 된다는 의미이다(마 6:24 "너희가 하나님과 재물을 겸하여 섬기지 못하느니라").

2) 8~9절

번제물과 기타 제물을 드릴 때는 먼저 회막 어귀로 끌어다가 여호와께 바쳐야 한다는 규례가 선포되었다. 그런데 이 규례의 범위가 이스라엘 백성뿐만 아니라 그들과 함께 사는 외국 사람들에게도 확대 적용된다.

여기에 언급된 성소 밖에서의 번제 금지도, 다른 신들에게 제물을 바칠 가능성을 없애는 것이다.

이렇게 하나님의 명령에 순종하여 하나님의 계속적 임재하심을 보장받고, 이로써 이스라엘이 하나님의 보호와 인도를 받게 함이다(신 8:11~20).

3) 10~12절

이미 4하절에 선포된 피에 관한 규례가 세부적으로 설명된다. 생명은 피에 내포되어 있다는 사상을 근간으로 피, 즉 생명을 소중히 여겨야 한다는 사실을 선포한다. 이것은 창세기 9:4 이하에서 선포된 내용과 그 맥을 같이 하는 것인 바, 창세기 9:4 이하에서는 인간의 피와 생명의 소중함이 강조된다. 반면에 본문에서는 그 피와 생명의 소중함이 짐승에게까지 확대 적용되는 특징을 보인다.

이는 사실상 창세기 1장의 창조에 대한 긍적적 평가('하나님 보시기에 참 좋았더라')와 같은 맥락에서 이해될 수 있으며, 가깝게는 레위기 23~25장에 전개되어 있는 안식년(토지의 안식)에도 반영되어 있어서 창조물에 대한 하나님의 크신 사랑을 보여 준다. 하나님은 생명을 소중히 여기는 분이시며, 특히 우리를 피로써 구원해 주고 영원한 생명의 길로 인도하는 분이시기에, 생명의 길이신 하나님께 순종하며 충성해야 하는 것이다.

10~12절에서 가장 핵심이 되는 부분은 11상절이다. 본문에서 '나'를 가리키는 인칭대명사(אֲנִי 아니)가 문장 맨 앞에 나오면서 죄를 벗게 하는 주체가 바로 여호와 그분임을 강조한다("내가 이 피를 너희에게 주어… 속하게 하였나니"). 즉, 인간 스스로가 죄를 벗게 하는 것이 아니라 그 근본적 주체는 하나님이시며, 피는 죄 된 인간을 구원하시기 위한 하나님의 장치라는 의미이다. 이것이 바로 하나님의 구원 의지다. 이것은 예수 그리스도를 통한 구원으로 완전히 가시화 되는 구원의 역사이기도 하다(요 6:54; 롬 5:9~11; 히 9:22; 롬 3:25; 엡 1:7; 요일 1:7).

4) 13~16절

위의 신학적 선포와 그 의의를 13~16절은 사냥에서 잡은 짐승에 확대 적용하고 있다.

2. 18장

18장에는 이방인의 부정한 풍속을 따르지 말라는 명령이 일곱 번에 걸쳐 나온다(3상, 3하, 24, 26, 27, 29, 30절). 그리고 '나는 여호와 너희의 하나님이다'라는 표현이 여섯 번 반복된다(2, 4, 5, 6, 21, 30절). 이를 통해, 이스라엘이 그들을 인도하고 보호하시는 여호와 하나님의 명령에 순종하여 결코 이방인의 부정한 풍습을 따라서는 안 됨을 강조한다. 17장은 이스라엘이 이방신을 섬기지 않고 피를 먹지 않는 것으로 다른 민족과 구별됨을 강조하는데 반해, 18장은 성도덕의 준수가 선민으로서의 이스라엘의 특성을 나타냄을 강조한다.

1) 1~5절

구원의 하나님은 이스라엘이 살던 이집트 땅의 풍속도 따르지 말고, 하나님이 그들에게 주실 땅, 가나안의 풍속도 따르지 말라고 명하신다(2~3절).

2) 6~23절

이스라엘이 지켜야 할 하나님의 구체적 명령이 선포된다.

① 근친상간 금지(6~18절)
② 월경 중의 성행위 금지(19절)
③ 간통 금지(20절)
④ 자식을 몰렉에게 바치는 행위 금지(21절)
⑤ 동성애 금지(22절)
⑥ 수간 금지(23절)

21절에 언급된 '몰렉'은 암몬 사람들의 신으로(왕상 11:7 "목록"), 이 제사에서 어린 아이를 희생제물로 바친 것으로 추정된다(신 12:31; 18:10; 왕하 23:10; 렘 32:35). 성경 여러 곳에는 몰렉에게 희생제물을 바치는 것이 금지되어 있다(레 20:2~5; 왕상 11:7; 왕하 23:10; 렘 32:35).

3) 24~30절

만일 이스라엘이 이와 같은 이방 풍습을 따라 스스로를 더럽히게 되면, 이방인이 죄로 인하여 그 땅에서 토함을 받게 되듯이 이스라엘도 거하던 땅에서 토해지게 될 것임을 선포하고 있다.

성 윤리는 인간 사회를 지탱하는 가장 중요한 요소 중의 하나인 결혼 제도를 건전하게 유지시킨다. 이것의 파괴는 인간 사회 질서의 파괴와 혼란을 의미한다. 그리고 평화와 안녕과 의의 사회를 원하시는 하나님의 뜻에 어긋나는 것이다.

따라서 죄에 대한 징벌은 하나님의 거룩하심과 의로우심을 드러내는 표징이며, 이를 통해 우리로 하여금 성 윤리를 바로 지켜 건전한 부부 관계와 건강하고 화목한 가정을 이루어 가야 함을 강조하고 있다. 이것은 신약의 여러 본문과도 맥을 같이한다(고전 5:1~5; 6:9; 롬 13:9; 1:27).

3. 19장

19장은 크게 두 부분으로 나뉘어져 있다(1~18, 19~37절). 이들은 상호 연결되어 하나님의 성결 명령과 그 의미를 선포한다.

1) 1~4절

성결한 삶에 대한 명령과 원칙이 선포된다(2절 "너희는 거룩하라 나 여호와 너희 하나님이 거룩함이니라"). '거룩'은 온전성, 정상성, 순수성을 내포한다. 이 의미는 2~18절에 언급되어 있는 규례들에 전제되어 있다. 2~18절에서는 도둑질, 거짓말, 거짓 증언, 속이는 것, 형제를 마음으로 미워하는 것 등에 관한 규례가 다루어진다. 그런데 이 모든 것들은 인간의 윤리적 정상성과 온전성을 파괴하는 것으로, 거룩의 이상에 부합되지 않는다. 따라서 거룩하다는 것은 이러한 행동을 해서는 안 됨을 의미한다.

이와 동일한 맥락에서 서로 다른 것끼리 섞이는 것도 금지되며(19~22절), 몸에 상해를 입히는 것도 금지된다(27~28절). 이 성결 명령에 이어서 부모 공경 명령, 안식일 준수 명령, 우상 숭배 및 신상 제조 금지 명령이 나오는데(2~4절), 이를 통해서 성결의 사회 윤리적 의무(인간 존중)와 종교적 의무(하나님 공경)라는 기본 명령과 원칙이 강조된다.

2) 5~16절

위에 언급된 성결 명령에 관한 총론에 이어서, 5~16절에서는 각론에 해당되는 제반 규례들이 언급된다.

① 제물을 바치는 규례(5~8절)
② 가난한 사람과 몸 붙여 사는 외국인들을 위해 이삭을 남겨 두어야 한다는 규례(9~10절)
③ 남의 물건을 도둑질하지 말고 사기를 치지 말라는 규례(11절)
④ 남을 속일 목적으로 하나님의 이름으로 맹세해서 하나님의 이름을 욕

되게 해서는 안 된다는 규례(12절)

⑤ 이웃을 억압하지 말며 약자의 인권을 짓밟거나 학대하지 말고 하나님을 경외하라는 명령(13~14절)

⑥ 공정한 재판의 명령과 중상 금지 명령(15~16절)

3) 17~18절

19장의 전반부(1~18절)의 결론부로써, 우선 일차적으로 서두에서 선포된 성결한 삶의 면모를 '이웃 사랑'이란 말로 함축적으로 요약, 강조하고 있다('네 형제를 마음으로 미워하지 말며… 원수를 갚지 말며… 이웃 사랑하기를 네 몸과 같이 하라').

4) 19~32절

19~37절도 전체적으로는 서두(1~4절)에 선포된 성결 명령에 종속되며, 후반부의 서두(19상절)와 결어(33~37절)를 제외한 중간부(19하~32절)는 5~16절과 동일한 역할, 즉 19장 서두(1~4절)에 선포된 성결 명령과 그 기본 원칙의 각론에 해당된다.

① 이질적인 것과의 결합 금지(19절)

② 여종과의 간음에 관한 징벌 규정(20~22절)

③ 과일의 수확과 관련된 제의 규정(23~25절)

④ 피가 든 것을 먹지 말라는 규정과 술수를 통한 점술 금지 규정(26절)

⑤ 여러 종류의 이방적 장례 관습 금지(27~28절)

⑥ 제의적 매음 금지(29절)

⑦ 안식일 준수와 성소 경외 명령(30절)

⑧ 죽은 혼백을 통한 점술 금지(31절)

⑨ 노인 공경과 하나님 경외 명령(32절)

5) 33~37절

이스라엘은 그들의 옛 처지를 생각하면서 몸 붙여 사는 이방인을 보호해야 하는데, 이는 이스라엘을 억압에서 구해 주신 해방과 구원 그리고 정의의 하나님께서 내리신 명령이기 때문이다. 특히 34절의 이방인의 보호에 관한 의무는 18절의 '네 몸과 같이 사랑하라'는 명령과 동일한 표현으로 강조된다. 여기에서 선민 이스라엘은 억압에서 해방시켜 주신 '성결과 사랑과 정의의 하나님'께 충성하고, 주님을 닮아 신앙적으로 윤리적으로 흠 없는 삶을 살며, 특히 동족뿐만 아니라 이방인들까지도 자신의 몸처럼 사랑해야 한다는 의무가 선포되고 있다.

4. 20장

20장은 성결한 백성들이 지켜야 하는 삶의 의무를 다루고 있다.

1) 1~8절

1~8절의 핵심 내용은 다음과 같다.

① 자기 자식을 몰록에게 바쳐 여호와의 성소와 거룩한 이름을 욕되게 한 죄에 대한 처벌 규정(2~5절)
② 죽은 사람의 혼백을 불러 점을 치는 자에 대한 처벌 규정(6절)
③ 이스라엘은 삼가 스스로 몸을 깨끗이 하여 거룩한 사람이 되어야 하니, 이는 여호와가 이스라엘의 하나님이시기 때문이라는 권고적 명령 선포(7절)
④ 율법 준행 명령(8상절 "너희는 내 규례를 지켜 행하라")과 이유(8하절 "나는 너희를 거룩케 하는 여호와니라")

2) 9~21절

이 명령을 바탕으로 9~21절에서는 사회 윤리적 규정들이 선포된다.

① 부모에게 악담하는 자에 대한 처벌 규정(9절)
② 간통죄 처벌 규정(10절)
③ 근친상간 처벌 규정(11~12절)
④ 동성애 처벌 규정(13절)
⑤ 근친상간 처벌 규정(14절)
⑥ 수간 처벌 규정(15~16절)
⑦ 근친상간 처벌 규정(17절)
⑧ 월경 중 성행위에 대한 처벌 규정(18절)
⑨ 근친상간 처벌 규정(19~21절)

3) 22~27절

여호와 하나님이 뭇 백성 가운데서 갈라 세워 이스라엘을 성별하셨으니, 이스라엘은 거룩한 백성으로서 여호와께서 구별하여 주신 '정한 것'과 '부정한 것'을 삼가 조심히 다루어 부정을 타는 일이 없도록 해야 한다. 또한 이방 민족들의 풍습을 따르지 않고 여호와의 율령을 지켜야 함이 선포된다(특히 23~26절).

5. 21장

21장은 하나님께 제물을 바치도록 성별된 제사장들이 지켜야 할 규례를 다루고 있다.

1) 1~9절

세 개의 성결 규례를 중심으로 전개된다. 1~5절에서는 장례와 관련된 금지 규정이 다뤄진다(가족 이외의 주검을 만져서는 안 된다). 6절은 이 규정에 대한 신학적 이유를 성결 개념을 통해 선포하고 있다. 제사장들은 하나님께 거룩하게 구별된 사람들이므로 하나님의 이름을 욕되게 해서는 안 된다. 그들은 제물을 불살라 하나님께 음식을 바치는 이들이기 때문에 거룩해야 한다. 그리고 7절에서는 몸을 더럽힌 여자를 아내로 맞을 수 없다는 규정이 선포된다. 8상절에서 '너는 그를 거룩하게 하라'는 표현이 나오는데, 이는 제사장을 거룩한 사람으로 대접해야 한다는 규례다. 이어서 9절에는 제사장의 딸이 창녀가 되어 아비를 욕되게 하면 받게 되는 처벌 규정이 선포되어 있다.

이를 통해, 제사장은 결코 욕되어서는 안 되며 거룩한 사람으로 대접받아야 함을 강조한다. 제사장은 먼저 수신제가를 해야 하며, 이때 비로소 백성 앞에서 제사장으로서의 참다운 권위를 가질 수 있고 합당한 존경과 대접을 받게 된다는 것을 보여 준다(삼상 2:12~36; 호 4:4~10; 5:1~3; 딤전 3장; 딛 1:5~9).

2) 10~15절

대제사장들이 지켜야 할 규정을 다루고 있다. 여기서도 강조되는 것은 '제사장'(특히 대제사장)이 성별되었다는 사실이다. 그래서 대제사장은 숫처녀만을 아내로 맞을 수 있으며(13~15절), 자신의 부모의 장례에 가서는 안 된다(10~12절). 이것은 대제사장이 성소에 삶을 의미하는 것은 아니다. 다만 제사장의 성결한 직무와 역할과 의무가 가족보다 우선하며, 그의 직무가 막중한 것만큼 완전한 헌신이 요구된다는 뜻이다. 이러한 요구는 마태복음 8:21~22과도 맥을 같이한다.

3) 16~24절

제사장직을 수행하는 사람들의 육체적 완전성에 관한 규정이 선포된다. 몸에 흠이 있는 사람도 하나님께 바친 음식, 곧 가장 거룩한 제물과 거룩한 일반 제물을 먹을 수 있다(22절). 하지만 그는 몸에 흠이 있는 사람이기 때문에, 휘장 안이나 제단 앞으로 나아가 하나님의 성소를 더럽혀서는 안 된다(23절). 하나님은 거룩한 분이시고, 제사장 또한 하나님이 거룩하게 하신 사람이기에, 거룩성의 원칙에 따라 그들도 온전성과 정상성과 순수성을 갖추지 않으면 안 된다.

6. 22:1~16

이 부분에서는 성별된 음식을 먹는 것에 관한 규례를 다룬다.

전반부: 거룩한 음식을 먹기 위해 제사장이 지켜야 할 규정(1~9절)

후반부: 거룩한 음식을 먹기 위해 제사장 친척이 지켜야 할 규정(10~16절)

1) 1~9절

'여호와께 바쳐진 예물을 함부로 다뤄서는 안 되며, 부정한 몸으로 가까이 가서도 안 되며, 이렇게 하면 여호와의 거룩한 이름을 더럽히는 것이 됨'을 선포한다(2~3절). 4~8절은 부정을 탄 상태의 구체적인 예와 부정을 타게 된 사람들이 지켜야 할 의무 규정을 언급한다. 이것 역시 '나는 여호와니라'는 표현으로 마감하며, 하나님의 명령에 대한 절대적 순종을 강조한다.

2) 10~16절

'여느 사람은 아무도 거룩한 음식을 먹지 못한다'는 선포와 함께, 이에 대한 세부 규정이 소개된다(10~13절). 14절은 이 규정에 대한 예외적 단서에 해당되는 것으로, '본인도 모르게 이 규정을 어겼을 경우에 거룩한 음식 5분의 2를 더 보내어 제사장에게 갚아야 함'을 명시한다. 그리고 제사장 자신이 이런 일이 발생하지 않도록 삼가 주의해야 함을 선포한다(16절).

7. 22:17~33

이 부분은 '여호와께 바치기에 합당한 제물에 관한 규정'을 다루고 있다.

제물로 바치는 동물에 흠이 없어야 한다는 규정(17~25절)

제물로 바치는 동물을 무분별하게 잡아서는 안 된다는 규정(26~30절)

하나님의 명령 준행의 당위성 선포(31~33절)

1) 17~25절

흠 없는 제물 규정 선포는 하나님에 대한 경외와 정성을 강조하는 것이다. 특히 24~25절에서 '짐승 가운데서 고환이 터졌거나 으스러졌거나 빠지거나 잘린 것은 하나님께 바칠 수 없다'는 규정이 나오는데, 하나님은 생육과 번성의 하나님이시라는 사실이 전제되어 있다(창 1:22, 28; 8:17). 하나님은 모든 피조물이 생육하고 번성하기를 원하신다. 따라서 고환이 상하거나 거세한 것은 하나님의 뜻에 어긋나는 것이며, 이들은 제물로도 바쳐지지 못한다. 사람인 경우 제사에도 참석할 수 없었다(신 23:1).

그러나 이사야 56:4~8에는 새로운 구원의 시대에 고자와 외국인도 하나님의 은총을 받게 될 것이 선포된다. 이 약속이 예수 그리스도의 오심을 통해 성취된다(눅 14:13, 21; 요 5:3).

2) 26~30절

제물로 바쳐지는 소나 양이나 염소를 무분별하게 잡는 것을 금지하는 규정이 나온다(26~28절 '소나 양이나 염소는 태어난 후 칠 일 동안 제 어미 품에 두어야 하며, 팔 일째 되는 날부터 그것을 제물로 바칠 수 있고, 소나 양을 그 새끼와 함께 같은 날 죽이지 못한다'). 이 명령은 피조물에 대한 긍휼과 생육과 번성을 원하시는 하나님의 뜻을 반영한다. 새끼나 알을 품고 있는 어미 새를 잡지 말라는 규정(신 22:6~7)과, 어미젖에 새끼 염소를 삶는 것에 대한 금지 규정(출 23:19; 34:26; 신 14:21)과, 과일나무를 마구 자르는 것에 대한 금지 규정(신 20:19~20)도 이와 같은 맥락에서 이해할 수 있다.

3) 31~33절

이 모든 규례가 출애굽을 통해 보여 주신 하나님의 구원 의지의 표현이므로 반드시 준행하여 하나님의 거룩한 이름을 욕되지 않게 해야 한다는 명령의 당위성이 선포된다.

8. 23장

23장은 이스라엘의 절기에 관한 규례를 다루고 있으며, 다음 세 단락으로 구분된다.

안식일(1~3절)

봄 절기(4~22절)

가을 절기(23~44절)

1) 1~3절

안식일 규정(1~3절)은 23장의 맨 앞에서 특별히 독립적으로 전개되는데, 이는 모든 절기의 기본 개념 역할을 하기 때문이다. 1년에 일곱 번의 중요한 절기가 있으며(유월절, 무교절, 초실절, 맥추절, 신년제, 속죄일, 초막절), 이 절기 기간 동안 7일의 안식일이 있고(무교절의 첫째 날과 이렛날, 맥추절, 신년제, 속죄일, 초막절 첫날과 초막절 이후 첫날), 매 일곱 번째 해는 안식년(레 25:2이하; 출 21:2이하)이며, 49년(7×7)에는 최고의 안식년인 희년이 온다.

안식일을 지키는 것은 하나님이 창조를 통해 보여 주신 하나님 역사의 본을 따라 사는 것을 의미한다. 즉, 거룩한 날 안식하며 하나님으로부터 새로운 힘을 충전 받아 하나님 사랑의 실천을 결단하고 감사하는 것이다.

2) 4~22절

봄 절기를 다루는 4~22절은, 유월절과 무교절(4~8절), 초실절(9~14절), 맥추절(15~22절)에 관한 세부 규정을 언급한다. 특징적인 부분은 9~14절(초실절 규례)로, 출애굽기 23:15; 34:18~20의 내용을 확대 전개한 것이다.

이스라엘은 하나님이 주신 땅에서 얻은 첫 곡식을 하나님께 바치고 나서 그들이 추수한 것을 먹어야 했다. 보리 추수의 시작을 알리는 이 절기가 지난 지 7주 후에 곡식 추수의 끝을 알리는 축절이 행해지는데, 이것이 바로 맥추절이다. 이 절기에도 첫 곡식은 하나님께 바쳐진다.

3) 23~44절

세 번째 단락은 신년제(23~25절), 속죄일(26~32절), 초막절(33~43절)을 다룬다. 일곱 번째 달(9~10월)에 신년제를 지내고, 기쁨의 초막절을 지내는 절기 가운데 경건한 마음으로 고행(금식)한다. 또 속죄와 정결함을 받아야 하는 날을 두어 죄 된 인간의 삶 속에 이 규례를 통해 우리를 구원케 하시려는 하나님의 구원 의지를 나타낸다. 이러한 하나님의 사랑의 역사에 대한 감사의 마음과 회개 기도의 필요성을 강조한다.

9. 24장

24장에서는 성소에 관한 규례(1~9절)와, 하나님의 이름에 대한 모독죄와 살인죄에 대한 규례(10~23절)를 다룬다.

1) 1~9절

'항상'을 가리키는 히브리어 '타미드'(תָּמִיד)의 반복적 사용을 통해(2, 3, 4, 8절) 성소의 등불이 늘 켜져 있어야 하며, 떡 상 위에 거룩한 떡이 늘 차려져 있어야 함을 선포한다. 그리고 3, 8절에서는 히브리어 '올람'(עוֹלָם 영원히)을 도입하여 이 규례의 영원성을 강조한다. 그러므로 하나님께 바치는 제사는 절기에만 한정된 것이 아니라 항상 행해져야 하며 하나님의 모든 자녀들은 주께 몸과 마음을 바쳐 늘 헌신해야 함을 말해 주고 있다. 또한 하나님의 백성으로서 항상 하나님과 세상 앞에 의와 사랑의 빛을 발할 수 있어야 한다는 사실을 강조하고 있다.

2) 10~23절

10~14절에서는 이스라엘 사람이 여호와의 이름을 모독한 사건을 설화적으로 전개한다. 이어서 15~22절에서는 이와 관련된 율법이 선포된다. 여호와의 이름을 모독하고 악담한 자는 사형으로 다스려지며(15~16절), 상해 살인죄는 사형과 동태 복수법(lex talionis)이 적용된다(17~21절). 그리고 23절

에서는 앞의 설화적 내용을 다시 받아 여호와의 이름을 모독한 사람을 처형한 내용이 다뤄진다.

여기에서 하나님 모독죄와 남의 목숨을 끊는 죄가 모두 사형으로 다스려지므로 양자가 동격으로 취급된다. 인간을 해하는 것이 하나님 이름을 모독하는 것이요, 하나님을 저주하는 것에 해당됨을 의미한다. 이스라엘의 하나님은 인간을 자신처럼 사랑하는 분이시며, 따라서 인간 역시 이웃을 사랑해야 한다는 명령이 내포되어 있다.

10. 25장

25장은 세 단락으로 나눠진다.

안식년에 관한 법(1~7절)

희년법의 원칙 선포(8~24절)

희년법의 관계 규정 선포(25~55절)

1) 1~7절

이스라엘 백성은 하나님이 주시는 땅에 들어가 안식년이 되거든 땅을 묵혀야 하며(2절), 이것은 이스라엘 백성뿐만 아니라 이스라엘 백성의 집에 머무르는 남종과 여종과 품꾼과 식객까지 먹여 살리기 위한 것임이 선포된다(6절). 이처럼 약자에 대한 배려는 출애굽 하나님의 사랑의 모습이다. 안식년은 인간에 대한 하나님의 사랑을 드러내는 '안식일'의 의미를 더욱 확대하여 자연(토지)에 적용한 것이다.

2) 8~24절

희년법은 특히 동족 사이에서의 생존권 보호를 위한 규례이다. 가난으로 인해 남의집살이를 하게 된 사람이 가족에게로 돌아가는 해이며(10절), 빚으로 잃었던 땅을 다시 되돌려 받게 되는 해이다(28~31절). 희년은 일곱 번째 안식년, 곧 매49년째 되는 해이다. 10, 11절에서 희년을 '50년이 되는 해'라고 표시한 것은, 단지 횟수를 셈하는 방법이 다르기 때문일 뿐이다. 즉, '50년'은 시작하는 해와 마감하는 해를 동시에 함께 셈하여 '50'이 된 것이다.

23~24절에서 해방의 해인 희년의 신학적 배경을 선포한다. "땅을 아주 팔지는 못한다. 땅은 나의 것이다. 너희는 다만 나그네이며, 나에게 와서 사는 임시 거주자일 뿐이다. 너희는 유산으로 받은 땅 어디에서나, 땅 무르는 것을 허락하여야 한다"(23~24절, 표준새번역). 이것이 바로 해방 선포의 신학적 근거다.

오경 전체를 통해, 이스라엘에게 땅을 주신 분은 바로 하나님이심이 강조된다(창 15:7; 17:8; 24:7; 출 6:4; 레 20:24; 25:2, 38; 신 5:16). 그리고 이스라엘 백성은 하나님의 은혜와 자비 덕에 그 땅에 살고 있을 뿐임이 고백된다(대상 29:15; 시 39:12; 히 11:13; 벧전 2:11).

3) 25~55절

'너희 형제(동족)가 가난하게 되어'라는 서두 문형을 세 번 반복하며(25, 35, 39절) 희년법의 세부 규정을 다루고 있다. 초점은 옹색해진 동족(친척) 문제에 있다.

25~28절은, 친척 가운데 누가 옹색하여 제 소유를 팔았을 경우 그와 가까운 친척이 와서 그것을 되사 줌으로써 그를 보호해야 하며, 그렇게 못한다 할지라도 적어도 희년이 되면 제 소유를 다시 찾을 수 있게 된다는 규정을 선포한다. 29~31절은 집과 관련된 세부 규정을 선포하고 있으며, 32~34절은 레위인들의 소유권에 관한 규정을 선포한다. 36~37절에는 가난한 동족에게 세나 이자를 받지 못한다는 규정이 나오며, 이와 함께 그들을 보호하고 돕는 것이 하나님을 경외하는 것임을 강조한다. 이렇게 약자를 보호하며 도와 평화와 정의와 사랑의 세상을 만들어 가는 것이 이스라엘을 애굽에서 구원하신 하나님의 뜻임을 선포한다(38, 42, 55절).

11. 26장

26장은 성결 법전(17~26장) 전체의 결론부이다.

율법 전체의 근본 원칙(1~2절)

하나님의 율법 순종에 대한 상급(3~13절)

율법에 대한 불순종의 결과(14~46절)

1) 1~2절

1절의 '우상을 섬기지 말라'는 명령은 이미 19:4에서 선포된 것으로, 하나님만이 우리 삶의 절대적인 분이시며 이외의 어떤 것에도 절대적인 가치를 둬서는 안 된다는 선포다. 하나님의 명령과 말씀만이 진리이며, 이 길에 온전히 거하는 것이 축복임을 선포한다. 2절의 안식일 준수 명령은, 하나님 보시기에 합당한 삶을 살기 위해 절대적으로 필요한 것이 쉼과 기도와 말씀을 통해 하나님의 생명력을 재충전 받는 것임을 강조한다. 2절에서 성소를 공경하라는 말은, 우리의 삶의 구심점이 성전이어야 하며 하나님이셔야 한다는 사실을 강조한다.

2) 3~13절

하나님의 율법에 순종했을 때 주어지는 상급에 관해 언급한다. 상급의 내용은 특히 에스겔서와 밀접한 관계가 있다(겔 34:25~28; 36:10~11, 28; 37:24~27).

비와 땅의 소출(4~5절)

땅의 평화와 적에 대한 승직(6~10절)

하나님이 이스라엘 가운데 거하심(11~13절)

3) 14~46절

하나님의 명령에 불순종했을 때 받게 되는 징벌에 관해 언급하고 있다. 그 내용은 위의 상급의 내용과 정반대의 것이다. 폐병과 열병과 원수의 지배를 받게 될 것이며(16~17절), 땅의 소출을 얻지 못할 것이며(19~20절), 성읍과 땅이 폐허가 될 것이며, 주민들은 포로로 끌려가리라(33절). 그러나 이 장을 마감하는 단락에서(40~45절) 이스라엘이 그들의 죄를 회개하고 하나님께 돌아오면 다시 그들을 맞아 구원의 은총을 내리실 것을 선포하고 있다. 여기에서 하나님은 그분의 약속을 기억하고 그 약속을 반드시 성취하는 하나님이심이 선포된다(창 8:1; 출 2:24; 6:5; 레 26:42, 45).

12. 27장

17~26장의 마지막 장인 26장은 하나님의 상과 벌에 관한 내용으로, 하나님이 이스라엘 백성에게 행하실 하나님 자신의 미래의 약속, 곧 서원에 해당된다고 할 수 있다. 이에 반해 27장은 인간의 하나님에 대한 서원을 다루고 있다. 특히 이 책을 마무리하는 27장에서의 하나님에 대한 인간의 서원은 주로 고통 가운데 있을 때 행하게 된다. 이것은 인간의 삶에 있어 아주 심각하고 중요한 현실적 문제이며 신앙을 가늠하는 기준 자가 되는 것이기도 하기 때문에, 특별히 결론부에서 다루고 있는 것이다.

실제로 오래 전에 약속한 서원을 지킨다는 것은 그렇게 쉽지만은 않다. 그러나 서원의 이행 여부는 그 사람의 신앙의 척도가 되므로, 주의 은택을 입은 사람들은 당연히 서원을 지켜 주께 감사하며 주께 대한 충성과 신실함을 보여 줄 수 있어야 한다. 이를 어기는 것은 불경이요 불순종인 것이다. 27장에서는 서원을 이행하지 않는 사람들에게 이에 상응하는 대가를 지불하게 함으로써 경솔한 서원을 하지 못하게 하며, 일단 서원한 것은 반드시 지켜야 한다는 사실을 강조한다.

만일 어떤 사람이 자기가 서원했던 짐승이 아닌 다른 짐승을 바치려고 하면, 그는 이 두 마리의 짐승 모두를 잃는 것이 된다(10, 33절). 또한 만일 약속한 재물을 다시 찾기 원하면, 그 값의 5분의 1을 더 내야만 한다고 규정하고 있다(13, 15, 19, 27, 31절).

이 규례의 목적은 서원의 이행을 통해 하나님께 감사하고 충성하는 삶을 살고, 이러한 삶을 통해 주님과의 바른 관계 속에서 더욱 큰 기쁨과 평강과 은혜의 복을 누리며 살게 하려는 것이다. 성경의 다른 본문에도 서원에 대한 불성실한 이행을 경계하는 내용이 나온다(신 23:21~23; 잠 20:25; 전 5:4~5).

레위기 전체를 마감하며 십의 일조의 수행을 선포한다(30~33절). 이것도 쉽게 불순종할 수 있으며 신앙 척도를 가늠할 수 있는 것이기에 27장을 마감하며 강조된다. 십의 일조는 자의적으로 드리는 자원 제물이 아니라 의무적으로 드리는 것이지만, 서원의 대상이 될 수는 있다(창 28:20~22).

10

레위기 19장과 정경적 전개

로마서 13장의 예를 중심으로[1]

이 글은 '성경은 그 자신의 해석자이다'(sacra scriptura sui ipsius interpres)라는 종교 개혁자들의 성경 해석 원리를 레위기 19장에 현대적으로 적용한 주석적 연구의 결과를 소개하고, 그 구체적인 성경 주석 방법과 실례를 제시하기 위한 목표를 가지고 구성되었다.[2]

이 글을 크게 두 부분으로 구분해 볼 수 있는데, 하나는 레위기 19장에 대한 '주석적 연구'이며, 다른 하나는 19장의 '정경적 전개'에 관한 연구이다. 19장은 거룩함의 명령을 중심으로 한 전반부(1~18장)와 '하나님의 말씀'에 관한 명령을 중심으로 한 후반부(19~37장)로 구성되어 있다. 주석적 연구는 19장에서 거룩함과 사랑과 하나님의 말씀과 십계명 등의 다양한 주제들이 19장의 전반부와 후반부에서 서로 상응하며 발전적으로 전개되는 형태로 구성되어 있음을 보여 준다. 정경적 전개에 관한 연구에서는 기독교의 정경으로써 구약과 신약의 여러 책들 가운데서 레위기 19장과 관련된 본문들을 찾고, 본문을 비교 분석하며, 최종 본문 상에 나타난 본문의 메시지를 발견하고, 정경 전체의 맥락에서 레위기 19장을 재해석하는 과정과 결과를 제시한다.

이를 위하여 구약과 신약에 나타난 레위기 19장 관련 본문들 가운데, 구약에서는 신명기 10:12~11:1; 잠언 20장; 스가랴 7:8~14;8:14-17을 비교 분석하였고, 신약에서는 마태복음 5:21~48; 로마서 13:8~14; 베드로전서 1:13~25의 본문들을 다루었다. 이 과정에서 레위기 19장의 다양한 요소들이 위의 본문들에 집중적으로 반영되어 있음을 확인할 수 있었으며, 19장에 관한 초점의 차이에 따라 그 관련 본문들의 강조점과 메시지가 다르게 나타날 수 있다는 점도 파악할 수 있었다.

이 글에서는 그 가운데 한 예로써 '로마서 13장에 나타난 레위기 19장의 정경적 전개'에 관한 연구를 제시하고자 한다. 본 연구에서는 레위기 19장을 레위기 본문 자체의 문맥에서 파악하였을 때 찾을 수 있는 메시지와 정경 전체의 맥락에서 재해석하였을 때 새롭게 발견할 수 있는 메시지의 특징을 비교함으로써, 구약과 신약 모두를 정경으로 읽고 있는 현대의 그리스도인들에게 레위기 19장의 가르침과 말씀의 뜻을 새롭게 제시하고자 시도하였다.

레위기 19장의 구조와 내용(주석적 연구)

1. 구조

2하절의 '거룩하라'는 명령과 19상절의 '규례를 지켜라'는 명령은 각각 하나의 총괄적인 명령에 해당하고, 이어지는 부정 명령문과 긍정 명령문으로 구성된 다양한 본문들은 두 명령에 속한 개별 규정들로 이루어져 있다. 이 경우에 본문은 1~18, 19~37절로 나눌 수 있으며, 1절과 37절은 도입부와

1~18절	19~37절
주님께서 모세에게 말씀하심: 이스라엘 자손의 온 회중에게 명령(1~2상절)	
거룩하여라(2하절)	규례를 지켜라(19상절)
안식일 준수(3절)	안식일 준수, 성소 공경(확대)(30절)
이방 신과 관계 금지(4절)	신접자 등과 관계 금지(31절)
하나님 경외(14절)	하나님 경외(32절)
재판(15절)	재판, 상거래(확대)(35절)
이웃 사랑(18절)	타국인 사랑(34절)
규례와 법도를 지키고 행하여라(37절)	

결어에 해당한다. 그리고 여기에 속한 개별 규정 가운데 서로 상응하는 관계의 내용이 나타나고 있으며, 이 내용 가운데 십계명 해당 규정이 포함되어 있다.[3] 또한 19장 전반부의 내용과 후반부의 내용이 발전되고 확대되는 형태로 전개되기도 한다.

이처럼 19장에서는 '거룩함'과 '규례'라는 개념이 두 개의 중심 주제와 틀을 이루고 있고, 동시에 각 부분에 속한 규정들이 많은 부분에서 서로 상응하고 있다. 이러한 특징은 19장의 '거룩함'과 '규례'의 주제가 서로 구분되면서도 상호 밀접하게 연결되어 있음을 보여 주는 것이라고 해석할 수 있다.

2. 중심 주제

19장은 한 장의 범위 안에 하나님 선포, 거룩함, 율법, 사랑, 사람과 공동체 등 복합적이며 다양한 주제들을 집약적으로 수록하고 있으며, 십계명에 해당하는 내용이 산재한 형태로 함께 포함되어 있다. 이러한 다양한 주제들을 포함하는 본문들은 명령문 형태를 통해, 매우 역동적인 성격의 문장으로 표현되고 있을 뿐만 아니라 구체적인 삶과 연관된 실천적인 성격을 보여 주고 있다. 하지만 이 다양하고 복합적인 주제들은 2, 19절의 총괄적인 명령문을 통하여 '거룩함'과 '율법'이라는 주제의 큰 틀 안에 상응하는 형태로 정리되어 있다.

19장의 '거룩함'과 '율법'의 주제는 추상적이고 사변적인 개념으로만 묘사되는 것이 아니라, 구체적인 삶 속에서의 실천을 위한 명령의 형태로 제시되고 있다. 이러한 독특한 방식의 설명을 통해 19장은 사람에게 적용되는 '거룩함'의 주제가 사람이 소유할 수 있는 속성이 아니라, 다양한 '율법'의 구체적 실천을 통하여 경험될 수 있는 것임을 말해 준다.

3. 내용

1) 하나님과 사람

침멀리(Walter Zimmerli)는 '나는 주 너희 하나님이다'와 '나는 주다'라는 종결 문구를 '하나님의 자기 계시 양식'이라고 평가하였다.[4] 이 문장을 통하여 하나님께서는 이스라엘 자손들과 상호적인 소속 관계를 가진 분이심을 스스로 선포하신다. 이 본문의 대응 구절로써 이스라엘 자손이 하나님의 소유됨을 표현한 내용을 20:26에서 확인할 수 있으며, 이 본문들을 통하여 하나님과 이스라엘 자손은 서로가 서로에게 인격적인 상대방으로서 관계를 맺고 있음을 파악할 수 있다. 하나님은 이스라엘 자손들과 무관한 존재가 아니라, 스스로를 '너희 하나님'으로 선언함으로써 이스라엘과 관계를 맺으시는 분으로 나타난다(2절).

19장은 이 하나님을 '거룩하신 분'으로 선포한다. 그리고 하나님은 그분의 거룩하심을 근거로 이스라엘 자손들에게 '거룩하라'는 명령을 내리심으로써, 사람이 '하나님을 닮아 가는 삶'을 살 것을 요구하신다. 하나님을 닮아 가는 삶과 거룩함은 영속적인 상태와 소유의 개념이 아니라 말씀의 실천을 통해 경험되는 것임을 19장은 가르쳐 주고 있다. 또한 19장은 하나님을 '구원의 주님'으로 선포한다. 36절('나는 이집트 땅으로부터 너희를 이끌어 내었던 주 너희 하나님이다')을 통하여 이스라엘 자손의 거룩하신 하나님은 출애굽의 하나님이심을 밝히고 있다.

이스라엘 자손에게 공정한 상거래와 정의로운 재판과 타국인에 대한 사랑 등을 명령하는 모든 규정(36, 35, 34절)의 근거는 이스라엘을 이집트 종살이에서 구원해 주신 '구원의 주님'이 이스라엘 자손의 하나님이 되시기 때문이라는 것이다(36절). 19장은 이러한 하나님 선포를 통하여, 하나님과 관계를 가지며 살아가야 하는 사람들의 '인간상'을 제시하고 있다. 그리고 하나님과 관련된 규정들에서 안식일을 지키고(3절), 바른 제사를 드리고(5절), 하나님의 이름을 모독하지 말고(12절), 성소를 공경하고(30절), 하나님을 경외하라(14, 32절)고 구체적으로 명령하고 있다. 19장에서는 '하나님을 섬기며 사는 사람은 어떤 사람인가'라는 존재론적인 문제를 다루는 것이 아니라, 실천을 위한 여러 가지 규정을 제시함으로써 '하나님을 섬기는 사람이 어떻게 살아가야 하는가'를 독특한 방식으로 설명하고 있다.[5]

2) 사람과 사람

19장은 어느 특정한 계층의 사람만을 명령의 대상으로 삼은 것이 아니라 '이스라엘 자손의 온 회중'을 대상으로 선포된 말씀이다. 이 규정은 우선 '상대적으로 힘을 가지고 있는 자'에게 주어진 말씀으로 파악해 볼 수 있다. 19장은 밭과 포도원을 소유한 자(9~10절), 품꾼을 부릴 경제력이 있는 자(13절), 신체에 장애를 가진 사람보다 유리한 위치에 설 수 있는 자(14절), 재판할 수 있는 위치에 있는 자(15절), 노예를 부릴 수 있는 자(20절), 부모의 위치에 있는 자(29절), 본토인으로서 기득권을 가진 자(34절)에게 '상대적으로 약한 사람'을 배려하는 마음을 가지고 살라는 요구를 제시한다.

이 규정은 대인 관계 속에서 평등한 위치에 있는 사람들에게 요구하는 내용도 담고 있다. 도둑질과 속임수와 거짓을 금하고(11~12절), 험담을 금하고(16절), 마음으로 미워하는 것을 금하고(17절), 사랑할 것을 명한다(18절). 또한 정직하고 공정한 상거래를 요구한다(35~36절).

19장에서는 이웃, 동포, 형제, 백성 등의 다양한 용어를 통해 '사람 대 사람'의 관계 가운데서 이스라엘 자손들이 어떻게 살아갈 것인가를 말해 주고 있으며, 관련 본문에서 찾아볼 수 있는 중요한 원리는 정직함과 공정함과 사랑으로 요약해 볼 수 있다.

19장에서는 상대적으로 낮은 위치에 처한 사람의 입장에서 들을 수 있는 규정도 제시되어 있다. 자녀의 위치에 있는 사람(3절)과 나이가 적고 젊은 사람(32절)에게 부모를 공경하고, 연장자와 노인에게 존경을 표하라는 요구가 주어져 있다.

19장은 이러한 사람들이 모여 사는 공동체를 위한 규정들로 이루어져 있으며, 이 공동체는 강자와 약자, 장애인과 비장애인, 젊은이와 노인, 가난한 자와 부한 자, 본토인과 거류민이 더불어 살아가는 다양한 사람들의 공동체이며, 하나님에 대한 신앙을 중심으로 하여 하나님과 사람과 땅의 관계가 동시에 이루어지는 공동체라고 말할 수 있다.

3) 땅과 사람

19장을 전반부와 후반부로 나누어 살펴보는 과정에서 19장에 수록된 다양한 규정 가운데 많은 부분이 '사회적인 약자'를 위한 배려의 의도를 내포하고 있으며, 이 규정은 '그 땅'이라는 울타리 안에 포함된 동물과 식물까지도 배려의 대상에 포함하고 있는 특징을 볼 수 있다(23~25절).

19장에서 땅의 개념은 '너희 땅'(9, 33절)과 '그 땅'(23, 29절)이라는 표현을 통해 이스라엘 자손이 정착하게 될 가나안 땅을 지칭하는 경우와 이스라엘 사람들이 종살이의 경험을 했던 '이집트 땅'(34, 36절)을 지칭하는 경우로 구분할 수 있다.

인간의 삶에 있어서 '하나님과 사람의 관계'가 영적인 차원의 문제로써 삶의 근본에 해당한다면, '사람과 사람의 관계'는 삶의 내용에 해당한다고 말할 수 있으며, '땅과 사람의 관계'는 삶의 틀을 제공하는 부분으로써 모든 생명체의 삶과 공존을 위한 기본적인 바탕이 된다고 할 수 있다. '땅과 사람의 관계'라는 구분 속에는 모든 피조물과 환경의 문제까지 포함될 수 있다. 19장의 규정은 철저하게 '그 땅'이라는 공간 위에 세워지는 공동체를 위한 것이었으며, 이 울타리 안에 포함된 모든 구성원의 조화로운 삶과 생존을 위한 길을 제시하고 있다.

그러므로 19장의 '거룩함'과 '율법'의 주제가 반영된 다양하고 많은 규정들은 하나님과 인간, 인간과 인간, 인간과 땅(자연, 동물, 식물)의 관계라는 세 가지 차원을 공유하고 있는 것으로 요약해 볼 수 있으며, 19장의 규정들에서 나타나는 다양성의 특징은 다양한 관계와 대상을 포함하고 있는 공동체의 성격과 불가분의 관계를 이루고 있다.

이러한 공동체를 위한 다양한 규정은 그 근거를 '하나님의 거룩하심'과 '하나님의 말씀'에 두고 있는 것이다. 결국 거룩함이 경험될 수 있는 말씀의 실천은 '하나님과 사람과 땅'의 관계 속에서 이루어지는 '관계의 문제'임을 19장에서 확인할 수 있다.

레위기 19장과 로마서 13:8~14(정경적 전개)

헬라어 신약성경(NA 27)의 구약 인용문 색인에는 19장을 인용한 신약의 구절이 제시되어 있다.[6] 그러나 19장의 정경적 전개를 검토하기 위해서 19장 전체와 연관성이 있는 본문을 선택했으며, 단편적인 개념 혹은 구절만이 연결된 본문은 제외했다. 또한 마태복음 5:21~48; 19:16~22에서처럼 한 책에서 여러 차례 나타나는 경우에는 상대적으로 더 많은 특징을 공유하는 본문을 우선적으로 선택하였다. 그리고 야고보서 2장과 같이 레위기 19장과 전체적인 연관성을 보여 주더라도 이에 관한 선행 연구가 이미 이루어진 경우 역시 제외했다.[7]

신약에 나타난 레위기 19장의 정경적 전개에 관한 연구를 위하여 선택한 본문은 마태복음 5:21~48과 로마서 13:8~14과 베드로전서 1:13~25이다. 이 본문들은 새로운 상황 속에서 강조점을 달리하면서 레위기 19장의 주제들을 반영하고 있으며, 구약에 나타난 레위기 19장의 정경적 전개와는 다른 양상을 보여 주고 있다. 예를 들어 구약에서는 하나님과 이스라엘 자손과 가나안 땅에 초점을 맞추는 공동체적인 관계를 다루는 반면에, 신약에서는 예수 그리스도와 그리스도인과 교회로 이루어지는 관계에 초점을 맞추어 19장의 내용과 주제를 재해석하였던 점들을 확인해 볼 수 있다. 이를 위해 레위기 19장과 로마서 13:8~14의 경우를 살펴보고자 한다.

고펠트(L. Goppelt)는 바울이 고린도후서 3:14~17에서 출애굽기 34:29~35의 내용을 학가다식 해석으로 진술함으로써 구약의 참된 의미가 유대인에게는 은폐되어 있고 그리스도께 속한 자들에게 드러나게 된다고 주장하였으며, 그 과정에서 "구약"(고후 3:14)이라는 용어를 바울이 최초로 사용하였다고 평가했다.[8] 그리고 구약 사용 방식에서 바울과 복음서 기자들의 차이가 드러나는데, 복음서에서는 그리스도의 생애와 연결된 구약의 증거들을 주로 제공하지만 바울의 서신서에서는 교회와 그리스도의 관계를 다루고 그의 교리를 지지하는 구약의 증거를 제시하면서 보다 해석학적인 면을 결합시켰다고 설명했다.[9] 그런데 바울 서신의 구약 인용은 총 89회로 파악되고 있는데, 그 가운데 51회가 로마서에서 집중적으로 나타나고 있다.[10]

그렇다면 과연 로마서에 레위기 19장 관련 본문이 존재하는가? 존재한다면 어느 본문이 어떠한 형태로 인용되었고, 그 본문은 어떤 특징을 보여주고 있는가? 만일, 로마서에 나타난 구약 인용문들의 특징 가운데서 레위기 19장과의 관련성을 확인할 수 있다면, 바울 서신서들에 있어서 레위기 19장의 '정경적 전개'라는 하나의 본보기를 제시하는 결과를 얻을 수 있을 것이다.

1. 로마서에 있어서 레위기의 위치

로마서에 나타난 구약의 인용문들 가운데 특별히 레위기 관련 본문은 로마서 1:27의 동성애에 관한 레위기 18:22; 20:13 인용과, 율법의 의와 믿음의 의를 구분하기 위하여 언급하는 로마서 10:5의 레위기 18:5 인용에서 확인해 볼 수 있다.[11] 그리고 로마서 가운데에서도 로마서 12:1~13:7에서 구약 인용문이 더욱 집중적으로 나타나는데, 로마서 12:9 이하의 본문에서 보복 금지와 이웃 사랑을 명령하는 레위기 19:18의 내용이 그 본문의 배후에 암시적으로 나타나고 있음을 볼 수 있다.[12]

그런데 이 단락에 이어지는 로마서 13:9은 레위기 19:18을 보다 구체적이고 직접적인 인용문 형태로 사용하였으며, 여기에 언급된 '이웃 사랑'의 계명은 갈라디아서 5:14에도 반복적으로 인용되었다. 이 본문들은 공통적으로 '이웃 사랑'의 계명을 '율법'의 주제와 결합시켜 '그 완성' 혹은 '마침'으로 해석함으로써 바울 신학에 있어서 '율법' 이해의 한 측면을 제시해 주고 있다. 이러한 주제들은 로마서 13:8~14에서 보다 포괄적인 문맥에 포함되어 나타나는 것으로 파악할 수 있다. 로마서의 레위기 인용문들은 직접적인 형태 혹은 암시적이고 간접적인 형태로 존재하며, 로마서 전반에 걸쳐 나타나는 레위기 본문들은 주로 레위기 19장이 포함된 17~21장 단락에 속한 내용들이라는 특징을 보여 주고 있다.

2. 레위기 19장과 로마서 13:8~14

로마서 13:8~10은 '이웃 사랑'에 대한 세 차례의 언급과 함께, 이를 통한 '율법의 완성'에 관한 주제를 반복하여 말하고 있다. 로마서 13:8~10은 짧은 본문임에도 불구하고 많은 내용이 집약적으로 수록되어 있음을 볼 수 있는데, 이들은 로마서 13:9에 인용된 레위기 19:18과 함께 레위기 19장의 여러 가지 요소들과 대비될 수 있는 특징들을 포함하고 있다. 레위기 19장과 로마서 13:8~10 비교를 통하여 구체적으로 어떤 부분들이 어떻게 연결되고 있는가를, 특히 로마서 13:11~14과 레위기 18~20장 단락의 유사점들을 확인할 수 있다.

1) 레위기 19:18과 로마서 13:9하

로마서 13:9에 인용된 '사랑'에 대한 명령은 레위기 19:18의 70인역과 문자적 일치를 보여 주고 있다.

레 19:18	MT	'그리고 너는 네 이웃을 너처럼 사랑하여라. 나는 주다'
	70인역	'그리고 너는 네 이웃을 네 자신처럼 사랑하여라. 나는 주다'
롬 13:9	NT	'~와 다른 어떤 계명도 너는 네 이웃을 네 자신처럼 사랑하여라는 이 말씀에 포함되어 있기 때문이다'

이 사랑의 계명은 로마서 13:8, 9, 10에서 반복적으로 언급하고 있는 이 단락의 핵심적인 주제로 볼 수 있는데, 8절에서는 '서로 사랑하는 것'과 '다

른 이를 사랑하는 것'으로 표현되었고, 9절과 10절에서는 '이웃을 사랑하는 것'으로 그 대상을 조금씩 다르게 표현하고 있다. 이러한 표현 방식은 레위기 19:16~18에서 '네 백성', '네 형제', '네 동포', '네 이웃'이라는 다양한 용어들을 사용하고 있는 부분에서도 확인할 수 있으며 이러한 본문 상호 간의 공통적 특징은 두 본문 사이에 존재하는 연관성을 드러내 주는 요소들로 파악될 수 있다.

특별히 던(J. D. G. Dunn)은 로마서 13:9에 언급된 '이웃'이라는 개념에 대하여 레위기 19:18에서는 유대인들에게 제한적으로 적용된 개념이었으며, 마태복음 5:43의 인용문에서도 동일한 전제를 보여 주고 있고, 로마서 13:9, 10의 표현 역시 유대적인 개념으로 볼 수 있지만, 사랑의 명령에 있어서 그 개방성은 레위기 19:34에 이미 반영되어 있었고, 로마서에서는 12:14, 17, 21의 '원수'와 13:1~7의 '제국의 관리들'에게까지 적용되었음을 볼 때, 바울에게 있어서 이웃과 사랑의 개념은 매우 포괄적인 것이었다고 지적해 주고 있다.[13] 이러한 해석은 레위기와 마태복음의 예수의 교훈과 바울의 로마서로 연결되는 '이웃 사랑'의 개념에 있어서 하나의 큰 흐름과 맥이 이어지고 있음을 생각할 수 있게 해 주는 중요한 내용으로 평가할 수 있다.

또한, '이웃 사랑'의 주제를 8절의 '아무것도 빚지지 말라'는 부정 명령과 10절의 '악을 행치 않는다'는 부정 문장과 연결함으로써, 사랑을 단순히 인간의 '감정'의 문제가 아니라 '행위와 실천'의 차원으로 연결시키고 있다.[14] 이것은 바울의 새로운 이해가 반영된 '사랑의 계명'에 대한 해석이라고 할 수 있으며, 마태복음 5장과 로마서 13장을 비교해 볼 때 로마서 13:9이 레위기 19:18을 직접 인용하는 형태를 취하고, 전후의 8절과 10절에서 이와 관련된 새로운 해석을 제시하고 있는 점은 마태복음의 산상수훈에서 레위기 19:18을 인용하면서도 '이웃 사랑'의 계명을 '원수 사랑'의 차원까지 확대시켰던 해석(마 5:43~47)과도 상응하는 것으로 요약해 볼 수 있다.

이러한 유사성은, 산상수훈에 기록된 예수님의 레위기 19:18 해석을 반영하면서, 동시에 바울의 새로운 해석을 담고 있는 본문으로 로마서 13:9을 평가할 수 있게 해 준다. '사랑의 계명'을 재해석한 마태복음 5장과 로마서 13장의 본문과 정경적 전개의 특징은 레위기 19장으로부터 시작되어 구약을 거쳐 산상수훈과 로마서로 이어지는 정경의 본문들 안에 하나의 큰 흐름이 존재하고 있음을 보여 주는 요소라고 할 수 있다.

2) 레위기 19:11과 로마서 13:9상

맛소라 히브리어 본문(MT)과 70인역 헬라어 본문에서는 복수형 명령문을 사용하고 있으나, 마태복음에서는 단수형을 사용하고 있다.

레 19:11	MT	'너희는 도둑질하지 말고, 속이지 말며, 서로 거짓말하지 말라'
	70인역	'너희는 도둑질하지 말라, 너희는 속이지 말라, 너희는 서로 거짓말하지 말라'
롬 13:9	NT	'왜냐하면, 너는 간음하지 말라, 너는 살인하지 말라, 너는 도둑질하지 말라, 너는 탐내지 말라'

로마서 13:9의 전반부에서는 출애굽기 20장에 수록된 십계명의 7, 6, 8, 10계명에 해당하는 명령들을 열거하고 있다. 십계명의 내용을 크게 하나님과 사람 사이의 관계에 대한 규정들(1~4계명)과 사람과 사람 사이의 관계에 대한 규정들(5~10계명)로 구분해 볼 때, 이 규정들의 공통적인 특징은 모두가 사람들 사이의 관계에 관한 것이라는 점이다. 8절의 '서로를'이라는 용어와 10절의 '이웃을'이라는 용어 역시 이러한 사람들 사이의 관계라는 의미를 내포하고 있는 개념들이라고 볼 수 있으며, 8~10절 단락 전체가 이러한 특징을 공유하고 있는 것으로 해석해 볼 수 있다.

십계명의 항목들을 열거하는 형태로 본문을 기술하는 서술 방식은 레위기와 로마서 본문 상호 간의 유사점으로 지적할 수 있으며, 그 내용에 있어서는 레위기의 본문이 하나님과 사람 사이의 관계에 대한 내용을 담고 있지만 더 많은 지면을 사람과 사람 사이의 관계에 대한 규정들에 할애하고 있다는 점에서 그 유사성을 평가해 볼 수 있다. 레위기 19:11에 열거된 명령들 가운데 도둑질 금지에 대한 계명은 출애굽기 20:15과 신명기 5:19에 기록된 평행 문장들과 비교해 볼 수 있다.

이 본문들은 동일한 부정어와 동사를 사용하였고, 2인칭 단수 명령형 문장을 사용하였다. 하지만 동일한 용어들을 사용하면서도 복수 2인칭 명령형으로 문장을 기록한 레위기 19장 본문과는 차이를 보여 주고 있으며 이 점에 있어서 마태복음 5장의 명령문은 출애굽기와 신명기 본문에 더 가깝다고 할 수 있다. 이 계명은 로마서 13장에 인용된 십계명의 항목들 가운데서도 평행을 이루는 규정으로써, 로마서 13:9의 본문도 2인칭 단수 명령형을 사용하고 있다. 레위기 19:11의 나머지 계명은 출애굽기에 수록된 십계명의 9계명인 '거짓 증언'에 대한 명령과 내용상 연관성을 보여 주고 있지만 로마서 13장에는 언급되지 않고 있다.

살인 금지(제6계명) 명령은 레위기 19:16하의 관용적 표현과 연결할 수 있으며, 로마서 13:9에서도 이 명령을 확인할 수 있다. 로마서 13:9의 간음 금지(제7계명) 명령도 레위기 19:20~22에서 약혼한 여종과 동침하는 것을 죄로 규정한 본문과 내용적으로 상응하고 있다. 반면에 로마서 13:9의 '탐내지 말라'(제10계명)는 명령은 레위기 19장 본문에는 나오지 않는다.

레위기 19장	십계명	로마서 13:8~10
19:16~17	제6계명: 살인 금지	13:9(2)
19:20	제7계명: 간음 금지	13:9(1)
19:11	제8계명: 도둑질 금지	13:9(3)
19:11	제9계명: 거짓 증거 금지	
	제10계명: 탐심 금지	13:9(4)

* ( ) 안의 숫자는 열거된 순서임.

앞에서 지적한 바와 같이, '십계명 관련 규정들'이 열거된 것은 레위기 19장과 로마서 13:8~10 상호 간의 상응하는 특징이라고 할 수 있다. 그리고 레위기 19장의 규정들이 '거룩함'의 명령을 일상의 삶 속에서 실천하기 위한 구체적인 내용들을 담고 있고, 하나님과 땅과 사람과의 관계에 관한 규정들도 담고 있는 점(레 19:19~37)은 로마서 13:8~10의 내용이 '대인 관계에 관한 규정'에 집중하고 있는 특징에 비해 더 포괄적인 성격을 갖는 부분이라고 평가할 수 있다.

3) 레위기 19:19, 37과 로마서 13:8, 10의 비교

레위기 19:19, 37의 MT와 70인역 본문은 어순까지 일치하는 특징을 보여 주지만, 하나님에 대한 언급이 담겨 있는 종결 문구의 표현에서는 차이가 나타나고 있다. 로마서 13장의 '율법'은 70인역의 레위기 19:19, 37에서 동일하게 사용되고 있으며, 이에 해당하는 MT의 단어는 '훅카'(חֻקָּה)로써 '규례'로 번역되었다. 로마서 13:8, 10에서는 '사랑'과 '율법'과 '완성'의 주제들이 결합되고 반복된 특징을 발견할 수 있다. 이들 가운데 율법과 사랑의 개념은 레위기 19장의 내용과 상응하는 요소로 볼 수 있다.

특별히 '사랑'의 주제는 로마서 13:8~10과 레위기 19:18, 34의 본문 비교에서 확인할 수 있으며, 로마서 13:8의 '다른 이'라는 용어를 바울은 고린도전서 6:1; 10:24, 29; 14:17; 갈라디아서 6:4에서도 '이웃'과 동의어로 사용하였고, '다른 이를 사랑하는 것'이라는 표현은 레위기 19:18의 '이웃 사랑'에 관한 본문과 같은 내용을 담은 다른 표현으로 평가할 수 있다.[15] 여기에는 의인과 죄인, 유대인과 이방인의 경계와 구분이 없으며, 레위기 19:18에 대한 예수님의 해석이 그대로 반영되어 있다.[16]

'사랑'의 계명은 공관 복음에서 예수님께서 성경 전체의 두 가지 요약 가운데 하나라고 평가하실 정도로 강조되었고(마 22:34~39), 로마서 13:8~10에서도 이 '사랑'의 주제가 뚜렷하게 부각되었으며, 바울의 신학에 있어서 그 핵심적인 위치를 재확인 받게 되었다. 바울은 모세의 율법을 대치하는 새 율법으로써 '그리스도의 법'(갈 6:2)을 제시하였으며, 이 법은 '사랑의 법'이었다.[17] 하지만 로마서 13장의 '완성'이라는 단어와 평행하는 요소를 레위기 19장에서 찾을 수 있겠는가?

로마서 13:10에서 '완성'으로 번역된 '플레로마'(πλήρωμα)는 '충만함'이라는 기본적인 의미를 가진 단어로써,[18] 요한복음 19:24, 28에서 교차적으로 사용되는 용례에서 확인할 수 있듯이 신약에서 '완성'이라는 표현은 헬라어의 '완전함'이라는 용어와 상응하는 개념이다.[19] 이 '완전함'의 개념은 레위기 19:2의 '거룩함'의 신학적 의미를 해석하는 데 적용될 수 있다. 거룩함의 의미가 완전함의 의미와 상응하고 있음을 보여 주는 예는 레위기 19:2의 '거룩함'이 마태복음의 산상수훈에서 예수님에 의해 '완전함'의 개념으로 재해석되었던 마태복음 5:48에서 찾아볼 수 있다.

구약과 신약의 흐름 속에서 '거룩함'과 '완전함'의 두 개념은 상호 간에 밀접한 연관성을 가지고 전개되었으며, 레위기 19장의 '거룩함'과 '규례'와 '사랑'의 주제가 로마서 13:8~10에서는 '완성'과 '율법'과 '사랑'의 주제를 포함하는 본문 속에서 새롭게 전개되었던 것으로 해석해 볼 수 있다.

왜냐하면 레위기의 '거룩함'의 개념은 '온전함과 완성'의 의미로 해석할 수 있으며, '규례와 법도'는 '율법'의 개념과 연결될 수 있기 때문이다. 로마서 13:8~10은 레위기 19장의 주제들을 요약된 형태로 반영하고 있으며, 레위기 19장의 정경적 전개를 담고 있는 본문으로 볼 수 있으며, 레위기 19장의 문맥 속에서 '사랑'의 명령은 '거룩함'의 명령을 실천하기 위한 내용들 가운데서 강조되기는 했지만 '거룩함'의 주제에 포함된 부분이었으며 '규례'의 주제만큼 뚜렷하게 부각된 개념이 아니었다. 그러나 로마서 13:10에서 '율법'과 '완성'의 주제를 결합한 '율법의 완성'이라는 개념과 '사랑'의 주제가 동일선상에서 언급됨으로써 매우 강조되고 있는 특징을 확인할 수 있다.

4) 레위기 17~21장과 로마서 13:11~14 비교

악트마이어(P. J. Achtemeier)는 로마서 13:8~10이 율법과 함께 '과거'로부터의 조명 속에서 사랑을 현재의 적절한 행위 형태로 보았다면, 로마서 13:11~14은 '미래'로부터의 조명 속에서 즉 종말론적 구원의 맥락에서 사랑을 현재에 타당한 행위 형태로 보았다고 해석하였다.[20] 로마서 13:11에서는 '시기'(카이로스)라는 단어를 언급하였고, '밤과 낮'(롬 13:12), '빛과 어둠'(롬 13:12)의 일의 대조되는 개념들의 열거와 '어둠의 일과 육신의 일'(롬 13:12, 14)에 해당하는 행위들의 열거가 로마서 13:13에 나타나며, 이와 대조적인 표현들로써 '잠에서 깰 때'(롬 13:11), "빛의 갑옷"(롬 13:12), '주 예수 그리스도로 옷 입음'(롬 13:14) 등이 언급되었다.

이 개념과 표현들은 종말론적 시각 속에서 과거의 관습과 행위들과 현재와 미래의 구원의 때에 합당한 일들을 구분하고 있는 것이다. 이 내용은 바울의 묵시적이고 종말론적 세계관을 반영해 주는 것이며, '옛 아이온'과 '새 아이온'의 구분에 대한 사고를 보여 주고 있는 것으로 평가해 볼 수 있다.[21] 이러한 '이분법적 시간과 행위들'의 구분은 레위기 18, 20장의 본문에서도 볼 수 있다. 그런데 레위기 18, 20장에서는 애굽과 가나안의 풍속과 규례를 하나님의 규례와 법도(18:3~4, 20:22~23)와 대조시키고, 그 구체적인 내용들을 각각의 이어지는 본문들에서 열거하고 있다.

이러한 대조를 통하여 레위기 본문은 '이전 시대'에 속한 일들과 '현재와 가나안 진입 이후의 미래 시대'에 속한 일들을 이분법적인 구조로 구분하고 있다. '이분법적 구분'의 특징은 레위기 19장이 속한 18~20장의 범위와 로마서 13:11~14의 단락에서 확인할 수 있다. 로마서 13:11~14에서 이 상응하는 요소는 바울의 종말론적 세계관과 결합되어 나타난다.

3. 결론

로마서 13:8~14은 8~10절과 11~14절로 나눌 수 있으며, 각 본문의 내용은 13장 전체의 맥락 속에서 연결된 내용으로 검토해 볼 수 있다. 로마서 13:8~10은 내용과 주제에 있어서 레위기 19장과 관련될 수 있는 요소들을 몇 가지 포함하고 있으며, '사랑'과 '율법'과 '완성'의 주제들은 본문 상호 간의 연결성을 보여 주는 구체적인 내용들로써 비교해 볼 수 있었다. 동시에 로마서에서 이 주제들은 바울적인 표현들을 통하여 종말론적이고 구원론적인 사상과 연결되고 있고, 이웃 사랑의 계명은 로마서에서 보다 강조되었으며, 보편적이고 개방적인 차원으로 확대되는 특징을 보여 주고 있음을 확인할 수 있었다.

또한 레위기의 본문과 로마서의 상호 연관성 사이에는 공관 복음서에 나타난 예수님의 레위기에 대한 이해와 해석이 반영되어 있으며, 바울에게서 새로운 해석들이 나타나고 있음을 볼 수 있었다. 이는 레위기 19장 본문에 대한 정경적 전개의 구체적인 실례에 해당하는 내용으로 평가될 수 있으며, 로마서 13:11~14과 레위기 18~20장의 '대조적 시간 구분'의 비교를 통하여 얻을 수 있는 결론은, 적어도 로마서 13장에 반영된 레위기 본문의 흔적들은 레위기 19장을 포함한 18~20장의 좀 더 넓은 범위의 요소들과 상응하고 있다는 점이다.

이러한 비교 작업은 레위기 19장에 열거된 주제들과 내용들 가운데서 로마서까지 전승되고 전개된 중요한 요소들이 무엇이었는가를 볼 수 있게 해 주며, 로마서와 레위기의 관련 본문들은 레위기 18~20장의 맥락 속에서 19장을 이해해야 할 필요성을 재확인하도록 해 준다.

레위기 19:18의 정경적 전개를 통해 본 주석의 문제(정경적 맥락에서의 재해석)

레위기 19장의 십계명 관련 규정들이나 제사에 관한 규정들과 여러 규례들은 출애굽기와 레위기의 앞 장들에서 인용되거나 연속성을 보여 주는 특징들이 나타남을 볼 수 있었다. 그러나 '이웃 사랑'의 명령은 레위기 19장에서 비로소 등장하게 되는 새로운 요소로 제시되었다. 레위기 19:18의 '이웃 사랑'의 명령은 19:34과 신명기 10:19에서 '거류민'(타국인)을 사랑하라는 요구의 형태로 전개되었고, 스가랴서에서는 '인애'와 '긍휼'을 베풀라는 명령(7:9)을 통해 구약에서의 정경적 전개 과정을 보여 주고 있다. 그리고 레위기 19:18의 내용 가운데 보복 금지에 관한 명령은 잠언 20:22을 거치면서 '기다림'의 주제와 결합되었고, 이러한 정경적 전개의 특징이 마태복음 5장에서 나타나고 있음을 비교해 볼 수 있다.

구약에 나타난 '사랑의 명령'은 전개 과정에서 '그 땅'에 기초한 공동체의 울타리 안에서 이루어지는 인간관계를 위한 규정으로 제시되었고, 신약의 마태복음 5:43~44에서는 '이웃 사랑'의 명령이 반대 명제를 통해 전달되는 형식을 취했으나 궁극적으로는 원수 사랑의 차원으로까지 그 대상이 확대되었음을 볼 수 있다. 마태복음 22:39~40에서는 레위기 19장의 많은 주제들 가운데 '사랑'의 주제를 긍정적인 형식으로 수용하면서 그 당시 성경 전체의 절반에 해당하는 계명으로 부각시키는 형태의 해석을 예수님께서 제시하신 것으로 볼 수 있다. 로마서 13:10에서는 사랑이 율법의 완성이라는 표현을 통해 '사랑'의 명령이 '완전'과 '율법'의 개념들로 연결되는 특징을 보여 준다.

이에 비해 베드로전서 1:22의 '사랑'의 주제는 베드로전서 1:16의 '거룩함'에 관한 명령과 함께 제시되면서, 레위기 19장 전반부에 함께 기록되었던 '거룩함'과 '사랑'의 명령들(레 19:2, 18)이 포함된 형태를 반영해 주었다. '거룩함'이라는 포괄적인 명령과 이를 실천하기 위한 규정들 가운데 하나로 제시되었던 '이웃 사랑'의 명령은, 레위기 19장 자체에서 점층법과 반복 형태(18, 34절)로 강조되기는 했지만 구약의 레위기 19장 관련 본문들에서도 여전히 여러 규정들 가운데 한 부분을 차지하는 정도로 취급되었던 주제였다. 또한 레위기 19장 문맥과 신명기 10:19에서 말하는 사랑의 대상으로서 이웃과 거류민은 철저하게 이스라엘 자손의 공동체에 속해 있는 사람들이었다. 그러나 신약에 이르게 되면, '이웃 사랑'의 주제가 신약 전체를 관통하는 중요한 주제로 부각된다.

레위기 19장의 정경적 전개 과정에서 공통적으로 나타나는 특징 가운데 하나는 이 '이웃 사랑'의 명령과 십계명의 내용들이 함께 연결되고 있다는 점이며, '이웃 사랑'의 주제를 새롭게 해석하고 그 적용 범위를 가장 확장시킨 내용은 마태복음 5장의 산상수훈에서 확인할 수 있다. 마태복음 5:43~45에서 예수님은 이웃의 범위를 넘어서서 '원수'까지 사랑의 대상으로 포함하라는 명령을 통해 인류 보편에 대한 사랑의 차원으로 '이웃 사랑'의 명령을 한 차원 더 끌어올린 것으로 기록하고 있다. 이러한 특징은 '이웃 사랑'과 '율법의 완성'이라는 주제를 연결시킨 로마서 13장에서도 잘 연결되고 있다.

레위기 19장의 정경적 전개 과정은 거룩함의 포괄적 명령 속에 포함된 개별 규정들 가운데 하나인 사랑의 주제를 부각시켰고, 이 주제를 분명하게 드러내 주었다. 정경적 전개에 관한 연구는 그 본문 자체에서 드러나지 않았던 본문과 주제의 가치를 새롭게 발견할 수 있도록 도울 수 있다.

맺는 말

레위기 19장의 정경적 전개에 관한 연구를 통하여 우리는 구약과 신약의 관련 본문들 속에 나타난 여러 가지 새로운 표현과 의미의 변화를 확인할 수 있으며, 특별히 신약 관련 본문들과의 비교 과정에서 레위기 19장의 내용 가운데 '사랑'과 '십계명'의 주제가 부각되었음을 볼 수 있다. 레위기 19장의 내용을 검토한 후에 이 본문을 신명기 10장과의 연속성이라는 맥락 가운데서 재해석함으로써 얻을 수 있는 결론은, '사랑'을 율법의 완성으로 보았던 신약의 조명을 통해 레위기 19장의 다양한 율법 규정들을 집약시킬 수 있는 주제가 사랑이며 결국 사랑의 실천은 거룩함을 경험할 수 있는 길이 된다는 의미로 해석할 수 있다는 것이다.

19장의 거룩함을 본문 자체에서는 율법의 실천을 통해 경험될 수 있는 것으로 보여 주고 있지만, 레위기 19장의 정경적 전개에 관한 연구를 통하여 이를 다시 사랑의 실천을 통해 경험할 수 있는 것으로 요약할 수 있다는 해석을 제시할 수 있다. 이러한 사항들은 교회의 정경으로써 구약과 신약의 말씀을 연속적으로 읽어 가는 것이 얼마나 중요한 일인가를 보여 주며, 구약과 신약의 상호 간의 밀접한 연관성과 신·구약 전체의 맥락 가운데서 성경의 한 본문을 해석할 때 그 해석이 얼마나 풍성해질 수 있는가를 보여 줄 수 있다.

레위기 19장의 정경적 전개와 설교 준비를 위한 지침

'레위기 19장의 정경적 전개에 관한 주석적 연구'를 실제 설교 준비를 위한 방법으로 활용할 수 있다. 최종 본문으로써 정경의 내용이 말하는 역사적인 순서와 성경의 순서를 고려한 '정경적 전개에 관한 연구' 방법의 절차와 내용을 아래와 같이 요약해 볼 수 있다. 이 방법을 실제로 적용하여 찾아낼 수 있는 결과물을 예를 들어 본보기로 정리했다. 여기서는 레위기 19:2에 정경적 전개 방법을 적용한 경우를 예로 들어 보려고 한다.

1. 레위기 19장 자세히 살펴보기

첫째, 레위기 19장의 주제와 구조와 내용을 먼저 자세하게 살펴보아야 한다. 본문의 내용을 깊이 있게 파악하기 위해서는 우선 MT와 70인역을 통해 본문의 정확한 표현들을 검토하는 일이 필요하지만, 2차적으로는 번역본 성경들을 함께 대조하면서 본문 이해를 시도할 수 있다. 주석을 참고하기에 앞서 성경 본문을 여러 번 반복해서 읽으면서 본문을 나름대로 파악하는 일이 중요하다.

둘째, 레위기 전체와 19장의 관계를 파악하는 일은 레위기 19장의 문맥을 파악하기 위해서 중요하며, 주석하고자 하는 본문의 이해에 도움이 된다.

셋째, 다른 사람의 생각이나 주장에 얽매이지 말고 본인 스스로 성경을 충분히 읽고 해석한 후에 주석을 참고하면서 자신의 생각과 주석가들의 해석을 비교해 볼 수 있다.

다음과 같은 예를 들 수 있을 것이다.

> 레위기 19장은 '거룩함'과 '율법'에 관한 두 가지 명령을 중심으로 이를 실천하기 위한 구체적인 규정들을 수록하는 형태로 구성되어 있으며, 1~18절과 19~37절의 두 단락으로 구성되어 있다. 각 단락에 수록된 규정들은 주제와 내용에 있어서 상호 관련된 특징을 보여 주

는데, 이에 대해 '거룩함'과 '율법'이라는 주제의 연관성을 보여 주는 요소로 파악할 수 있다.

레위기 19:2에서 말하는 '거룩함'의 총괄적 명령은 정적인 개념이 아니라 율법을 실천함으로써 하나님의 '거룩하심'을 체험할 수 있는 역동적이고 실천적인 것임을 가르쳐 주고 있다. 여러 주석서들에서는 '거룩함'의 명령을 '하나님 닮음'(*imitatio dei*)이라는 주제로 설명하면서 윤리적이며 제의적인 거룩함을 이루기 위해 노력하라는 명령들이 레위기 19장에 수록되어 있다는 해석을 비교해 볼 수 있다.

2. 레위기 19장과 관련된 구약과 신약의 본문 찾기

직접적으로 혹은 간접적으로 레위기 19장의 단락, 구절, 주제와 관련이 있다고 판단되는 구약과 신약의 관련 본문들을 찾아보고, 그 관련 본문들을 구체적으로 정리해 보는 것이 바람직하다. 물론 구약과 신약의 본문을 직접 읽어 가면서 레위기 19장과 관련된 주제, 용어, 구절 등을 찾아볼 수 있으나 일반적으로 관주 성경을 참고하여 관련 본문을 확인해 갈 수 있다. 이 경우에 먼저 레위기 19장과 관련된 성경 구절들이 어떤 문맥에 속한 본문인가를 파악해 두는 것이 필요하다.

다음과 같은 예를 들 수 있다.

레위기 19:2과 관련된 본문들은 구약의 신명기 10:17~19과 신약의 마태복음 5:48과 베드로전서 1:15~16에서 확인해 볼 수 있다. 신명기 10장의 문맥은 사회적 약자를 위한 말씀에 속한다고 할 수 있으며, 마태복음 5장은 예수님께서 옛 율법과 새 계명을 대비해서 명령해 주시는 산상수훈의 문맥이고, 베드로전서 1장은 '종말의 때'에 복음을 지키면서 거룩하게 살아야 된다는 가르침의 내용으로 그 문맥을 정리해 볼 수 있다.

3. 레위기 19장과 관련된 구약 본문 비교

19장의 관련 본문들이 파악된 후에는 19장의 본문이 성경 전체의 흐름 속에서 어떤 형태로 사용되었고, 어떻게 해석되며, 어떻게 새로운 요소들과 결합되어 전개되었는가를 살펴보는 '정경적 전개'에 관한 연구를 본격적으로 시작할 수 있다. 관련 본문들이 많이 발견되었을 경우에는 편의상 본문들을 선별해야 하는데 그 선별 기준은 (1) 직접 인용, (2) 다수의 관련 본문 반영, (3) 유사한 핵심 주제 언급의 세 가지로 정리해 볼 수 있다.

19장과 관련된 각 본문들에서 새롭게 발견할 수 있는 특징들을 살펴보고, 본문들 사이의 차이 또는 공통점이 무엇이며 그 원인이 무엇인가를 생각해 본다. 그 후에 관련 주석을 참고함으로써 다른 해석자들의 입장을 통해 자신의 해석과 생각들을 정리하고 비교할 수 있다.

다음과 같은 예를 들 수 있다.

> 구약 본문들 가운데서 신명기 10:17~19은 레위기 19장의 '거룩함'의 명령의 형식을 '타국인 사랑'의 주제를 설명하는 문장에서 반영하고 있다. 레위기 19:2에서는 이스라엘 자손에게 거룩함을 요구하는 이유가 하나님께서 거룩하시기 때문이라고 밝혀 주는 형태로 본문을 구성하였다. 그런데 신명기의 본문은 하나님께서 사회적 약자들을 돌보며 나그네에게 먹을 것을 주는 분이시기 때문에 이스라엘 자손도 타국인을 사랑하라고 요구하는 방식으로 서술하였다.
>
> 거룩함의 명령과 사랑의 명령의 근거는 하나님께서 거룩한 분이시고, 하나님께서 사랑을 행하는 분이시기 때문이라는 '하나님 선포'와 연결되어 있다. 이 명령들은 '하나님께서 어떤 분이신가'를 알려 주는 동시에 하나님의 백성이 '어떻게 살아야 하고, 누구를 닮아 가려고 해야 하는가'를 가르쳐 준다고 할 수 있다. 신명기 10장의 본문은 레위기 19장의 '사랑의 주제'와 '거룩함의 명령'의 본문 형식을 결합하여 독특한 형태로 기록함으로써 레위기 19장의 정경적 전개를 보여

주고 있다고 평가해 볼 수 있다.

4. 레위기 19장과 관련된 신약 본문 비교

19장과 관련된 신약의 본문들을 위에서 설명했던 동일한 방법과 기준을 적용하여 자세하게 살펴볼 수 있다. 단어의 뜻과 본문의 의미를 확인하기 위해 주석과 사전류 서적들을 참고해야 한다.

다음과 같은 예를 들 수 있다.

> 신약 본문들 가운데 마태복음 5:48에서는 하나님의 온전하심과 같이 예수님을 따르는 제자들도 온전해야 한다는 명령을 예수님께서 말씀해 주셨다고 알려 준다. 이 문장 형식은 신명기 10:17처럼 제자들에게 '온전함'을 명령하는 근거가 하나님의 '온전하심'에 있다고 설명해 주는 형태로 구성되어 있으며, 이는 레위기 19:2의 문장 구조와도 매우 유사하다. 이 본문을 통해서 예수님께서 '거룩함'의 주제를 '온전함'의 개념으로 해석하셨다고 볼 수 있다.
>
> 베드로전서 1:15~16에서는 레위기 19:2을 인용하면서, '모든 행실'에 거룩한 자가 되어야 한다는 표현을 덧붙이고 있다. 이 역시 베드로전서에서 레위기 19:2을 나름대로 해석한 것이라고 이해할 수 있다. 베드로전서에서는 박해 상황 속에서 교회 공동체 구성원 사이에 적용해야 할 덕목으로써 사랑의 명령과 이웃의 개념을 제시하는 특징을 보여 주었다. 신약에서도 레위기 19장의 '거룩함'의 명령과 '하나님을 닮아 가라'는 목표를 여러 가지 변화된 상황과 현실 가운데서 동일하게 제시한 것으로 설명한 주석을 확인해 볼 수 있다.

5. 구약과 신약의 전체 흐름 속에서 다시 레위기 19장의 의미와 특징 살펴보기

첫째, 전체 흐름 속에서 강조되거나 새롭게 부각된 본문과 주제들이 있다면 그러한 요소들이 드러나게 된 이유들을 생각해 보고 레위기 19장 자체에서 그 본문이나 주제들이 가졌던 본래의 의미가 무엇이었는지 비교해 보는 일이 필요하다.

둘째, 이러한 비교 작업을 통하여 레위기 19장 본문 자체에 포함되어 있을 때 그러한 요소들을 통하여 파악할 수 있는 교훈과 구약과 신약 전체의 흐름 속에서 강조할 수 있는 교훈의 관계를 비교해 볼 수 있다.

셋째, 이러한 작업을 통하여 성경 전체의 맥락에서 레위기 19장의 메시지를 새롭게 만날 수 있다.

다음과 같은 예를 들 수 있을 것이다.

> 구약에서 말하는 '거룩함'은 '사랑'의 주제와 연결될 수 있음을 신명기에서 확인할 수 있었다. 무엇보다도 '사랑'의 주제를 강조하고 '거룩함'을 완전함으로 표현하기도 했던 신약에서도 거룩한 삶이란 생활 속에서 복음을 실천하는 것이라고 말하고 있으며, 이는 결국 그리스도인들이 사랑의 계명을 실천할 것을 요구하는 말씀으로 파악할 수 있다.
>
> 레위기 19장에는 '거룩함'과 '율법'의 주제가 총괄적 명령의 형태로 제시되었고, 여기에 포함된 구체적인 실천 명령들이 수록되어 있다. 하나님의 말씀을 현실의 삶 속에서 실천하며 사는 것은 이스라엘 민족 공동체가 '그 땅'(가나안 땅)에서 복되게 살아가기 위한 중요한 문제임을 레위기 18~20장 문맥에서 말하고 있다.
>
> 구약과 신약 전체의 흐름 속에서 다시 레위기 19:2의 말씀을 보면, 결국 '거룩하라'는 명령은 구체적인 삶 속에서 '사랑'을 실천할 때에 하나님의 거룩하심을 사람들이 경험하면서 살 수 있다는 말씀으로 요약해서 이해할 수 있는 것이다. 구약과 신약을 관통하는 큰 맥을 예수님께서 말씀하셨던 '사랑'의 계명 가운데서 발견할 수 있다.
>
> 예수님의 다시 오심을 기다리며 살아가는 우리 그리스도인들은 하나

님을 사랑하고 사람을 사랑하라는 예수님의 말씀을 기억하면서 하루하루 생활해 갈 때 '성(聖)도(徒)'라는 이름에 걸맞은 사람들로서 살아갈 수 있고, 현실의 삶 속에서 하나님의 거룩하심을 경험하며 살아갈 수 있다. 이러한 '거룩한 삶'을 살아가는 그리스도인들이 있음으로 인해 그가 속한 공동체가 세워진 '그 땅' 위에서, 사람들(거류민과 본토인) 뿐만 아니라 그 땅의 피조물과 자연 환경과 이 생태계의 모든 구성원들이 함께 하나님께서 주신 복을 누리며 살아갈 수 있는 것이다.

11

파산(破産)과 회생(回生) – 고대 이스라엘의 희년 사상 (레 25장)

'희년'(禧年)은 말 그대로 '기쁨의 해'이다. '희년'으로 번역한 히브리어[1]는 사전적으로는 그런 의미가 없지만, 그 문맥을 살피면 '기쁨의 해'로 번역하는 것이 무방하다.

고대 이스라엘 사회가 희년 사상을 제도화하고 실행했는지 아니면 희년이 그저 이상적이고 혁명적인 이념과 구호에 그쳤는지 알 수 없지만, 구약성경이 '희년'을 중시한다는 사실은 분명하다. 비록 고대 이스라엘 사회가 희년을 확실하게 제도화하지 못했다고 해도, 그래서 희년법이 실정법이라기보다 이상적인 선언에 불과한 것이었다고 해도, 아니 오히려 그렇기 때문에 희년은 우리에게 큰 의미를 준다.

고대 이스라엘 사람들처럼, 우리 역시 현실을 냉철히 비판하면서 지금껏 이루지 못한 이상적인 사회, 하나님 나라를 꿈꾸는 믿음의 사람들이기 때문이다.

여기서는 고대 이스라엘의 희년 사상을 25장을 중심으로 살펴보려고 한다.[2] 25장은 1~22절과 23~55절로 나뉘는데, 23~24절은 이 두 단락을 연결하는 역할을 한다.

먼저 첫째 단락과 23~24절을 이어서 보면, 안식년과 희년에 대한 이야기를 번갈아 가며 하는 것을 알 수 있다.

서언(1절)

안식년(2~7절)

희년(8~17절. 14~17절은 토지 매매)

안식년(18~22절)

희년(토지 무름)(23~24절)

이런 구조는 안식년과 희년이 매우 밀접한 관련이 있다는 사실을 보여 준다. 희년은 일곱 번째 안식년이기 때문에,[3] 그리고 안식년 제도와 사상을 확대한 것이기 때문에, 희년을 대(大)안식년이라고 할 수 있다.[4] 이런 점에서 안식년과 희년은 제도적으로 사상적으로 깊은 연관성을 갖는다. 본문은 안식년에 관해서는 철저한 휴경(休耕)과 휴식(休息)을 강조한다. 그리고 희년에 관한 것은 10절에 명확하게 나타난다.

> "제 오십년을 거룩하게 하여 전국 거민에게 자유를 공포하라 이 해는 너희에게 희년이니 너희는 각각 그 기업으로[5] 돌아가며 각각 그 가족[6]에게로 돌아갈지며"(레 25:10).

여기서 보는 대로, 희년은 '자유'를 선포하는 해이다. 자유는 히브리어로 '드로르'(דְּרוֹר)[7]인데, 드로르가 의미하는 '자유'는 과연 무엇인가? 10하절을 보면, 사람들이 각자 자기의 소유지로 돌아가고 각각 자기의 가족에게로 돌아가는 것이다. 이것은 사람들이 자기가 소유하는 땅과 자신이 속한 가족으로부터 떨어져 있음을 전제한다.[8] 이것은 어떤 상황일까? 고대 이스라엘 사회에서 자신이 소유하는 땅과 자신이 속한 가족으로부터 떨어진다는 것은 무엇을 의미하며, 무슨 일로 인해 그런 상황에 처하는가? 그리고 땅과 가족에게로 돌아간다는 것은 무엇을 의미하는가? 여기에 대한 구체적인 것들이 23~55절에 나타난다.

23~55절은 첫 구절과 마지막 구절이 갖는 유사성,[9] 25, 35, 39절(그리고

47절)에 공통적으로 나타나는 히브리어 '키 야묵'(כִּי־יָמוּךְ '만일… 가난하여'), 그리고 단계별로 진행되는 파산 과정에 대한 언급, 본문 전체에 고르게 쓰인 '희년'이라는 단어에 근거해 볼 때, 한 묶음임을 알 수 있다.[10] 그런데 여기서 말하려는 것은 고대 이스라엘에서의 파산과 회생에 대한 것이다. 그렇기 때문에 경제적인 어려움과 그로 인한 신분적 굴레에서 벗어나는 것[11]이 바로 '드로르'라는 히브리어가 의미하는 자유이다.

지금 우리 사회도 그렇지만, 고대 이스라엘에도 경제적으로 어려움을 겪는 사람들이 있었다. 그들이 경제적인 어려움을 겪는 이유는 여러 가지인데, 가장 흔한 이유는 빚이었다.

> "환난 당한 모든 자[12]와 빚진 자[13]와 마음이 원통한 자[14]가 다 그에게로 모였고 그는 그 장관이 되었는데 그와 함께한 자가 사백 명 가량이었더라"(삼상 22:2).

사백 명은 대단히 많은 수인데,[15] 다윗에게 모여든 사람들은 여러 가지 사정으로 인해 사회생활을 정상적으로 할 수 없는 사람들이었을 것이고,[16] "빚진 모든 자"라는 구절에서 알 수 있듯이 대다수가 경제적으로 파산 상태였을 것이다. 이스라엘 건국 초기라고 할 수 있는 다윗 시대에도 빚 문제는 상당히 심각한 사회적 문제였던 것으로 보인다. 그리고 그 후로 500여 년이 흐르고 느헤미야가 예루살렘에 총독으로 부임했을 때에도 경제 사정이 어려워져서 빚을 지고,[17] 그 빚을 갚지 못해서 결국 종이 된 사람들이 많았다.[18]

> "그때에 백성들이 그들의 아내와 함께 크게 부르짖어 그들의 형제인 유다 사람들을 원망하는데 어떤 사람은 말하기를 우리와 우리 자녀가 많으니 양식을 얻어먹고 살아야 하겠다 하고 어떤 사람은 말하기를 우리가 밭과 포도원과 집이라도 저당 잡히고 이 흉년에 곡식을 얻자 하고 어떤 사람은 말하기를 우리는 밭과 포도원으로 돈을 빚내서 왕에게 세금을 바쳤도다 우리

육체도 우리 형제의 육체와 같고 우리 자녀도 그들의 자녀와 같거늘 이제 우리 자녀를 종으로 파는도다 우리 딸 중에 벌써 종 된 자가 있고 우리의 밭과 포도원이 이미 남의 것이 되었으나 우리에게는 아무런 힘이 없도다 하더라"(느 5:1~5).

열심히 농사를 짓고 일해도 먹고 살기가 어려워서, 즉 경제적으로 가난해져서[19] 양식을 구하고 세금을 내기 위해 땅을 저당 잡히고 빚을 질 수밖에 없는 상황이었다.[20] 그리고 그 빚을 갚지 못해 자식들을 종으로 팔아야 하고, 그래서 가족이 흩어질 수밖에 없는 상황이다.[21] "어떤 사람은 말하기를"이 세 번 나오는 것으로 보아, 세 부류의 사람들이 각각 자신들이 처한 상황을 말한 것으로 보인다.[22] 첫째 부류는 땅이 없어서 품삯으로 사는 사람들이고, 둘째 부류는 땅은 갖고 있지만 흉년으로 인해 농사를 망쳐서 부채를 갚지 못한 경우이고, 셋째 부류도 땅은 갖고 있지만 세금을 내기 위해서 빚을 지는 경우이다.[23] 느헤미야는 당시 개혁을 추진하면서 이러한 경제적인 불평등 문제에 대해서는 관심을 갖지 않은 것으로 보인다.[24] 우리는 여기서 '가난'이 악순환을 되풀이하면서 결국 사람들을 파산케 한다는 것을 알 수 있다. 이렇듯 이스라엘에는 건국 초기부터 후대 유대교 시절에 이르기까지 끊임없이 빚진 자들, 경제적으로 파산 상태에 처한 사람들이 있었다.

레위기 25장을 보면 '가난해지다'(מוך묵)라는 동사가 25, 35, 39, 47절에 나온다.

"만일 너희 형제가 가난하여 그 기업 얼마를 팔았으면"(레 25:25).

"네 형제가 가난하게 되어 빈손으로 네 곁에 있거든"(레 25:35 개역개정).

"너와 함께 있는 네 형제가 가난하게 되어 네게 몸이 팔리거든"(레 25:39 개역개정).

"만일 너와 함께 있는 거류민이나 동거인은 부유하게 되고 그와 함께 있는 네 형제는 가난하게 되므로 그가 너와 함께 있는 거류민이나 동거인 또는 거류민의 가족의 후손에게 팔리면"(레 25:47 개역개정).

여기서 '가난하다' 또는 '가난해지다'로 번역한 히브리어 '묵'은 낮아지거나 내려가는 것을 의미한다.[25] 이는 경제 사정이 아주 어려워짐을 의미한다. 이 단어는 레위기에만 나타나는데 25장에서 4회, 27장에서 1회 사용되었다. 그리고 '묵'은 '판다'(מָכַר마카르)와 함께 쓰인다. 즉, 경제 사정이 나빠져서 무엇인가를 판다는 것이다. 동일한 형태를 네 번 반복하는 것은 앞으로 다룰 네 가지 경제적 상황, 즉 파산에 이르는 네 단계를 설명하는 것이다. 하지만 일종의 점층적 효과를 갖는다. 즉, 경제 사정이 갈수록 악화되는 것이다. 생활이 어려워지자 빚을 지고, 그 빚을 갚기 위해 처음에는 땅의 일부를 팔고, 그다음에는 땅 전체를 팔고, 그다음에는 자신을 팔고, 그리고 나중에는 외국인에게 팔리는 경우이다. 이렇게 하면서 그 사람들은 스스로는 회복이 불가능한 파산 상태에 빠진다.

그런데 왜 이런 일이 발생하는가? 그 책임을 누가 져야 하는가? 경제적인 이유로 인해서 정상적인 삶을 누리지 못하고 파산하는 것은 개인적인 책임도 있지만 사회적인 이유도 있고, 또 사회적인 문제를 야기하기 때문에 공동체가 그 문제를 함께 책임져야 한다.[26]

구약성경도 개인 회생에 대해 공동 책임을 강조한다. 하나님은 그들이 빚을 지고 파산하는 것을 원치 않았다. 그래서 그들이 회생할 수 있도록 다양한 방법을 제도적으로 마련했다. 앞으로 살펴보겠지만 느헤미야도 경제 문제를 개인적인 차원에 국한하지 않고 사회적인 문제로 규정하고, 사회적인 차원에서 대책을 강구하고 시행한다.

이제 고대 이스라엘 사람들이 어떤 과정을 거쳐 파산(破産)[27]에 이르는지를 단계별로 살피고,[28] 고대 이스라엘 사회가 그들을 회생시키기 위해 어떤 조치를 취하려 했는지를 25:25~55에 나타나는 네 가지 상황과 그에 대한

대책을 통해서 알아보려고 한다.[29]

그런데 고대 이스라엘 사회가 취한 회생 조치는 땅에 대한 소유권을 이스라엘 사람들이 갖지 않고 하나님이 갖는다는 생각에 뿌리를 둔다. 이것은 25장 앞부분과 뒷부분을 이어 주는 23~24절에 명확히 나타난다.

> **"토지를 영영히 팔지 말 것은 토지는 다 내 것임이라 너희는 나그네요 우거하는 자로서 나와 함께 있느니라 너희 기업의 온 땅에서 그 토지 무르기를 허락할지니"**(레 25:23~24).

여러 학자들이 23절을 '모든 희년 법규의 궁극적 기초'로 볼 만큼, 23절은 중요한 의미를 갖는다. 이스라엘 백성들이 거주하고 경작하는 땅은 영원히 하나님 것이라는 이 선언은 희년 사상의 근간이며, 출발점이다. 인간은 누구도 땅을 소유할 수 없으며 사고 팔 수도 없고 혹 불가피하게 매매를 했다고 해도 '토지 무르기'를 해야 한다는 생각이 희년을 가능케 하기 때문이다.[30]

그럼 지금부터 25~55절에 나타나는 고대 이스라엘 사회에서의 파산과 회생에 대해 구체적으로 살피면서, 여기에 나타나는 희년 사상이 무엇인지 알아보기로 하자.

첫째 상황(25~28절)

상황: '만일 네 형제[31]가 가난하여 그의 기업 중에서 얼마를 팔았으면'(25상절).

대책1: '그에게 가까운[32] 기업 무를 자가 와서 그의 형제가 판 것을 무를 것이요'(25하절).

대책2: '만일 그것을 무를 사람이 없고 자기가 부유하게 되어 무를 힘이 있으면 그 판 해를 계수하여 그 남은 값을 산 자에게 주고 자기의 소유지로 돌릴 것이니라'(26~27절).

대책3: '그러나 자기가 무를 힘이 없으면 그 판 것이 희년에 이르기까지 산 자의 손에 있다가 희년에 이르러 돌아올지니 그것이 곧 그의 기업으로 돌아갈 것이니라'(28절).

이것은 어떤 사람이 경제 상황이 나빠져서 빚을 졌는데 그것을 갚을 수 없을 때, 자신이 소유한 땅을 일부 팔아서 그것으로 빚을 갚는 경우이다.[33] 그 땅은 그들에게 영구히 주어진 것이기 때문에 경제적인 이유로 다른 사람에게 팔았다고 해도 어떤 방법으로든 원주인에게 되돌려주어야 했는데,[34] 제일 좋은 방법은 기업 무를 자, 즉 '고엘'이 땅을 다시 사 주는 것이다. 그러나 그런 경우가 많지 않았을 것이다. 고엘 제도에 관한 구체적인 언급은 룻기와 예레미야서에서 찾아볼 수 있는데, 여기서는 예레미야서 본문을 읽어보자.

"예레미야가 이르되 여호와의 말씀이 내게 임하였느니라 이르시기를 보라 네 숙부 살룸의 아들 하나멜이 네게 와서 말하기를 너는 아나돗에 있는 내 밭을 사라 이 기업을 무를 권리가 네게 있느니라 하리라 하시더니 여호와의 말씀과 같이 나의 숙부의 아들 하나멜이 시위대 뜰 안 나에게 와서 이르되 청하노니 너는 베냐민 땅 아나돗에 있는 나의 밭을 사라 기업의 상속권이 네게 있고 무를 권리가 네게 있으니 너를 위하여 사라 하는지라[35] 내가 이것이 여호와의 말씀인 줄 알았으므로 내 숙부의 아들 하나멜의 아나돗에 있는 밭을 사는데 은 십칠 세겔을 달아 주되 증서를 써서 봉인하고 증인을 세우고 은을 저울에 달아 주고 법과 규례대로 봉인하고 봉인하지 아니한 매매 증서를 내가 가지고 나의 숙부의 아들 하나멜과 매매 증서에 인 친 증인 앞과 시위대 뜰에 앉아 있는 유다 모든 사람 앞에서 그 매매 증서를 마세야의 손자 네리야의 아들 바룩에게 부치며 그들의 앞에서 바룩에게 명령하여 이르되 만군의 여호와 이스라엘의 하나님께서 이와 같이 말씀하시기를 너는 이 증서 곧 봉인하고 봉인하지 않은 매매 증서를 가지고 토기에 담아 오랫동안 보존하게 하라 만군의 여호와 이스라엘의 하나님께서 이와 같이 말씀하시니라 사람이 이 땅에서 집과 밭과 포도원을 다시 사게 되리라 하셨다 하니라"(렘 32:6~15).

우리는 이 본문을 읽으면서, 고엘 제도가 어떻게 시행되었는지를 확인할 수 있었다. 하지만 룻기에서 보듯, 고엘 제도가 자동적으로 시행되지는 않았다. 고엘이 경제적 손해를 감수하면서까지[36] 고엘 의무를 자발적으로 수행하려고 하지 않았을 것이기 때문이다. 경제적으로 어려움에 처한 사람이 고엘 제도를 통해서 회생할 수 있기 위해서는, 나오미가 적극적으로 나서서 보아스로 하여금 고엘 제도를 작동케 했듯이 먼저 본인들이 강한 의지를 갖고 그 제도가 실행되게 해야 했다.

게다가 고엘 제도가 실제로 효력이 있었는지는 단언하기 어렵다. 고엘이 도와주지 않는다면 그다음 방법은 자기 스스로 돈을 모아서 땅을 되사는 방법이다. 이는 쉬운 일은 아니었겠지만 그래도 아직 남은 땅이 있기 때문에 열심히 노력하면 불가능한 일만은 아니었을 것이다. 그러나 그리 쉽지는 않은 일이었을 것이다. 이것도 불가능하다면 희년까지 기다리는 수밖에 없다. 이렇게 보면, 희년은 고엘도 없고 스스로 땅을 되살 수도 없는 사람들을 위한 회생 방법이었다.[37]

그런데 25~28절이 언급하는 상황은 아직 어떤 가능성이 있는 경우이다. 왜냐하면 남은 땅을 경작해서 수입을 낼 수 있기 때문이다. 하지만 그렇다고 해도 땅을 온전히 소유할 때에도 빚을 졌는데, 땅을 일부 팔아서 부채를 상환한 상황, 즉 다른 요인이 아니더라도 소출이 줄어들 수밖에 없는 상황에서 빚을 갚기 위해 남에게 판 땅을 되살 만 한 돈을 마련한다는 것은 여간 어려운 일이 아니었을 것이다. 그렇기 때문에 오히려 땅의 일부를 판 이후에 경제 상황이 더 악화될 것은 명약관화한 일이다.

둘째 상황(35~38절)

우리가 예상한 대로, 땅을 일부 판 이후 경제 사정이 더 어려워져서[38] 빚을 더 질 수밖에 없는 상황이 되었다.[39] 그래서 땅을 모두 팔고, 소작농으로 그 땅을 경작해야 한다.[40] 이런 경우를 언급하면서 거기에 어떻게 대처해야 하는지를 일러 주는 35~38절을 읽어보자.

상황: '네 형제가 가난하게 되어 빈손으로[41] 네 곁에 있거든'(35절).[42]

대책: '너는 그를 도와 거류민이나 동거인[43]처럼 너와 함께 생활하게 하되'(35절).

대책: '너는 그에게 이자를 받지 말고 네 하나님을 경외하여 네 형제로 너와 함께 생활하게 할 것인즉 너는 그에게 이자를 위하여 돈을 꾸어 주지 말고 이익을 위하여 네 양식을 꾸어 주지 말라'(36~37절).

근거: '나는 너희의 하나님이 되며 또 가나안 땅을 너희에게 주려고 애굽 땅에서 너희를 인도하여 낸 너희의 하나님 여호와이니라'(38절).[44]

여기서 보는 대로, 채권자나 땅을 구매한 사람은 땅을 판 사람을 소작농으로 받아들인다. 땅 소유권은 다른 사람에게 넘어갔지만, 그는 그 땅을 경작하면서, 새 땅 주인에게 새경을 바친다. 그러면 생계는 유지할 수 있었을 것이다. 이렇게 해서 일단 문제가 해결된 듯하다.

그런데 문제는 거기서 끝나지 않는다. 그 사람은 농사를 망쳐서 새경을 내기는커녕 먹고 살기도 힘들어 다시 돈이나 양식을 빌려야 하는 상황에 처한다. 이럴 경우, 즉 소작인이 생계를 위해서 돈이나 양식을 빌려야 하는 경우, 돈이나 양식을 빌려 준 사람은 소작인에게서 이자를 받지 말라고 한다. 그렇게 함으로써 소작인들의 경제적 부담을 덜어 주게 한다.

이 경우를 좀 더 자세하게 살펴보면, 그 사람이 빚을 갚기 위해 땅을 다 팔았는데, 그 이후로 생계를 유지하기 위해 다시 빚을 져야 하는 상황이 발생한 것으로 보인다. 이제는 정말 대책이 없는 상황이다. 그 빚을 갚기 위해 팔아야 할 땅도 없고, 먹고 살기도 막막하기 때문이다.[45] 이럴 때에는 돈과 양식을 빌려 주기가 쉬운 일이 아닌데, 그래도 그 사람이 살 수 있도록 돈과 양식을 빌려 주어야 한다는 것이다.[46] 그리고 이자를 철저히 금함으로써, 그 사람이 경제적인 회생 가능성을 조금이라도 갖게 했다.[47] 이것은 매우 중요한 의미가 있다. 물론 이자 금지 규정이 비교적 경제 구조가 단순한 고대 이스라엘의 농경 사회를 배경으로 하지만,[48] 그것이 지향하는 바는 우리가 사는 자본주의 사회에서 충분히 고려해 보아야 할 방법이다.

36절은 이자 금지와 하나님 경외를 병치한다. 그만큼 이자 금지를 중요하게 여긴 것이다. 그리고 37절 역시 이자를 금지하는데, 문장 구조적으로도 이자 금지를 강조한다.

(네) 돈을	꾸어 주지 말고	이자를 위하여	이익을 위하여	꾸어 주지 말라	네 양식을
에트-카스페카	로-팃텐	로 베네쉐크	우베마르비트	로-팃텐	오클레카
a	b	c	c′	b′	a′

'이자'와 관련해서 두 종류의 히브리어가 쓰이고 있다. 일반적인 이자를 의미하는 '나샤크'(נֶשֶׁךְ → בְּנֶשֶׁךְ베네쉐크)와, 식량 대출에 붙는 이자를 의미하는 '마르비트'(מַרְבִּית→ בְמַרְבִּית베마르비트) 또는 '타르비트'(תַּרְבִּית)가 그것이다.[49] 그런데 여기서 보는 대로, 본문 기자는 이자에 관한 단어들을 문장 중간에 배치한다. 이것은 이자를 그만큼 강조하는 것이다. 돈이나 양식을 빌려 주어도 이자를 받지 말고, 이득을 얻기 위해서 돈이나 양식을 빌려 주지 말라는 것이다. 그러니까 돈이나 먹을 것을 빌려 주고 그것으로 이득을 얻을 생각을 하지 말라는 것이다. 이자를 금지하는 조항은 신명기에도 나타난다.

"네가 형제에게 꾸이거든 이자를 취하지 말지니 곧 돈의 이식, 식물의 이식, 무릇 이식을 낼 만한 것의 이식을 취하지 말 것이라 타국인[50]에게 네가 꾸이면 이식을 취하여도 가하거니와 너의 형제에게 꾸이거든 이식을 취하지 말라 그리하면 네 하나님 여호와께서 네가 들어가서 얻을 땅에서 네 손으로 하는 범사에 복을 내리시리라"(신명기 23:19~20).

하나님은 이스라엘 백성들이 동족들에게 어떤 종류의 이자도 받지 말라고 말씀하신다. 그리고 신명기는 어떤 사람이 돈을 빌려 달라고 할 때, 즉 물건을 담보하고 돈을 빌려 줄 때에 어떻게 해야 할 것인지도 규정한다.

"무릇 네 이웃에게 꾸어줄 때에 네가 그 집에 들어가서 전집물을 취하지 말고 너는 밖에 섰고 네게 꾸는 자가 전집물을 가지고 나와서 네게 줄 것이며[51] 그가 가난한 자여든 너는 그의 전집물을 가지고 자지 말고 해 질 때에 그 전집물을 반드시 그에게 돌릴 것이라 그리하면 그가 그 옷을 입고 자며 너를 위하여 축복하리니 그 일이 네 하나님 여호와 앞에서 네 의로움이 되리라"(신명기 24:10~13).

하나님은 경제적으로 어려워서 할 수 없이 빚을 지는 사람에게 돈이나 양식을 빌려 줄 때, 그를 인격적으로 대하고 모욕감을 느끼지 않도록 배려할 것을 명령한다.[52] 그리고 전집물, 즉 전당물을 취할 경우 저녁에 반드시 돌려주라고 함으로써 전당 잡는 행위를 형식적인 통과 절차로 그치게 한다. 그러니까 돈이나 양식을 빌려 주는 사람은 전당 잡을 수 없고 이자도 받지 못하기 때문에 여러 가지로 손해를 본다. 그렇게 하면서까지 돈이나 양식을 빌려 주라는 것은 이때 돈이나 양식을 빌려 주는 것이 경제적인 이득을 얻기 위함이 아니고, 어려움에 처한 동족을 회생시키기 위한 방편이었기 때문이다. 이런 목적으로 돈을 빌려 주기 때문에, 이자를 받는 것은 매우 파렴치한 행동이었다.

느헤미야는 앞에서 살펴본 5:1~5 상황에 직면해서 즉각 사람들을 불러 모으고 대책을 강구하는데,[53] 이 고리대금이 심각한 사회 문제임을 인식하고, 동족들에게 고리로 돈을 빌려 주는 것을 반민족적이며 반신앙적인 행위로 규정한다. 그래서 이자를 전혀 받지 않겠다는 서약을 공식적으로 하고, 그 서약을 어길 경우 저주를 받을 것이라고 경고한다.

> "내가 백성의 부르짖음과 이런 말을 듣고 크게 노하여 중심에 계획하고 귀인과 민장을 꾸짖어 이르기를 너희가 각기 형제에게 취리를 하는도다 하고 대회를 열고 저희를 쳐서 이르기를 우리는 이방인의 손에 팔린 우리 형제 유다 사람들을 우리의 힘을 다하여 속량하였거늘 너희는 너희 형제를 팔고자 하느냐 더구나 우리의 손에 팔리게 하겠느냐 하매 저희가 잠잠하여 말이 없기로 내가 또 이르기를 너희의 소위가 좋지 못하도다 우리 대적 이방 사람의 비방을 생각하고 우리 하나님을 경외함에 행할 것이 아니냐 나와 내 형제와 종자들도 역시 돈과 곡식을 백성에게 취하여 주나니[54] 우리가 그 이식 받기를 그치자 그런즉 너희는 오늘이라도 그 밭과 포도원과 감람원과 집이며 취한바 돈이나 곡식이나 새 포도주나 기름의 백분지 일[55]을 돌려 보내라 하였더니 저희가 말하기를 우리가 당신의 말씀대로 행하여 돌려 보내고 아무 것도 요구하지 아니하리이다 하기로 내가 제사장들을 불러 저희에게 그 말대로 행하리라는 맹세를 시키게 하고 내가 옷자락을 떨치며 이르기를 이 말대로 행치 아니하는 자는 하나님이 또한 이와 같이 그 집과 산업에서 떨치실지니 저는 곧 이렇게 떨쳐져 빌지로다 하매 회중이 다 아멘 하고 여호와를 찬송하고 백성들이 그 말한대로 행하였느니라"(느 5:6~13).

여기서 보는 대로, 느헤미야 당시에 개혁 추진을 위태롭게 할 만큼 백성들이 경제적으로 매우 어려운 상황에 처했는데, 느헤미야는 그 원인을 고리대금(高利貸金)으로 보았다. 고리대금은 형제 계약을 파기하는 범죄일 뿐만 아니라,[56] 채무자를 다시는 일어설 수 없게 만드는 가혹한 행위이다. 이와 반대로, 이자를 받지 않는 것은 자신이 손해를 입더라도 형편이 어려운 사람을 도와서 회생하게 하려는 한 방편이다.

“변리로 대금치 아니하며 뇌물을 받고 무죄한 자를 해치 아니하는 자니 이런 일을 행하는 자는 영영히 요동치 아니하리이다”(시 15:5).

“변리로 대금치 아니하며”의 경우, 개역개정에서는 “이자를 받으려고 돈을 꾸어 주지 아니하며”이다. 이처럼 고대 이스라엘은 이자를 받지 않고 그 사람으로 하여금 회생할 가능성을 갖게 해 주는 사람을 칭송했다. 에스겔도 이자 받는 것을 중한 죄로 규정했다.

“네 가운데 피를 흘리려고 뇌물을 받는 자도 있었으며 네가 변전과 이식을 취하였으며 이를 탐하여 이웃에게 토색하였으며 나를 잊어버렸도다 나 주 여호와의 말이니라”(겔 22:12).

이처럼 이스라엘이 전적으로 이자를 금하고 이자를 받는 것을 죄악시하는 것은 다른 나라들과 비교할 때 매우 독특한 규정이다.[57]

셋째 상황(39~46절)

그런데 이런 상황, 즉 돈이나 식량을 빌려서 생계를 유지할 상황에 이르면 그 사람이 자력으로 회생할 가능성은 거의 없다고 해야 할 것이다. 생계 유지를 위해 빚을 내는 판에, 그것을 투자해서 돈을 모을 수 없기 때문이다. 그래서 그다음 단계는 완전히 파산하는 경우인데, 땅을 다 팔고 빚을 냈는데도 회생하지 못함으로써, 결국 채권자의 종으로 들어갈 수밖에 없는 상황이다.[58] 앞에서 살펴보았지만, 고대 이스라엘에 사람들이 파산해서 남에게 종으로 팔리는 경우들이 많았던 것으로 보인다.

“풍족하던 자들은 양식을 위하여 품을 팔고”(삼상 2:5).

이런 경우에는 스스로 회생할 수 있는 가능성이 전혀 없기 때문에 회생하기 위해서는 희년까지 기다리는 수밖에 없다.

상황: '너와 함께 있는 네 형제가 가난하게 되어 네게 몸이 팔리거든'(39상절).

대책: '너는 그를 종으로 부리지 말고 품꾼[59] 이나 동거인과 같이 함께 있게 하여 희년까지 너를 섬기게 하라'(39하~40절).[60]

대책: '그때에는 그와 그의 자녀가 함께 네게서 떠나 그의 가족과 그의 조상의 기업으로 돌아가게 하라'(41절).

대책: '그들은 내가 애굽 땅에서 인도하여 낸 내 종들이니 종으로 팔지 말 것이라 너는 그를 엄하게 부리지 말고[61] 네 하나님을 경외하라 네 종은 남녀를 막론하고 네 사방 이방인 중에서 취할지니 남녀 종은 이런 자 중에서 사올 것이며 또 너희 중에 거류하는 동거인들의 자녀 중에서도 너희가 사올 수 있고 또 그들이 너희와 함께 있어서 너희 땅에서 가정을 이룬 자들 중에서도 그리 할 수 있은즉 그들이 너희의 소유가 될지니라 너희는 그들을 너희 후손에게 기업으로 주어 소유가 되게 할 것이라 이방인 중에서는 너희가 영원한 종을 삼으려니와 너희 동족 이스라엘 자손은 너희가 피차 엄하게 부리지 말지니라'(42~46절).

빚을 갚지 못하면, 채권자에게 종이 될 수밖에 없다는 것을 다음 구절에서 확인할 수 있다.

"선지자의 생도의 아내 중에 한 여인이 엘리사에게 부르짖어 가로되 당신의 종 나의 남편이 이미 죽었는데 당신의 종이 여호와를 경외한 줄은 당신이 아시는 바니이다 이제 채주가 이르러 나의 두 아이를 취하여 그 종을 삼고자 하나이다"(왕하 4:1).

이렇게 경제적인 어려움으로 인해 채권자의 종이 되었을 때, 본문은 그들을 혹독하게 다루지 말 것을 강조한다. 이것은 그럴 가능성이 많기 때문일 것이다. 종들이 가혹하게 다루어졌을 것이라는 추측은 출애굽기 21장에서도 나타난다.

"사람이 매로 그 남종이나 여종을 쳐서 당장에 죽으면 반드시 형벌을 받으려니와 그가 일 일이나 이 일을 연명하면 형벌을 면하리니 그는 상전의 금전임이니라"(출 21:20~21).

이 구절은 당시 주인들이 종을 죽을 정도로 심하게 매질했음을 암시한다. 종들이 주인의 학대를 견디다 못해 도망치는 경우들도 있었고, 제때에 품삯을 받지 못하는 경우들도 있었다.

"종이 그의 주인을 피하여 네게로 도망하거든 너는 그의 주인에게 돌려주지 말고 그가 네 성읍 중에서 원하는 곳을 택하는 대로 너와 함께 네 가운데에 거주하게 하고 그를 압제하지 말지니라"(신 23:15~16).[62]

"곤궁하고 빈한한 품꾼은 너희 형제든지 네 땅 성문 안에 우거하는 객이든지 그를 학대하지 말며[63] 그 품삯을 당일에 해 진 후까지 미루지 말라 이는 그가 가난하므로 그 품삯을 간절히 바람이라 그가 너를 여호와께 호소하지 않게 하라 그렇지 않으면 그것이 네게 죄가 될 것임이라"(신 24:14~15).

"내가 심판하러 너희에게 임할 것이라 점치는 자에게와 간음하는 자에게와 거짓 맹세하는 자에게와 품꾼의 삯에 대하여 억울하게 하며 과부와 고아를 압제하며 나그네를 억울하게 하며 나를 경외하지 아니하는 자들에게 속히 증언하리라 만군의 여호와가 말하였느니라"(말 3:5).

고대 이스라엘에서 고용주나 주인이 품꾼이나 종을 학대하고 품삯을 제때에 제대로 주지 않을 경우, 품꾼과 종은 그것을 어디에 호소할 수 있었을까? 구체적인 방법이 없었던 것으로 보인다. 그저 하나님께 호소하고, 주인들이 하나님을 두려워해서 품삯을 제때에 제대로 주는 방법밖에 없었던 듯하다. 한국에 일하러 온 3세계 사람들이 어떤 대접을 받는지를 생각하면, 우리는 이 상황을 충분히 짐작할 수 있을 것이다.

그런데 출애굽기 21장을 보면, '히브리인 종을 샀을 경우 6년 동안 일하게 하고, 7년째 되는 해에는 몸값을 물지 않고 나가 자유인이 되게 하라'(2절)고 규정한다. 그러면 희년까지 기다리지 않고, 7년째 되는 해에 자유를 얻는 것이다.

신명기는 히브리인 종에게 자유를 줄 뿐만 아니라 살림 밑천을 충분히 주라고 한다.

> "그를 놓아 자유하게 할 때에는 빈손으로 가게 하지 말고 네 양 무리 중에서와 타작마당에서와 포도주 틀에서 그에게 후히 줄지니 곧 네 하나님 여호와께서 네게 복을 주신 대로 그에게 줄지니라 너는 애굽 땅에서 종 되었던 것과 네 하나님 여호와께서 너를 속량하셨음을 기억하라 그것으로 말미암아 내가 오늘 이같이 네게 명령하노라"(신 15:13~15).

그리고 히브리인 종을 자유롭게 하는 것을 기꺼운 마음으로 하라고 촉구한다.

> "그가 여섯 해 동안에 품꾼의 삯의 배나 받을 만큼 너를 섬겼은즉 너는 그를 놓아 자유하게 하기를 어렵게 여기지 말라 그리하면 네 하나님 여호와께서 네 범사에 네게 복을 주시리라"(신명기 15:18)

이 구절에서도 당시 종들이 혹독한 대우를 받았음을 알 수 있다. 6년 동안

일했으면 7년째 되는 해에 자유롭게 해 주라는 것은 6년 이상 종살이하는 것이 견뎌 낼 수 없을 정도로 어려운 일이었기 때문인지 모른다.

그러나 종들이 자유를 얻는 데에는 여러 가지 단서들이 따른다. 만약 그가 종이 되기 전에 독신이었다가 종이 된 후에 결혼했다면, 혼자만 자유를 얻을 수 있다. 만약 가족 때문에 홀로 나가기를 원치 않으면, 종신토록 종이 될 서약을 해야 한다(3~6절).

이런 상황은 종이 자유를 얻는 게 쉽지 않았음을 입증해 준다. 실제로 이스라엘 고관대작들이 동족 노비들을 7년째 되는 해에 자유롭게 놓아주는 것은 예레미야 34장[64]에서만 볼 수 있다.

> "시드기야 왕이 예루살렘에 있는 모든 백성과 한 가지로 하나님 앞에서 계약을 맺고 자유를 선포한 후에 여호와께로부터 말씀이 예레미야에게 임하니라 그 계약은 사람마다 각기 히브리 남녀 노비를 놓아 자유롭게 하고 그의 동족 유다인을 종으로 삼지 못하게 한 것이라 이 계약에 가담한 고관들과 모든 백성이 각기 노비를 자유롭게 하고 다시는 종을 삼지 말라 함을 듣고 순복하여 놓았더니 후에 그들의 뜻이 변하여 자유를 주었던 노비를 끌어다가 복종시켜 다시 노비로 삼았더라"(렘 34:8~11).

예레미야 34:8~22은 '자유'를 의미하는 히브리어인 '드로르'[65]와 '호프쉬'(חָפְשִׁי)[66]를 사용한다. 이런 점에서 본문은 레위기 25장과 연결점을 갖는다. 시드기야의 노비 해방 사건은 기존의 법규에 근거한다. 이 구절에 의하면, 노비 해방령은 출애굽과 연결된다. 이것은 노비 해방령이 이스라엘의 건국 이념에 부합하다는 것이다. 이것에 근거해서 시드기야는 그때까지 실행하지 못한 것을 과감하게 실행했다.

그러나 이 시도는 실패로 끝났다. 이것은 노비 해방을 포함해서 희년 사상을 제도화하고 실시한다는 것이 얼마나 어려웠는지를 보여 준다.

넷째 상황(47~55절)

그런데 더 심각한 문제는 이스라엘 사람이 동족이 아닌 이방인에게 빚을 지고 그 빚을 감당하지 못해서 파산하고, 결국 그들에게 종으로 팔릴 수밖에 없는 상황이 되었을 때이다.

상황 : '만일 너와 함께 있는 거류민이나 동거인은 부유하게 되고 그와 함께 있는 네 형제는 가난하게 되므로 그가 너와 함께 있는 거류민이나 동거인 또는 거류민의 가족의 후손에게 팔리면'(47절).

대책1 : '그가 팔린 후에 그에게는 속량 받을 권리가 있나니 그의 형제 중 하나가 그를 속량하거나 또는 그의 삼촌이나 그의 삼촌의 아들이 그를 속량하거나 그의 가족 중 그의 살붙이 중에서 그를 속량할 것이요'(48상절).

대책2 : '그가 부유하게 되면 스스로 속량하되'(48하~49절).

방식 : '자기 몸이 팔린 해로부터 희년까지를 그 산 자와 계산하여 그 연수를 따라서 그 몸의 값을 정할 때에 그 사람을 섬긴 날을 그 사람에게 고용된 날로 여길 것이라 만일 남은 해가 많으면 그 연수대로 팔린 값에서 속량하는 값을 그 사람에게 도로 주고 만일 희년까지 남은 해가 적으면 그 사람과 계산하여 그 연수대로 속량하는 그 값을 그에게 도로 줄지며[67] 주인은 그를 매년의 삯꾼과 같이 여기고 네 목전에서 엄하게 부리지 말지니라'(50~53절).

대책3 : '그가 이같이 속량되지 못하면 희년에 이르러는 그와 그의 자녀가 자유하리니'(54절).[68]

근거 : '이스라엘 자손은 나의 종들이 됨이라 그들은 내가 애굽 땅에서 인도하여 낸 내 종이요 나는 너희의 하나님 여호와이니라'(55절).

여기서 보는 대로, 이스라엘 땅에서 사는 이방인들도 경제 활동을 통해서 부유해질 수 있었고, 이스라엘 사람이 그들에게 빚을 지고 종으로 팔릴 수도 있었던 모양이다. 그럴 경우, 이것은 경제적으로 뿐만 아니라 신학적으로도 매우 심각한 문제를 야기한다. 하나님이 애굽에서 출애굽시킨 이스라엘 백성이 동족들에게 종으로 팔리는 것도 문제인데, 이방인에게 종으로 팔린다는 것은 당사자뿐만 아니라 이스라엘 백성들에게 상당히 치욕스러운 일이었을 것이다. 그들을 고엘이 회생시켜야 하는데, 그렇지 못할 경우에는 자기 스스로 회생할 수밖에 없다. 하지만 앞에서 살펴본 대로 이것은 거의 불가능한 것으로 보인다. 그럴 때는 희년까지 기다리는 수밖에 없다. 희년에 그들에게 자유를 주어야 하는 근거는 그들이 하나님의 종, 하나님의 품꾼이기 때문이다. 이것은 이스라엘 땅에 거주하는 이방인들도 이스라엘 백성들과 동일한 법 적용을 받는다는 사실을 보여 준다.

맺는 말

고대 이스라엘에서 경제적인 어려움으로 인해 파산에 이르는 과정을 단계적으로 언급하면서, 여러 가지 회생 대책을 제시하는 레위기 25장에서 우리에게 들려주는 중요한 한 가지는 이스라엘 백성들이 모두 하나님의 종이라는 것이다. 레위기 25장은 이스라엘 모두가 동일하게 그리고 동등하게 하나님의 종임을 강조한다. 이스라엘 백성들이 하나님의 종이라는 개념은 가난한 자들, 파산자들을 위한 개혁을 추진한 느헤미야에게서도 나타난다.

> **"이들은 주께서 일찍 큰 권능과 강한 손으로 구속하신 주의 종이요 주의 백성이니이다 주여 구하오니 귀를 기울이사 종의 기도와 주의 이름을 경외하기를 기뻐하는 종들의 기도를 들으시고 오늘날 종으로 형통하여 이 사람 앞에서 은혜를 입게 하옵소서 하였나니 그때에 내가 왕의 술 관원이 되었었느니라"**(느 1:10~11).

이스라엘이 하나님의 종이라는 것은 이스라엘이 하나님 소유라는 것이다. 이것은 매우 중요한 생각이다. 레위기는 이스라엘 땅이 하나님의 것이라고 선언한다. 그리고 이스라엘 백성은 모두 하나님의 땅을 경작하는 종이라고 말한다. 그렇기 때문에 이스라엘 백성들은 동족들을 결코 종으로 부릴 수 없고, 땅도 제 마음대로 할 수 없다. 에스겔서에서도 제비를 뽑아 지파별로 땅을 재분배하는데, 왕이라 할지라도 원래 분배받은 땅 이상을 점유하지 못하도록 강력하게 규정한다. 그래서 백성들이 땅을 잃고 이러 저리 살길을 찾아 헤매지 않게 하신다.

이스라엘 백성은 애굽에서 종살이하다가 해방되었지만, 완전히 자유로움을 누리지 못하고 오히려 하나님의 종이 된다. 그런데 모든 이스라엘 백성이 하나님의 종이라는 이 생각이 고대 이스라엘 사회에서 발생하는 경제적인 문제를 이스라엘식으로 처리하게 하는 중요한 요인이었다. 경제적으로 어려움을 당하는 자들을 도와서 다시 일어서게 하고, 파산자들을 회생시키기 위한 여러 가지 방법들은 모두 이 생각에 기초한다. 그러나 아쉽게도 이런 생각을 보다 확고하게 제도화하지 못해서 결국 파산자 회생 제도는 유명무실했고, 선언적인 차원에 그쳤으며, 현실적으로 제 기능을 전혀 발휘할 수 없었다.

그렇기에 우리가 모두 하나님의 종이라는 생각에 근거해서, 경제적으로 어려움 당하는 이웃들을 돕고, 파산자들을 다시 일으켜 세우라는 하나님의 명령은 여전히 유효하다. 그것은 지금 레위기 25장을 읽는 우리에게 내리시는 하나님의 명령이다.

12

레위기와 나의 설교

구약은 설교자에게 풍부한 설교 자료를 제공해 주고 있다. 구약은 오실 예수님에 대한 예언들과 신약의 영적 진리들을 파노라마로 보여 주는 책이 아닌가(눅 24:44)? 특히 모세 오경은 그중에도 대표적인 이야기들이다. 오경에 전개되는 이야기 자체가 바로 설교이기 때문이다. 창세기에서는 창조와 타락과 은혜의 시작, 출애굽기에서는 구원과 예배, 레위기에서는 성화된 백성과 예배 규범을 가르치고 있다. 즉, 애굽에서 구원받고 하나님께 예배드리는 백성들에게 '내가 거룩하니 너희도 거룩하라'는 주제를 조직적으로 풀어가는 내용이어서, 오늘 하나님의 은혜를 체험한 신자들에게 너무도 필요한 성화의 신학을 펼쳐 주고 있다.

레위기를 이렇게 표현해 볼 수 있지 않을까. '거룩하신 하나님께서 택하신 거룩한 하나님의 백성들이 하나님의 거룩한 방법을 따라 거룩한 삶을 이 땅에서 살도록 가르치시는 말씀'이라고. 사실 한국 교회 성도들의 가장 취약한 부분이 '거룩한 삶'일진대, 레위기는 이러한 점에서 한국 교회에 중요한 도전을 주고 있다 하겠다. 한국 성도들 가운데는 구원의 감격을 맛본 사람들이 많다. 또 그들 대부분은 예배에도 열심이다. 예배의 종류도 많고, 성경공부도 기도회도 대단히 열심이다. 교회 안에 직분도 지나치게 많아 누구나 집사요, 권사요, 장로요, 목사다. 목회자는 필요한 수보다 남아돌아 실직 중인 목회자들이 넘치고 있다. 그러나 성화된 삶에는 너무도 뒤지고 있어 레위기와 같은 구약의 설교는 우리에게 많은 유익을 줄 수 있다. 레위기의 내용은 먼저 설교자 자신이 듣고 적용해야 한다. 사도 바울은 목회자인 디모데에게 '믿는 자에게 본이 되라… 네 자신을 살피라'(딤전 4:12, 16)고 권고하고 있다.

레위기의 주제와 주요 구절

레위기의 주제는 이 책에서 가장 빈번히 나타나는 단어를 통해서 알 수 있다. 이 책에서 가장 많이 쓰인 단어는 둘인데, 하나는 '타호르'(טָהוֹר 깨끗하다)이고, 다른 하나는 '코데쉬'(קֹדֶשׁ 거룩하다)이다. 비슷한 의미의 이 두 단어가 레위기에서 가장 자주 쓰인 것을 통해, 27장밖에 안 되는 레위기의 메시지가 무엇인지는 충분히 짐작하고도 남는다.

이 책을 통해 하나님께서는 그분의 거룩한 속성을 보여 주실 뿐만 아니라, 거룩한 삶을 통해 주변의 악한 나라들에게 거룩하신 하나님을 보여 주라고 그분이 선택한 백성들에게 말씀하신다. 죄로 더러워진 인간들 속에 구별되고 거룩한 백성들이 살고 있어, 거룩하신 하나님의 살아계심을 증거하고 그분의 모습을 나타내라는 것이 아니겠는가.

이와 같은 주제를 잘 대변해 주는 레위기의 주요 구절을 들라면 다음의 두 구절을 들 수 있겠다. 17:11의 "육체의 생명은 피에 있음이라 내가 이 피를 너희에게 주어 단에 뿌려 너희의 생명을 위하여 속하게 하였나니 생명이 피에 있으므로 피가 죄를 속하느니라"는 말씀과, 20:7~8의 "너희는 스스로 깨끗케 하여 거룩할지어다 나는 너희 하나님 여호와니라 너희는 내 규례를 지켜 행하라 나는 너회를 거룩케 하는 여호와니라"는 말씀이 그것이다. 이 구절은 대속의 교리와 성화의 교리를 대변하고 있는 것이다.

레위기에 들어서며

'레위기'라는 책 이름 자체에는 다소 문제가 있다. 히브리 이름 '와이크라'(וַיִּקְרָא '그리고 그가 부르셨다')를 70인역에서 'Leveitikon'이라 번역함으로써 라틴어 성경과 영어 성경이 이를 따라 'Leviticus'로 번역하고, 개역한글도 '레위기'라고 이름을 붙였다.

그러나 사실상 내용은 레위인들에 대한 이야기가 아니라 아론의 자손인 제사장들에 관한 내용을 담고 있다.

좀 더 레위기의 내용을 살펴보면 거룩한 백성, 거룩한 제사장, 거룩하다 장막, 거룩하다 기물, 거룩하다 제물, 거룩하다 제사장의 옷, 거룩하다 성장 등이 주축을 이루고 있다.

여기에서 특기할 것은, 신약성경에서 40회나 인용되고 있는 점으로 보아 레위기의 중요성을 알 수 있고, 더욱이 신약성경의 히브리서는 레위기에 대한 신약적 주석이라는 점에서 주목을 끌고 있다는 것이다. 레위기의 내용이 어떤 신약적 의미가 있는지는 히브리서를 통해 충분히 이해할 수 있다.

결국 레위기의 복잡한 예식과 제사장의 역할들이 신약의 영적 의미와 예수 그리스도의 모형으로, 때로는 비유로, 때로는 한 폭의 그림이나 상징으로 보여 주고 있음을 알 수 있다. 그렇기에 레위기는 설교자들에게 좋은 설교 재료가 된다.

레위기를 요약하면 아래와 같다.

거룩함				예배 규범				
1	거룩하신 하나님 접근 방법		16	17	거룩한 삶의 방법			27
1~7	8~10	11~15	16	17	18~22	23~25	26	27
제물	제사장	순결	속죄	율법	윤리 기준	절기	축복, 저주	서원
한 달 20일간								

레위기 설교, 나는 이렇게 시작했다

레위기 설교의 문제는 '레위기가 무엇을 말하려고 하는가'에 대한 이해보다 '레위기의 내용을 어떻게 설교로 전개할 것인가' 하는 데에 있었다. 레위기를 강해 설교하기 전에 먼저 구약의 39권 가운데 하필이면 왜 이 '레위기'를 설교하려 하는지에 대한 분명한 내 나름대로의 목적이 있어야 했던 것이다. 나는 무엇보다 거룩하신 하나님의 거룩한 백성들이 어떻게 거룩한 삶을 살 수 있는지에 대한 진지한 질문을 던지고 싶었고, 또 그렇게 사는 방법을 함께 고민해 보고 싶었다.

레위기의 내용을 묵상해 감에 따라 다음과 같은 설교의 목적들이 보이기 시작했다.

(1) 성도들에게 하나님이 어떤 분이신지를 보여 주어 거룩하신 하나님에 대한 경외감을 높여 준다.
(2) 죄인인 인간이 거룩하신 하나님께 어떻게 나아갈 수 있는가?
(3) 성도들이 공동체 속에서 거룩하신 하나님을 증거 하기 위해 어떤 규범을 따라 살아야 하는가?
(4) 하나님의 사람들이 거룩한 삶을 살 때 나타나는 축복은 무엇이며, 그렇지 못할 때 나타나는 무서운 결과는 무엇인가?
(5) 성도들이 하나님 앞에서 종종 하는 서원(誓願)의 정확한 성경적 이해를 돕는다.

이 글이 레위기를 설교하려는 목회자들에게 조금이라도 도움이 되었으면 한다. 그러면 이제 어떻게 레위기 설교를 시작할 것인가?

먼저, 거룩한 삶에서 너무도 멀어져 있는 현대인의 타락한 모습을 신문이나 텔레비전에 비친 예들을 통해 묘사함으로써 오늘의 타락한 모습과 모세 당시 이방인들의 타락한 모습을 비교하는 것으로 시작하는 것이 좋을 것 같다. 이를 통해 오늘날은 타락한 그 당시와 시간적으로는 멀리 떨어져 있지만 인간의 타락상은 동일하다는 것을 보여 줄 수 있을 것이다. 그래서 레위기가 먼 옛날 그 당시만을 위한 책이 아니라 동시에 우리가 사는 현대를 위한 책이라는 사실을 인식시킬 수 있다. 사실 그러한 공감대가 형성되어야만 비로소 레위기가 나와 직접적인 관계가 있다는 것을 성도들이 인식하게 되고, 이에 경청하려 할 것이다.

이스라엘 백성들은 430년 동안 애굽이라는 세상 속에 살아왔고 또 애굽적 삶의 상황 속에 물들어 있던 사람들이었다. 또 그들이 향해 가고 있는 가나안의 수많은 종족들도 애굽인들 못지않게 극심하게 타락해 있던 사람들이다. 이제 거룩하신 하나님께 택하심을 받은 이스라엘 백성들은 타락한 열방 가운데서 거룩하게 변화된 삶으로 거룩하신 하나님을 나타내며 사는 백성이 되어야 했다. 열방 족속들이 이스라엘 백성들의 하나님을 반영하는 거룩한 삶을 통해 거룩하신 하나님을 찾도록 해야만 했던 것이다.

문제는 이와 같은 레위기의 이야기가 수천 년 전의 모세 이야기가 아니라 바로 오늘을 살고 있는 우리의 이야기로 이끌어 와야 한다는 데 있다. 3500년 전의 '이야기'가 지금의 나와의 연결고리를 찾지 못하면 '남의 이야기'로 끝날 수밖에 없고, 그 설교는 과녁을 찾지 못한 화살이 되고 만다. 짠맛을 잃은 소금처럼 그 설교는 재미를 상실하고 마는 것이다. 현실감이 없기 때문이다. 존 스토트 목사가 말한 것처럼 설교자는 "한 손에는 신문을, 다른 한 손에는 성경을" 들고 시간과 공간과 문화와 세계관과 언어와 철학을 뛰어넘어 그때의 메시지를 오늘에 연결시켜야 한다. 비록 시대와 장소와 언어와 문화는 변했으나 그 옛날이야기를 오늘의 우리 언어와 우리의 예를 통해 인간은 그때나 지금이나 동일한 존재라는 사실을 현실감 있게 보여 주어야만 한다. 그래야만이 현대인이 고대 문헌인 레위기에 귀를 기울일 것이다. 사실상 성경의 진수가 여기에 있다. 오래된 책이면서도 보편적 진리를 제시해 주고 있다는 점이 성경의 매력인 것이다. 이것이 바로 오늘도 성경이 인류의 베스트셀러인 이유이다.

레위기 한눈에 보기

이제 레위기 전체를 한눈에 보여 주며 한 장씩 설교해 나갈 배경과 방향을 제시하려 한다.

1~16장의 내용을 통해서 죄가 있는 인간은 거룩하신 하나님께 감히 접근할 수 없다는 사실을, 그리고 하나님께 나아가려면 하나님의 방법으로만 가능하다는 사실을 보여 주어야 한다. 죄인인 인간이 자기 자신의 어떠한 방법으로도 거룩하신 하나님께 접근할 수 없음 역시 보여 주어야 한다.

17~27장의 전체적 내용을 통해서는 거룩한 삶의 규범과 기준을 보여 주며, 인간이 노력은 할 수 있으나 하나님의 규범을 철저히 지킨다는 것이 얼마나 어려운가, 얼마나 불가능한가를 드러냄으로써 인간은 하나님 앞에 자비와 은혜를 구할지언정 예수 그리스도의 십자가 외에는 하나님께 접근할 방법이 없음을 알게 한다. 이렇게 하여 예수 그리스도의 복음을 준비할 수 있다.

이 정도 되면 이제 레위기 본문으로 들어갈 준비가 될 것이다. 여기서 설교자로서 결정해야 할 것은 레위기를 자세하게 설교할 것인지 아니면 주요한 부분만 설교할 것인지를 정해야 한다. 왜냐하면 자세하게 설교하면 레위기를 다 끝낼 때까지 너무 시간이 오래 걸려서 성도들이 지루한 느낌을 가질 수도 있다. 그러나 레위기 설교를 잘 전개하면 일생에 한 번밖에 거쳐 가지 못하는 레위기를 철저하게 이해하며, 이를 삶에 적용함으로써 성도들이 성화된 삶을 찾아갈 수 있는 좋은 기회가 될 수도 있다. 만일 레위기의 중요한 메시지만을 찾아 설교함으로 자세하게 설교하지 않기로 결정한다면 레위기의 중요한 원리들만을 뽑아서 적용할 수 있고, 또 지루하지 않게 끝낼 수 있는 이점이 있기도 하다.

만일 한 장씩 혹은 한 문단씩 설교하기로 정한다면 1장부터 시작해야 한다. 1~7장에는 다섯 가지 제물에 대한 것들이 나타나는데, 그것들은 어떤 것이며 어떤 목적으로 바치고 어떻게 바치는지를 묘사하고 있다. 잘못하면

재미없는 내용이 될 수도 있으나, 여기서 말해 주려는 핵심은 죄가 있는 인간은 거룩하신 하나님을 그냥 만날 수 없다는 사실을 알려 준다. 다니엘의 세 친구를 뜨거운 용광로 속으로 던져 넣고는 그 불길에 타 죽은 바벨론 사람들처럼 죄가 있는 인간은 거룩하신 하나님께 직접 접근할 수 없다. 접근하면 타서 죽는다. "여호와는 소멸하는 불이다"(출 24:17). 그분을 만나려면 대속적 희생제물을 드린 다음에야 접근할 수 있다는 내용을 가르치고 있다. 하나님은 인간이 자기의 죄에 대한 대가를 짐승을 통해서 지불한 다음에야 접근을 허락하신다. 그러면서도 제물 하나하나에 영적인 의미가 내포되어 있다. 비록 구약의 제물이지만 그 속에 함축된 신약적 의미가 무엇이며, 오늘날 우리에게 어떤 교훈과 행동 지침을 주는지를 찾아본다면 설교 속에서 충분히 의미 있는 적용을 할 수 있을 것이다.

레위기, 어떻게 접근할 것인가

예들 들어 1장의 번제물에 대한 설교라면 17절밖에 되지 않기 때문에 설교자와 성도들이 교독할 수 있다. 가능하면 교독하는 것이 좋다. 교독을 통해 성도들이 하나님의 말씀을 입술에 자주 올리는 것은 말씀을 대하는 좋은 방법이다. 듣기만 하는 것이 아니라 하나님의 말씀을 성도들 자신의 눈으로 읽고, 귀로 듣고, 입으로 소리 내어 읽어 보고, 머리로 생각하게 하라. 우리에게 주신 네 가지의 채널을 통해서 말씀을 다각적으로 접하게 되기 때문에 그저 귀로 듣기만 하는 것 보다 네 배의 효과를 낼 수 있다.

1. 제물에 대한 설교

죄인은 제물을 통해서만 하나님께 나아갈 수 있다. 이 제물은 인간이 생각해낸 방법이 아니라 하나님께서 친히 마련해 주신 방법이다. 인간이 하나님께 나아갈 수 있는 길을 열어 주신 것이다.

(1) 번제물은 흠이 없는 수컷이라야 한다(1:3). 이는 예수님의 모형이다.
(2) 사람이 자원해서 가져와야 한다. 예배는 자원하는 마음으로 드려야 한다.
(3) 제물을 바치면 바친 사람의 죄를 대속해 준다(1:4). 예수님의 대속적 죽음을 상징한다.
(4) 짐승을 통째로 태워서 향기로운 냄새를 하늘로 올려 보낸다. 하나님께 향기로운 예배를 드린다(1:8~9). 이와 같은 메시지를 통해서 완전한 헌신을 위한 강력한 도전을 할 수 있다. 남기는 것 없이 전부를 다 태워 하나님께 드린다는 뜻이다. 고기가 타는 냄새는 향기롭다. 우리의 예배에서도 우리 자신을 온전히 드림으로 하나님께서 기뻐하시는 예배를 드린다.
(5) 제물의 네 가지 종류는 황소, 양, 염소, 비둘기 중에서 드릴 수 있는데, 어떤 짐승을 드리는가는 예배자의 경제적 능력에 따라 선택할 수 있다. 짐승의 종류는 다르지만 누구나 하나님께서 주신 은혜의 분량을 따라 제물을 선택하여 드리면 된다. 황소만큼 받은 사람이 비둘기를 드린다면 하나님 앞에 용납되지 않는다. 받은 은혜만큼 드리지 않았기 때문이다. 신앙인에게는 교회에서 자신의 은사 사용뿐만 아니라 심지어 헌금도 받은 분량에 따라 드리면 된다는 사실을 가르치고 있다.

여기서 짐승 하나하나마다 그 뜻이 다르기 때문에 좋은 설교의 내용이 될 수 있다. 예를 들면 황소(1:5)는 죽기까지 순종하신 예수님의 완전한 순종을 의미한다(히 12:2~3). 그러나 예수님의 본을 따라 우리의 완전한 순종을 요구하는 설교가 될 수 있다. 양의 경우(1:10)는 완전한 항복을 의미한다(사 53:7; 행 8:32~35). 염소는 완전한 대속자(갈 3:13)를 상징하면서, 죄 없으신 하나님의 아들이 죄인들을 대신해서 죄인이 되신 예수님을 보여 주고 있다. 비둘기(1:14)를 통해서는 예수님의 가난과 순진성을 보여 주고 있다(사 3:14; 마 23:37; 레 5:7). 우주를 소유하신 그분이 우리를 위하여 스스로 가난해짐으로 우리가 부유하게 된 사실을 설교할 때 얼마나 은혜가 되겠는가? 또 제물을 바칠 때 바치는 사람이 짐승의 머리에 손을 얹는 것은 제물과 자신을 하나로 인정하는 상징적 행동이다. 우리의 죄를 대신 지신 예수님을 생각하며 대속의 은혜에 감격하고 감사할 수 있다. 이런 방법으로 2장의 소제물, 3장의 화목제물, 4장의 속죄제물, 5~6장의 속건제물에 대한 설교를 의미 있게 전개해 나갈 수 있다.

2. 제사장과 중보자

두 번째 접근 방법으로는 제사장을 통해서만 하나님께 접근할 수 있다는 것이다(8~10장). 죄 있는 인간이 거룩하신 하나님께 직접 접근 할 수는 없다. 하나님께 죄 있는 인간을 대신해서 중보자의 역할을 하는 제사장을 통해서만 접근을 허락하셨다. 역시 중보자 예수님의 모습을 보여 주는 것이다. 특히 8장의 제사장 안수 예식에서 (1) 물로 씻고(성결의 상징)(8:6), (2) 기름을 붓고(성화의 상징)(8:10), (3) 제사장의 옷을 입히고(임명의 상징)(8:7~9), (4) 피를 뿌리고(헌신의 상징)(8:15), (5) 제물을 바치고(속죄제와 번제)(9:18~21), (6) 제사장의 오른쪽 귀, 오른쪽 엄지손가락, 오른쪽 발가락에 피를 발라 제사장의 귀로 하나님의 음성만을 듣고, 그 손으로 하나님만 섬기고, 그 발로 하나님의 길만 걷겠다는 헌신을 보여 준다. 얼마나 한 폭의 그림처럼 주님을 섬길 사람에 대한 헌신을 분명하게 상징하는가? 설교의 자료로써는 너무도 감동적인 내용들이다.

다른 불을 갖고 들어와 제사를 드리려다 죽은 나답과 아비후의 죽음(10장)도 하나님은 하나님의 방법으로만 경배하고 섬겨야 한다는 강력한 메시지를 들려줄 수 있다. 레위기 11~15장의 정결한 음식(11장), 정결한 몸(12~13장), 정결한 옷(14정), 정결한 접촉(15장) 등도 하나님의 사람들이 일상생활에서 거룩하신 하나님을 보여 주는 지상의 거룩한 대표자들이 되어야 한다는 내용을 담고 있다. 이처럼 한 가지씩 생각하다 보니 당장 레위기 시리즈를 다시 해보고 싶은 충동을 느낀다. 지면의 한계 때문에 나머지를 계속할 수는 없지만 레위기는 무한정의 엄청난 설교 자료를 제공해 주고 있다. 오늘날을 위한 수많은 영적인 교훈을 제시해 줄 수 있는 보고(寶庫)이다.

3. 레위기 강해 설교

레위기의 여기저기에서 한두 편씩 뽑아서 하는 단편적인 설교가 아니라 레위기 전체를 처음부터 끝까지 설교함으로 하나님께서 그의 택하신 백성들에게 말씀하시기를 원했던 메시지 전체를 전할 수 있는 이점이 있다. 또 성도들은 물론 설교자 자신에게도 유익하고, 무엇보다 레위기 전체의 메시지를 삶에 구체적으로 적용할 수 있다는 큰 장점이 있다. 레위기 설교를 통해 거룩하신 하나님을 만나고 거룩한 삶으로 변화되어 갈 수 있다. 그러나 죄 성을 가진 인간은 결국 완전히 거룩한 삶을 살 수 없다는 사실을 발견하고, 자신들의 무능을 인정하게 될 때 예수 그리스도의 대속적 은혜만이 인간의 희망임을 깨닫고 그 은혜를 깊이 체험하며 감사하게 될 것이다.

레위기 설교의 유익

레위기는 설교자에게 너무도 풍부한 진리를 제공해 주는 보고이다. 레위기 전반부는 죄 있는 인간이 하나님께 접근하려면 제물이나 중보자인 제사장이나 자신의 정결 행위를 통해서 할 수 있고, 국가적으로는 속죄제를 통해 일 년에 한 번씩 일 년 동안의 죄를 다 사함 받음으로 죄의식으로부터 국민 전체가 해방을 받아 국민적 영성에 큰 유익이 있음을 보여 준다.

레위기 후반부는 좀 더 구체적인 거룩한 삶의 법규를 제시해 주고 있다. 비록 3500년 전의 규범들이지만 하나하나 검토해 보면 다 영원하고 보편적인 진리와 원리가 들어 있어 오늘날에도 충분히 적용될 수 있고, 또한 하나님의 백성들이 주위의 타락한 백성들 가운데서 그들이 섬기는 거룩하신 하나님을 삶으로 보여 주며 살도록 도전을 줄 수 있다. 특히 거룩한 삶에 하나님의 축복이 있음을 보여 줌으로써 하나님의 백성들의 헌신된 삶을 부각시킬 수 있다. 레위기를 통해 설교자들과 특히 한국 교회 성도들의 삶에 거룩한 도전이 되어 이 나라에 대대적 변화가 일어났으면 한다.

II. 본문 연구

1. 레 1~10장: 거룩하신 하나님께 가까이 나아가는 길 | 황건영
2. 레 11~15장: 정결함과 부정함 | 왕대일
3. 레 16장: 속죄일의 속죄와 성결 의식 | 김진명
4. 레 17~27장: 거룩한 백성으로 살아가는 길 | 김진명

01

거룩하신 하나님께 가까이 나아가는 길

레위기 1~10장 주해와 적용

본문의 개요

1. 레위기의 형식과 문학적인 특징

'레위기'(Leviticus)라는 이름은 헬라어 역본 70인역과 불가타역에 따른 것이다. 레위기는 레위 지파에 관한 책이 아니라 제사에 관한 책이라고 할 수 있다. 이는 레위 지파에 관한 언급은 오직 25:32~33에만 나타나는 반면, 제사장에 관하여는 194회 언급되며 특히 8~10장과 21~22장은 전적으로 제사장 직분을 다루고 있기 때문이다.

더욱이 랍비들의 전통에는 제사장에 관한 지침으로 이해될 수 있는 '토라트 코하님'(תורת כהנים)이라는 이름이 사용되었다.[1] 레위기가 레위인 가운데 선택된 제사장의 직임과 사역에 대한 율법 또는 규례를 담고 있기 때문이다. 그 직임과 사역이란 백성들의 정결한 예배와 거룩한 삶을 이끌어 가는 것으로 이해할 수 있다.

레위기는 출애굽기 25:1에서 민수기 10:10에 이르는 제사에 관한 또 다른 자료라는 인식을 주지만, 그 표제와 두 개의 요약적 진술(26:46; 27:34)을 통해 모세에 의한 독립적인 책으로 분류된다.[2] 또한 모세에게 명령이 내려오고 모세에 의해 충실히 이행되었다는 면에서 레위기는 출애굽기 25~40장과 연관성이 있다. 더욱이 레위기의 제사는 시내산에서 모세에 의하여 세워진 성막 곧 회막에서 행해지는 것이기에 출애굽기와 직접적인 관계를 맺게 된다. 출애굽기가 하나님께서 백성 가운데 임재하실 장소에 관한 것이라면, 레위기는 그 하나님께서 임재하신 장소에서 백성이 하나님을 만나는 것에 초점을 맞추고 있다.

형식상의 특징으로 '여호와 하나님께서', '모세를 부르시고'(ויקרא אל-משה와이크라 엘-모쉐), '모세에게 직접 말씀하신 것'(וידבר יהוה אל-משה לאמר봐예답베르 야훼 엘-모쉐 레모르)과 그 말씀하신 장소가 '시내산'(בהר סיני베하르 시나이)으로 드러나는 것이다. 그리고 그 말씀들을 백성들에게 '고하라' 또는 '명하라'는 반복적인 명령이다. 이것은 '다바르'(דבר)의 명령문과 '아마르'(אמר)의 완료형(와우 계속법)이 함께 사용된 것으로, 반드시 지켜야 할 '제사'라는 독특한 형식을 위하여 사용된다. 이는 '제사'가 하나님의 임재와 백성들의 삶 사이에서 지켜져야 할 것임을 나타낸다.

레위기는 하나님에 의해 계시되었고 모세에 의해 실행된다. 하나님께서 모세에게 명령하시는 형식은 모세의 저작권을 인정하게 한다. 모세의 저작권에 관한 권위는 레위기의 규례가 대제사장인 아론과, 아론의 아들들인 제사장들과, 이스라엘 온 회중에게 선포되는 것에서 인정된다. 이것은 모세의 저작권에 관한 것뿐 아니라 레위기의 규례가 특정한 소수에게 제한적으로 주어진 것이 아니고 모든 이스라엘 백성이 함께 숙지하고 실행해야 될 규범으로 선포되었음을 의미한다. 오히려 특정 계층의 지배를 배제하고 공동체 의식을 강화시킨다. 레위 지파 제사장들은 백성과 하나님 사이에서 하나님의 종으로 그 책무를 진다.

2. 레위기의 구조적인 특징

레위기 전체의 내용은 제사의 규례(1~7장), 제사장의 위임과 실행에 대한 규례(8~10장), 육체적 · 도덕적 부정에 대한 규례(11~16장), 육체적 · 도덕적 거룩에 대한 규례(17~26장), 맹세에 대한 규례(27장) 등으로 되어 있다. 하지만 노만 가이슬러(Norman L. Geisler)는 레위기의 구조를 다음과 같이 나눈다.[3]

거룩하신 하나님께 가까이 가는 길(1~10장)

제사 제도(1~7장)

제사장 제도(8~10장)

거룩에 이르는 길(11~27장)

위생(11~16장)

성화(17~27장)

이러한 구조에서 강조되는 것이 있다. 즉 아담 이후 하나님을 저버린 인간들을 위하여 그들이 그들의 죄와 죄책으로부터 용서 받고 하나님과 관계를 회복할 수 있는 길을, 하나님 자신이 열어 놓으셨다는 것이다. 그것이 바로 성막 곧 회막에서 드려지는 제사이다. 따라서 하나님께서는 제사를 드리게 하는 자신의 의도를 인간에게 알리기를 원하신다. 그 하나님의 의지를 제사 제도와 제사장 제도에 담았다. 그렇다고 제사를 드림으로 모두 완성되는 것으로 볼 수는 없다. 제사를 드려 하나님과 교제함이 이루어진 자들은 끊임없이 하나님의 명령과 말씀에 의하여 거룩한 삶을 살아야 한다. 그것이 하나님의 백성으로 하나님과 교제를 유지하는 길이다. 이것을 레위기는 다루어 간다.

이제 1~10장을 통해 '거룩하신 하나님께 가까이 나아가는 길'을 이야기 하게 될 것이다. 이 과정에서 제사 제도와 제사장 제도를 구분하는 것은 용어의 혼란을 야기할 수 있다. 제사 제도 안에 제사장에게 이르는 규례를 포함하고 있기 때문이다. 특히 8~10장은 제사장의 위임과 사역에 관한 내용이다. 따라서 '제사 제도'와 '제사장의 위임과 사역'으로 구분하여 다룰 것이다.

3. 레위기 이해를 위한 제안

레위기는 시내산에서 하나님과 언약을 맺은 이스라엘의 정체성에 뿌리를 두고 있다. 하나님께서 특별히 선택한 백성 이스라엘이라는 공동체에 선포된 제사와 제사장에 관한 제도는 그 백성이 거룩한 삶을 살아야 하는 것과 깊은 연관성이 있다. 이스라엘은 하나님의 보배로운 소유로 제사장 나라이며 거룩한 백성이라고 선포된다. 이러한 이스라엘의 정체성이 하나님을 가까이함으로 이루어진다. 하나님의 백성의 정체성을 위한 레위기의 특징을 거룩, 임재, 언약, 희생 등의 네 가지로 요약한다.[4] 이 네 가지 특징을 통하여 성막과 더불어 신약에 나타날 구원자 예수 그리스도와 깊은 관계를 맺는다.

1) 성막과 레위기

레위기의 특징은 출애굽기에 나타난 성막의 구조에 근거한 제사 제도와 제사장 제도를 다루는 것이다. 따라서 성막 또는 회막이 율법의 완성자이며 구원의 완성자이신 예수 그리스도와 그분의 사역의 모형임을 전제로 해서 레위기에 나타난 제사와 제사장 제도를 이해해야 한다.

거룩은 하나님의 영광을 수반하며, 하나님의 임재와 언약에 의하여 나타난다. 사람이 본래 하나님의 거룩을 볼 수 없지만, 제사와 제사장 제도 안에 있는 희생을 통하여 하나님께 가까이 나아가 그 일면을 볼 수 있도록 하신다. '그 일면'이라 함은 예수 그리스도를 통하여 하나님의 거룩을 완전히 백성에게 드러내시고, 예수 그리스도를 통하여 거룩하신 하나님께 완전히 나아갈 수 있음을 의미한다.

광야에 유리하면서 살던 자들을 불러 이스라엘이라는 진영을 이루고 살게 한다. 그 진영 안에 회막이 세워진다. 일반 회중과 이방인은 진영에 머물되, 제사에 참여하는 회중은 그 회막의 마당에 들어가 제사에 참여할 수 있다. 회막의 문 안으로 들어가면 나오는 회막의 마당에서는 레위인이 번제단과 물두멍에서 하나님의 뜻을 받들고, 성소 안에는 제사장만이 출입한다. 그리고 지성소 안에는 대제사장만이 그 규례를 따라 출입할 수 있다. 이것이 하나님의 거룩, 임재, 언약, 희생에 근거하여 이루어진 제사와 제사장 제도의 근간이 된다.

이와 같이 거룩, 임재, 언약, 희생 등의 개념이 제사 제도에 적용되었다고 생각하는 한편, 출애굽기의 율법 선포에 뒤따른 것임을 유념할 때, 제사와 율법과의 관계를 무시할 수 없다. 출애굽기 율법 선포에는 성막의 구조와 그 안에서 행하는 제사에 대한 언급이 나타나 있다. 그럼에도 레위기에 다시 그 제사 제도를 구체적으로, 모세에게 직접 일러 명하는 형식으로 말씀하시는 이유는 무엇일까?

2) 예수 그리스도와 레위기

성막의 구조와 그 안에서 드리는 제사의 모든 형식이 성육신 하신 구원자 예수 그리스도의 모형임을 부인할 수 없다. 그러면 예수 그리스도와 율법은 어떤 관계인가.

그리스도께서 '율법의 완성'이요 '구원의 완성'이심을 성경이 증거 한다. 하지만 그리스도께서 율법의 완성이시라면, 그리스도의 모형으로 계시하신 성막과 그 제사들은 율법의 완성에 대한 모형임을 쉽게 잊는다. 시내산에서 선포하신 율법은 무엇인가? 이는 하나님께서 하나님의 백성의 정체성을 선포하신 것이다. 다른 말로 하나님의 백성에 대한 하나님의 언약이다. 사람이 자신의 힘이나 공력으로 하나님의 백성이 될 수 없다. 오직 하나님의 은혜로만 가능하다. 그것을 바로 하나님의 언약이라고 하는 것이다. 그 하나님의 언약의 실행에 대한 것이 바로 레위기에 나타나는 제사 제도이다. 그러기에 제사의 초점은 제물에 있지 않고 하나님께 가까이 다가가는 것에 있다. 제물은 하나님께 다가갈 수 없는 사람으로 하여금 가까이 갈 뿐만 아니라 그 백성, 자녀가 되도록 하는 중보이자 길이 되기에 중요한 것이다.

성막의 구조가 그리스도와 그분의 사역에 대한 모형이었다면, 그 안에서 드려지는 모든 제사 또한 사람의 죄와 그 죄책 모두를 제거하고 하나님의 백성이 되게 하시는 예수 그리스도와 그분의 사역의 모형인 것이다(롬 3:21~28; 요 6:47). 다만 짐승의 피로 드리는 제사는 완전한 제사가 될 수 없고, 대제사장으로서 그 사람의 죄와 죄책을 담당하는 제물 즉 어린 양으로 완전한 제사를 단번에 완성하신 예수 그리스도(히 3~5, 7~10장)와 그를 믿는 신자들이 제사장(벧전 2:9; 계5:9~10, 20:6)이 될 것을 증거 한다. 따라서 레위기에서 말씀하신 모든 제사 제도는 율법의 완성에 대한 계시의 입장에서 이해하는 것이 바람직하다. 하나님께서 사람으로 어떻게 하나님의 백성이 되게 하시는지 제사 제도에서 밝혀지리라 생각한다.

제사 제도(레 1~7장)

하나님께서 제사 제도를 드러내시는데 두 가지 형태를 취하신다. 첫째로는 예배를 드리는 자에게 말씀하시는 제사 제도(1:1~6:7)이고, 둘째로는 제사장에게 말씀하시는 제사 제도(6:8~7:38)이다. 두 형태의 규례에서 제사에 대하여 다음과 같은 순서로 진술한다.

제사 제도: 번제 – 소제 – 화목제 – 속죄제 – 속건제

제사장 제도: 번제 – 소제 – 속죄제 – 속건제 – 화목제

이처럼 두 형태의 규례에서 화목제의 순서가 서로 다르게 나타나 논란이 되고 있다. 뿐만 아니라 제사장의 임명식에 행해진 제사(9:8~11, 12~14, 15~18)나 다른 책들에 나타난 제사(민 6:14~15, 16~17; 대하 29:20~24, 25~30, 31~35)에서 속죄제가 번제보다 앞서 진행되고, 화목제와 소제가 함께 진행되거나 화목제만 드려진 것으로 나타나기에 논란이 된다. 이에 대하여 해밀턴(Victor P. Hamilton)은 1~7장에 나타난 제사 제도는 죄의 용서보다는 하나님께 대한 헌신을 먼저 표현한 것이며, 또한 하나님과의 관계 회복에 대한 것보다는 하나님과의 관계에 대한 감사와 찬양을 먼저 표현한 것으로 이해하였다.[5] 이러한 논란을 피하고 각 제사들의 본질에 접근하기 위하여 1:1~6:7과 6:8~7:38을 따로 다루지 않고 제사 제도에 소개한 제사들의 순서에 합하여 다룬다.

하지만 제사들의 의식에 따라 속죄제는 하나님과의 관계 회복을 위한 것

이고, 번제는 하나님께 대한 감사와 찬양 또는 헌신을 위한 것이라고 구별할 수 없다. 오히려 성막의 구조에 따라 레위기에 나타난 제사들의 순서를 이해해야 한다. 성막은 그 구조에서 각각의 자료들에 이르기까지 백성과 하나님 사이에 언약의 중보자 되신 예수 그리스도와 그분의 사역에 대한 모형임을 전제하여 제사들의 순서를 이해함이 옳다고 생각한다. 번제단에서 지성소에 이르는 성막의 구조에 따라 드려지는 제사는 구원의 서정에 따른 예수 그리스도의 사역을 예표 하여 기록된 하나님의 계시다. 이에 대한 증거로 제시할 수 있는 것이 '아담'(ארם)과 '네페쉬'(נפש)이다.

번제에 대한 규례에서 '누구든지'라는 말씀에는 '아담'이 사용되었고, 소제에서 속건제에 이르는 제사들에서는 '네페쉬'라는 단어가 사용되었다. 이는 창세기 2:7의 "여호와 하나님이 흙으로 사람(아담)을 지으시고 생기를 그 코에 불어넣으시니 사람(아담)이 생령(네페쉬)이 된지라"는 말씀에 근거하여 이해해야 한다. 번제의 규례에 사용된 '아담'은 다른 제사 제도에는 다시 사용되지 않고 있으며, 오직 '네페쉬'만 사용된다. 따라서 죄악으로 하나님과 함께할 수 없는 인간이 어떻게 하나님께 가까이 나아가는지 그 구원의 서정에 따라 제사 제도가 진술되었다고 할 수 있다. 또한 번제와 소제 그리고 화목제에는 '누구든지'라는 말씀으로 시작된 반면, 속죄제와 속건제에는 예배자의 신분과 그 죄에 따라 구별하여 진술하고 있음을 유념하여야 한다. 하나님의 백성이 되는 구원의 서정으로써의 제사와, 하나님의 백성이 된 자로서 하나님의 계명을 범할 경우에 드리는 제사로 구별하여 이해한다.

1. 번제(1장; 6:8~13)

번제는 히브리어 '올라'(עלה) 또는 '올라 코르반'(עלה קרבן)으로 표현되었으며, 'whole burnt offering'으로 이해하여 '전번제'라고 부르기도 한다.[6] 이는 제물의 가죽을 제외한 전부를 불태워(연기를 피워) 제사를 드리기 때문이다. 번제는 예배자 자신이 집에서 기르는 생축 가운데 흠 없는 수컷으로 소나 양 그리고 염소(예외 규정으로 산비둘기나 집비둘기 새끼) 등을 제물로 선택하여 가지고 회막문으로 나아간다. 그리고 예배자가 그 제물의 머리에 손을 얹고 안수함으로 제물은 예배자의 속죄를 위하여 하나님께 받으심이 된다. 소는 회막문 번제단 앞에서, 양이나 염소는 번제단 북편 밑받침에서 예배자가 잡는다. 제사장은 그 제물의 피를 제단을 돌면서 사방에 뿌린다. 예배자는 그 제물의 가죽을 벗기고 머리를 잘라 내고 조각낸다. 제사장이 그 조각난 제물을 번제단 불 위에 올리고, 예배자는 그 제물의 내장과 정강이를 물로 씻는다. 제사장이 그 전부를 불 위에 올리고 태우고 연기를 피워 올라가게 한다. 번제는 곧 화제이며, 그 제물을 태워 올리는 연기는 여호와께 향기로운 냄새가 된다.

민수기 28:3~8과 역대상 16:40에서는 번제가 아침과 저녁에 드려졌으나, 에스겔 45:13~15과 열왕기하 16:15과 역대하 2:3(4) 그리고 13:11 등에서 번제는 아침에, 소제는 저녁에 드려졌다. 이는 저녁에 드리는 번제의 관행이 변경된 것으로 이해할 수 있다.

1) 예배자(1:2)

"너희 중에 누구든지"라는 문구는 히브리어 '아담… 믹켐'(אדם… מכם)을 해석한 것인데, 그보다 '너희 중에 한 사람'이라는 번역이 더 적절하다. '아담' 즉 사람이면 누구든지 번제로 하나님께 제사 드려야만 한다. '아담'이란 단어의 사용은 인간에게 주어진 창조의 목적에 높은 가치를 두고 주목하게 한다. '아담'은 하나님의 형상대로 지음을 받았다. 그리고 하나님께서 창조하신 피조물들을 다스리라는 명령을 받았다. 이것은 '아담'이 하나님의 거룩함과 영광을 지녔음을 의미한다. 그러나 '아담'이 하나님의 뜻을 거스르고 불순종하여 하나님의 형상을 잃어버렸다. 죄로 인하여 하나님과의 관계가 끊어졌기 때문이다. '아담'은 자기의 죄와 그 죄책을 짊어지고 죽어야 한다.

아담은 남자와 여자를 포함하는 말이다. "고대 이스라엘은 가부장적 사회이기 때문에 남자가 제의에서 주도적이면서 여자는 제외되었다"라고 말하면서도 소제로부터 '누구든지'에 적용되는 '네페쉬'에 대하여도 남자와 여자를 아우르는 포괄적인 용어라고 말한다. 그러면서도 '아담'을 인간을 총칭하는 말로 이해하여 이스라엘에게 한정되지 않는 것으로 이해하였다.[7] '아담'은 창세기 1:27에 따라 '남성'(זכר자카르)과 '여성'(נקבה네케바)을 포함하는 '사람'으로 이해한다. 그리고 '네페쉬'는 창세기 2:7의 "'사람'(아담)이 '생령'(네페쉬)이 된지라"는 말씀을 이해해야 한다. '아담'과 '네페쉬'는 분명 서로 다르다. 번제에 나타나야 할 예배자는 죄와 그 죄책을 짊어지고 살아가는 '사람'인 것이다. 하나님께서 그 '아담' 곧 사람을 하나님께 가까이 오도록 제사에 부르셨다. 이는 사람에 대한 하나님의 형상을 회복하여 인간에 대한 하나님의 창조의 목적을 이루기 때문이다. 제사는 곧 하나님과의 관계이다. 하나님의 형상을 잃어버린 사람이 어떻게 하나님의 형상을 회복하는지 제사의 규례를 통하여 알게 되리라 믿는다.

2) 예물과 흠 없는 수컷(1:3, 10)

하나님께 가까이 가고자 하면 반드시 예물을 가지고 가야 한다. 본문에 사용된 '코르반'(קרבן)은 번제를 위한 예물로써 하나님께 접근하기 위하여 가지고 간다는 의미에서 '선물' 또는 '헌물'이라는 뜻이 되기도 한다. 이는 '카라브'(קרב)의 히필 동사의 명사형으로 상대를 가까이 오게 하는 조건을 말한다. 하지만 '올라 코르바노'(עֹלָה קָרְבָּנוֹ '번제' 3절), '코르반 민하'(קרבן מנחה '소제' 2:1), '슐라밈 코르바노'(שְׁלָמִים קָרְבָּנוֹ '화목제' 3:1) 등과 같이 복합 단어로 사용되기도 하며, 속죄제와 속건제에는 함께 사용되지 않는다.[8]

예물 또는 제물이라는 뜻의 '코르반'에 관한 정확한 이해를 위하여 두 가지를 살펴야 한다. 하나는 예물을 '드리다'라는 의미의 동사로 '카라브'가 사용되었다는 것과, 다른 하나는 예물의 조건이 집에서 기르는 가축 곧 소, 양, 염소 중에서 '흠 없는 수컷'이어야 한다는 것이다.

첫째로, '예물을 드리다'라는 의미로 사용된 '카라브'의 '칼'(קל) 동사는 능동적인 의미에서 '~에게 가까이 나아가다'라는 말로 해석되지만, 히필 동사는 수동적인 의미에서 '~에게 가까이 오게 하다'라는 말로 해석되거나 아니면 '제공하다, 드리다'(offer)라는 의미로 사용될 수 있다. 여기서 '제공하다, 드리다'라는 의미로 사용되자면 '카라브'가 목적어를 취해야 하는데, 히브리어에서 동사의 '~을'이라는 목적어로 사용되려면 전치사가 없는 명사이어야 한다. 히브리어 전치사 '에트'(את)나 '민'(מן)을 수반하는 명사는 '카라브'의 목적어로 볼 수 없다. 따라서 1:2에서 '아담 키-야크리브 밐켐 코르반 라야웨'(אדם כי־יקריב מכם קרבן ליהוה)와 '타크리부 에트-코르반켐'(תקריבו את־קרבנכם)은 서로 다르게 해석되어야 한다.[9] '야크리브 코르반 라야웨'(יקריב קרבן ליהוה)라고 하면, '여호와께 제물을 가지고 가까이 다가오라'는 말씀이 된다. 그리고 '타크리부 에트-코르반켐'은 '너희들의 제물과 함께 가까이 다가오라'라는 말씀이 된다. 이는 분명 '코르반' 즉 제물에 초점을 두고 말씀하신 것이 아니라, 사람이 하나님께 가까이 다가오는 것에 초점을 두고 있다.

둘째로, 번제에 사용될 제물은 집에서 기르는 가축 즉 소, 양, 염소 등으로 제한될 뿐 아니라 '흠 없는 수컷'이어야 한다. '흠이 없다'는 말은 히브리어로 '타밈'(תמים)[10]인데, 좀 더 구체적인 이해가 필요하다. '타밈'의 문자적인 의미는 '완전한, 상처 입지 않은, 결백한, 손대지 않은, 결점이 없는, 비난할 데 없는, 순수한, 경건한' 등으로, '죄와 그 죄책의 정화 또는 순결이나 결백의 확증'을 일컫는 말이다. 이는 정신과 육체 모두를 포함한 완전하고 온전한 상태를 표현한 말이다. 사람도 아닌 가축에게 '흠이 없는'이라는 표현이 가능한가? 과연 '흠이 없는' 가축이 각 가정에 얼마나 있었을까? 무엇보다 '흠 없는 수컷'은 '그리스도의 희생 제사가 온전하다'고 암시하며, '백성들의 불결 때문에 하나님을 섬기는 일이 더럽혀지지 않도록 모든 불결한 것을 거절하신다'는 것을 알게 한다.[11] 하지만 그 당시 사회적 상황에서 이해가 필요하다.

전문적인 목축업을 하는 가정이든, 아니면 일반 시골 전원 가정이든, 가장 튼실한 수컷 하나 정도는 가축의 번식을 위하여 귀중하게 기르고 있었을 것이다. 나라와 지역을 불문하고 가축을 기르는 농가일 경우, 그 번식을 위하여 암컷의 수량을 많이 보유하면서 그 암컷들에게 씨를 퍼트릴 수컷을 한

두 마리 특별히 관리하여 기른다. 따라서 그 가정에 있는 수컷은 자연 귀중하게 여길 수밖에 없다. 성경이 기록되던 시대나 현재나, 축산 가정에서 튼실한 수컷의 귀중함은 여전할 것이다. 때로는 한 가족처럼 소중하게 여기고 보호하여 길렀을 것이다. 그러나 각 가정의 가축 번식을 위하여 보유한 튼실한 수컷이 '흠 없는 수컷'이었을지는 장담할 수 없는 문제이다. 왜냐하면, 사람이 아무리 노력하여 기른다 하여도 사람의 노력만으로 '흠 없는' 상태를 만들 수 없기 때문이다.

결국 '흠 없는'이라는 말에는 하나님의 섭리가 개입된다. 가축이 아닌 사람의 경우도 문명이 발달되기 이전 고대 사회에서는 그 낳은 자식이 사는 확률보다 질병, 사고, 전쟁 등으로 죽는 경우가 더 많은 것이 인류 역사의 흔적에 나타난다. 하물며 가축이겠는가! 얼마나 많은 수컷을 낳아 기르는 가운데 '흠 없는' 수컷을 보유할 수 있었을까! 사람으로서는 불가능하다. 일반적으로 번식력을 가진 그런 수컷이 있을지라도, '흠 없는 수컷'을 보유하는 일은 하나님의 역사가 아니면 이룰 수 없는 일임이 분명하다. 따라서 어떤 가정에 '흠 없는 수컷'이 있다면, 그것은 분명 하나님께서 그 가정 또는 개인이 하나님께 가까이 다가가기 위한 예물로 준비해 주신 것으로 이해한다.

그러면 이 '흠 없는 수컷'이 예배자에게 미치는 영향은 무엇인가? 어떤 이가 귀중하게 구별하여 기르던 수컷들 중에서 '흠 없는 수컷'을 택하여 하나님께 가까이 가는 예물로 삼았다 하자. 그 '흠 없는 수컷'은 예배자에게 한 가족이나 다름없었을 것이다. 그 가족 같은 '흠 없는 수컷'을 회막문에 끌고 와 여호와 앞에 잡을 때, 그 예배자의 마음에는 가족 하나가 죽는 고통이 엄습할 것이다. 실제 가족이 죽는 경우를 제외하고는 그 예배자의 마음을 가장 아프게 하는 조건을 형성한다. 이는 수량이 많은 가축들의 죽음과는 비교할 수 없는 아픔을 준다. 예배자의 노력으로도 튼실한 수컷은 그 가정이나 개인에게 더 없이 소중한 것이거니와, 하나님의 손길이 개입되어 길러온 '흠 없는 수컷'의 소중함이 어떠할 것인지를 충분히 이해할 수 있다. 그 소중함이란, 가격이나 가치를 넘어 예물을 가지고 하나님께 가까이 가는 예배자가 가장 심각하게 통회할 수 있는 조건을 말씀하고 있다.

하나님께서 다시 허락하실지 않으실지 알 수 없는 '흠 없는 수컷'에게 자신의 죄를 전가하여 그것을 자신의 손으로 죽여야 할 때, 예배자의 마음에는 찢어지는 애통함이 가득 차게 될 것이다. 그러므로 하나님께 가까이 가는 가장 중요한 조건이 애통하는 심령임을 '흠 없는 수컷' 예물을 통하여 깨닫게 하신다(사 1:11~17; 시 51:16~17). 이 땅에 성육신 하여 인간의 죄를 위해 '흠 없는 제물'이 되신 특별한 아들을 죽이고자 하는 하나님의 마음을 사람들로 알게 하고자 하시는 의도가 있다.

예물을 '흠 없는 수컷'으로 제한하시는 하나님의 의도가 '여호와 앞에 기쁘게 받으시도록 드릴지니라'라는 말씀에서 잘 드러난다. '흠 없는 수컷'으로 드리는 예물은 사람이 하나님께 가까이 다가갈 수 있는 조건이 되며, 여호와께는 기쁨이 된다는 말씀을 연계하여 묵상해야 한다.

이러한 예물의 제한적인 조건은 '독생자'라는 단어에서 구체적인 의미를 찾을 수 있을 것이다. '독생자'라는 단어의 경우, 구약에서는 아브라함의 아들 이삭에게 '네 아들 네 사랑하는 독자'라는 말씀에 사용되었고, 신약에서는 성육신하신 하나님의 아들 예수 그리스도께 '이는 내 사랑하는 아들이요 내 기뻐하는 자라'(마 3:17; 막 1:11; 눅 3:22)는 말씀과, '아버지 품속에 있는 독생 하신 하나님'(요 1:18)이라는 말씀에 사용되었다. 이 말씀은 하나밖에 없다는 의미가 아니라 독특한 관계에서 사랑하고 기뻐하는 아들임을 강조하는 것이다. 그렇다! 죄와 그 죄책으로 하나님의 얼굴을 볼 수 없는 사람을 하나님 앞에 이르게 할 예물은 하나님께서 사랑하고 기뻐하는 아들 예수 그리스도이시다.

3) 예물의 머리에 손을 얹고(1:4상)

예배자가 제물의 머리에 안수하는 행위를 '싸마크'(סמך)라고 한다. '싸마크'란 제물의 머리에 힘을 주어 누르는 행위를 말하는데, 안수하는 예배자와 제물이 동일시(identification)됨, 또는 예배자의 죄가 그 제물에 전가(transfer)

됨을 상징한다. 16:21에는 두 손으로 안수하는 경우가 나타난다.

'흠 없는 수컷'인 제물에 안수하는 예배자는 '아담'임을 앞에서 언급하였다. '아담'이라 함은 하나님 앞에 나아갈 수 없는 자이며, 만약 하나님의 얼굴을 보게 되면 반드시 죽어야 할 자임을 의미한다. '아담'은 '흠 없는 수컷'인 제물이 없이는 하나님께 가까이 나아갈 수 없다. '아담'이 '흠 없는 수컷'인 제물을 통하여 하나님께 가까이 나아가는 첫 번째 행위가 그 제물에 안수하는 것이다. 이것은 예배자 자신이 '아담'임을 고백하는 행위다. 따라서 예배자가 제물에 안수하는 행위는 '아담'이라는 모든 짐을 벗어 그 '흠 없는 수컷'에게 지게 하는 것과 같다.

제물에 안수하는 행위가 예배자 자신의 인격을 전가한다는 의미에서 자신의 대리자로 삼거나 자신이 제물이 되어 죽어야 하는 것을 인식하도록 한다.[12] 이는 '흠 없는 수컷'인 제물의 죽음이 곧 예배자의 죽음인 것을 고백하는 행위와 같다. 제물이 예배자를 대신하여 죽는 것이기 때문이다.

다른 의미에서 '아담'의 죽음 없이 하나님께 나아가는 길은 없다. 그런데 하나님께서 '흠 없는 수컷'을 제물 삼아 그 제물을 죽게 하심으로 '아담'이 하나님께 나아갈 수 있는 길을 얻는 것이다. 그러므로 예배자가 제물에 안수할 때, 그 제물의 죽음이 자신의 죽음임을 철저히 인식해야 한다.

4) 기쁘게 받으심(1:4하)

"열납 되어 그를 위하여 속죄가 될 것이라"(4하절)는 말씀은 문자적으로 '그(제물)가 그(예배자)를 위하여 대속하는 것이 받아들여진다'라는 의미이다. 이는 '흠 없는 수컷'인 제물이 '아담'인 예배자의 죄를 위하여 대신 죽는 것이 하나님께 받아들여졌다는 뜻이다. 하나님께서 시내산에서 율법을 선포하심은 그 율법을 통하여 하나님의 백성이 되게 하려 하심이 아니요, 모든 사람이 죄인임을 깨닫게 하신 것이다. 모든 사람은 예수 그리스도의 대속 없이는 하나님의 자녀가 될 수 없다. 예수 그리스도는 사람을 위한 대속으로 받아들여졌기 때문이다(갈 2:16~21).

거룩한 제단에 제물로 드리는 가축의 생명을 양도할 때, 드리는 자의 생명이 상징적으로 양도된다. 이러한 입장에서 예배자는 제물에 안수함으로 그 제물의 죽음에 동참하는 것이다. 이는 짐승의 '생명'(네페쉬)이 예배자의 '생명'(네페쉬)을 대신하는 것이 된다.[13] 여기에서 한 걸음 더 나아가 제물의 생명이 예배자의 생명을 대신함으로 예배자는 생명을 얻게 된다. 1:2에 예배자에 대하여 '아담'을 사용한 뒤에 계속하여 '네페쉬'를 사용하는 의도가 이를 입증한다고 생각한다.

'그를 위하여 속죄가 될 것이라'는 말씀에서, '속죄하다' 또는 '몸값을 치르다'라는 뜻의 '카파르'(כפר)가 사용되었다. 이것은 예배자가 죽어야 하는데 그 대신 제물이 죽었다는 의미이다(출 21:28~30; 민 3:45~51; 레 17:11; 롬 6:1~11). 예배자의 죄와 그 죄책에 대하여 값을 지불한 것이다. 이것은 제사의 속죄하는 효과를 하나님의 진노를 가라앉힌다는 생각을 갖는 것보다, 사람의 죄와 그 죄책을 위하여 죽임을 당함으로 값을 지불하신 어린 양 예수 그리스도를 예표 함과 동시에 자신이 안수한 제물의 희생을 통하여 예배자의 통회하는 심령이 수반된다는 것에 초점을 맞춘다(사 1:11~17; 시 51:16~17). 이 '카파르'라는 단어에 대하여 뒤에 나오는 '4. 속죄제(4:1~5:13)'에서 자세하게 다룰 것이다.

5) 여호와 앞에서(1:5~6, 11)

예배자가 예물을 잡는 행위에 '여호와 앞에서'라는 단서가 붙는다. 예물의 머리에 손을 얹어 안수하는 행위에서 언급했듯이 그 예물에는 이미 죄가 전가되었고 예배자와 동일시되었다. 따라서 예배자가 자신의 의도로 예물을 죽이는 것이 아니라 하나님께서 예물을 잡도록 허락하셨음을 상기해야 한다. 이는 예물을 죽이는 행위가 아니라 예물이 예배자를 대신하여 죽는 의식이고, 더욱이 예배자 자신이 죽는 의식이기 때문이다. 예배자의 죄와 그 죄책을 담당하고 '흠 없는 수컷'인 예물이 죽임을 당하는 그 자리는 여호와 앞이라는 인식을 갖고, 예배자 자신이 죽임을 당하는 것과 같은 극심한 통회함이 수반되어야 한다.

'흠 없는 수컷'인 예물로부터 흘러내리는 피는 제사장의 그릇에 담겨져 제단 사방에 뿌려진다. '사방에'라고 번역된 히브리어 '사비브'(סביב)의 의미를 새겨야 한다.[14] 제사장이 예물의 피를 받아 그릇에 담고 번제단을 돌면서 번제단 네 모퉁이에 뿌리는 행위이다. 이것은 완전한 죽음에 의한 완전한 속죄임을 선포하는 것이다. '흠 없는 수컷'인 예물의 죽음은 한 번이지만 그 피는 제단을 돌면서 뿌려지는 것처럼, 하나님의 특별한 아들 예수 그리스도의 피는 예배자의 모든 삶에 끊임없이 뿌려짐을 잊지 않게 하신다.

예배자는 죽은 예물의 가죽을 벗기고 머리를 자른 후 조각을 내야 한다. 예물의 가죽이 벗겨지고 조각이 났으니, 그 예물이 무엇이었는지 그 형체를 구분할 수 없을 것이다. 성자 하나님은 성부 하나님의 독특한 아들이신 그 신분을 벗고 죄인의 몸으로 내려오셨다. 그분은 사람에게 죽임을 당할 수 없는 하나님이시다. 그럼에도 사람들에 의하여 옷을 벗김 당하고 가시로 만든 관을 머리에 쓰임을 당하고 채찍질을 당하고 죽임을 당하셨다. 하나님의 독특한 아들의 형체를 모두 내어 버리셨기에 가능한 죽음이었다. 예물의 가죽을 벗기고 머리를 자르고 조각을 내는 예배자는 독특한 아들 예수 그리스도를 골고다 언덕에서 십자가에 못 박아 죽이실 하나님의 마음을 인식하여, 그 예물의 죽음이 곧 자신의 죽음이 되어야 한다.

6) 번제단에(1:7~9상, 12~13상; 6:8, 12~13)

예배자가 벗긴 예물의 가죽은 제사장에게 돌아간다. 아마 성막(회막)의 건축재료(지붕, 천막)로 사용되었을 것이다.

제사장은 번제단에 불을 피워야 한다. 제단에 피우는 불에 대하여는 제사장의 중요한 책무로 지정된다. 제사장에 대한 규례에서 번제단에 불이 꺼지지 않게 하는 것을 지정하고 있음은 번제단의 불에 대한 중요성을 다시 강조하는 것이다.

예물의 머리를 비롯하여 조각난 몸체를 번제단에 올린다. 그런데 내장과 정강이는 물로 씻어야 한다. 내장과 정강이를 물로 씻는 행위자가 예배자인지 제사장인지 명시되어 있지 않다. 그러나 그다음 문장 '제사장은 그 전부를 제단 위에서 불살라 번제를 드릴지니'에서 주어가 제사장으로 나타나기에, 그 앞 문장의 물로 씻는 행위자는 예배자이다.

일반적으로 모든 제사의 경우, 불로 태우는 부분과 진 밖 '재 버리는 곳'에 버리는 부분으로 나뉘게 된다. 그런데 물로 씻어 번제단에 올려 태우는 특이한 경우가 나타난다. 내장과 정강이가 바로 그런 경우이다. 예외 규정에서 비둘기의 경우 '모이 주머니와 그 더러운 것'은 제단 동쪽 재 버리는 곳에 버리게 되어 있는데 반하여, 소나 양의 내장과 정강이는 물로 씻어 번제단에 태우도록 명시한다. '내장을 씻으라' 함은 제물이 살아 있는 동안 먹고 소화되어 남은 찌꺼기들을 씻어 내라는 것이다. 그리고 '정강이를 씻으라' 함은 가축들이 우리나 들에서 걸어 다니며 더러워진 무릎 밑 부분을 씻으라는 것이다.

번제단에서 제물을 태우는 것이 육체의 악한 욕망을 태우는 성령의 사역을 나타내는 것이라면, 내장과 정강이를 물로 씻는 것은 하나님의 말씀을 듣고 예배자가 자신의 죄악을 회개하는 것이다. 물론 회개하는 것조차도 성령께서 역사하지 않으시면 안 되는 것이지만, 하나님의 말씀과 성령의 역사에 대한 예배자의 반응이 회개와 믿음의 고백이어야 함을 강조하는 것이다.

번제에 관한 제사장의 규례에서 번제단에 불이 꺼지지 않게 하는 일이 아주 중요하다. 이 불에 관한 규정이 나답과 아비후의 '다른 불' 사건으로 번져 10장에 나타난다. 곧이어 언급되는 '불태워 연기를 피우다'와 '불사르다'의 표현에서 '불'에 관하여 다룰 것이기에 참고가 될 것이다. 번제단의 불이 꺼지지 않게 하는 일은 하나님께서 역사하시도록 하는 것, 또는 성령께서 역사하시도록 하는 일과 깊은 관계가 있다. 번제단에 불이 살아 있지 않으면, 모든 제사가 성립될 수 없다. 이와 같이 성령의 역사 없이는 어떠한 예배도 성립되지 않는다.

7) 번제 곧 화제(1:9중, 13하)

번제를 '전번제'(whole burnt offering)라는 의미에서 '올라 코르반'이라 부르기도 하지만, 불로 태워 연기를 올라가게 하는 화제라는 의미에서 '올라 이쉐'(עלה אשה)라고 부르기도 한다. 번제의 특성을 적용한 동사로는 히브리어 '카타르'(קטר)라는 동사가 사용된다. 이 '카타르'는 '제물이 되게 하다, 희생이 되게 하다, 연기로 올라가다, 향기로 가득 차다, 태워 연기가 일어나게 하다' 등의 의미가 있다.[15] 제물을 불태우는 것에 대하여 존 칼빈은 '성령의 효능'과 비교하였으며, 그 이유를 '그리스도의 피는 성령으로써 봉헌되어서 우리들을 우리들의 모든 죄들의 더러움으로부터 깨끗케 하기 때문'이라고 밝혔다.[16] 또한 카일 델리취는 불이 성령을 상징(행 2:3~4)하는 것으로 보고, "제단에서 타오르는 불은 정화시키는 하나님의 성령의 활동에 대한 상징적 표현"이라고 하였다.[17]

번제단에서 연기를 피워 올라가게 하는 의미로 사용된 동사 '카타르'와 속죄제의 진영 밖 재 버리는 곳에서 제물을 완전히 불태우는 의미로 사용된 동사 '사라프'(שרף)는 서로 구별하여 이해해야 한다. 번제와 소제 그리고 화목제에서는 번제단에서 연기를 피우는 '카타르'만 사용되지만, 속죄제에서는 번제단에서 연기를 피우는 '카타르'와 진영 밖 재 버리는 곳에서 불태우는 '사라프'가 함께 사용된다. '카타르'와 '사라프'를 구별하여 이해하고자 하지만, 연기를 피워 올라가게 한다는 것과 불태운다는 것 외에는 두드러진 차이점을 찾기가 어려워 보인다. 다만 '카타르'를 사용하는 번제, 소제, 화목제 등에는 '여호와께 향기로운 냄새'라는 말씀이 사용되었고, '카타르'와 '사라프'를 사용하는 속죄제와 속건제에는 '여호와께 향기로운 냄새'라는 말씀이 나타나지 않는다. 이것으로 '카타르'와 '사라프'를 구별하여야 한다고 생각한다. 속죄제에서 다루어야 할 부분이 있기에, 여기에서는 '카타르'만 다루고자 한다.

연기를 피워 올라가게 하고 여호와께 향기로운 냄새가 된다는 입장에서 하나님께 대한 헌신이라는 면이 보일 수 있겠으나, 전적으로 하나님께서 성령의 소멸하는 불로써 사람의 죄와 그 죄책을 소멸하시는 것으로 볼 수 있다. 이는 번제에 관한 명령 '아담 키-야크리브 밐켐 코르반'(אדם כי־יקריב מכם קרבן '너희 중에 한 사람이 제물을 가지고 가까이 오려거든')이라는 말씀에 근거한다. 번제에 해당하는 사람은 '아담'이다. 그리고 다른 모든 제사에는 '네페쉬'가 사용된다. 죄와 그 죄책을 그대로 짊어지고 있는 아담 곧 사람을 일컫는 말씀으로 이해된다. 그렇다면 번제의 연기를 피워 올라가게 하는 것은 성도의 헌신과 절대적으로 구별하여야 한다.

자연인 곧 하나님을 잊어버리고 자신의 악함으로 살아오던 사람, 자신의 죄와 그 죄책을 그대로 짊어지고 살아가는 피조물 사람을 용서하고 죄와 그 죄책을 제거하시는 일은 전적으로 하나님의 은혜에 속한 것이며, 그 제사는 성자 하나님이신 예수 그리스도의 죽음과 부활하심을 통하여 완성된다. 제물을 잡아 죽이고 그 모두를 태운다는 입장에서는 완전한 죽음을 의미하겠으나, 연기를 피워 올라가게 한다는 모습이 하나님의 임재를 의미하고 있다. 따라서 '카타르'를 성령의 소멸하시는 불로 이해하기에는 무리가 따른다. 오히려 제물의 죽음과 피 뿌림에서 그 제물이 연기가 되어 올라가는 모습을 함께 이해하는 것이 좋을 것으로 여겨진다. 아담 곧 사람의 대속은 전적으로 성자 하나님 예수 그리스도의 죽으심과 부활에 근거한다. 사람의 죄와 그 죄책을 단번에 지고 가시는 예수 그리스도의 희생은 하나님께 향기로운 제물이 되셨다. 이로써 죄와 그 죄책을 짊어지고 살아가던 '아담'이 하나님께서 창조하고 좋아하셨던 '네페쉬'가 되는 것이다.

8) 여호와께 향기로운 냄새(1:9하)

번제물을 태워 그 연기로 올라가게 하는 제사에서, 그 제물을 태워 올라가는 연기가 '여호와께 향기로운 냄새'라는 말씀은 쉽게 이해하기 어려운 부분이다. '여호와께 향기로운 냄새'라는 '레아흐-니호아흐'(ריח־ניחוח)[18]를 상징적으로 이해하여, '흠향되는 향기'라고 번역하기도 하고 이를 하나님과의 교제를 위한 간청이라고 말한다.[19] 하지만 사람의 죄와 그 죄책을 담당한 흠 없는 수컷의 희생이 그 사람으로 하나님께 가까이 다가가도록 한다는 입장에서 좀 더 구체적인 이해가 필요하다. 실제로 가축을 태워 연기를 피우는 것이 어찌 사람이나 하나님에게 향기로운 냄새가 될 수 있겠는가!

여호와께 향기롭다는 말씀은 하나님께 돌아올 수 없는 사람이 하나님께 돌아와 다시 자녀의 신분을 회복하게 한다는 의미에서 향기롭다고 하는 것이다. 그것도 사람이 향기롭다는 말씀이 아니라 여호와 하나님이 향기롭다고 표현하는 것이다. 그만큼 하나님은 하나님을 버리고 세상으로 멀어져 간 사람이 다시 하나님께 돌아오는 것을 귀중히 여기신다. 그 무엇으로 사람의 죄와 그 죄책을 제거하고 거룩하신 창조주 하나님께 나아가 그분의 자녀의 신분을 회복할 수 있겠는가! 성자 하나님의 희생을 통하지 않으면 이룰 수 없다. 그러기에 그 희생이 여호와께 향기롭다고 하는 것이다.

9) 예외 규정(1:14~17)

번제의 예외 규정으로는 제물로 소, 양, 염소 등이 허락되지 않는 빈민층을 위하여 산비둘기나 집비둘기 새끼를 정하였다. 이는 어떠한 조건의 사람이라도 하나님께 제사드릴 수 있도록 하신 하나님의 사랑이며 은혜이다. 비둘기는 히브리인들이 집에서 기르는 유일한 새였다(왕하 6:25; 아 2:12). 먼저 유념해야 할 것은 소, 양, 염소가 가능한 사람이 예외 규정을 적용하여 예물을 가져올 수 없다는 것이다. 가축으로 소, 양, 염소 등이 없는 극빈층에서 비둘기를 기르고 있었던 것이며, 집비둘기를 기르지 않는 경우 산비둘기도 가능하다고 정하셨다.

하지만 제물이 작아졌다고 제사의 핵심에 변화를 가져오는 것은 결코 아니다. 소, 양, 염소 등을 잡는 방법에 대하여는 명시하고 있지 않으나, 비둘기를 잡는 방법은 비둘기의 머리를 비틀어 잡으라고 명시한다. 비둘기를 목을 조르거나 비틀어 죽인다. 그리고 피를 짜내기 위하여 그 새를 짓누른다. 소나 양에 비하여 짐승의 크기가 다르기에 적용되는 부분이라 생각할 수도 있다. 그러나 제물의 피를 흘리는 것에 초점을 맞춘다면, 비둘기의 목을 비틀지 않고도 잡는 방법이 있을 것이다. 이것은 소나 양이 아닌 비둘기를 예물로 가져오는 예배자가 흠 없는 수소나 숫양을 잡을 때와 같은 애통함을 자각하도록 유도하는 규례라고 할 수 있다. 비둘기 새끼라고 하여도 그 목을 비틀어 잡자면 비둘기가 상당히 고통당하는 모습을 지켜보아야 할 것이다. 이를 통하여 비둘기를 예물로 가져온 예배자에게 소나 양을 가져온 예배자와 동일한 심령의 자극을 주고자 함이라 이해한다.

10) 재 버리는 곳(1:16; 6:10~11)

번제의 예외 규정에 따라 산비둘기나 집비둘기의 새끼로 예물을 삼을 경우 그 '모이주머니와 그 더러운 것'은 제단 동편 재 버리는 곳에 던진다. 본문에서 '모이주머니'는 쉽게 이해가 되나, '그 더러운 것'은 히브리어의 어근에 따라 달라진다. '그 더러운 것'의 히브리어는 '노짜타'(נצתה)인데, 이것의 어근을 '노짜'(נצה)로 볼 경우 깃털이 되고, '짜아'(צאה)로 볼 경우에는 오물이 된다. 하지만 본문에 비둘기의 깃털을 뽑는다는 규정이 없어 '오물'로 이해할 수밖에 없다. 그러면 '모이주머니와 그 오물'을 재 버리는 곳에 버린다는 규정으로 이해 된다(그 오물이 깃털을 포함하는 것이 될 수 있음).

번제에 대한 제사장의 규례(6:8~13)는 제단에서 불태운 번제의 재를 가져다가 진영 밖 정결한 곳에 버리도록 규정한다. 먼저 1:16의 '재 버리는 곳'이라는 히브리어 '엘–메콤 핫다쉔'(אל-מקום הדשן)에 대한 이해가 필요하다.

'마콤'(מקום)은 보편적인 장소의 개념을 가진 단어이나, 하나님께서 선택한 장소라는 개념이 강하게 적용된다. 그래서 성경에서는 거룩하고 신성한 장소의 개념으로 사용된다.[20]

'데쉔'(דשן)은 기름 섞인 재를 버리거나 깨끗이 한다는 의미이지만, '기름지게 하다' 또는 '기름을 바르다'라는 의미로 사용되기도 한다. '기름 부음을 받은 자'라는 개념의 '메시아'가 '기름을 붓다'라는 동사 '마싸흐'(משח)에서 파생되었다면, '기름을 바르다'라는 의미의 '데쉔'은 대속제물로 준비된다는 개념을 품고 있다.

그 실례가 시편 23:5 "기름으로 내 머리에 바르셨으니"에 나타난다. 히브리어 본문 '딧샨타 밧쉐멘 로쉬'(דשנת בשמן ראשי)도 문자적으로 '내 머리에 기름을 바르시고'라고 번역된다. 이는 장차 대속제물로 이 땅에 오실 어린 양 예수 그리스도를 일컫는 말이다.

또 하나의 예는 시편 20:3 "네 모든 소제를 기억하시며 네 번제를 받으시기를 원하노라(셀라)"이다. 이 부분의 히브리어 본문은 '이즈코르 콜-민호테카 뵈올라트카 예닷쉐네흐 셀라흐'(יזכר כל־מנחתך ועולתך ידשנה סלה)이다. 그 뜻은 '네 모든 소제와 번제를 그가 기억하고 그가 기름을 바르실 것이라. 셀라!'라고 해야 더 적절한 표현이 될 것이다. 이것 역시 장차 오실 대속자이시오 그 자신이 대속제물 어린 양으로 준비되셨음을 밝히는 말씀이다. 따라서 '기름 섞인 재(찌꺼기)를 깨끗이 한다'라는 의미도 대속제물 또는 대속자와 깊은 관계가 있다.[21]

'데쉔'이 '기름을 바르다'라는 의미로 사용된다면, 그것은 대속제물로 준비되었음을 뜻한다. 그리고 '데쉔'이 '기름 섞인 재를 깨끗이 하다'라는 의미로 사용된다면, 그것은 대속자가 예배자의 죄에 대한 통회와 고백을 받아 그 죄와 죄책을 모두 제거하심을 뜻하게 된다. 번제단에 예배자의 죄를 대신하여 죽을 제물같이, 번제단에 태워진 제물의 기름 섞인 재를 진영 밖 재 버리는 곳에 버림같이, 예수 그리스도는 대속제물로 사람의 죄를 대신하여 십자가에 죽으셨고 또한 대속자로서 하나님께 통회하는 심령으로 고백하는 모든 죄를 다 제거하신 것이다.

재 버리는 곳과 관련하여 신중하게 이해해야 할 부분은 번제단에 불태운 제물의 재를 버릴 때 제사장이 옷을 갈아입는 것이다(6:10~11). 제사장은 세마포 긴 옷과 하체를 가리는 속옷을 입었고, 그 재를 가지고 진영 밖으로 버리러 갈 때는 그 옷을 벗고 다른 옷을 입어야 한다.

출애굽기 28장에 제사장의 옷에 대한 규정이 기록되었다. 출애굽기 28:42~43에 따르면, 회막 안에서 일하는 제사장은 반드시 하체를 가리는 속바지를 입어야 했다. 그러면 레위기 6:10~11은 제사장이 회막 안에서 입는 옷을 입고 재를 제단 곁에 모으고, 그 재를 가지고 진영 밖으로 나갈 때 다른 옷을 입으라는 것이다. 회막 안에서 일하는 제사장의 신분으로는 그 재를 가지고 진영 밖으로 나갈 수 없는 것이다.

예수 그리스도는 성육신하신 하나님이시다. 그분은 곧 하나님이며, 천지만물을 창조한 말씀이시다. 그러나 대속제물이 되기 위하여 그분의 신분을 버리고 죄인의 몸을 입고 이 땅에 오신 것이다. 본래 하나님이신 신분의 옷을 벗어 죄인의 옷으로 갈아입고, 사람의 모든 죄를 지고 진영 밖으로 나가 십자가에 죽으심으로 그 죄를 깨끗이 하셨다.

2. 소제(2장; 6:14~23)

레위기의 두 번째 제사 규례인 소제에 해당하는 히브리어는 '민하'(מנחה) 또는 '코르반 민하'이다. '민하'라는 단어는 환심을 사기 위한 '선물'(창 32:13, 18, 20; 43:11, 15, 25~26; 왕하 8:7~9)의 개념과, 종족과 종족 간의 '조공' 또는 '뇌물'(삿 3:15, 17~18; 삼하 8:6; 왕상 4:21; 10:25; 왕하 17:3)의 개념 등으로 사용된다. '코르반'이라는 단어가 '예물'이라는 개념이 있으면서도 제사의 종류를 지칭하는 단어와 함께 사용되는 반면, '민하'는 두 번째 제사에 독립적으로 또는 '코르반'과 결합하여 제사의 한 종류를 일컫는 말이 된다.

번제의 규례에 나오는 '너희 중에 한 사람'이라는 말씀에 '아담'을 사용한 반면, 소제로부터는 '네페쉬'를 사용한다. 이는 죄와 그 죄책을 짊어졌던 사람이 번제를 드려 그 죄와 죄책을 벗고 하나님께 한 걸음 가까이 다가섰음을 의미하며, 하나님께 더 가까이 다가가는 과정에 소제가 드려진다고 이해된다. 번제에서 제물이 집에서 기르는 가축 중에서 소, 양, 염소 등의 흠 없는 수컷이었다면, 소제의 제물은 고운 가루이다. 번제에서 예배자가 자신이 기르던 가축 중에서 선택한 흠 없는 수컷 제물의 머리에 안수하여 자신의 죄를 전가하고, 또한 그 짐승의 죽음에 동참하는 의식을 행하고, 그 제물을 번제단에 태우고 연기를 피워 올라가게 하였다. 소제는 그런 안수하고 짐승을 잡는 의식 대신에 곡식의 고운 가루로 하나님께 가까이 다가간다.

소제는 두 종류의 제물을 제단에 태워 드리는 제사이다. 첫째, 예배자가 가져온 고운 가루 중에서 한 움큼을 기름과 유향과 함께 기념물로 불에 태워 하나님께 향기로운 냄새가 되게 한다. 그리고 그 남은 고운 가루는 지극히 거룩한 것으로 제사장에게 돌린다. 둘째, 소제의 제물로 화덕에 구운 것으로 기름을 섞은 무교병이나 기름을 바른 무교 전병, 기름을 섞어 철판에 부친 것으로 조각을 나누고 기름을 부은 것, 기름을 섞어 냄비에 끓인 것 등이 있다. 그중에 기념할 것을 번제단에 불태워 하나님께 향기로운 냄새가 되게 하고, 남은 것은 지극히 거룩한 것으로 제사장에게 돌린다. 소제에는 번제에서 드러난 제물의 머리에 안수하는 행위나, '그를 위하여 속죄가 될 것이라'는 말씀이 없다.

1) 고운 가루(2:1~2)

소제에 드리는 고운 가루는 본문에서 '솔레트'(סלת)라고 하는데, 이는 밀가루 중 최상품으로 외피가 섞이지 않은 완전 낟알을 가장 곱게 갈아 만든 고운 가루를 말한다. 이와 대조적으로 '케마흐'(קמח)라는 가루가 있다. 이는 일반적인 곡식 가루로, 외피와 함께 통째로 대충 빻아 만든 가루를 말한다.[22] 하나님께 가까이 가기 위한 제물로는 '솔레트'이어야 한다. 여기에서 '솔레트'의 의미를 잘 이해하기 위하여는 번제와 소제의 관계를 고려해야 한다.

하나님께 가까이 올 수 있도록 열어 놓으신 첫 번째 길은 '번제'(올라 코르반)이며, 지참해야 할 제물이 소, 양, 염소 등 가축의 희생과 피였다. 그리고 두 번째 길은 '소제'(코르반 민하)이며, 지참해야 할 제물이 고운 가루(솔레트)였다. 번제의 제물에서 '흠 없는 수컷'은 전적으로 하나님의 개입에 의한 하나님의 피조물 중에 하나이다.

그러나 소제의 고운 가루는 하나님이 피조물 중에 하나인 곡식을, 예배자는 '솔레트' 즉 고운 가루가 되게 하여야 소제의 예물이 된다. 소제의 규례에 대한 2:1을 히브리어와 함께 번역해 보면, '네페쉬가 민하 코르반을 여호와께 가지고 오려거든 그의 코르반은 솔레트가 되어야 한다'일 것이다. 소제의 예물로 고운 가루를 준비하는 예배자는 자신이 하나님 앞에 고운 가루가 되어야 한다는 의식을 갖도록 하는 것이 소제의 중요성이라고 이해할 수 있다.

고운 가루를 준비하자면, 곡식을 맷돌에 갈아서 그 거친 것들을 완전히 제거해야 한다. 고운 가루는 곡식 한 알로 만들어질 수 없다. 수많은 곡식들이 함께 갈아져야 한다. 또한 그 곡식들이 자신의 형체를 유지하면서 고운 가루가 될 수 없다. 곡식 각각의 모습이 완전히 부서져야 한다. 그리고 그 곡식의 껍질이 완전히 제거되어야 한다.

이는 예수 그리스도의 대속으로 구원 받은 그리스도인들의 성품에 관한 교훈이다. 그리스도를 통하여 하나님의 자녀가 된 '네페쉬'는 그리스도를 중심한 공동체 곧 교회를 이루어야 한다. 교회는 그리스도와의 연합을 의미한다. 그리스도와의 연합을 위하여 그리스도를 믿는 자는 반드시 자신의 껍질이 부서지고 제거된 고운 가루가 되어야 한다. 이는 빌립보서 2:5의 '그리스도의 마음을 품은 그리스도인의 성품'을 의미하는 것이다. 또한 로마서 12:1~2에서 말씀하시는 영적 예배로써 이 세대를 본받지 않고 하나님의 온전하신 뜻을 분별하는 것이다.

2) 화덕에 구운 것, 철판에 부친 것, 냄비의 것(2:4~9)

고운 가루에 그대로 기름을 붓고 유향을 놓아 불태우는 소제가 있는가 하면, 그 고운 가루를 다른 방법으로 제물을 만들게 한다. 첫째 방법은 화덕에 굽는 것인데, 누룩을 넣지 않은 '무교병'이나 '무교 전병'을 의미하는 '마초트'(מצת)라는 이름이 함께 사용되었다. 4절의 '할롯 마초트'(חַלֹּת מַצֹּת)는 반죽을 여러 겹으로 꼬아 만든 떡으로 기름을 섞어 만든 '무교병'이며, '라키크 마초트'(רקיק מצת)는 반죽을 얇게 펴서 기름을 발라 구운 '무교전병'이다. 둘째 방법은 '마하바트'(מחבת)라는 철판에 부치는 것인데, 이도 역시 누룩을 넣지 않고 만든 '마초트'이다. 그 이름이 드러나지 않았으나 기름을 섞어 만든 작고 동그란 부침에 해당하는 것으로, 에스겔 4:3의 경우 그냥 '마하바트'라고 불리기도 한다. 이것을 과자와 같은 것으로 이해하는 경우도 있으나 뒤에 나오는 '냄비의 것'과 중복이 될 수 있다. 셋째 방법은 '냄비의 것'이다. 7절의 '마르헤쉐트'(מרחשת)는 한국적인 상황에서는 국이나 탕처럼 끓이는 것이겠지만, 그 당시 사회에서는 속이 깊은 냄비에 기름을 부어 튀기는 음식일 것이다. 결국 이 세 가지를 한국 정서에 맞게 떡과 부침 그리고 튀김으로 이해하면 좋을 것 같다. 중요한 것은 고운 가루를 그대로 불태울 때 그 고운 가루에 기름을 붓게 하였는데, 떡이나 부침 그리고 튀김을 만들 때는 고운 가루에 기름을 섞어 만들었다.

고운 가루가 예배자 개인의 성품을 의미한다면, 고운 가루를 떡과 부침 그리고 튀김으로 제물을 만들라 하신 것은 하나님의 백성의 연합을 의미한다. 하나님의 백성은 믿음의 공동체가 되어야 한다. 그 믿음의 공동체는 백성 개인의, 하나님의 거룩함을 닮은 성품을 기초로 한다. 그 개인의 성품이 고운 가루가 되지 않으면 백성의 연합을 이루어 갈 수 없다. 교회는 예수 그리스도를 머리로 하는 유기체적 공동체이다. 교회가 유기체적 공동체를 이루고자 하면, 구성원 개개인의 성품이 자신의 껍질을 벗어버리는 것처럼 개인주의나 개인의 욕망을 버려야 한다. 이것은 번제에서 제물의 가죽이 벗겨지고 머리가 잘리고 몸이 조각나는 모습과 비슷하다. 즉 이 땅에 오신 성자 하나님은 섬김을 받으려 오신 것이 아니라 섬기려 오셨음을 말씀하셨다(마 20:27~28). 교회의 구성원은 머리 되신 그리스도를 본받아 살아야 한다. 그리스도의 성품을 본받아 가진 자가 바로 그리스도인으로 유기체적 공동체를 이루어 간다. 자신의 껍질이 깨어지지 않으면, 서로 사랑하라는 예수 그리스도의 명령을 이행할 수 없다(요 13:31~35).

(1) 기름과 유향

전정진은 사무엘상 10:1, 9~13; 16:13; 이사야 61:3(참고 시 45:7; 삼하 14:2; 마 6:16~17; 잠 27:9) 등을 토대로, 소제에 사용된 기름과 유향을 기쁨을 상징하는 것으로 보았다.

하지만 다른 번제와 함께 드리지 않고 단독으로 소제만 드릴 때, 민수기

5:15의 아내를 의심하여 죄의 유무를 가리는 경우와, 레위기 5:11~13의 극빈자의 속죄제의 경우는 기름과 유향을 첨가하지 못하게 하였다. 그 이유는 기쁨과 감사의 제사가 아니라 죄를 지었을 때 드리는 제사이기 때문이다.[23]

2:1에는 '기름'(שמן쉐멘)을 고운 가루에 붓고, '유향'(לבנה라보나)을 기름 부은 고운 가루 위에 놓는 것으로 되어 있다. 이것은 고운 가루 그 자체만으로는 예물이 될 수 없고, 기름을 붓고 그 위에 유향을 놓아야만 예물이 될 수 있다는 말씀이다. 이것을, 하나님께 나아가는 예배자는 반드시 기쁨과 감사함으로 나아와야 하는 것으로 이해할 수 있다. 그 기쁨과 감사함이 하나님의 은혜 없이는 생성될 수 없으니, 그리스도인의 성품이 성령의 임재로 성숙되어짐을 깨닫게 한다.

기름과 유향에 대하여는 출애굽기 30:22~38까지 자세하게 진술되었다. 기름과 유향은 하나님의 거룩함을 나타내며, 이것과 접촉하는 것은 모두 거룩하게 됨을 선포한다. 제사장의 위임에서도 기름을 붓는 의식은 '보냄을 받은 자'라는 의미도 있지만, 하나님의 거룩하심에 접촉되어 그도 '하나님의 거룩함에 참여한 자'가 되었음을 의미한다. 출애굽기 30:32에서는 기름을 사람의 몸에 붓는 것을 금하며, 출애굽기 30:38에서는 성전에 드릴 향을 사람이 맡으려고 만들지 말라고 하신다. 오직 하나님 앞에 드려지는 예물에만 사용된다. 이러한 의미에서 기름과 유향을 그리스도의 중보와 중재로 본다.[24] 그리스도의 지속적인 사역은 그리스도를 믿는 자들 안에 임재한 성령의 역사를 통하여 수행된다. 그리스도의 중보 곧 성령의 역사를 통한 하나님의 은혜는 그리스도인들로 하나님의 거룩함에 접촉하게 해 주셔서 하나님의 거룩한 성품을 만들어 가신다.

(2) 기념물

고운 가루 중에서와, 굽거나 부치거나 끓인 것 중에서 번제단에 불사를 것을 기념물이라 하였다. 이것을 히브리어로 '아즈카라'(אזכרה)라 하였는데, 예배자의 삶에 하나님의 축복하심을 기념하거나 예배자와 함께하신 하나님을 기념하는 의미가 있다.[25] 이는 '자카르'(זכר 기억하다)에서 파생되어 일용할 양식을 주시는 하나님의 은혜를 기억하는 개념으로, 좋은 것으로 채우시는 하나님께 감사와 찬양을 드리는 의미를 담고 있다. 또한 '아즈카라'는 '이름을 부르는 것'에 기원을 두고 있는데, 소제의 제물을 태우는 동안 여호와의 이름을 소리 내어 불렀을 것으로 이해한다. 시편 38, 70편의 표제로 사용된 '레하즈키르'(להזכיר)는 '자카르'의 부정사 형으로, 이 시편들이 여호와의 이름을 소리 내어 부르는 형식의 시이었음을 드러낸다. 다른 측면에서는 하나님께서 언약을 기억하고 은혜 베푸심을 의미하는 것으로 이해할 수 있다.[26]

또한 기념물 '아즈카라'는 기도나 기원을 의미한다. 하나님의 백성이 드리는 기도나 기원은 하나님의 약속 즉 언약에 근거한다. 하나님의 언약에 대한 신뢰를 바탕으로 하지 않으면 기도나 기원은 성립되지 않는다. 십계명을 선포하시는 하나님께서 "나는 너를 애굽 땅, 종 되었던 집에서 인도하여 낸 네 하나님 여호와니라"(출 20:2)고 말씀하심은 어떠한 환경 가운데 있더라도 하나님을 기억하고 그분께 모든 것을 아뢰라는 기도와 기원에 대한 하나님의 약속이라고 이해할 수 있다. 십계명은 하나님과 그분의 백성 사이에 맺어진 언약의 조항이다. 그 언약을 하나님 그분이 이루실 것이다. 이것은 전적인 하나님의 능력을 근거로 한 언약이기에 우리가 그분께 기도할 수 있는 조건이 형성된다. 우리는 이것이 하나님의 크고 넓은 은혜임을 믿는다.

(3) '누룩'(שאר 세오르)과 '꿀'(דבש 데바쉬)

누룩에 대해서는 출애굽기 12:15; 13:3, 7 등에서 유월절 의식부터 출발한 것과, 출애굽기 23:18; 34:25 등에서 제사에 금한 것이 드러난다. '데바쉬'는 벌꿀(삿 14:8~9)이나 과일에서 추출된 당분으로, 누룩과 더불어 발효 물질이다. 소제에서 누룩과 꿀의 사용을 금한 반면, 레위기 23:17, 20에서는 초실절에 드리는 떡에 누룩을 사용하였고, 역대하 31:5에서는 히스기야가 드린 첫 열매에 꿀을 포함하였다. 이러한 경우는 제단에 태우지 않고 제사장에게 주었다(레 23:20; 대하 31:4, 20).

고운 가루에서 언급한 것처럼, 그리스도인의 성품은 믿음의 공동체 곧 교회를 이루는 데 매우 중요하다. 그 개인의 성품이 고운 가루가 되어 하나의 공동체를 이루어야 하는데, 그때 발효 역할이 금지된다. 이 발효 역할은 세상 사람들의 사상을 의미하는 것으로 이해한다. 예수님께서도 누룩으로 바리새인이나 사두개인의 사상을 의미하였다.

한편 매튜 헨리는 누룩을 영적인 비탄과 슬픔을 상징하는 것으로, 꿀은 육욕적인 환락과 쾌락을 상징하는 것으로 이해하였다.[27] 이 모두가 그리스도인의 성품에 함께할 수 없는 것들임은 분명하다.

(4) 소금(מלח 멜라흐)

소제의 규정 중 2:13에 소금을 세 번이나 언급한 것은 소금의 사용이 필수임을 강조한 것이다. 누룩이 발효와 부패를 초래하는 반면 소금은 부패를 방지한다. 소금에 대한 고대의 이해는 불이나 시간 등 어떠한 수단으로도 파괴되지 않는, 즉 하나님의 언약이 불변함을 강조하는 것이다(민 18:19; 대하 13:5). 존 칼빈은 소제의 제물에 소금을 치는 것에 대하여 "하나님의 언약을 지키는 일이 항상 하나님을 섬기는 일에서 가장 중요한 위치를 차지하는 것을 의미한다"고 했다.[28]

언약의 소금은 언약 당사자 간에 어떠한 문제들로 인하여 언약이 파괴되지 않도록 방지하는 연대감 또는 결속력을 의미한다.[29] 하나님께서 아브라함과 언약을 맺으신 후, 이스라엘의 모든 역사에 그 아브라함과의 언약을 기억하시고 그 언약에 따라 이스라엘을 다루신다.

열왕기하 13:23의 "여호와께서 아브라함과 이삭과 야곱으로 더불어 세우신 언약을 인하여 이스라엘에게 은혜를 베풀어 긍휼히 여기시며 권고하사 멸하기를 즐겨 아니하시고 이때까지 자기 앞에서 쫓아내지 아니하셨더라"는 말씀이 언약에 대한 하나님의 입장을 나타낸다. 북왕국 이스라엘이 그 시작으로부터 끊임없이 우상을 섬기며 사치와 향락을 따라 살아가던 때에 이르던 말씀이다.

하나님의 백성이 하나님께 가까이 다가갈 수 있는 것은 사람의 공로가 아니라 전적으로 그리스도의 대속의 피로 인함이며, 또한 하나님의 언약에 의하여 '하나님은 그 백성의 하나님이시며, 그 백성은 하나님의 백성이 된다.'

3) 처음 익은 것 또는 첫 이삭의 소제(2:12, 14~16)

처음 익은 것과 첫 이삭의 소제는 일반 소제와 다르게 적용된다. '처음 익은 것'의 히브리어는 '레쉬트'(ראשית)인데, 이는 '머리, 첫 번째, 꼭대기' 등의 의미가 있다. 보편적으로 '최상품'을 의미한다. '처음 익은 것'에 대한 제사는 주로 칠칠절에 나타나는데(출 34:22; 레 23:15~22), 하나님의 구원의 행위들을 읊은 것으로 전해진다(신 26:1~11). 처음 익은 것은 여호와께 드리되 번제단에 불태우는 것이 아니라 제사장의 몫이 된다. 그래서 누룩이나 꿀을 함께 드릴 수 있다. 왜냐하면 제사장의 음식이 되기 때문이다. 다시 말해 이것은 하나님이 축복하심을 인정하는 최상품의 것으로 이해된다.

첫 이삭의 소제는 고운 가루로 드리는 것이 아니라 볶아 찧은 것으로 드린다. 첫 이삭은 완전히 말려 고운 가루를 만드는 시간이 적절치 못하거나, 완전히 익은 곡식 이삭이 아니기에 고운 가루를 만드는데 어려움이 따른 것으로 이해한다.

4) 지극히 거룩한 것(2:3, 10)

소제에서 번제단에 불태워 여호와께 향기로운 냄새로 드리고 남은 나머지는 제사장의 몫이 되며, 이것을 '지극히 거룩한 것'(קדש קדשים코데쉬 코다쉼)이라고 일컫는다. 화목제의 제물 중에도 제사장에게 돌아가는 것이 있으나, 그것을 '지극히 거룩한 것'이라고 일컫지는 않는다. 소제에만 적용되는 제사장의 몫을 '지극히 거룩한 것'이라고 하는 이유는 무엇일까?

'지극히 거룩한 것'에 대한 이해는 소제의 중요성에 근거한다. 번제단에 불태워 여호와께 향기로운 냄새가 되는 것을 제외한 고운 가루가 제사장에게 돌아가는 것은 제사의 존속과 중대한 관계가 있다. 제사장의 삶이 제사의 존속에 근거하고, 제사의 존속은 하나님의 백성 곧 이스라엘 공동체를 이루기 위함이다. 이는 이스라엘 공동체를 이룰 개인의 성품이 지극히 거룩한 것이어야 하며, 또한 제사장의 삶이 지극히 거룩한 것이어야 한다는 교훈을 준다. 하나님 앞에 가까이 나아오는 예배자의 성품과 그를 하나님께로 인도해야 하는 제사장의 삶은 제사 곧 예배의 존속에 반드시 갖추어야 할 중요한 요소가 되는 것이다. 지극히 거룩한 것이 하나님의 소유인 것처럼, 지극히 거룩한 것을 먹고 살아야 하는 제사장 또한 하나님의 소유인 것을 상기시킨다.

5) 소제에 관해 제사장이 지켜야 할 규례(6:14~23)

제사장이 유념해야 할 규례를 별도로 말씀하시는데, 앞에서 회중에게 선포한 소제의 규례를 반복하는 듯하다. 그런데 14절은 "아론의 자손은 그것을 단 앞 여호와 앞에 드리되"라는 말씀으로 시작된다. 이 말씀을 문자적으로 '이것은 아론의 자손들이 그 제단 앞 곧 여호와께로 나아가는 소제의 규례이니라'고 해석할 수 있다. 이 본문에 동사를 일부러 사용하지 않았다고 이해한다. 이는 '그 제단 앞'(אל־פני המזבח 엘–프네 함미즈베아흐)이 곧 '여호와 앞'(לפני יהוה 리프네 야훼)이라는 의식을 강조하기 위함이다. 회중에게 선포한 규례에서, 소제의 제물이 제사장에게 가져오는 것에 대한 하나님의 의도를 밝힌 것이라 생각한다. 예배자가 제사장에게 가져오는 소제의 제물은 제사장 자신이 여호와께로 향하는 제사가 되어야 함을 강조한다.

16~17절에서 누룩에 대한 경고가 두 번씩이나 반복된다. 이는 일반적인 음식에서 누룩이 자주 사용되던 것에 대한 주의 사항으로 이해된다. 즉 제사장들이 누룩의 사용에 대한 유혹이 많았을 것이다. 누룩에 대하여는 앞에서 다루었으므로 다시 반복하지 않겠지만 제사에 반복적으로 경고한다는 것이 매우 중대함을 의미하므로 가슴에 새겨야 할 규례임이 분명하다. 이와 더불어 소제의 제물 중에서 제사장에게 돌리는 것이 화목제와 속죄제 그리고 속건제에서 제사장에게 돌리는 것과 동일하게 '코데쉬 코다쉼', 즉 '지극히 거룩한 것'으로 규정하고 있다. 이는 누룩의 사용이 '지극히 거룩한 것'에 반하

는 것임을 밝히는 것이다.

18절의 "이를 만지는 자마다 거룩하리라"는 말씀은 '지극히 거룩한 것'에 대한 재강조의 말씀이다. 본문은 '콜 아쉐르-익가 바헴 익크다쉬'(כל אשר־יגע בהם יקדש)로, 문자적으로는 '그것들을 만지는 모든 자는 거룩하여질 것이라'고 해석할 수 있다. 여기서 '모든 자'란 제물을 취급하는 제사장들을 의미한다. 제사장 자신이 거룩한 무엇을 가지고 있는 것이 아니라, 하나님께서 그 제사장들에게 거룩한 음식을 주셨고, 하나님께서 그 제사장들을 거룩하다 선포하셨기에 거룩한 것임을 상기시키고 있다.

한편, 아론의 아들들을 점차적으로 거룩하게 하실 것을 의미하기도 한다. 아론의 아들들이 제사장으로 임명되자마자 10장에 그 아들 중에 나답과 아비후가 '다른 불'을 드리다가 죽어 나가는 사건이 발생한다. 이것은 아론의 아들들이 제사장의 거룩한 모습을 갖추지 못하였음을 의미한다. 그러나 하나님께서 약속하시는 말씀은, 하나님이 정하신 제사의 모든 일을 진행하고 그 제물로 음식을 삼는 제사장들이 점차적으로 거룩하여질 것을 약속함과 동시에 그 약속은 장차 나타나실 대제사장 되시는 예수 그리스도를 통하여 완성되실 것을 예표 한다.

제사의 진행자들이 제사장들 또한 자신들의 소제를 드려야 한다. 아론의 아들들이 제사장으로 '기름 부음을 받는 날'에 여호와께로 가까이 가야 할 소제의 제물에 대하여 자세히 규정하고 있다. 회중의 소제 앞서 제사장 자신의 소제가 선행되어야 함을 의미한다.

제사장은 감사와 찬양, 기도와 기원 등을 포함한 모든 삶에서 하나님의 거룩함을 닮아 가는 것이 모든 회중의 모범이 되어야 한다. 다른 말로 제사장은 회중에 앞서 여호와를 가까이하고 그의 성품이 그리스도를 닮아야 한다. "제사장의 소제물은 온전히 불사르고 먹지 말지니라"고 규정한다. 이는 제사장 자신의 제물을 '지극히 거룩한 것'으로 칭할 수 없음과, 제사장의 소제는 여호와께 불 태워 드리는 제물만 준비하면 되는 것으로 이해된다.

3. 화목제(3장; 7:11~36)

하나님께서 모세에게 명하신 세 번째 제사는 화목제로, 히브리어 '슐라밈'(שלמים)의 의미에 따라 붙여진 이름이다. 번제에서는 '올라 코르바노'(עלה קרבנו), 소제에서는 '코르반 민하'라고 하였으나, 화목제에서는 '제바흐 슐라밈 코르바노'(זבח שלמים קרבנו)라고 하여 '제바흐'(זבח 희생)라는 단어가 첨가되었다.

사용된 단어 중에서 '제바흐'는 짐승을 죽인다는 의미로 '희생'을 뜻하지만, '슐라밈'은 정확한 의미를 찾기가 쉽지 않은 단어이다. '슐라밈'은 '완전하다, 건전하다, 건강하다' 등의 의미를 가진 '샬람'(שלמ)이란 단어에서 파생되었으며, 복수형이기에 '번영, 평안'을 의미한다. '제바흐'는 들판에서 들짐승을 잡는 것(17:5, 7)에 사용되지만, '제바흐 슐라밈'은 회막에서 하나님께 드려지는 희생에 대한 것이다. 따라서 '제바흐 슐라밈'은 화목제라는 단순한 이름보다는 '화목의 희생'이라고 해야 더 적절한 이름이 될 수 있다. 때로는 '완성, 완료'라는 의미가 있는 '샬람'을 따라, '완성하는 희생' 또는 '온전한 희생'이라고 일컬을 수 있다.[30]

존 칼빈은 '화목제'라고 번역한 '슐라밈'에 대하여 '번창함'이라는 말이 적절한 의미라고 하며, 시편 116:13의 '구원의 잔'과 연관 지었다.[31] 카일과 델리취는 '슐라밈'에 대하여 "하나님과의 관계에 있어서 인간의 구원이나 완전성을 확립해 주며 확보해 주는 완전한 범위의 축복과 능력을 뜻한다"고 말하였다.[32]

화목제는 번제와 소제에 이어 여호와께 향기로운 냄새의 세 번째 제사이다. 하지만 '흠 없는 수컷'이라고 제한한 번제에 반하여, 암수와 관계없이 '흠 없는' 소, 양, 염소를 예배자의 형편에 따라 선택할 수 있다. 예배자가 제물의 머리에 안수하는 것이 번제와 같고, 제사장이 피 뿌리는 의식도 번제와 같이 제단을 돌면서 사방에 뿌린다. 번제가 가죽을 제외한 제물 전부를 번제단에서 불태워 연기를 피워 여호와께 향기로운 냄새가 되게 하는 반면, 화목제는 내장에 덮인 기름과 내장에 붙은 기름 그리고 두 콩팥(양의 경우 기름진 꼬리를 포함)을 번제단에 불태워 연기를 피워 여호와께 향기로운 냄새와 여호와께 음식이 되게 한다.

특이한 것은 번제에 소, 양, 염소를 드릴 수 없는 사람을 위하여 예외 규정으로 산비둘기나 집비둘기 새끼를 가져오도록 한 반면, 화목제에서는 그 예외 규정이 없다.

1) 흠 없는 암컷과 수컷(3:1~2, 6)

화목제는 번제에 비하여 상당히 자주 드려지는 제사이다. 예배자의 가정에서 '흠 없는 수컷'은 준비하기 어려운 가축이었을 것이다. 번제의 독특성이나 그 드려지는 횟수에 따라 '흠 없는 수컷'을 드릴 수 있고, 또한 예외 규정도 있다. 그러나 화목제는 그 드려지는 횟수가 빈번한 만큼 '흠 없는 가축'으로 하되 암수 구분하지 않게 하신 것으로 이해한다. 화목제에 사용된 암수 구분 없는 소, 양, 염소 등은 대속제물이 되신 예수 그리스도를 예표 하는 번제의 제물 '흠 없는 수컷'과 다르게 취급될 수 없다. '흠 없는 가축'이라는 점과, 그 제물이 어떻게 사용되는가에 초점을 맞추어 이해하는 것이 더 적절하다고 생각한다.

더욱이 각 가정에 '흠 없는 수컷'이 희귀하다는 점과 이미 번제에서 '흠 없는 수컷'이 사용되었다는 점을 감안할 때, 화목제에서는 '흠 없는 암컷'을 활용했을 가능성이 크다. 실제로 3:12에 지정한 '에즈'(עז)는 암염소를 일컫는다. 암컷에 비해 수컷의 수는 상당히 적었을 것이다. 수컷의 과중한 소비는 그 짐승의 번식을 끊는 것과 마찬가지이다. 그런 입장에서, 화목제에서는 예배자의 형편에 따라 암컷을 자의적으로 선택할 수 있도록 배려한 것이다. 그리고 화목제 제물 중 상당 부분이 음식이 되었음이 암컷을 선택하는 것과 관계있다.

2) 내장에 붙고 내장을 덮은 기름과 콩팥, 그리고 양의 기름진 꼬리(3:3~4, 9~10, 14~15)

화목제의 가장 특이한 점은 기름과 콩팥 부분을 번제단에서 불태우고 연기를 피워 하나님께 향기로운 냄새로 드릴 뿐만 아니라, 모든 기름은 여호와의 것이라고 말씀하신다(3:16). 구체적으로는 내장을 덮고 있는 기름과 내장에 붙어 있는(위에 있는) 모든 기름인데, 이것을 제물의 '모든 기름을 총칭하는 표현'이며 '복강 내의 막 즉 내장을 감싸고 있는 기름이 붙어 있는 막'을 지칭하는 것이라고 말한다.[33] 화목제의 제물 중에 불에 태울 기름에 대한 정확한 이해를 위하여 3~4절 히브리어 본문을 다음과 같이 정리하여 본다.

'에트-하헬레브 하메캇세 에트-학케레브'

(את־החלב המכסה את־הקרב 내장을 덮고 있는 기름과)

'뵈에트 콜-하헬레브 아쉐르 알-학케레브'

(ואת כל־החלב אשר על־הקרב 내장에 붙어 있는 모든 기름과)

'뵈에트 쉐테 학켈라요트'(ואת שתי הכלית 두 콩팥과)

'뵈에트-하헬레브 아쉐르 알레헨 아쉐르 알-학케살림'

(ואת־החלב אשר עלהן אשר על־הכסלים 허리 위 곧 그것들 위에 있는 기름과)

'뵈에트-하이요테레트 알-학카베드 알-학켈라요트'

(ואת־היתרת על־הכבד על־הכליות 콩팥, 간 위를 덮고 있는 꺼풀까지)

예시렌나(יסירנה 그것을 떼어 낼 것이요)

히브리어 '헬레브'(חלב)는 짐승의 내장을 감싸고 있는 기름이라는 의미 외에도, '최상급'이라는 의미가 있다. 일반적으로 짐승의 기름 중에 살에 붙어 있는 기름은 그 살과 더불어 식용으로 사용되며, '헬레브'의 의미 중 '최상급'이 적용될 수 있다. 그러나 내장을 감싸고 있는 기름은 사람들이 먹지 않을 뿐 아니라 그 기름을 '최상급'이라고 표현하기에는 무리가 따른다.

내장을 덮고 있는 기름이나 간의 꺼풀은 내장 전체를 보호하는 기능을 한다. 또한 내장에 붙은 기름은 보호 기능이 동일하지만, 구체적으로 내장들이 서로 엉키지 않게 하고, 특히 10여m 길이의 큰창자와 작은창자가 엉키지 않게 한다.

콩팥은 그 기능이 여러 가지가 있는데, 그중에는 모여든 음식의 노폐물을 처리하고 재 흡수할 것과 방뇨할 것을 구분하여 처리하는 것이 있다. 특히 몸 안의 독소들은 콩팥으로 모이며, 그것을 콩팥이 처리한다. 생물학적인 면에서 자세히 언급하지 못하나 내장을 감싸고 있는 기름과 콩팥은 모든 장기의 기능을 원활하게 하여 생명을 보호하고 보존하는 기능을 하는 것으로 봄이 무리가 없다.

양의 경우에는 기름진 꼬리를 포함하였는데, 팔레스타인 지역에서 기르는 양은 넓고 기름진 꼬리를 가지고 있기 때문이라고 한다. 중동 지방의 광야에서 자라는 양의 경우 그 꼬리가 기름진데, 이는 그 광야에 적응하여 살아가기 위함일 것이다. 즉 목초지 사이의 거리가 멀어 푸른 초장을 찾기가 쉽지 않은 환경인 것이다. 이러한 환경에서는 비상식량을 구비해 둘 필요가 있는데, 양의 기름진 꼬리는 비상식량으로 쓸 에너지 축적 기관으로 이해한다. 그 꼬리에 있는 기름은 양이 어떠한 위기를 넘길 만한 에너지를 품고 있다. 그렇다면 내장을 감싸고 있는 기름과 비슷한 기능인 것을 알게 된다. 내장을 감싸고 있는 기름이나 양의 기름진 꼬리는 생명의 기운으로 이해된다.

'콩팥'(כליה 켈레아)에 대한 성경의 표현은 사람의 양심과 관련하여 생각이나 감정을 나타내었다(시 16:7; 73:21; 렘 11:20; 17:10). 더욱이 콩팥과 마음을 병행구로 사용한 구절이 다음과 같이 나타난다.

"마음과 양심을 감찰하시나니"(시 7:9 개역개정)

'우보헨 립보트'(ובחן לבות 마음)

'우켈라요트'(וכליות 콩팥)

"시험하사 내 뜻과 내 양심을"(시 26:2 개역개정)

'뵈낫세니 킬리오타이'(ונסני כליותי 콩팥)

'뵈립비'(ולבי 마음)

"심장을 살피며 폐부를 시험하고"(렘 17:10)

'호케르 레브'(חקר לב 마음)

'보헨 켈라요트'(בחן כליות 콩팥)

이렇게 마음과 콩팥을 동일하게 여김과 동시에 콩팥을 양심으로 표현하였다. 특히 예레미야 17:10은 문자적으로 마음을 살피고 콩팥을 시험하면서 "그 행위와 그 행실대로 보응하나니"라고 말씀하셨음은, 마음과 콩팥이 모두 그의 행위와 행실에 영향을 준 것이 분명하다.

짐승의 내장 중에 심장이나 간이 중요할 것이나, 그것은 피로 간주하여 취급하였을 것이다. 따라서 피를 제외한 내장 중에 가장 중요한 것은 콩팥이라고 생각된다. 성경의 용례로는 콩팥과 내장을 감싸고 있는 기름은 앞에서 언급한 '마음과 양심' 또는 '마음과 생각'을 표현하는 것일 수 있다.

여기에 두 가지의 성경 본문을 대조해 보자. 첫째는 창세기 6:5의 "그 마음의 생각의 모든 계획이 항상 악할 뿐임을 보시고"라는 말씀이고, 둘째는 사무엘상 16:7의 "사람은 외모를 보거니와 나 여호와는 중심을 보느니라"는 말씀이다. 사람의 인격에 드러나는 모든 것이 그 사람의 마음과 생각에서 비롯된다.

3) 여호와께 향기로운 냄새와 여호와께 드리는 음식(3:5, 11, 16)

5절에서는 "여호와께 향기로운 냄새"로, 11절에서는 "여호와께 드리는 식물"로, 16절에서는 "화제로 드리는 식물이요 향기로운 냄새" 등으로 표현하였다. 이는 번제에서 강조했던 '여호와께 향기로운 냄새'라는 의미로부터 화목제에 이르러 '여호와께 드리는 음식'이라는 의미로 전환하려는 의도가 깊다.

본문에 음식이라는 의미로 사용된 히브리어 '레헴'(לחם)은 '베들레헴'(떡집)이라는 이름에서 잘 드러난다. 하지만 '레헴'이 떡이나 빵을 의미한다는 고정관념을 벗고 이해하는 것이 필요하다. '레헴'은 본래 고기를 의미했고, 하나님께서 예배자와 그의 친족들과 함께 화목제의 제물 가운데 택하여진 음식을 나누시므로 깊고 지속적인 관계를 유지하기 위한 하나님의 의지를 강

조하기 위하여 사용된 용어일 수 있다.[34]

더욱이 여호와께 향기로운 냄새이며 음식이라는 부분이 내장을 감싸고 있는 기름(양의 경우 기름진 꼬리를 포함)과 콩팥을 번제단에 불태워 연기를 올려 드리는 것을 의미한다. 앞에서 언급한 것처럼 기름과 콩팥은 생명의 기운이라고 할 수 있다. 생명의 기운이 여호와께 향기로운 냄새이고 음식이라 함은, 생명에 대한 여호와의 소유 또는 주권을 의미한다. 사람을 생령이 되게 하고 그 생명을 존속하게 하시는 것이 오직 여호와 하나님의 고유한 권한임을 상기시키는 것이다. 그 생명의 권한을 사람이 취하지 말라는 경고이기도 하다. 하나님의 주권을 인정하고 그 하나님의 주권이 하나님의 의지대로 행사되어지도록 하나님을 모든 것의 주인으로 인정하고 순종하는 삶이 하나님께 향기로운 냄새이며 음식이 된다.

그 생명의 존속이나 하나님의 생명에 대한 주권은 예수 그리스도의 희생을 통하여 이루어진다. 모든 생명이 예수 그리스도를 말미암지 않고는 이루어진 것이 없을 뿐만이 아니라 예수 그리스도의 희생이 없으면 하나님과의 관계는 성립되지 않는다. 하나님과의 관계가 성립되지 않은 생명은 무의미하다. 예수 그리스도의 죽으심은 하나님과의 관계를 회복시키려는 화목제를 드리심이다(롬 3:25; 5:8~10; 고후 5:18~19; 골 1:20~22; 요일 4:10).[35] 예수 그리스도의 희생은 그를 믿는 자와 하나님 사이의 관계를 회복시키는 화목제물로 여호와께 향기로운 냄새이며 음식이 된다. 예수 그리스도를 믿음은 하나님께서 생명의 주권자이심을 인정하고 따르는 것이다.

4) 화목제의 음식(7:11~21)

감사함과 자원함과 서원을 성취하기 위한 화목제 제물의 경우, 번제에서 제물의 전부를 태우는 것과 다르게, 일부는 태워 제사를 드리고 일부는 제사장들이 먹고 일부는 예배자와 그의 가족들 또는 친척들이 함께 먹는다. 이는 성소를 중심한 축제와 같다. 소제의 남은 것이 제사장에게만 돌아가는 반면, 화목제는 그 종류에 따라 다르게 적용된다. 특히 감사함으로 드리는 화목제물의 고기는 당일에만 먹을 수 있고, 그 다음 날에는 먹을 수가 없으며, 서원이나 자원함을 위하여 드리는 제물의 경우 그 다음 날까지 먹을 수 있으나 셋째 날에는 먹을 수 없다. 그 제한된 날 동안에 그 제물의 고기를 다 먹으려면 할 수 있는 대로 많은 참여자가 요구 된다. 더욱이 부정한 자가 제물의 고기를 먹을 수 없는 규정을 고려할 때, 이는 상당히 어려운 과정일 수 있다. 중요한 것은 예배자가 자신을 위하여 제물의 고기를 축적할 수 없다. 그 예배자가 화목제 제물의 음식을 나누는 일에 얼마나 많은 사람들을 참여시킬 수 있는가에 초점을 맞추어 이해해야 한다.이는 사람의 많고 적음을 고려하는 것이 아니라, 그 예배자의 성품으로 맺어지는 관계를 고려하는 것이다.

화목제의 제물 중의 일부가 음식이 되는 것은 번제나 속죄제의 제물이 전부 불태워 연기로 올리거나 불사르는 것으로부터 시작된다. 번제를 구원의 시작으로, 속죄제를 그리스도를 믿는 자들의 끊임없는 회개로 이해한다면, 소제와 화목제는 그리스도의 성숙한 품성을 수반하는 제사에 속한다.

사람을 구원하시는 일이 전적으로 성육신 하신 하나님 예수 그리스도의 희생을 통하여 시작되고 완성된다. 그 구원의 서정에 하나님은 그리스도를 믿는 자들의 성품이 그리스도의 분량에 이르도록 성숙하기를 원하신다. 그 성숙의 단계에 하나님과 화목의 관계, 그리고 사람과 사람의 화목의 관계가 성립된다고 상기시킨다. 이것이 또 다른 사람을 하나님께로 가까이 나아오도록 하는 하나님의 사랑의 배려임을 잊지 말아야 한다.

여호와를 전심으로 사랑하는 것이 최우선이다. 하지만 여호와를 사랑하는 자에게는 그 이웃을 자기 몸처럼 사랑하는 모습이 반드시 나타나야 한다. 성경에 가장 큰 계명을 무엇이라 하는가! '네 마음을 다하고 목숨을 다하고 뜻을 다하여 주 너의 하나님을 사랑하라 하셨으니 이것이 크고 첫째 되는 계명이요 둘째도 그와 같으니 네 이웃을 네 자신같이 사랑하라 하셨으니 이 두 계명이 온 율법과 선지자의 강령이니라'(마 22:34~40; 막 12:28~34; 눅 10:25~28)는 말씀을 마음에 새기자. 여호와를 전심으로 사랑해야 함이 분명하다. 그러나 '그와 같이' 즉 하나님을 전심으로 사랑함같이 네 이웃을 사랑하라 하시는 우리 주 예수 그리스도의 말씀을 가슴에 새기자! 이것이 예수 그리스도의 희생을 바탕으로 이루어지는 화목제의 음식이라 이해한다.

사도행전 21:23~26과 고린도전서 11:25을 근거로 화목제와 최후의 만찬의 유사성이 강조된다.[36] 다만 화목제의 피 뿌리는 행위와 요한복음 6:53~56에서 피를 마시라는 예수님의 말씀을 어떻게 볼 것인가가 논란이 되기도 한다. 물론 성찬식에서 피를 마시는 것이 아니고 예수님의 희생을 기념하는 의미에서 포도주를 마시는 것이지만 그 관계가 애매함은 여전하다. 한편 화목제가 사도행전 2:45~47에 나타난다. 이는 믿음의 공동체가 자신들의 집에서 함께 떡을 떼며 교제를 나누었기 때문이다(참고 고전 10:16~17; 11:17~34).[37]

5) 대대로 지킬 영원한 규례(3:17; 7:22~27)

창세기 노아 시대, 홍수 이후 하나님께서 짐승을 사람의 음식으로 허락하시면서 피를 먹는 것을 절대적으로 금하고 있다(창 9:1~7). 이는 모든 생명이 여호와께 속하였음을 상기시키는 것이며, 생명의 번식과 더불어 고의적인 살인을 방지하고자 하는 창조 질서에 근거한다. 이는 생명이 여호와께 속하였기 때문이다. 여호와의 주권을 사람이 침해할 수 없다는 말이다.

기름을 먹지 못하도록 하고 불태워 제사 드리는 것에 대하여 칼빈은 '하나님을 더욱 영화롭게 섬길 것'과 '이스라엘 백성들이 절제할 것'에 대한 교훈이라고 말하였다.[38] 한편 피를 먹지 말라는 것에 대하여 칼빈은 창세기 9장과 십계명의 제6계명을 연관 지었다.[39]

"모든 기름은 여호와의 것이니라"(3:16) 함은 생명의 기운 즉 생명을 감싸고 운행하는 것이 여호와의 주권임을 상기시킨다. 기름을 먹지 못하게 하심은 사람과 사람의 관계, 사람과 만물의 관계에서 생명의 존엄성을 경히 여긴다든지, 상대의 생명의 기운을 쇠하게 하는 일을 하지 못하게 하시는 하나님의 주권적 의지에서 비롯되었다. 이웃을 내 몸같이 사랑한다는 것은, 그 이웃의 생명 기운의 번창함을 내 생명의 것처럼 한다는 말이다. 이는 그 생명의 기운을 주관하는 분이 여호와 하나님이시기 때문이다.

6) 제사장이 받을 소득(7:28~36)

화목제에 관한 제사장의 규례에서 제사장이 받을 소득을 위하여 독특하게 요제와 거제를 행한다. 그 제사장이 받을 소득을 "이스라엘 자손에게 받을 영원한 소득이니라"(34절)고 강조한다. 제사장은 백성들이 하나님과 관계를 유지하게 하는 하나님의 종으로 회막에서 드려지는 거룩한 제물 중에서 그의 삶을 유지하도록 하신다. 신약 시대에 이르러 복음을 선포하는 그리스도의 종들에게도 동일한 원칙이 적용된다(고전 9:7~14; 딤전 5:18; 마 10:10).

이에 대하여 "복음 사역에 삶을 헌신한 사람은 하나님의 백성의 선물들을 감사히, 그리고 명예롭게 받을 수 있다"고 밝힌다.[40] 이는 제사장들의 거룩한 삶을 보장하는 것이며 하나님의 거룩한 예배를 존속하여 백성들이 하나님께 가까이 나아오도록 하고자 하시는 하나님의 신실한 의지로 이해한다(눅 10:7; 고전 9:13~14). 이러한 하나님의 의지에 근거하여, 제사장이 받을 소득은 축적될 수 없음을 상기시킨다.

4. 속죄제(4:1~5:13)

속죄제는 번제와 소제 그리고 화목제 등의 과정을 통한 하나님의 백성이 여호와의 계명에 대하여 '그릇 범한 죄'나 '부지중에 범한 허물'로 인한 제사를 말한다. 속죄제에 대하여 칼빈은 "인간의 죄책(guilty)을 제거하여 하나님과 화목하게 하는 제사"라고 말한다. 그가 말하는 '인간의 죄책'이란 '육신의 연약성 때문에 타락한 범죄' 또는 '사단의 습격으로 인하여 그 덫에 걸린 범죄'를 의미한다.[41]

구체적인 표현으로는, 행하지 말아야 할 하나님의 계명 중에 하나를 부지중(unintentionaly)에 행했을 경우에 드리는 제사를 말한다.[42] 4:2은 행하지 말아야 할 여호와의 계명을 행하였으되 고의적이 아닐 경우에 속죄제에 해당한다고 밝히는 것이다. 행하지 말아야 할 여호와의 계명이란, 십계명에서

'~하라'는 4, 5계명의 나머지 '~하지 말라'에 해당하는 계명들이다. 하지만 본문은 하나님의 계명 자체를 범한 것에 대한 언급이다. 하나님의 백성 된 자에게는 그 범한 죄에 대하여 구체적으로 다루시겠다는 하나님의 의지가 나타난다. 중요한 것은 고의적인 행위가 아닌 경우에 제사가 성립된다는 것이다. 그리고 속죄제는 신분에 따라 제사 의식이 다르게 나타난다.

또 하나 속죄제를 구분하여 5:1~13에 규정하고 있다. 이는 일반적으로 계명을 어긴 죄에 대하여 그 신분에 따라 차등을 두고 적용하는 규례에 비하여, 특별한 네 가지 문제들이 하나님의 백성들에게 나타날 경우 속죄제를 드려야 한다고 규정한다. 이를 속죄제의 특별 규정으로 다룰 것이다. 번제와 소제에서 다룬 부분 외에 속죄제의 특별한 부분들만 다루고자 한다.

1) 자신의 죄에 대한 깨우침을 받으면(4:1~2, 13~14, 22~23, 27~28)

속죄제의 규례에 드러나는 특징은 그 범한 죄를 깨달았을 경우 제사를 드리도록 하는 규정이다. 속죄제에는 네 가지 신분에 따라 제사의 규례가 조금 다르게 적용된다. 그런데 그 네 가지 신분에 공통적으로 적용되는 부분을 깨달아야 한다는 것이다.

제사장이 범한 죄에는 '백성의 허물이 되었으면'이라는 단서가 붙는다. 제사장이 죄를 범하였을 경우, '그 죄가 백성에게 허물이 되어 드러났다'는 것은 제사장이 자신의 죄 때문인 것을 깨달았음을 의미한다. 제사장의 죄는 백성들의 삶에서 드러난다는 말씀으로 이해한다. 백성들의 삶에서 여호와의 계명에 대한 허물이 드러날 때, 제사장은 자신의 죄임을 깨닫고 하나님 앞에 속죄제를 드려야 한다.

이스라엘의 회중이 죄를 범한 경우는 '그 범한 죄를 깨달으면'이라는 단서가 붙는다. 누가 회중의 죄를 깨닫게 할 것인가! 그 또한 제사장의 책무이다. 족장이나 평민의 경우도 같다. 누군가 그들의 죄를 깨우쳐 주어야 한다. 그들이 자신의 죄를 깨달았을 때, 속죄제 제사를 드릴 수 있게 된다. 하나님의 백성은 자신이 범한 죄로 인하여 속죄제를 드리고 그 죄로부터 용서함을 받고자 하면 반드시 먼저 그 죄가 무엇인가를 깨달아야 한다.

누군가 하나님의 백성 된 자의 죄를 깨우쳐 주어야 한다는 책임을 강조하는 것으로 이해할 수도 있다. 하지만 그보다 하나님의 백성의 죄가 고의적인 것이 아니어야 한다는 조건에 비추어 보는 것이 더 중요하다.

하나님의 백성이 죄를 범하였음에도 다시 용서를 받고 하나님 앞에 가까이 갈 수 있는 것은 고의적이 아닌 죄이어야 하고, 그 죄를 깨달아야 한다. 하나님의 백성이지만 사람인 연고로 연약하여 죄를 범하였으나, 그 양심이 살아 있어 자신의 죄를 깨닫고 그 죄를 자백하며 하나님께 돌아올 수 있는 자라야 속죄제가 성립된다.

이사야 선지자가 이스라엘 백성을 향하여 "너희가 손을 펼 때에 내가 눈을 가리우고 너희가 많이 기도할지라도 내가 듣지 아니하리니 이는 너희의 손에 피가 가득함이니라"(사 1:15)고 외친다. 이는 하나님의 백성이 악을 행하되 회개하지 않음을 인하여 경고하시는 말씀이다. 더욱이 이사야 6:9(마 13:14)에서 "여호와께서 가라사대 가서 이 백성에게 이르기를 너희가 듣기는 들어도 깨닫지 못할 것이요 보기는 보아도 알지 못하리라"고 말씀하심은 하나님의 백성이 하나님의 말씀에 귀를 기울이지 않는 것에 대한 경고이다.

이스라엘 백성의 손에 피가 가득하다는 말씀과 하나님의 말씀에 귀를 기울이지 않는다는 말씀은 무엇을 의미하는가. 자신의 잘못에 대하여 깨닫게 하시는 하나님의 종들을 통한 깨우침을 무시하고 듣지 않는다는 것으로 이해된다. 자신의 범한 죄를 깨닫는 것은 곧 하나님의 말씀에 귀를 기울이는 것과 같다.

2) 피 뿌리는 의식(4:5~6, 16~17, 25, 30)

피를 뿌리는 의식을 속죄제에서는 신분에 따라 다르게 행한다. 제사장의 죄에 대하여는 피를 찍어 성소의 휘장에 일곱 번 뿌리고 향단 뿔에 바르고 나머지는 번제단 밑에 쏟는다. 회중의 죄에 대하여는 피를 찍어 성소의 휘장에 일곱 번 뿌리고 제단 뿔에 바르고 나머지는 번제단 밑에 쏟는다. 족장의 죄에 대하여는 피를 손가락에 찍어 번제단 뿔에 바르고 나머지는 번제단 밑에 쏟는다. 그리고 평민의 죄에 대하여는 손가락으로 피를 찍어 번제단 뿔에 바르고 나머지는 번제단 밑에 쏟는다. 이 모두가 번제나 화목제처럼 제사장이 번제단을 돌면서 사방에 뿌리는 것과 다르게 행하였다.

피 뿌리는 의식은 속죄에 대한 예수 그리스도의 희생을 통한 보장이다(요일 1:7; 계 7:14). 피 뿌리는 의식은 곧 하나님께로 가는 길을 열어 준다. 예수 그리스도의 피 뿌리심이 없이는 하나님의 백성이 될 수 없음을 상기시킨다.

그리스도의 희생 곧 피 뿌리심은 그를 믿는 자들의 구원에 대한 보장이 된다(롬 8:34; 히 7:25). 죄 사함에 대한 보증으로써 피 뿌리는 의식과 더불어 정결하게 하는 의식으로 이해하여야 한다. 그리스도의 피가 영원한 사망에 이르게 하는 인간의 범죄로부터 보호하기 위하여 사람의 양심을 깨끗하게 한다(히 9:14). 한편 그리스도의 피 뿌림은 그분을 믿는 자들의 완전한 대속에 대한 선언으로, 그분을 믿는 자들이 정결하게 되었음에 대한 확신과 담대함을 얻게 하고 하나님 앞에 나아가게 한다(히 10:19~20).

3) 번제단과 재 버리는 곳(4:10, 12, 21, 31, 35)

번제와 화목제에서 제물을 번제단에서 불태우는 것과 다르게 속죄제에서는 콩팥과 기름은 번제단에서 불태워 연기로 올라가게 하고, 제물의 나머지는 재 버리는 곳에서 불태운다. 콩팥과 기름 부분을 번제단에서 불태워 연기로 올라가게 하는 것에 대하여는 화목제에서 다루었기에 여기에서는 재 버리는 곳에서 속죄제 제물의 나머지 부분을 불사르는 것에 대하여 다룬다.

'재 버리는 곳'에 대하여 1:16에서는 '엘-마콤 핫데쉔'(אל־מקום הדשן)으로, 6:11에서는 '엘-마콤 타호르'(אל־מקום טהור)로 표현하였는데, 4:12에서는 '엘-마콤 타호르 엘 쉐페크 핫데쉔'(אל־מקום טהור אל־שפך הדשן)이라고 하여 '재 버리는 곳'과 '정결한 곳'을 동일하게 표현하였다. '데쉔' 즉 번제단에서 불태워진 기름 섞인 재를 버리는 곳은 분명 '쉐페크'(שפך) 즉 오물을 버리는 곳이다. 그런데 그 '쉐페크', 오물을 버리는 곳을 '마콤 타호르'라고 표현한다. '마콤'이 하나님의 선택에 따른 신성하고 거룩한 장소를 의미한다면, '타호르'는 도덕적인 면을 포함한 순결하고 깨끗한 것을 표현하는 형용사의 역할을 한다.[43]

속죄제의 경우 번제단에서 기름과 콩팥 부분을 태워 연기를 피우는 표현은 '카타르'가 사용되었고, 진영 밖 재 버리는 곳에서 나머지 제물을 불사르는 표현에는 '사라프'가 사용되었다. '카타르'는 번제에서 성자 하나님 예수 그리스도의 죽음과 부활, 곧 대속을 위한 그리스도의 희생에 하나님께서 임재하셨음을 드러내는 것으로 이해하였다. 분명 속죄제에서 역시 '카타르'의 역사가 하나님의 백성에게도 적용된다.

그러나 분명 여호와께 향기로운 냄새는 될 수 없음을 유념해야 한다. 더욱이 진영 밖 재 버리는 곳에서 기름과 콩팥 부분을 제외한 모든 것을 불사르는 '사라프'는 하나님의 백성 된 자로서 여호와의 계명을 어긴 것에 대하여 성령의 소멸이라는 개념이 적용되어야 한다.

중생 곧 회심을 체험한 하나님의 백성은 절대로 다시 아담으로 돌아가지 않는다. 다만 하나님 앞에 분명한 회개의 역사와 더불어 성숙한 그리스도인의 단계로 나아가야 한다. 하나님의 백성이 하나님의 계명을 이행하지 않음으로 허물이 된 것에 대하여 반드시 두 가지로 다루신다. 콩팥과 기름 부분을 번제단에 연기를 피워 '올라가게 하는 것'(카타르)과 가죽과 그 모든 고기와 머리, 정강이, 내장 등을 진영 밖 재 버리는 곳에서 '불사른다'(사라프).

4) 대속(4:20, 26, 31, 35)

제사장이 회중이나 족장 그리고 평민을 위하여 속죄한다는 말은 '카파르'(כפר)를 사용하였고, 그들의 죄가 용서함을 받는다는 말은 '슬라흐'(סלח)가 사용되었다. '카파르'는 '덮다, 보상하다, 속죄하다' 등의 의미가 있다. 그리고 '슬라흐'는 '가치 없는 것으로 여기다, 지불하다, 용서하다' 등의 의미로 사용된다.

이 두 단어에 대한 다른 어원적인 논란에 대하여는 언급하지 않으려 한다. 본문을 이해하는 데 크게 도움이 되지 않는다고 생각하기 때문이다. 대속의 개념을 제의적인 것과 사회적 신분에 관한 것을 구분하여 이해하는 경우가 있으나, 그 당시 이스라엘 사회에서 제의적인 문제가 사회적인 신분에까지 영향을 미치는 것이기에 특별히 구분하지 않고 다루어 간다.[44]

중요한 것은 제사장이 예배자를 위하여 대신 속죄하면, 그 예배자가 용서함을 받는 것이다. 예수 그리스도를 하나님의 아들이요 구원자이심을 믿고 그에게 자신의 죄를 고백하는 자를 위하여 중보하시는 예수 그리스도의 사역을 예표 한다. 또한 예수 그리스도를 따르는 제사장 역시 예배자의 고백된 죄를 위하여 하나님께 대신 속죄의 기도를 하는 것을 의미한다.

5) 속죄제의 특별 규례(5:1~10)

속죄제의 특별 규례에는 네 가지의 죄가 지정된다. 그리고 신분에 따른 속죄제에는 예외 규정이 없었으나, 특별 규례의 속죄제에는 예외 규정이 적용된다.

첫째, 1절에 나타나는 것으로, 저주하는 소리를 들었을 때 그는 증인이 되어 그 본 것이나 아는 것을 알려야 하는데 그렇지 않으면 그 죄를 져야 한다. 본문에서 '저주하는 소리'라고 번역한 히브리어는 '알라'(אלה)인데, 이는 맹세라는 개념에서 이해해야 한다. 하나님의 백성이 잘못된 일이나 어긋난 일에 대하여 그 문제가 되는 상대를 저주하는 형식의 맹세를 말한다. 예를 들면, 물건을 잃어버린 자가 '내가 중요한 물건을 잃어버렸는데, 그 훔쳐간 자를 찾으면 죽여 버릴 거야!'라고 말하는 것을 일컫는다. 그래서 '알라'를 일컬어 상대가 올무에 빠질 가능성이 있는 맹세라는 의미에서 '두려움의 맹세' 또는 '저주의 약속'이라고 한다.[45] 이러한 저주의 소리를 들었을 경우 그 올무에 빠질 가능성을 가진 상대에게 알려야 한다는 것이다. 그 저주의 소리를 알리지 않아 발생하는 죄에 대하여는 그 저주의 소리를 알리지 않은 사람에게 책임이 있어 속죄제에 해당한다는 규례이다.

둘째, 2절에 나타난 것으로, 부정한 것들 곧 죽은 사체를 만졌을 경우에 대한 속죄제 규례이다. '부지중이라고 할지라도'라는 히브리어 문구 '뵈네엘람 밈멘누 뵈후'(ונעלם ממנו והוא)인데, (1) 어떤 행위가 의식적으로 이루어졌다가 망각되어 나중에 기억이 난 경우, (2) 어떤 행위가 알지 못하였거나 실수로 이루어졌다가 나중에 그 행위자가 깨닫게 된 경우, (3) 어떤 행위를 고의적으로 행하였다가 망각하여 나중에 기억하게 되는 경우 등을 말한다. 궁극적으로는 죄책에 대한 깨달음을 말한다.[46]

셋째, 3절에 나타난 것으로, 사람의 부정에 관한 속죄제 규례이다. '부정'이라는 의미로 사용된 히브리어는 '타마'(טמא)인데, 제의적으로 깨끗하지 않음을 말한다. 또한 신성 모독이나 여성이 순결을 빼앗긴 것에 대한 것, 또한 깨끗함을 받지 않은 영이라는 입장에서 이방인을 의미하기도 한다.[47]

넷째, 4절에 나타난 것으로, 함부로 한 맹세에 관한 속죄제 규례이다. 4절에서 말한 맹세는 히브리어로 '샤바'(שבע) 또는 '샤부아흐'(שבעה) 인데, 하나님의 이름을 함부로 들먹이면서 욕하는 것을 말한다(삼상 3:17; 왕하 6:31; 시 89:3; 행 2:30; 사 45:23; 렘 49:13; 51:14). 이 '샤바'라는 단어가 사용될 때에는 다음과 같은 특정한 제한(중요성)이 있음을 유념하여 이해해야 한다.

삼상 20:3	사실의 진술을 확증하기 위함: to affirm a statement of fact
출 22:1~15	어떤 자의 결백을 증명하기 위함; to attest one's innocence
창 24:37; 50:24	특정한 행동을 보증하기 위함; to assure certain behavior
수 9:15	평화의 조약을 확인하기 위함; to confirm a peace treaty
삼상 20:17; 느 6:18	어떤 자의 사랑이나 충성심을 나타내기 위함; to express one's loyalty or love to another person
대하 15:14	하나님께 헌신 등을 보이고자 할 때; to demonstrate one's commitment to God

이 맹세는 하나님이 자신의 약속을 지킬 것을 그의 택한 백성들에게 확인시키는 것이며, 이스라엘은 하나님의 맹세를 믿었다(창 24:7; 26:3; 출 13:11).[48]

6) 예외 규정(5:11~13)

특별 규례 속죄제의 예외 규정에는 두 가지가 적용된다. 암컷인 어린 양이나 염소를 제물로 가져오지 못하는 빈곤층일 경우 산비둘기나 집비둘기 새끼 두 마리를 가져와 하나는 속죄제로 드리고 하나는 번제로 드린다. 그러나 비둘기도 가져올 수 없는 극빈층일 경우 고운 가루 10분의 1에바를 가져와 소제로 드리되 기름과 유향을 놓지 말고 드려야 하며, 한 움큼은 화제로 드리고 나머지는 제사장에게 돌린다.

5. 속건제(5:14~6:7)

속건제라는 말은 히브리어 '아샴'(אשם)으로 표현하였는데, 이 단어는 '죄책이 있다, 죄책을 일으키다, 죄책을 느끼다' 등의 의미이다. 사람의 본질적 죄에 관한 것이 아니라 윤리적이며 법적인 죄로 인한 죄책에 대한 것으로 이해한다. 히브리 사상 가운데 죄책은 징벌의 선행 조건이나 보증으로 이해되었다. '아샴'은 죄책에 합당한 값을 지불해야 한다는 의미로부터 인간관계를 위반한 사람이 무거운 값을 치르는 것(죽음의 대가를 치르는 것을 포함)을 의미하기도 한다. 제사 제도에서 '아샴'은 하나님께 대한 믿음을 배신하는 것으로부터 시작되어 다른 사람의 재산을 잘못 취급하는 일에까지 미친다.

죄는 하나님의 진노를 유발하며 언약의 관계를 파괴한다. 죄는 하나님과 사람의 관계, 사람과 사람의 관계를 파괴한다. 그 죄로 인하여 다른 사람이나 그 사회에 피해를 입히기에 그에 대한 보상이 뒤따라야 한다. 이를 위한 것을 속건제 또는 보상제라고 한다. 여호와의 성물에 대하여 부지중에 범한 죄(5:14~16)와 여호와의 계명에 대하여 부지중에 범한 허물(5:17~18)에 관한 속건제의 규례가 나타나며, 특별 규례의 속건제는 6:1~7에 나타난다.

일반 규례(5:14~18)의 속건제는 지정한 가치대로 제물을 선택하여 제사를 드리는 것에 반하여, 특별 규례의 속건제는 먼저 상대에게 보상하고 그리고 하나님께 지정한 가치에 의하여 제물을 드려 속건제를 드린다. 속건제는 먼저 배상을 원칙으로 한다. 그리고 그 죄의 정도에 따라 성소의 세겔로 환산하여 모세가 지정한 가치대로 흠 없는 숫양을 제물로 택하여 제사장에게 가지고 가면, 제사장은 그를 위하여 속죄하여 그가 사함을 얻도록 한다.

1) 일반 규례의 속건제(5:14~16)

첫 번째 일반 규례의 속건제는 여호와의 성물에 대하여 부지중에 범한 죄에 대한 규례이다. 그런데 본문에 개역한글에 나타나지 않은 한 부분이 있다. 여호와의 성물에 대하여 '부지중'(unintentionally)에 지은 죄를 '티모올 마알'(תמעל מעל)이라고 하였는데 이것이 번역에 적용되지 않았다.

'마알'이란 단어가 하나는 동사로(티모올), 하나는 명사(마알)로 반복적인 용법을 보이고 있다. '마알'은 사람이 물건의 품질을 떨어뜨린다는 의미에서 횡령이나 간통, 또는 거룩한 것을 잘못된 목적을 위하여 사용한다는 의미에서 불신앙과 배신, 그리고 어떤 자의 법적인 의무를 방해한다는 의미에서 불성실, 부정확, 사기, 거짓 등의 의미로 사용된다.

더욱이 '마알'이란 단어가 본문과 같이 반복적인 용법으로 사용될 경우에는 '배신'이라는 의미가 강하게 적용된다.[49] '마알'의 의미를 본문에 적용하면, 고의적으로 한 것은 아니되, 여호와의 성물을 하나님의 거룩한 것으로 여기지 않고(품질을 떨어뜨림) 횡령하였거나, 여호와의 성물을 제사 규례에 따라 사용하지 않았거나, 여호와께 드릴 성물의 규례를 지키지 않았을 경우에 해당된다고 이해한다.

제사에 관계된 '마알'이란 하나님께 바쳐진 물품들에 관한 규칙을 어긴 아간의 범죄(수 7:1; 22:20), 웃시야 왕이 제사의 특권을 범한 죄(대하 26:16~18), 아하스 왕이 우상에 대한 예배를 장려한 죄(대하 28:19~25; 29:19), 서약의 위반(겔 17:19~20) 등을 말한다. 이는 하나님의 이름을 더럽히는 죄라고 일컬을 수 있다. 다른 면에서, 자신의 남편을 속이고 정절을 버린 아내는 결혼 관계에 대한 배반 행위로 인정하여 하나님께 대한 믿음을 배반한 것과 동일하게 취급되기도 한다(민 5:12, 27).

두 번째 일반 규례의 속건제는 여호와의 계명을 부지중에 범하였을 경우에 대한 규례이다. 여호와의 계명을 부지중에 범한 죄에 대하여는 속죄제에도 나타나는 규례이기에 구분하여 이해해야 한다. 속죄제의 경우에는 행하지 말아야 할 여호와의 계명을 '부지중'(בשגגה비슈가가)에 범한 죄에 대한 규례이고, 속건제는 행하지 말아야 하고 알지 말아야 할 여호와의 계명을 범한 죄에 대한 규례이나 '부지중에'라는 히브리어 '비슈가가'를 사용하지 않았다.

따라서 속건제에서 말하는 여호와의 계명을 범한 죄란, 행하지 말아야 하고 알지 말아야 할 여호와의 계명을 의도적으로 범한 것을 말한다. 여기에서 '의도적'이라는 말은 여호와의 계명에 어긋난 것임을 알면서도 자신의 유익을 위하여 불가피하게 범한 경우를 뜻한다.

2) 특별 규례의 속건제(6:1~7)

특별 규례의 속건제를 드리는 경우는 다음과 같다. 첫째는 이웃의 전당물을 속이거나 착취하고 그 사실을 부인하여 돌려주지 않은 경우이고, 둘째는 남의 잃어버린 물건을 줍고도 그 사실을 부인하여 돌려주지 않는 경우이다. 이것은 다른 사람의 재산을 합법적으로 '강탈'(עשׁק아샤크)하는 것을 말한다.

속건제를 드리기 전 그 본래 물건과 더불어 그 5분의 1을 더하여 배상하도록 규정하고 있다. 앞에서 언급한 속건제의 일반 규례와 같이 여호와의 계명 중 6~10계명에 관한 것이라 이해한다. 특히 전당 잡은 물건이나 잃어버린 물건이라는 조건을 유념하여 이해함이 옳다. 이는 그 사회의 가난한 자들과 깊은 연관을 맺고 있기 때문이다. 무엇보다 자신의 권력이나 지위를 이용하여 다른 사람의 기본권을 침해한다면 하나님의 창조 질서에 위배되는 일이다. 중요한 것은 이 규정들이 하나님의 백성을 향한 것임을 명심해야 한다. 하나님의 백성은 그가 하나님을 사랑한다고 고백하는 것만큼 그 이웃을 사랑하는 것이 그 삶의 원칙이다.

성경은 값싼 용서를 가르치지 않는다. 반드시 진정한 회개가 용서에 선행되어야 한다. 이러한 회개의 입장에서 속건제의 배상은 죄책의 속죄에 대한 필수적인 과정으로 이해한다(눅 19:5). 마태복음 5:23~24은 형제와의 화목을 예물보다 우선한다고 가르친다. 속건제에서 말하는 죄책은 인간과 인간, 그리고 하나님과 인간의 관계를 깨뜨릴 뿐만 아니라 하나님 앞에 나아가는 길에 걸림돌이 된다.

제사장의 위임식과 제사장의 사역(레 8~10장)

제사에 관한 규례와 제사장에 관한 규례 사이에 "그 예물을 여호와께 드리라 명하신 날에"(7:38)라는 말씀이 있다. 이는 시내산에서 율법을 선포하시던 날을 상기하게 하며, 백성으로 하나님을 가까이하게 하고자 하시는 하나님의 의도를 강조하는 말씀이다. 7:38의 '르하크리브 에트-코르브네헴 리야훼'(להקְרִיב את־קרבניהם ליהוה)라는 말씀은 문자적으로 '그들의 예물과 함께 여호와께 가까이 나아오록 하기 위하여'라는 뜻이다. 제사의 규례나 제사장의 규례 모두가 백성들로 하나님께 점점 가까이 다가오기를 바라시는 하나님의 마음을 표현한 것이며, 결국 이 규례들은 예수 그리스도에게서 완성된다.

7:37~38은 제사 제도(1:1~7:38)와 제사장의 위임식과 사역을 연결하는 고리 역할을 한다. 제사나 제사장에 관한 제도는 하나님께서 그에게 가까이 오는 자를 자기 백성을 삼고자 하시는 동일한 의도에서 비롯되었음을 알게 한다. 하나님께 가까이 나아가는 길은 곧 하나님의 백성이 되는 길이며, 그 하나님 백성의 정체성을 확립하는 길이 된다.

1. 제사장의 위임식(8장)

제사장의 위임식은 출애굽기 29:1~37에 나타난 것과 대조되는 면이 있다. 즉 레위기 8장이 출애굽기 29장보다 시제가 앞서 있다고 생각하는 것과, 레위기의 제사에 관한 규례와 일치되지 않는 점 등을 지적한다. 그러나 실제로 출애굽기 29장과 레위기 8장에 사용된 동사들이 시제상 차이가 분명하지 않다. 동일한 시제를 사용한 경우가 더욱 많다고 인정된다.

더욱이 레위기 1~7장에 이르는 제사 제도에 불일치되는 것에 대하여는 제사의 순서를 말함인데, 제사 제도가 이스라엘 온 회중에게 선포된 것을 생각하면 제사장의 위임식에 사용된 순서의 차이는 결코 모순으로 볼 것은 아니라고 이해한다. 이는 회중에게 선포된 제사의 규례는 일반적인 것이지만, 제사장의 위임에 드려지는 제사는 특별한 경우이기 때문이다.

한편 레위기 8장은 출애굽기 29장에 비하여 제의적인 용어를 사용하지 않고 일반적인 용어를 많이 사용하였다. 이에 대해 출애굽기 29장의 용어는 성막을 세우는 입장에서 성막의 구조에 맞게 진술되었지만, 레위기 8장은 이스라엘 온 회중이 알아듣기 쉽도록 일반적인 용어를 더욱 많이 사용하였을 것으로 이해한다. 그렇다면 레위기 8장에서 백성이 제사의 규례를 선포하시는 하나님의 마음과 의지를 더욱 이해하도록 배려했다는 면에서 출애굽기 29장과 모순이라는 견해는 어울리지 않음이 인정된다.

제사장의 위임식은 모세가 진행한다. 그 위임식을 위하여 속죄제, 번제, 소제, 화목제가 준비되고, 독특한 관유와 제사장의 의복이 준비된다. 그리고 회중을 회막문에 불러 모은다. 제사장의 위임식은 이스라엘 모든 지파들이 함께 참여해야만 하는 공동체 의식임을 강조한다. 이는 하나님께서 세우시는 제사장에 대한 온 백성의 인식을 요구하는 것이며, 또한 제사장은 그 온 백성을 섬기는 일이라는 것을 인식하게 하고자 함이다. 이러한 위임식이 여호와께서 모세에게 명하신 대로 시행되었음을 밝힌다. 이것은 영원한 대제사장이신 예수 그리스도를 예표 하며, 동시에 예수 그리스도를 믿는 자들을 대제사장이신 예수 그리스도께서 그분의 제사장을 삼으심(계 1:5~6)을 드러낸다고 이해한다.

멜기세덱의 계열을 좇아 대제사장이 되신 예수 그리스도(히 5, 7장)는 하늘 성소에서 수행되는 대제사장직을 가진다(히 9:11~12). 그는 영원한 대제사장이시며(히 7:23~25), 살아계신 대제사장으로써 지금도 그를 믿는 자들을 위한 중재자요 중보자이시다(요일 2:1~2).[50]

1) "아론과 그 아들들을 데려다가"(6상절)

제사장의 위임식을 위하여 모세가 아론과 그 아들들을 데리고 간다. 원문에 제사의 규례에서 예배자가 제물과 함께 하나님께 가까이 나아가는 것과 동일한 '카라브' 동사를 사용하였다. 이것은 모세가 아론과 그 아들들을 데리고 하나님께 가까이 나아가는 것을 의미한다. 즉, 제사장의 헌신을 의미하지만, 모세에 의하여 제사장이 하나님께 가까이 갈 수 있는 것을 나타낸다.

하나님께서는 아론과 그 아들들을 제사장으로 세우는 권위를 모세에게 주셨다. 모세는 예수 그리스도의 모형으로 이해된다. 예수 그리스도는 이 땅에 오셔서 열두 제자를 세우셨다. 그리고 그들을 통하여 모든 족속으로 제자 삼기를 명하신다. 그때 "하늘과 땅의 모든 권세를 내게 주셨으니"(마 28:18)라고 말씀하셨다. 성부 하나님께서는 오직 성자 하나님이신 예수 그리스도에게만 하늘과 땅의 권세를 주셨다. 열두 제자를 삼은 이도 예수 그리스도이시며, 그 열두 제자를 통하여 모든 족속으로 그리스도의 제자를 삼게 하는 이도 예수 그리스도이심을 상기시킨다.

2) "물로 그들을 씻기고"(6하절)

아론과 그 아들들을 물로 씻기고 제사장의 거룩한 옷을 입힌다. 흠이 없는 가축이 제물로 선택되었어도, 그 내장과 정강이를 물로 씻어 정결케 하였으니 하나님의 거룩한 제사를 주도하는 제사장이 물로 씻김을 받음은 필수 조건일 것이다. 더욱이 제사장이 될 자신이 씻는 것이 아니라 모세가 아론과 그 아들들을 물로 씻기는 것이다.

회막의 문에서 번제단을 지나 물두멍(출 30:17~21)이 있다. 그 물두멍에 담겨진 물로 제사장은 씻긴다. 회막의 모든 기구는 예수 그리스도의 사역을 예표 한다. 그리스도로부터 나오는 물 곧 하나님의 말씀으로 그분의 제사장이 될 자들은 씻김을 받아야 한다.

한편 모세가 아론과 그 아들들을 물로 씻기는 의식은, 예수 그리스도께서 그분의 제자들의 발을 씻기셨던 일에 비할 수 있다. 모세가 아론과 그의 아들들을 물로 씻김같이, 아론과 그의 아들들은 끊임없이 그다음 제사장이 되는 자들을 물로 씻겨야 한다.

이와 같이 물로 씻어 줌의 원리가 예수 그리스도에 이르러 완성된다. 예수님께서 제자들의 발을 씻기시면서 그 제자들에게 "내가 주와 또는 선생이 되어 너희 발을 씻겼으니 너희도 서로 발을 씻기는 것이 옳으니라"(요 13:14)고 말씀하셨다. 예수님의 말씀에 따라 그분의 제자 된 자들은 서로 발을 씻어 주어야 한다.

3) '에봇을 입고 흉패를 붙이고'(7~9절)

모세에 의하여 물로 씻김을 받은 제사장들은 거룩한 예복을 입을 수 있다. 제사장이 입는 옷에 대하여는 출애굽기 28장에 자세히 기록되었다.

첫째, 제사장의 옷은 영화롭고 아름답게 지정된 제사장의 신분을 의미한다. 하나님께서 백성이 하나님께 가까이 나아오도록 하는 제사의 규례를 정하시고, 그 제사를 주관할 제사장에게는 독특한 신분을 허락하셨다. 그 신분은 제사장 자신을 위한 것이 아니라 백성이 하나님의 거룩함을 알도록 하는 하나님의 종인 것을 의미한다. 하나님의 종은 인간으로부터 오는 권위가 아닌 오직 하나님의 존귀함으로 옷 입는다. 그는 세상의 권위를 가지는 것이 아니라 섬기는 자이면서도 하나님의 권위를 가진다. 그 권위와 존귀함은 결국 예수 그리스도의 모형이 된다(시 132:9, 16; 사 61:10; 슥 3:3~4).

둘째, 이스라엘 열두 지파들의 이름이 새겨진 열두 보석이 물려 있는 옷을 입는다. 이스라엘의 열두 지파들은 하나님의 특별한 소유임을 의미한다. 제사장은 그 열두 지파들과 하나님 사이의 중재자 역할을 맡는다. 제사장은 그 백성의 모든 지파에 하나님의 은혜가 흐르도록 해야 한다. 어느 한 지파에 치우침이 없어야 한다. 이는 그 열두 지파는 예수 그리스도께서 완성하실 새 예루살렘의 기초가 될 것이기 때문이다. 즉 중보자가 되시는 예수 그리스도의 모형임을 나타낸다.

셋째, 우림과 둠밈은 판결의 흉패로 불리며, 빛과 완전함을 나타낸다. 예수 그리스도는 그를 믿는 자 안에서 분별력을 더하는 총명의 지혜가 되신다(잠 1:1~6; 요 1:9). 뿐만 아니라 그는 만물의 심판주가 되신다.

제사장의 에봇과 속옷, 흉패, 우림과 둠밈, 머리에 쓸 관은 대제사장이신 예수 그리스도의 위엄을 나타내며, 그분의 제사장들의 품위를 상징한다. 예수 그리스도께서는 판결의 흉패와 거룩한 왕관을 가진 만왕의 왕이시다. 그리스도를 믿는 모든 자들은 그리스도의 의로 옷 입는다. 옷은 그 사람의 신분을 상징하기도 하지만, 입은 사람의 행동을 제한한다. 만약 그 옷이 세상에 더렵혀진다면 더 이상 제사장의 직무를 이행할 수 없게 된다. 그러므로 그리스도로 옷 입고, 하나님의 은혜 안에 거하는 자가 되어야 함을 강조하는 말씀으로 이해한다.

4) '관유를 붓고'(10~13절)

관유로 회막과 그 안의 기구들을 거룩하게 하고, 관유를 아론의 머리에 붓고 발라 거룩하게 한다. 먼저 성막의 기구들에 관유를 뿌려 거룩하게 하고 아론의 머리에 기름을 붓는 것이 출애굽기 29장에 나타난 제사장 위임식이 아니라, 출애굽기 40장 성막의 봉헌식에서 행한 것과 같은 형식으로 진행한 것이다. 따라서 레위기의 제사와 제사장의 규례가 출애굽기에서 성막의 완성과 맞물려 있는 것으로 이해된다. 성막에 처음 제사를 드리는 것과, 아론과 그의 아들들이 대제사장과 제사장으로 위임을 받는 것이 동일한 사건으로 이해된다. 그러므로 성막을 거룩하게 하는 의식과 아론의 머리에 기름을 붓는 의식이 함께 진행된 것이다.

한편, 성막의 기구들에 기름을 뿌려 거룩하게 함과 아론의 머리에 기름을 부어 거룩하게 함은 동일하게 기름 부음을 받은 자 예수 그리스도의 모형이다. 성막도 예수 그리스도의 모형이요 대제사장도 기름 부음을 받은 자 예수 그리스도의 모형이기 때문이다.

다른 면에서 성막과 그 안에서 섬기게 될 아론을 거룩하게 함은 하나님의 임재를 위한 준비로 이해할 수 있다. 이는 온 백성이 하나님을 만나야 하기에 하나님의 임재는 가장 중요한 것으로 성막의 봉헌과 대제사장의 위임이 함께 취급된다.

아론이 대제사장으로 위임 받은 것이다. 대제사장은 기름 부음을 받은 자이다. 12절의 "또 관유로 아론의 머리에 부어"에서 '관유'는 'anointing oil'로 왕이나 대제사장의 위임에 사용되는 기름을 말하므로 아론은 대제사장으로 기름 부음을 받은 것이다. 또한 "그에게 발라 거룩하게 하고"(12하절, 개역개정)는 거룩하게 하기 위하여 그의 옷에 기름을 뿌린 것으로 이해한다. 이것이 왕과 대제사장의 위엄을 나타내기도 하지만, 기름 부음을 받은 것이나 기름을 뿌려 거룩하게 하는 것은 곧 대속을 위한 제물로 준비됨을 의미한다. 대제사장으로 기름 부음을 받으신 예수 그리스도는 곧 대속을 위한 흠 없는 온전한 제물이 되신다.

5) 위임식의 속죄제(14~17절)

여기서는 제사장이 될 자들이 드리는 제사가 진행된다. 즉 제사장 위임식이다. 제사장이 될 자들은 속죄제로부터 시작된다. 이는 하나님의 백성이 되는 과정을 거친 자들이기 때문이다. 하나님의 백성으로 살아오면서도 세상의 오염으로부터 물들은 모든 죄와 그 죄책을 고백하고 용서함을 받아야 함을 속죄제가 가르쳐 준다. 속죄제의 제물로는 하나님께 향기로운 냄새가 되지 못한다. 왜냐하면 하나님의 은혜를 알게 된 자가 저지른 잘못이기 때문이다.

그런데 위임식의 속죄제가 제사 규례에 나타난 제사장의 속죄제로 취급된 것이 아니라 족장의 속죄제와 동일하게 행해졌다. 이는 제사장직을 수행하는 가운데 저지른 죄의 속죄를 위함이 아니고, 일반 족장으로 살아오는 가운데 제사장으로 부름을 받아 하나님께 나아가는 속죄제이기에 족장의 속죄제에 준한 것으로 드려졌다고 이해한다. 제사장이기 전에 하나님 앞에 한 사람으로 행한 모든 것에 속죄함이 선결 문제였음을 밝힌다.

6) 위임식의 번제(18~21절)

회막에 임재하신 하나님께 가까이 가는 일에 번제는 반드시 매일같이 드려지는 기본적인 제사이다. 회막 자체도 하나님이 백성 가운데 임하여 백성과 함께하시기 위함이며, 제사 또한 하나님께서 백성들을 불러 가까이하시기 위함이다. 하나님이 함께하시는 일이나, 백성이 하나님께 가까이 가는 일 모두 예수 그리스도의 희생을 통하지 않고는 이루어질 수 없는 일이다. 이를 제사장의 헌신의 표현으로 이해하기도 하나, 그보다 사람을 불러 하나님을 가까이하게 하므로 하나님의 구원하심과 하나님의 백성 되게 하심이 시작되는 것으로 이해함이 더 적절하다.

그러므로 번제는 '흠 없는 제물' 어린 양 되신 예수 그리스도의 희생과 피 뿌림을 향한 구원의 모형으로 이해해야 한다. 번제를 드려 하나님 앞에 가까이 가는 일이 하나님의 백성으로 거듭나는 일과 하나님의 자녀로 의롭다 함을 얻는 일이기 때문이다.

7) 위임식의 소제와 화목제(22~36절)

제사의 규례에서 밝힌 대로, 소제와 화목제는 무엇보다 예배자의 성품에 초점이 맞추어져 있다. 제사장의 위임에도 제사장 개인의 성품이 하나님의 거룩함에 참여하는 것이 무엇보다 중요한 과정이다. 제사장의 성품은 개인의 구원을 넘어 하나님의 백성이 이루어야 할 믿음의 공동체를 이루기 위함이다. 백성의 제사를 인도해야 할 제사장에게는 더욱 하나님과 화목한 관계가 중요하다고 할 수 있다. 이는 제사장이 백성과 하나님의 중재의 역할을 맡고 있기 때문이다.

피 뿌리는 의식에 있어 일반 화목제와 다르게 진행된다. 출애굽기 29장에 나타난 제사장 위임식에서 제사장에게 피를 바르는 의식이 함께 진행된다. 관유로 성막과 제사장에 뿌림같이, 피를 제사장의 몸에 뿌리고 제단에 뿌리는 것을 성막과 제사장의 긴밀한 관계를 위함이라고 이해하기도 한다. 하지만 제사장의 몸과 제단에 피를 뿌려 거룩하게 함은, 기름 부음을 받고 보냄을 받은 자 예수 그리스도의 피와 그분의 희생 없이는 성소에 나아가지 못하며 하나님과 화목할 수 없음을 알게 한다. 제사장은 예배자가 하나님께 가까이 다가오도록 하는 데 준비된 자들이다. 제사장의 삶이 온전히 거룩해야 함을 말씀하신다.

30~36절의 말씀은 제사장의 위임식이 7일간 계속되었음을 밝힌다. 이 위임식을 통하여 제사장과 성막의 거룩함은 절대적으로 하나님의 속죄에 기인함을 강조한다. "오늘날 행한 것은 여호와께서 너희를 위하여 속하게 하시려고 명하신 것이니"(34절)라는 말씀은 제사장의 위임식을 대표하는 말씀이다. 하나님께서 모세를 통하여 명하신 제사와 제사장에 관한 규례 모두가 하나님의 백성으로 속죄함을 받아 하나님의 거룩함에 참여하게 하기 위함인 것을 가슴에 새기게 한다.

2. 제사장의 사역(9장)

대제사장과 제사장으로 세움을 입은 아론과 그 아들들이 제사를 진행한다. 모세를 통하여 아론과 그 아들들이 제사장으로 기름 부음을 받은 것은 하나님의 백성들로 하여금 하나님 앞에 나아가도록 제사를 진행하기 위함이며 또한 그 백성들을 하나님의 말씀을 따라 축복하기 위함이다.

모세가 아론과 그 아들들을 제사장으로 세움같이 이 땅에 오신 대제사장 예수 그리스도께서 그를 믿는 자들 가운데서 제사장을 세우신다. 그리고 그 세움을 입은 제사장들을 통하여 백성들을 불러 하나님께 나아가게 함으로 하나님의 백성이 되게 하고 하나님과 화목한 교제를 갖도록 축복한다.

그러기 위하여 제사장 자신을 위하여 속죄제와 번제를 준비하고 또한 백성들이 속죄제와 번제를 준비하여 하나님께 나아오도록 한다. 그리고 화목제와 소제를 준비하여 하나님께 나아간다. 앞에서 언급한 제사 제도의 순서에 반하여 속죄제가 앞서는 것은 제사장의 책무가 하나님의 백성으로 하여금 하나님의 계명을 어기고 세상으로 향하지 않도록 하는 것이 우선이기 때문이다. 믿지 않는 자들이 하나님 앞에 돌아옴이 중요하지 않은 것이 아니라 하나님의 백성이 믿음의 모범이신 예수 그리스도를 따라 살지 않으면, 세상에 믿지 않는 자들이 하나님께로 나아가는 데 방해가 되기 때문이다.

1) '이스라엘 온 회중이 여호와 앞에'(5~7절)

제사장은 온 회중이 여호와 앞에 나오도록 해야 한다. 하나님께서 어느 누구든지 여호와 앞에 가까이 나아오도록 배려하셨으니, 제사장은 그 하나님의 마음을 백성에게 전달하여 백성들이 하나님으로부터 멀어지지 않도록 해야 한다. 제사장은 여호와 앞에 나온 백성들로 하여금 하나님의 영광을 보도록 해야 한다.

그러기 위하여 제사장 자신의 삶이 매우 중요함을 인식케 하신다. 이것이 아론 자신의 제사가 먼저 진행되고, 그 아들들의 제사가 진행되며, 그다음에 백성의 제사를 진행하여 하나님께 나아오도록 하였음에서 입증된다.

2) 아론을 위한 속죄제와 번제(8~13절)

아론과 그 아들들이 직임을 수행함에 있어 속죄제를 먼저 드린다. 이는 하나님의 백성으로 택함을 입은 이스라엘의 모든 죄를 먼저 해결하기 위함이라고 이해한다. 그리고 대제사장이어도 하나의 사람이기에 끊임없이 제물과 함께 하나님께 가까이 나아가 그의 죄와 죄책을 용서함 받아야 함을 상기시킨다. 제사장의 위임식에서와 같이 제사장의 속죄제에서 행하는 피 뿌리는 의식을 따르지 않고 족장의 속죄제에서 행하는 피 뿌리는 의식을 따른다.

그리고 번제를 준비하여 드린다. 13~14절에서 일반 번제의 규례와 다르게 번제물의 조각들과 머리를 먼저 불태우고 내장과 정강이를 물로 씻어 나중에 불태운 것처럼 보이나, 서로의 다른 점을 나타낸 것뿐이라고 이해한다. 번제물 중에 그대로 불태울 것과 물로 씻어 불태울 것에 대한 분명한 구분을 위한 것이라고 생각한다.

3) 백성을 위한 속죄제와 번제, 그리고 소제와 화목제(15~24절)

속죄제와 번제를 통하여 백성이 용서함을 받도록 한다. 하나님의 백성 된 자들을 하나님의 말씀에 순종하여 거룩한 삶을 살도록 가르치고 권고한다. 이것은 소제와 화목제를 통하여 이루어지는 것이다. 지극히 거룩한 소제와 화목제의 제물을 함께 먹는 것이 거룩한 백성으로 살아가도록 하는 은혜의 방편이 된다. 하나님과의 화목 없이는 하나님의 백성으로서의 정체성 확립이 이루어질 수 없고, 예수 그리스도의 희생 없이는 하나님과의 화목이 이루어질 수 없다. 그만큼 하나님의 백성의 정체성은 거룩에 있고, 그 거룩함은 절대적으로 하나님의 거룩을 닮아 가는 것이다.

제사 규례에서 나타나지 않은 '아침 번제물'이란 말이 나오고 소제가 그 아침 번제물과 함께 드려진 것으로 나타난다. 출애굽기 29:38~46과 민수기 28:1~8에 나타난 번제는 아침과 저녁에 매일같이 드려진다. 이때 포도주와 함께 소제의 제물이 드려진다. 매일같이 드리는 아침과 저녁의 번제에는 "너희가 대대로 여호와 앞 회막문에서 늘 드릴 번제"(출 29:42)라고 규정한다.

더욱이 이 번제에 백성이 하나님을 만나게 될 것과 제사장이 그 직분을 행하게 될 것, 그리고 하나님은 이스라엘의 자손 중에 거하는 하나님이 되시며 그 하나님의 영광으로 말미암아 회막이 거룩하여질 것에 대한 약속을 선포하신다. 이것은 백성과 제사장이 하나님의 보좌에 담대히 나아갈 용기를 얻게 하는 하나님의 약속이라고 믿는다(마 18:20; 히 10:19~22).

하나님의 거룩함이 임한 백성들을 향하여 모세와 아론이 축복함으로 속죄제와 번제를 마친다. 그 제사장의 축복은 민수기 6:24~26의 말씀과 동일한 것으로 본다. 이는 그들의 제사를 하나님이 인정하셨음을 의미한다. 이에 대한 증거로 여호와의 불이 제단 위에 드려진 모든 제물들을 불태웠다. 하나님의 임재가 온 백성들에게 증거 된 것이다.

불이 여호와 앞에 나와 번제물과 기름(화목제물)을 사른 것은 하나님의 임재로 인한 그의 영광임과 동시에 하나님의 응답과 제사의 존속으로 이해한다. 불이 여호와 앞에서 나왔다는 말은 회막 앞에서 나왔다는 말을 뜻한다. 이는 회막이 여호와께서 임하여 계신 곳이기 때문이다. 백성의 모든 제물을 여호와 앞에서 나온 불이 태움은 하나님과의 언약 관계가 회복됨을 의미하는 것으로 이해할 수 있다.

3. 제사의 목적과 존속(10장)

번제로부터 화목제에 이르기까지 모든 제사의 규례는 백성이 하나님을 가까이하도록 배려하시는 하나님의 끝없는 사랑에서 기인한다. 회중에게 이르는 제사의 규례에 이어 제사장에게 이르는 제사의 규례를 선포하시고, 그 제사의 실행을 위한 제사장의 위임과 더불어 그 제사의 실행에 관하여 구체적으로 선포하신다. 이는 모든 사람이 빠짐없이 하나님께 나아와 그들의 죄와 죄책으로부터 속죄함을 받아 하나님의 백성이 되게 하려는 하나님의 의지를 강하게 표현하신 것이다.

그러나 그 제사를 실행하는 제사장이나 백성이 여전히 죄 가운데 있는 사람인지라 하나님의 의도하심이 제대로 드러나지 않는 경우가 발생된다. 본문의 나답과 아비후의 사건은 여호수아 7장 아간의 범죄, 사무엘하 6:1~7 웃사의 범죄 등으로부터 사도행전 5:1~11 아나니아와 삽비라의 범죄에 이르기까지 인간에게는 비극적이며 하나님의 의지를 배신하는 일들의 시작과 근원이 무엇인지를 밝히는 말씀이라고 이해한다. 이러한 일들이 하나님께서 정하신 제사의 목적과 그 제사의 존속의 중요성을 밝히는 말씀이 된다.

1) 제사의 목적(1~3절)

위임을 받은 제사장에 의한 제사가 실행되면서 아론의 아들 나답과 아비후에 의하여 문제가 발생한다. 이것은 그 당시 일어났던 특별한 사건을 다룬 것이 아니다. 모세에 의하여 아론과 그 아들들에게 제사장이 위임된 이후 계속하여 발생하였거나 발생 가능성이 있는 아주 중요한 제사의 문제를 다룬 것이다.

본문에서 유념해야 할 말씀은 나답과 아비후가 '각기' 향로를 가져왔다는 것이고, 하나님께서 명하시지 않은 '다른 불'을 담아 분향하였다는 것이다. 본문에서 드러나는 나답과 아비후의 잘못을 살펴보자. 첫째는 하나님의 명령을 받지 않은 제사장이라는 것, 둘째는 회막의 분향로가 하나인데 두 사람이 각기 향로를 가지고 있었다는 것, 셋째는 번제단에 취하지 않은 불이었다는 것이다.

'다른 불'의 히브리어 '에쉬 자라'(אֵשׁ זרה)는 '불법적인 불'이라는 의미이다. 나답과 아비후가 이방인들의 제사에 사용되는 불을 취하여 왔는지는 확실치 않지만, 정통성이 없다는 것을 '에쉬 자라'라는 문구가 인식하게 한다. 출애굽기 30:9에 언급한 '다른 향'과 연관성을 논의하기도 하지만 '다른 불'과는 분명히 구별된다.

9:24의 '여호와 앞에서 불이 나왔다'는 말씀에 근거하면, 번제단에 타고 있는 불은 여호와께로부터 나온 불이다. 그러면 결국 나답과 아비후는 번제단에서 불을 취하지 않았다는 것으로 이해할 수밖에 없다.

나답과 아비후의 잘못에 대한 매튜 헨리의 견해 중에 의미심장한 것은 그들의 잘못이 출애굽기 39:38에 지정한 향 곧 모세가 사용하는 그 향을 사용하지 않았다고 보는 것, 그들이 술 취하였다고 보는 것, 그리고 체제나 권위에 대한 불평 때문에 고의적으로 저지른 잘못이라고 보는 것 등이다.[51] 하틀리(John E. Hartley)는 정통성이 없는 제사, 즉 그날 제사의 담당이 아니었거나, 지성소에 들어가지 말아야 할 제사장이었을 가능성을 지적하여 아론의 특권을 찬탈하는 범죄를 저지른 것으로 본다.[52] 모두 충분히 인정할 수 있는 견해들이다.

중요한 것은 이 나답과 아비후의 잘못을 계기로 하나님께서 제사의 목적이라고 볼 수 있는 하나님의 의지를 계시하신다. 즉 3절에 나타난 하나님의 계시는 히브리 시 형식으로 다음과 같이 이해되어 왔다.

'비크로바이 엑카데쉬'

(בִּקְרֹבַי אֶקָּדֵשׁ '나를 가까이하는 자에게 나의 거룩함을 보이겠고')

'뵈알–프네 콜–하암 엑카베드'

(וְעַל־פְּנֵי כָל־הָעָם אֶכָּבֵד '그 모든 백성 앞에 나의 영광을 드러내리라')

하지만 '비크로바이'를 "나를 가까이하는 자 중에"라고 번역하였기에 위와 같은 형식이 적용된 것이다. 전치사 '브'(בְּ)는 그 사용된 명사가 복수일 경우에 'among'의 의미를 지니게 된다. '비크로바이'는 단수이기에 'among'보다 'by, through'를 적용하면 다음과 같은 형식이 된다.

'비크로바이'

'엑카데쉬 뵈알–프네 콜–하암 엑카베드'

여기에서 '엑카데쉬'와 '엑카베드'가 시 형식에서 두운법처럼 동일한 발음으로 시작되는 단어가 서로 대칭을 이루었기에 충분히 가능성이 있는 구조라고 이해한다. 이 구조에 의해 다음과 같이 번역할 수 있다.

나를 가까이하는 자를 통하여

그 온 백성 앞에 내 거룩함을 보이고 내 영광을 드러내리라

천지를 창조하신 하나님께서 아브라함과 그의 후손들을 그분의 백성이라고 하는 이유가 무엇인가! 그 백성에게 율법을 선포하시고, 그 율법 가운데 세운 성막 곧 회막에서 드려지는 제사 제도를 만들어 실행하게 하심은 무엇을 위함이었는가! 하나님의 거룩함을 보이고, 하나님의 영광을 드러내야 할 백성이다. 그러기에 하나님께서 회막을 세우고 그곳에 임재하며 그분의 백성이 가까이 나오도록 제사 제도를 준비하고 제사장에게 위임하신 것이다.

그런데 나답과 아비후가 그 하나님이 제정하신 제사와 제사장 제도를 따르지 않고 자신의 감정과 의지를 가지고 백성 앞에 나선 것이다. 본문에 대

하여 하틀리는 "사람이 하나님께 더 가까워질수록 그는 자신을 더욱 성결케 해야 하며 매사에 더 주의 깊게 행동해야 한다. 제사장들은 자신을 성결케 하고 여호와께서 지시하신 대로 여호와와 백성 사이를 중재함으로써 백성들 앞에서 그분의 존엄을 높인다"라고 밝힌다.[53] 그렇다. 나답과 아비후는 하나님의 거룩하심과 존엄 즉 영광을 드러내기보다 자신을 나타내려 한 것이 분명하다.

2) 가족 공동체를 위한 하나님의 경고(4~6절)

나답과 아비후의 사건으로 하나님은 아론과 그 아들들에게 경고하신다. 죽임을 당한 나답과 아비후가 아론에게는 아들들이요 엘르아살과 이다말에게는 형제들이다. 그러나 그들을 위하여 애곡하지 못하게 하신다. 더 중요한 것이 백성에게 하나님의 진노가 임하지 않게 하는 일이기 때문이다. 백성들을 인도하는 제사장으로 개인적인 슬픔이나 감정보다는 백성들에게 임할 하나님의 진노에 대한 책무에 더 관심을 갖게 하신다.

제사의 목적과 존속은 믿음의 공동체에 초점을 맞추고 있다. 공동체의 구성원들 개개인의 성품이나 삶은 곧 그 공동체 전체를 죄악으로 몰아갈 수도 있음을 하나님은 경고하신다.

북왕국 이스라엘의 역사에 그와 같은 일이 드러난다. 솔로몬 시대에 하나님은 이스라엘 남쪽 두 지파를 유다로, 북쪽 열 지파를 이스라엘로 하여 찢으셨다. 그런데 통일왕국을 찢으신 하나님의 의도를 생각하지 않고 여전히 우상을 섬기고 부패하여 범죄한 '느밧의 아들 여로보암'의 사건이 일어난다(왕상 12:28~33; 13:33~34). 결국 북왕국 이스라엘은 '느밧의 아들 여로보암'의 죄에서 돌이키지 못하여 하나님의 진노에서 벗어나지 못하고 멸망하고 만다(왕하 17:21~23). 하나님은 하나님의 백성 곧 이스라엘을 하나님의 거룩한 백성으로 삼아 하나님의 영광을 드러내기를 원하신다.

'너희 형제 이스라엘 모든 자손'(ואחיכם כל־בית ישׂראֵל 봐아헤켐 콜-베트 이스라엘)이 여호와의 진노의 불로 태우심을 슬퍼하라고 하신다. 여기에서 아론과 그 아들들에게는 애곡하지 못하게 하시면서 왜 이스라엘 자손에게 슬퍼하라고 하시는지 생각해 보아야 한다. 그 해답은 '너희 형제'(אחיכם아헤켐)에 있다. 아론과 그 아들들에게만 가족이 아니다. 이스라엘 온 자손들이 한 가족임을 말씀하신다. 나답과 아비후만의 잘못이 아니라, 이스라엘 온 자손의 잘못으로 인식시키고 있다. 개인의 잘못을 계기로 백성들에게 하나님의 거룩함에 대한 경외심을 일으키고자 하신다.

하나님께서 백성들을 가까이 오도록 제정하신 제사에는 제사장이나 온 회중 모두 하나님의 거룩하신 임재 앞에 동일한 공동체의 구성원이다. 더욱이 제사장은 그들을 하나님 앞으로 인도해야 할 하나님의 종으로 세우심을 입었다. 그러므로 제사장이나 회중이 다 함께 여호와의 진노를 유발시키지 않도록 제사와 제사장에 관한 규례를 숙지하게 하고자 하시는 하나님의 의지로 이해한다.

3) 제사의 존속을 위한 하나님의 경고(7~11절)

아론과 그의 아들들은 하나님으로부터 관유로 기름 부음을 받은 제사장이다. 무엇보다도 제사의 존속이 중요하다. 그 제사장들이 부정한 것에 접촉되어 제사의 실행에 문제가 발생되는 것을 막고자 함이다. 기름 부음을 받은 메시아로 이 땅에 오신 예수 그리스도께서 한 걸음도 세상을 향하지 않고 아버지 하나님의 뜻을 이행하여 순종한 것처럼, 예수 그리스도의 모범을 따르는 제사장으로 기름 부음을 받은 자인 것을 한시도 잊지 말게 하시는 하나님의 경고이다. 이는 하나님의 거룩함과 영광의 모습을 지키게 하시는 강조의 말씀이기도 하다.

"여호와의 관유가 너희에게 있은즉 너희는 회막문에 나가지 말아서"(7절)라는 말씀은 레위기에서 끝나지 않는다. 기름 부음을 받은 제사장과 그 제사장으로 존속되어야 할 제사의 보호를 위하여 하나님께서 끊임없이 이스라엘을 권고하신다.

호세아 4:15의 "이스라엘아 너는 행음하여도 유다는 죄를 범치 말아야 할 것이라"는 말씀은 기름 부음을 받고 이 땅에 오실 메시아의 계열을 보호하기 위한 하나님의 애통하는 절규이다. 이스라엘이 하나님께로 돌이키지 않고 범죄 하여 멸망의 길을 재촉하고 있을 때, 하나님께서 남유다의 선지자 호세아를 북이스라엘에 보내어 활동하게 하신다. 그때 '느밧의 아들 여로보암'의 죄에서 돌이키지 못하는 이스라엘의 백성들 사이에서 그 이스라엘의 죄를 쫓아 범죄 하는 유다를 바라보며 호세아는 하나님의 심정을 토하게 된다. 그 말씀이 호세아 4:15 말씀이다. 개인의 잘못이 하나님의 백성을 인도할 제사장에게 물들지 않도록 하나님이 경고하고 있음을 가슴에 새겨야 한다.

아론과 그 아들들에게 회막에 들어갈 때에 포도주나 독주를 마시지 못하게 하신다. '포도주나 독주'는 모든 술을 일컫는 말씀이다. '대대로 지킬 영영한 규례'라는 말씀으로 인장을 치듯 강조하신다. 그 이유는 부정한 것과 거룩한 것을 분별하게 하기 위함이다. 하나님의 뜻을 이행하는 자들로 무엇이 부정하고 거룩한 것인지 구별하지 못한다면, 이 또한 제사의 존속을 위험하게 하는 중대한 원인이 되기 때문이다. 술에 취하는 행동은 제사장이나 회중이 세상을 향하는 지름길로 이해되며, 성령 충만함을 받아 살아가야 할 모든 그리스도인들의 삶을 부패시키는 것으로 이해한다(엡 5:18~20; 살전 5:7~8). 이는 모든 하나님의 백성의 신앙생활(엡 6:18; 벧전 1:13; 4:7; 딤전 2:8)이나 성직자의 사명(딤전 3:3~8)에 반하는 것이기 때문이다.

4) 하나님의 경고에 대한 실증(12~20절)

하나님께서 레위기에 제시한 다섯 가지 제사 즉 번제, 소제, 화목제, 속죄제, 속건제 중에서 그 제물들의 일부가 제사장의 몫이 되고, 그것을 거룩한 장소에서 먹게 하셨다. 제사장이 먹을 음식에 대하여 '지극히 거룩한'이라는 최상의 형용사를 붙인다. 이는 제사장들이 거룩한 음식을 먹는 의식이 제사의 존속을 위한 중대한 일임을 강조하는 것이다.

그런데 나답과 아비후 사건으로 아론과 그 아들들이 화목제의 음식을 먹을 수 없게 되었다. 이로 인한 문제가 발생했다가 모세가 이해하기까지의 모습이 12~20절에 나타난다. 이것은 제사장들이 화목제의 거룩한 음식을 먹는 의식에 참여하지 못하는 것이 제사의 존속에 문제를 일으키는 것임을 알게 한다. 이는 집을 나간 탕자가 돌아오기를 기다리는 아버지의 마음에서 제사 존속의 중요성을 알 수 있을 것이라 생각한다. 제사는 하나님을 떠나간 자들이 하나님께 돌아오기를 기다리는 하나님의 마음에서 출발된다.

설교를 위한 적용: 레위기의 제사 제도와 구원의 서정

레위기의 주제가 '하나님께로 가까이 나아가는 길'이라고 하면, 하나님께로 가까이 나아가는 길은 하나님의 백성이 되는 길이라고 말할 수 있다. 이는 하나님께로 가까이 가는 길을 제외하고 하나님의 백성이 되는 길이 없기 때문이다. 하나님을 가까이하는 것이란 부모와 자식의 관계 또는 부부간의 관계와 같다. 왜냐하면 부모와 자식, 남편과 아내의 관계는 항상 가까이하는 것 즉 함께하는 것을 근거로 성립이 되기 때문이다.

이러한 가까움의 관계가 성막의 구조에서도 드러난다. 성막 곧 회막의 문 앞으로부터 번제단과 물두멍을 거처야 비로소 성소에 이르게 된다. 성소 안에 들어가면 떡상과 향단 그리고 촛대를 거쳐야 지성소에 들어갈 수 있다. 이렇게 백성에게 하나님께로 가까이 가는 길을 준비해 놓으셨다. 구약 시대 하나님의 백성은 이 성막의 구조에 따라 하나님께로 가까이하며 그분의 임재를 통한 거룩하심과 영광을 보게 되었다. 그것이 곧 하나님께서 백성 가운데 계심과 하나님의 백성이 된 언약의 증표로 인식하며 살아왔다.

이스라엘이 하나님의 거룩한 백성임을 드러내는 증거는, 그분께서 임재하신 회막에 나아가 그분께서 제정하신 제사의 규례에 따라 그분께 점점 가까이 나아갈 수 있었다는 데 있다. 하나님을 가까이하는 백성은 곧 하나님의 거룩하심과 영광이 함께하는 백성을 말한다. 결국 하나님을 가까이하는 백성이란 하나님의 거룩한 성품 즉 하나님의 형상을 닮아 가는 백성임을 의미한다. 하나님을 가까이하면 할수록 하나님의 거룩한 형상이 그 하나님을 가까이하는 자를 통하여 드러나게 된다.

이러한 관점에서 하나님께로 가까이 나아가는 길은 곧 구원의 서정과 같다. 구원의 서정이란 그리스도를 믿음으로 하나님께 나아오는 사람에게 하나님의 은혜가 베풀어짐으로 이루어지며, 그 구원의 서정이 깊어질수록 하나님의 거룩한 형상 곧 그리스도의 성품이 그리스도인에게 드러나기 때문이다. "또 미리 정하신 그들을 또한 부르시고 부르신 그들을 또한 의롭다 하시고 의롭다 하신 그들을 또한 영화롭게 하셨느니라"(롬 8:30)는 말씀을 성취하심이 곧 구원의 서정이라 이해한다.

1. 소명과의 관계

하나님께서 인간을 위하여 준비하신 구원의 서정은 하나님께서 인간을 부르심으로 시작된다. 사람이 그리스도를 믿는 믿음은 하나님의 부르심에 기인하여 성립된다. 하나님께서 아브라함을 부르셨고, 그의 자손들을 구별하여 부르셨다. 하나님의 그 부르심을 근거로 아브라함의 자손들을 이스라엘 곧 하나님의 백성이라 부르는 것이다. 레위기에 선포된 제사의 규례 또한 하나님의 부르심에 기인한다. '하나님께서 모세를 부르셔서'(와이크라 엘-모쉐) 모든 제사의 규례를 선포하신다. 그리고 하나님께서 선포하신 제사의 규례에 따라 백성을 하나님께로 가까이 나아오도록 부르신다.

하지만 그 하나님의 부르심에 따라 사람은 하나님께로 나아갈 수 없다. 사람은 모두 죄인이기 때문이다. 그러기에 하나님께서 사람을 가까이 나아오도록 부르실 때 사람이 함께해야만 하는 '예물'을 지정하신다(אדם כי־יקריב מכם קרבן ליהוה 아담 키-야크리브 믹켐 코르반 라야훼). 그 예물이 '흠 없는 수컷'인 가축이다. 그 흠 없는 수컷인 제물이 사람을 하나님께로 나아가도록 함께한다. 비로소 사람은 하나님께서 임재하신 회막의 문에 들어서는 것이다.

사람이 흠 없는 제물과 함께 회막의 문에 들어선다. 번제단 앞에 이르러 그 제물의 머리에 사람의 모든 죄를 전가시킨다. 그리고 그 제물이, 죄로 인한 사람의 죽음을 대신하여 죽임을 당한다. 그 제물의 피가 제단에 뿌려지고, 그 제물의 몸은 조각으로 잘려지되 내장과 정강이는 물로 씻어 번제단에 태워진다. 이러한 번제의 규례는 사람을 부르시는 하나님의 부르심의 조건을 성립시킨다. 흠 없는 수컷인 제물의 죽음이 하나님의 부르심을 성취시킨다는 말과 같다.

이와 같이 이 땅에 오신 성자 하나님 예수 그리스도께서 사람의 모든 죄를 짊어지고 사람의 죽음을 대신하여 죽임을 당하셨다. 그리스도께서 십자가에 죽으심은 하나님께서 그분의 백성을 부르신 그 부르심을 성취시킨다. 곧 그리스도의 죽음으로 사람은 하나님께로 나아가는 길이 열린 것이다. 그리스도께서 사람의 죽음을 대신하셨음을 번제에서는 "그가 번제물의 머리에 안수할지니 그리하면 열납 되어 그를 위하여 속죄가 될 것이라"(1:4)는 말씀과, "여호와께 향기로운 냄새"(2:9)라는 말씀이 입증한다.

하나님의 부르심은 온전한 하나님의 사랑과 은혜에 기인한다. 죄와 그 죄책을 짊어지고 죽음을 향하여 살아야 하는 사람을 하나님의 임재 앞으로 부르심은 삼위일체 하나님의 거룩한 사역이다. 그 부르심은 성자 하나님을 통하여 나타내고 성취하되 말씀과 성령으로 부르신다. 말씀과 성령의 역사는 사람으로 하여금 하나님의 부르심에 주목하게 하며, 또한 그 하나님의 부르심에 응답하게 한다.

이러한 하나님의 부르심이 번제의 규례에 적용되는 것이다. 번제로부터는 '아담'을 부르신 것이라면, 소제로부터는 '네페쉬'를 부르신다. 이는 하나님의 부르심과 그리스도의 대속을 인하여 죄인인 사람이 거듭난 새사람을 향하여 진보하고 있는 것과 같은 의미로 받아들인다. 번제의 제물이 전적인 흠 없는 제물의 전적인 희생을 근거한 것이라면, 소제의 제물은 그 흠 없는 제물의 희생을 본받은 예배자의 삶에 근거하는 것으로 이해한다. 번제의 제물이 전적인 하나님의 은혜로 준비된 것이라면, 소제의 제물은 하나님의 은혜로 준비된 곡식을 껍질을 벗기고 고운 가루를 만드는 사람의 희생이 뒤따라야 한다.

하나님의 소명에 뒤따르는 구원의 서정은 중생이다. 중생과 회개 그리고 믿음을 각각의 서정으로 구분하는 경우도 있으나, 중생의 서정이 이루어지는 과정에는 성령의 역사가 개인의 삶에 회개의 역사가 나타나게 하며, 그 회개를 통하여 그리스도를 전적으로 신뢰하는 믿음에 이르게 하는 것으로 이해한다. 따라서 회개와 믿음을 중생의 한 과정으로 본다.

그러나 회개와 믿음을 통하여 중생하는 것은 아니다. 중생 또한 전적인 하나님의 은혜임이 분명하다. 사람이 하나님 앞에 회개함이 성령의 역사하심을 따라 이루어지며, 사람이 그리스도를 자신의 영원한 구세주이심을 믿는 것 또한 전적인 성령의 역사하심을 따라 이루어진다. 하지만 이것은 분명 사람의 응답인 것은 인정한다. 하나님의 부르심이 없이는 사람이 하나님께로 가까이 나아가는 길을 얻을 수 없듯이, 성령의 감화하심 없이는 회개함이나 믿음이 성립되지 않으며, 중생의 서정에 들어갈 수 없다.

2. 중생과 회개와 믿음의 관계

구원의 서정의 입장에서 번제와 소제를 완전히 분리할 수는 없다. 번제가 한 번 드려짐으로 소제로 나아가는 것이 아니라 매일같이 아침과 저녁으로 번제를 드리며, 또한 소제와 화목제가 드려진다. 거듭되는 번제의 과정에서 예배자는 자신이 '아담'인 것과 하나님은 전적으로 거룩하고 온전한 창조주이심을 인식하게 된다. 그리고 그 '아담'을 위하여 죽임을 당하고 피 흘림을 당하는 '흠 없는 수컷' 제물로 인하여 심각한 애통함에 이른다. 그 애통함은 자신의 죄와 그 죄로 죽임을 당하는 제물로 인함이니, 이것이 '아담'으로부터 '네페쉬'로의 변화를 의미하는 것으로 이해한다.

모든 제사에서 번제단에 제물을 불로 태움은 성령의 역사를 의미한다. 뿐만 아니라 예배자의 마음에 자신의 죄와 죄책을 인정하며 심각한 애통함에 이르는 일까지도 성령의 역사이다. 그 예배자의 심각한 통회함 속에서 소제의 제물인 고운 가루를 준비하는 것 또한 성령의 역사임을 믿는다. 제물이 죽임을 당하는 것이 예배자의 죄악 때문인 것을 깨달음과 더불어 그 죽음에 동참하는 마음에 이르게 된다.

더욱이 제물의 내장과 정강이를 물로 씻는 의식은 예배자의 내면에 잠재하고 있는 욕망을 그 제물의 죽음에 포함해야 함을 알게 한다. 자신의 집에서 특별한 가치를 갖는 그 '흠 없는 수컷'인 제물의 죽음 그 자체만으로 예배자의 마음이 심각한 고통을 일으키는 것이거니와, 그 제물의 머리를 자르고 몸을 조각내며 내장과 정강이를 물로 씻는 그 과정은 예배자 자신에게 죽음과 진배없는 고통을 주기에 충분한 조건일 것이다. 그 제물의 희생으로 인하여 하나님을 만날 수 있기 때문이다.

이러한 제물의 희생과 더불어 곡식 낟알의 껍질을 벗기고 입자가 고운 가루가 될 때까지 맷돌에 갈아야 한다. 예배자의 죄에 대한 깨달음만으로 하나님께 가까이 가는 것이 완성되지 않고, 그 예배자의 성품에 변화가 일어나야 한다. 예배자의 성품의 변화는 곧 그 자신이 하나님이 기뻐하시는 제물이 되기에 이른다. 고운 가루가 하나님께 향기로운 냄새인 것이 예배자의 심각한 통회에서 유발된 성품의 변화를 하나님께서 기뻐하신다는 것으로 이해한다. 제사에 참여하여 하나님께 가까이 나아가는 것이나, 오늘날 신자들이 예배에 참여하는 것은 분명 하나님께서 그 백성을 위하여 예비하신 기쁨에 참여하는 것이다. 하지만 그 하나님의 은혜를 깨닫는 것은 심각한 통회함을 수반하게 된다.

예배자가 자신의 내면에 품은 것이나 외면에 드러나는 행위 모두 죄악된 것임을 인정하고 지, 정, 의에 관한 모든 면에 근본적인 변화가 시작되는 것을 회개라 한다. 회개는 성령의 역사를 통한 하나님의 재창조적인 행위로 본다. 성령께서 하나님의 말씀을 듣는 예배자의 마음을 감동하사 자신이 정죄받아 마땅한 사람인 것을 인정하게 하며, 그리스도의 피 흘리신 희생이 없이는 구원받을 수 없음을 깨닫게 하신다. 즉, 인간의 잠재의식에서의 깨달음이 아니라 의식세계에서의 깨달음을 말한다. 이는 지속되는 예배에서 하나님의 임재를 경험하고 하나님의 말씀을 들음으로 성령께서 내주하시는 예배자는 옛것과 새것의 투쟁이 시작된다는 말과 동일하다. 즉 성령께서 죄악 된 옛 생활 양식으로부터 하나님의 거룩한 생명의 원리 곧 그리스도의 생명으로 전환되어 가는 것을 의미한다.

회개는 단순히 자신의 죄에 대한 깨달음만을 의미하지 않는다. 자신의 죄에 대한 깨달음과 그 깨달음으로 인한 심각한 통회함은 곧 하나님을 아는 관계에 이르게 한다. 여기에서 '안다'는 말은 일방적인 아는 것을 말하지 않는다. 서로가 동일하게 알아야 '안다'는 말을 사용할 수 있다.

성령께서 예배자의 마음에 죄에 대한 깨달음과 통회함을 주시어 예배자가 회개한다는 말은, 집을 나간 탕자가 아버지의 마음을 깨달아 아버지께로 돌아오는 것과 동일한 것으로 이해한다. 회개는 인간의 감정이 움직이는 것이 아니라 죄인이었던 예배자 자신이 그 죄로부터 돌이켜 창조주 하나님을 향해 돌아오기를 기다리시던 하나님의 애끓는 마음을 아는 데까지 이르러야 하는 것이다.

이는 그리스도께서 성자 하나님으로서 이 땅에 오시어 죄인이었던 예배자의 구원을 위하여 십자가에 죽으셨고, 그 예배자의 생명을 위하여 부활하셨으며, 지금도 하나님 우편에서 그 예배자를 위하여 간구하고 계심을 믿는 것을 일컫는다. 이것이 그리스도를 믿는 것이고 하나님을 아는 것이다.

그러기에 로마서 10:17에서 "그러므로 믿음은 들음에서 나며 들음은 그리스도의 말씀으로 말미암았느니라"고 말씀하시는 것이다. 하나님의 말씀에 귀를 기울여 들음은, 곧 하나님을 아는 자가 되어 믿음에 이르게 한다.

하나님의 계시에 의하지 않으면 하나님을 알 수 없다. 그러기에 하나님을 안다는 것은 하나님의 말씀과 성령의 역사로 이루어진다. 번제단의 피 뿌리는 의식과, 번제단의 제물의 불 태워짐을 통하여 예배자는 점점 하나님께 가까이 다가간다. 제물의 피 뿌림은 사람의 양심과 마음으로부터 의식에 이르기까지 정결하게 함을 의미한다. 번제단에 제물이 불 태워짐은 사람의 악한 본성이 태워짐을 의미한다. 내장과 정강이를 물로 씻어 번제단에 태워짐도 사람의 악한 본성을 다루시는 하나님의 의지를 분명히 한다. 이처럼 하나님의 말씀과 성령의 역사는 끊임없이 사람의 마음과 양심 그리고 사고를 정결하게 한다. 뿐만 아니라 하나님의 말씀과 성령의 역사는 사람의 악한 본성을 다루어 사람으로 하여금 자신의 악함을 고백하게 하고 그 악함으로부터 하나님을 향하여 돌아서게 하신다. 이러한 회개의 과정을 거치면서 점점 하나님을 알아간다.

하나님을 아는 관계에 이르는 것은 곧 하나님과 믿음의 관계에 이르는 것으로 이해한다. 회개의 과정을 거치지 않으면 하나님을 아는데 이르지 못하며, 하나님을 아는 관계에 이르지 않으면, 하나님과 믿음의 관계에 이르지 못한다.

모든 제사의 공통적인 규례는 예물과 함께 하나님께 가까이 나가는 것이다. 하나님을 가까이하는 것은 곧 예배자의 믿음을 위한 것이다. 거듭되는 제사에 따라 예배자의 죄와 죄책이 하나님께서 예비하신 제물의 희생을 통하여 속죄함을 받으며, 또한 예배자의 마음에 심각한 통회함을 수반하는 고백 즉 회개함에 이르러 하나님을 알게 되는 것은 그리스도의 생명이 예배자의 심령에 자리 잡음과 동일하다.

이는 성령의 역사로 인한 것이며 점점 그리스도의 복음에 대한 확신을 갖게 한다. 이것은 하나님과 언약의 관계가 회복됨을 의미하며, 또한 예배자의 믿음이라고 본다. 결국 "의인은 그 믿음으로 말미암아 살리라"는 하박국 2:4의 말씀이 분명해진다. 사람과 언약을 맺으신 하나님의 믿음을 예배자가 알게 되고 그 믿음을 마음에 품게 되는 것을 일컬어 예배자의 믿음이라고 이해한다.

3. 칭의와 양자 됨의 관계

출애굽의 여정 가운데 시내산에 이르러 율법을 선포하신 하나님께서 회막 곧 성막을 세우게 하시고 그 성막에 임재하시며 백성을 '흠 없는' 예물과 함께 하나님께 가까이 나오게 하심은 선포하신 율법으로는 하나님을 가까이할 수 없기 때문이다. 시내산에서 선포하신 율법은 하나님의 언약에 관한 것이라면, 성막에서 드려지는 제사는 선포하신 율법을 완성하고자 하시는 하나님의 의지에 관한 것으로 이해한다.

하나님의 부르심을 통하여 사람을 하나님께 가까이 나아오게 하시고, 하나님의 임재 앞에 나아온 예배자에게 '흠 없는' 예물의 희생을 통하여 대속하시며, 예배자의 심령에 심각한 통회함을 일으키고 고백하게 하신다. 그러한 거듭되는 과정을 거처 하나님과 아는 관계가 형성되어 하나님의 믿음을 받아들이게 되고 또한 예배자로 하나님을 신뢰하게 한다. 이로써 사람이 하나님께 의롭다 함을 받았음을 알게 된다.

사람이 하나님께 의롭다 인정을 받는 것은 그리스도를 믿는 믿음에 기인한다(갈 2:16). 그런데 그 '의롭다 함'을 받는 것이 일회적이며 단번에 받는 면에서는, 번제에 드려지는 제물의 희생과 연관된다. 하지만 죄인에 대한 대속의 선언과 더불어 예배자의 죄책을 제거하고 영원한 기업을 포함한 하나님의 자녀의 모든 권리를 회복한다는 개념에서는 번제로부터 속건제에 이르는 모든 제물의 희생에 관계된다.

더욱이 '의롭다 함'을 받은 자가 하나님과 화평을 누리고 구원의 확신을 가지고 거룩한 백성 가운데서 기업을 얻는 입장에서는 '의롭다 함'을 받는 것이 화목제와 깊은 관계를 맺는다. 죄와 그 죄책을 짊어진 사람이 하나님께 가까이 나아감이 '흠 없는' 제물의 온전한 희생에 의하여 이루어지듯이, 죄인이 하나님께 '의롭다 함'을 받는 것은 전적으로 그리스도의 희생과 그분의 완전한 의로 인하여 주어진다.

이는 오직 성자 하나님이신 예수 그리스도로 말미암아 '의롭다 함'을 받는 것을 의미한다. 또한 율법의 모든 요구를 충족하셨음을 의미한다. 사람이 하나님께 '의롭다 함'을 받는 것은 하나님과 언약의 관계가 회복되어 하나님의 자녀가 되는 것을 의미한다. 로마서 8장에 의하면, 하나님의 자녀가 된다는 것은 다음과 같은 의미가 있다. 첫째로는 죄와 사망의 법에서 생명의 성령의 법 아래로 옮겨졌음을 의미하며, 둘째로는 육신의 일을 따르지 않고 영의 일을 따르는 자임을 의미하고, 셋째로는 그리스도의 영 곧 성령의 인도하심을 받는 자임을 의미한다. 결국 하나님의 자녀는 하나님의 아들 곧 그리스도의 영이 거하는 자를 일컫는다. 그리스도의 영이 그 안에 거한다 함은 성자 하나님 예수 그리스도와 유기적인 연합을 의미하며, 성부 하나님과 성자 하나님께서 서로 하나인 것처럼 하나님과 그리스도를 믿는 자가 하나가 되어야 함을 강조하는 말이다. 즉, 하나님과 독특한 관계 안에 있음을 나타내는 말이다.

제사의 규례 안에서 두드러진 강조점은 사람이 하나님과의 관계가 점점 가까워 가는 것이다. 하나님과 관계가 개선되고 있음이 예배자의 제물이 제사장의 음식이 되거나, 예배자와 그의 친족들이 함께 거룩한 장소에 음식으로 나누는 것으로 나타난다. 제물의 처리 과정에 대한 관점에서 바라본 제사의 규례는 제물의 전부가 번제단에서 불태워 연기로 올리는 제사와, 일부를 번제단에서 불태워 연기로 올리고 나머지를 재 버리는 곳에서 불사르는 제사로부터, 그 제물의 일부가 제사장의 음식(지극히 거룩한 것)이 되거나 그 일부를 제사장과 예배자와 그 친족이 함께 성막 거룩한 뜰에서 음식으로 먹는 제사로 발전된다. 제사장의 위임식 제사로부터 행해진 제사의 순서가 그러했다. 이것은 예배자와 하나님의 관계가 점점 더 가까워짐을 의미하는 것으로 이해한다.

중요한 것은 예배자와 하나님의 관계가 가까워짐에 따른 의미에 있다. 지금까지 레위기 10장을 다루며 제사의 목적을 언급하였다. 3절을 '나를 가까이하는 자를 통하여 그 온 백성 앞에 나의 거룩함을 보이고 내 영광을 드러내리라'고 번역한 것은 곧 예배자와 하나님의 관계에 초점을 맞추었기 때문이다. 예배자가 하나님께 가까이 나아갔음은 하나님의 자녀가 되었음을 의미하며, 그 하나님의 자녀는 하나님의 거룩함과 영광을 온 백성들 앞에 증거해야 할 자임을 강조한다.

4. 성화와 견인의 관계

'의롭다 함'을 받는 것이 하나님의 전적인 은혜로 인간의 법적 지위에 영향을 주는 법적 행위에 해당한다면, 성화란 하나님의 도덕적 재창조 사역으로 사람의 내면을 변화시키는 과정으로 이해한다. 이는 성자 하나님 예수 그리스도와 생명의 연합을 의미하며, 예배자의 내면에 거하시는 성령의 역사에 초점을 맞춘다. 예수 그리스도 안에서 옛 사람 즉 죄의 본성을 극복하고 새사람으로 변화를 받는 과정이기에 예배자 자신의 삶에서 하나님의 통치 안에 들어가는 것을 의미한다.

하나님의 자녀가 되는 것을 신분상의 특권을 갖는 것으로 이해하기도 하지만, 그보다 하나님과의 특별한 관계 곧 전적인 하나님의 통치 안에 들어가는 것이 중요하다. 하나님의 통치로 말미암아 하나님의 자녀가 된 예배자는 점점 하나님의 거룩함에 참여하게 된다.

제사의 규례 가운데 속죄제와 속건제는 예배자 개인의 삶에 나타나는 하나님의 통치를 의미한다. 하나님의 자녀의 삶에 나타난 하나님의 통치는 하나님의 계명 곧 율법에 근거하여 이루어진다. 율법은 하나님과의 관계에 해당되는 것이 아니라 사람과 사람의 관계에도 해당된다. 하나님과의 관계에서 문제가 되는 것으로부터 사람과의 관계에서 문제가 발생되는 것까지 예배자 전반적인 삶에 하나님의 통치의 주권이 행사된다. 예배자의 신분에 따라서 구체적으로 속죄의 규정이 적용되고 그의 잘못에 따라 배상의 법칙이 적용되는 것은 하나님의 통치가 아주 세밀하게 예배자의 삶에 나타나고 있음을 의미한다. 그 세밀한 하나님의 통치는 예배자의 거룩한 삶을 이루어 간다. 이것이 속죄제와 속건제이며 제사의 목적이기도 하다.

예배자의 삶이 그리스도와의 신비적인 연합을 통하여 예수 그리스도와 한 몸이 되어 성숙하게 되는 것을 성화라 이해한다. 이 성화의 과정을 성령의 역사하심이며 하나님의 전적인 은혜라 함은, 그 성화의 원인이 하나님의 영원하고 값없이 베풀어지는 사랑에서 발현되기 때문이다. 이러한 면에서 성화의 과정을 견인이라고 부른다.

빌립보서 1:6은 "너희 속에 착한 일을 시작하신 이가 그리스도 예수의 날까지 이루실 줄을 우리가 확신하노라"고 말씀하신다. 또한 고린도전서

1:8은 "주께서 너희를 우리 주 예수 그리스도의 날에 책망할 것이 없는 자로 끝까지 견고케 하시리라"고 말씀하신다. 이것을 요한복음에서는 포도나무와 그 가지로 비유한다. 예수 그리스도는 참 포도나무이시며 하나님의 자녀인 예배자는 그 포도나무에 붙어 있는 가지임을 말한다. 포도나무 가지가 스스로 포도를 맺지 못한다. 그 포도는 포도나무 원줄기에 붙어 있는 가지에 맺어진다. 예배자의 삶에 나타나는 성화와 견인이란 가지에 맺어지는 포도와 같을 것이다. 그 가지인 하나님의 자녀가 참포도나무이신 예수 그리스도와 얼마나 긴밀히 유기적 연합을 이루었느냐에 따라 열매의 맺어짐이 결정된다.

속죄제와 속건제에도 다른 제사와 마찬가지로 제물의 희생이 따른다. 예배자의 삶이 변화되어 가는 것이 예수 그리스도의 희생으로 말미암는 것이며, 예수 그리스도 안에서 이루어져 감을 의미하는 것으로 이해한다. 율법에 근거한 세부적인 속죄와 세부적인 배상의 규례는 무엇인가! 하나님의 자녀인 예배자 안에 거하시는 성령의 역사로 예수 그리스도께서 완성하실 하나님의 의지인 것이다.

사람의 모든 죄와 그 죄책을 대속하신 사랑의 하나님께서 그분의 자녀들의 삶에서 진노하심은 그 자녀들의 삶을 이끌어 가시는 또 다른 사랑의 표현이라고 믿는다. 하나님의 말씀에 귀를 기울이기 원하신다. 전적으로 하나님을 바라보기를 원하신다. 이는 하나님의 자녀들로 예수 그리스도의 마음을 품고 그분을 닮아 가기를 원하시기 때문이다. 이것이 속죄제와 속건제의 규례를 정하신 하나님의 의지라고 이해한다.

기록된 하나님의 계시인 하나님의 말씀이 하나님의 자녀들의 삶에 온전히 행하여지기를 기다리시는 하나님은 또한 그 자녀들 안에서 쉼 없이 역사하신다. 그러기에 예수 그리스도 우리 주님께서 "하늘과 땅의 권세"(마 28:18)가 주님께 있다고 말씀하신다. 하늘과 땅의 모든 권세를 가지신 주님께서 "너희는 가서 모든 족속으로 제자를 삼아 아버지와 아들과 성령의 이름으로 세례를 주고 내가 너희에게 분부한 모든 것을 가르쳐 지키게 하라"(마

28:19~20)고 명령하신다. 이것이 하나님의 자녀의 삶에 대한 총체적인 말씀이다.

하나님께서 세부적인 제사의 규례를 통하여 그분의 자녀들의 삶에 그분의 통치를 나타내고자 함은 그 자녀들을 통하여 하나님의 거룩함과 영광을 나타내려 하심이며, 그로 인하여 세상의 모든 족속으로 하나님께 가까이 나아와 그들 또한 하나님의 자녀인 예수 그리스도의 제자를 삼고자 하심이다. 이것이 그리스도인의 성화와 견인에 대한 하나님의 의지라고 이해한다.

02

정결함과 부정함

레위기 11~15장 주해와 적용

레위기 11장

1. 본문 주해

11장은 정한 짐승과 부정한 짐승을 구별한다. 처음에는 '땅-하늘-물'이라는 삼중 구조 속에서 정한 것과 부정한 것을 구별하고(1~23절), 나중에는 생활 반경 속에서 그것을 확인한다(24~47절).

1) 1~23절

1~23절에서의 정결한 짐승은 굽이 갈라지고 되새김질을 하는 가축들이다(3절). 이런 조건에서 벗어난 짐승들은 모두 부정한 것이다. 물고기 중에는 지느러미와 비늘이 없는 것(9~12절), 새들 중에는 육식하는 것들이 부정하다(13~23절). 이스라엘은 부정한 짐승으로 분류된 것들을 식용해서는 안 된다.

가축 중에도 식용해서는 안 되는 것들이 있다. 낙타, 사반, 토끼, 돼지 같은 것들이다(4~8절). 이러한 동물들은 모두 외관상 되새김질을 하지만 굽이 갈라져 있지 않다.

엄격히 말해 이것들은 반추 동물이 아니다. 토끼는 입놀림만 그럴 뿐 되새김질을 하지 않는다. 바위 절벽이나 돌이 많은 언덕 꼭대기에 무리지어 사는 사반도 되새김질과는 거리가 멀다.

낙타도 해부학적으로는 반추 동물이 아니다. 낙타를 식용으로 금한 것은 낙타가 사막의 운송 수단이었기 때문이었을 것이다. 게다가 낙타는 고기와 젖을 내지 못한다. 번식률도 소, 양, 염소에 비해 현저히 낮다.

돼지는 고대 가나안의 황량한 기후에서는 사육하기에 비효율적이다. 젖도 공급하지 못하고 농사일에도 쓸 수가 없다. 그러면서도 사람이 먹는 곡식(옥수수, 감자, 콩 등)을 먹고 자란다. 이것은 소나 양, 염소가 들판에서 사람이 먹을 수 없는 풀이나 나뭇잎을 먹는 것과는 크게 차이가 난다.

2) 24~47절

24~47절은 이스라엘의 생활을 부정케 하는 것들을 규정한다. 짐승의 주검(24~40절)과 파충류가 일으키는 부정을 다루는데(41~42절), 정결한 짐승이라도 예배용으로 도살되지 않고 그냥 죽은 경우라면 부정한 것으로 여긴다(39~40절).

부정한 것을 만지거나 나르거나 담거나 치우고 나면 부정하게 된다. 사람뿐만 아니라 사람이 쓰는 그릇이나 입는 옷까지도 부정하게 된다. 만약 이런 일로 누군가가 부정하게 되었다면 그 사람은 저녁까지 부정한 채로 머물러야 한다. 부정하게 된 자는 그 옷을 빨아야만 한다.

본문에 소개된 부정한 짐승은 모두 여덟 종류이다(29~30절). 족제비, 쥐, 도마뱀, 합개, 육지 악어, 수궁, 사막 도마뱀, 칠면석척이다. 이 짐승들은 모두 팔레스타인의 생활 환경에서 접할 수 있었던 파충류이다. 만약 나무 그릇, 의복, 가죽, 부대, 질그릇, 보관해 놓은 음식 등이 이들의 주검에 닿은 것으로 여겨지면 그것들은 모두 부정하게 된다.

부정하게 된 질그릇은 깨뜨려 버려야 한다. 목기 같은 것은 물로 씻어 내면 된다(32절). 질그릇은 부정을 흡수하지만, 목기는 겉 표면만 부정에 감염되었다고 생각했기 때문이다. 종자의 경우, 물에 담겨 있을 때에만 부정에 노출된다(37~38절).

이스라엘은 생활 속에서 정결한 것과 부정한 것을 세심하게 판별해야 한다. 그들은 구별된 삶을 살아야 되기 때문이다(43~45절). 의식주를 구별하고, 생각을 구별하고, 몸을 구별하고, 행동을 구별하여, 거룩하신 하나님을 닮아 가는 생활을 해야 하기 때문이다.

이스라엘 백성은 그 누구도 부정한 상태로는 하나님을 섬길 수 없다. 부정한 상태로는 하나님의 성소마저도 부정으로 오염시킬 수 있다. 제사장만이 아니라 모든 이스라엘이 부정에서 비켜나 있어야 한다. 부정한 삶에 대한 엄격한 조처는 그래서 더욱 강조되고 있다. 이스라엘 백성의 손짓 하나, 몸짓 하나가 하나님의 영광을 드러내거나 가릴 수 있다는 것이다.

2. 설교를 위한 적용

1) 자기 의를 내세우는 수단으로 정결 규정을 남용하는 문제

초대 교회는 유대교에서 개종한 그리스도인과 헬라파 그리스도인 사이에 문화적 갈등이 있었다. 초대 교회의 유대인들 가운데는 이방인들도 모세의 율법을 따라서 할례를 받아야 된다고 우기는 자들이 있었던 것이다.

이 문제로 초대 교회는 시끄러웠다. 예루살렘 공의회는 이방 종교에서 개종한 그리스도인들에게 유대인의 멍에를 지울 필요가 없다고 확정하였다(행 15장).

유대인들은 11장과 같은 정결 규정을 자기 의를 내세우는 수단으로 남용하였다. 문제는 바로 여기에 있다. 11장이 그 정신을 잃어버리고 껍데기만 남게 되었을 때 이스라엘 신앙의 참된 힘이 상실되어 버린 것이다.

하나님이 이스라엘에게 요구하시는 것은 '깨끗한 손과 정결한 마음'(시 24:4)이지, 어떤 형식이나 외적인 절차가 아니다. 이스라엘의 예언자들은 그 백성이 윤리적으로, 도덕적으로 정결할 것을 촉구하였다(삼하 22:21~25; 욥 17:9; 22:30; 시 18:21~26; 51:9~12; 사 6:5). 죄에서 용서받아야지 외적인 조건만 깨끗해서는 안 된다고 선포하였던 것이다(렘 33:8; 사 35:8).

예수님 또한 바리새인적인 겉치레가 아니라 마음의 청결을 통한 인간 구원에 그 참뜻이 있음을 밝히셨다(막 7:13~23). '먹는 것이 사람을 더럽게 하는 것이 아니라, 사람의 악한 마음에서 나오는 것이 진정 사람을 더럽게 한다'고 지적하셨다. '외적 형식이 아니라 내적인 부패가 우리를 부정한 굴레 속에 살게 한다'고 꾸짖으셨다.

다시 말해 새 음식이 중요한 것이 아니라 새 사람이 중요하다는 것이다. 율법적인 의식이 사람을 깨끗케 만드는 것이 아니다. 예수 그리스도의 피가 사람을 정결케 한다(딛 2:14; 히 9:14; 요일 1:7).

2) 신앙인은 몸을 구별하여 거룩하게 살아야 한다

하나님의 백성은 날마다 대하는 식탁을 정결하게 간수해야 한다. 사람이 하나님의 식탁(제단)에 올리는 음식(예물)이 정결하고 온전해야 되듯이, 사람이 날마다 대하는 식탁에서 먹는 음식도 정결하고 온전해야 한다. 하나님의 백성 이스라엘은 먹는 생활에서도 하나님을 닮아야 하는 것이다.

먹는 것이 결코 사람의 식욕을 채우기 위한 것이 되어서는 안 된다. 자기 몸의 보신(補身)을 위해서 닥치는 대로 먹을거리를 찾는 인간의 욕심이란 결코 정결한 태도가 되지 못한다. 몸보신을 위해서 먹는 것이 아니라 하나님의 영광을 위해서 먹어야 한다.

사람이 조절해야 될 욕심 중에 식욕이 있다. 식욕은 성욕(性慾), 명예욕, 권세욕, 재물욕 등과 함께 사람이 다스리고 절제해야 할 대상이다. 식욕이 신앙생활의 걸림돌이 되어서는 안 된다. 먹으려는 욕심을 절제하는 것은 먹는 입을, 곧 몸을 정결하게 다스리려는 노력이다.

신앙인은 몸을 구별하여 거룩하게 살아야 한다. 여기에서 우리는 11장의 결론이 "몸을 구별하여 거룩하게 하고"(44절)라는 말씀임을 주목해야 한다. 이는 신약의 그리스도인들 또한 지켜야 할 덕목이다(참고 고전 6:13). 먹는 생활을 통해서 하나님의 영광을 드러내라(고전 10:31).

레위기 12장

1. 본문 주해

1) 1~5절

1~5절은 여인이 자식을 낳으면 출산 후 산혈이 깨끗해질 때까지 그 처지가 부정하게 된다고 규정하고 있다. 산모의 부정한 기간은 자식의 성별에 따라서 다르다. 아들을 낳았다면 우선 7일간 부정하게 된다(2절). 그 후 33일간을 격리된 채 보내야 한다. 이 기간을 지나야 산혈이 깨끗하게 된다. 아들을 낳은 여인은 도합 40일(7+33일) 동안 성물을 만질 수도 없고 성소에 들어가지도 못한다.

그러나 만약 딸을 낳았다면 사정은 달라진다. 그 여인은 기본적으로 '이칠일'(2×7일)동안 부정하게 된다(5절). 산혈이 깨끗해질 때까지도 66일간을 기다려야 한다. 모두 80일(14+66일) 동안 부정한 처지에 머물러 있는 것이다.

자식을 낳는 일은 하나님의 축복이다. 자식을 낳지 못하면 하나님의 저주를 받은 것으로 여기게 된다(삼상 1장; 레 20:20; 신 28:18). 그런데 왜 출산에 동반되는 산후 조리를 부정한 것으로 간주하는가? 출산은 고통을 동반한다(예를 들면 시 48:6; 사 13:8; 렘 6:24). 이 과정을 지켜 본 사람들이 분만과 출산에는 어떤 신비한 힘이 작용한다고 믿었다. 그러니까 출산한 여인을 한동안 부정하게 여기는 것은 분만 중에 덧입었던 '신적인 능력'을 털어 내는 과정이라고 추측할 수 있다. 그러나 이 같은 추측은 비성경적이다. 본문은 거기에 대해서 아무런 언급도 하지 않는다. 출산한 여인을 부정하다고 여길지언정 결코 위험하다고 말하지는 않는다. 산모를 부정하게 보는 것은 산혈 때문이다. 산혈 하는 기간을 경도(經度)할 때와 같은 것으로 여기기 때문이다(비교 15:19~24).

그렇다면 왜 딸을 낳으면 아들을 낳을 때보다 부정하다고 여기는 기간이 두 배로 많아지는가? 여기에 대해서 본문은 아무 말도 하지 않는다. 우리가 말할 수 있는 것은 오직 12장이 남녀를 서로 다르게 취급하고 있다는 사실이다.

2) 6~8절

6~8절은 제물에 대한 가르침이다. 산혈이 깨끗케 되는 기간이 다 차면 산모는 공동체로 복귀하게 되는데, 이때 번제물로 일 년 된 어린 양을, 속죄제물로 집비둘기 새끼나 산비둘기를 바쳐야 된다는 것이다. 그러나 만약 형편이 넉넉하지 못하다면 산비둘기나 집비둘기 새끼 둘을 취해서 각각 번제와 속죄제로 드릴 수도 있다(8절).

왜 번제와 속죄제를 드리는 것일까? 한편으로 번제물을 바치는 것은 죄의 용서를 확인하고 자녀를 주신 은혜에 감사하면서 자기 자신을 새롭게 하나님께 바치는 다짐이라고 생각할 수 있다.

속죄제물에는 산혈이 깨끗해지기까지 성소의 제단을 오염시킨 것을 회복시키려는 의도가 담겨 있다고 생각할 수 있다. 그러나 다른 한편으로는 번제로써 신앙 공동체로 복귀함을 하나님께 고백한다고 말할 수도 있다. 번제는 늘 '예배의 시작'을 상징하기 때문이다. 그리고 속죄제로써, 산혈이 정결케 될 때까지도 남겨졌을 부정을 제거하려는 것이다.

2. 설교를 위한 적용

1) 산후 조리하는 여인을 함부로 대해서는 안 된다

12장은 산혈로 고생하는 여인을 보호하기 위한 권리 장전과도 같다. 분만 후 몸조리하는 여인을, '접촉해서는 안 되는' 사람으로 격리시킨다. 본문은 산후 출혈로 고생하는 여인, 산후에 몸조리하면서 건강을 회복하는 중에 있는 여인을 함부로 대해서는 안 된다는 것을 가르치고 있다. 즉, 12장이 규정하는 산혈에 따른 부정한 기간은 역설적으로 자식을 낳은 여인의 성(性)을 보호해 주는 기간이 된다.

성(性)은 하나님의 선물이다. 남녀의 성은 결혼을 통해서 하나로 연합된다. 결혼의 열매인 출산과 분만은 하나님의 창조 질서를 구현하는 거룩한 과정이다. 이것은 기뻐하고 축하하며 즐거워해야 하는 사랑의 과정이다. 부부관계는 하나님이 정하신 창조의 질서에 속한다. 그렇기에 부부 관계에도 지켜야 될 질서가 있다. 곧 하나님이 기대하시는 정결을 그 속에 담아내는 것이다.

남편 된 자는 아내가 경도할 때, 그리고 출산 후 산혈로 몸조리할 때 아내의 성(性)을 보호해야 한다(비교 15:24). 일정 기간 부부 관계를 금지시키는 12장의 조항에는 아내의 성(性)을 보호하고자 하는 정신이 배어 있다고 할 수 있다.

2) 일상에서도 하나님이 기대하시는 정결을 이루는 백성이 되어야 한다

그러나 12장은 달리 해석될 수도 있다. 왜 산혈 중에 있는 여인이 부정한가? 피는 생명이다. 육체의 생명은 피에 있다(17:11, 14). 피는 하나님의 것이다. 하나님이 주신 생명력이 피에 담겨 있다. 그러므로 피를 흘린다는 것은 하나님이 부여하신 생명의 힘을 잃는다는 것을 의미한다. 따라서 피의 유출(流出)은 온전하지 못한 처지에 빠지게 되는 것이다.

출산은 위대하지만, 동시에 위태하기도 하다. 새 생명을 태어나게 하기 위해서 어머니 된 여인은 많은 피를 흘리게 된다. 새 생명을 낳기 위해서 여인은 자기 생명을 건 모험을 하는 것이다. 출산 후에 뒤따르는 일련의 과정(산혈)도 여인의 생명을 위태롭게 한다.

산후 정결에 대한 규례는 출산의 수고와 고통을 부정적으로 보려는 시각에서 자유롭지 않다(창 3:16; 시 51:5; 욥 25:4; 요 9:34). 경도하는 여인, 산혈을 흘리는 여인은 모두 부정한 상태에 있다고 간주하여 금기시 되는 것이다(참고 15:19~31).

12장의 규례 속에는 여인의 신체적 상태를 비하해서 보려는 시각이 남아 있다(비교 욥 25:4~6). 아들을 낳은 경우 보내야 할 부정한 기간과, 딸을 낳은

경우 지켜야 할 부정한 기간이 두 배로 차이가 나는 것이다. 여기에 대해서는 많은 설명이 있다. 그러나 어떤 설명도 우리의 궁금증을 해소시키지는 못한다. 본문은 다만 할례 받은 남성, 경도하는 여성이라는 차이를 말없이 우리에게 제시해 줄 뿐이다.

그러나 여기서 중요한 것은 정결을 이루는 자리가 바로 세상살이 현장이라는 점이다. 하나님의 백성은 예배하는 자리만이 아니라, '먹고, 마시고, 자고'로 대표되는 일상생활의 현장에서도 하나님이 기대하시는 정결을 이루는 백성이 되어야 한다. 임신에서 출산에 이르는 부부생활에서도 하나님의 백성다운 정결과 순결이 지켜져야 한다.

레위기 13~14장

1. 본문 주해

1) 13:1~46

본문은 '차라아트'(צרעת 우리말 번역에서는 문둥병)가 일으키는 부정을 다룬다. '차라아트'는 사람의 피부에 나는 질환이며, 옷이나 가죽, 건물의 벽 등을 상하게 하는 전염병이다. '차라아트'는 오늘날 우리가 알고 있는 문둥병과 같지 않다.

하지만 본문에서 '차라아트'는 분명 악성 질병이다. 사람의 신체를 상하게 하고, 사람이 사는 환경을 훼손시킨다. 단순히 상하게 하는 것이 아니라 신앙 공동체를 파괴시키는 질병이다. 본문은 이 같은 '차라아트'를 부정이라는 범주 속에서 다룬다. 그러면서 이 질병을 진단하고 거기에 대처하는 제사장의 역할을 자세하게 규정한다.

1~46절은 사람의 피부에 나는 질병을 진단하고 처리하는 절차를 소개한다. 피부에 무엇이 돋거나 딱지가 생기거나 색점(어루러기)이 생겨서 우묵 파

이거나 그 곳의 털이 희어지면서 다른 곳으로 퍼지면 그것은 '차라아트'이다.

만약 누군가가 피부에 의심스러운 것이 생기면 그는 일정한 기간 동안 격리, 보호되어야 한다. 이 기간 중 제사장이 질병의 유무를 가린다.

만약 그것이 병이 아닌 것으로 판명되면 그 사람은 곧 정결한 자로 복귀한다. 그러나 만약 그것이 병으로 판명되면 그 사람은 이스라엘 진영에서 즉시 추방된다.

진영 밖으로 추방된 자는 옷을 벗고, 머리를 풀고, 입술을 가린 채 '부정하다'고 소리를 쳐서 사람들이 그에게로 접근하는 것을 막아야 한다. 이것은 죽은 자를 애도하는 태도이다(창 37:34; 삼하 1:11). 죄로 인한 심판을 애도하는 몸짓이다(민 14:6; 왕하 22:11, 19; 스 9:5). '차라아트'에 걸린 자는 정녕 자기 자신의 죽음을 애도하는 삶을 살아야 하는 것이다.

2) 13:47~59

47~59절은 의복에 생긴 '차라아트'를 진단하고 처리한다. 베, 털, 가죽으로 만든 의복에 생긴 '차라아트'란 일종의 곰팡이다. 이스라엘 백성에게는 의복이란 덮고 자는 이불로도 사용된다. 그러니까 본문은 옷이나 이불이 곰팡이로 불결하게 되었을 경우 그것을 부정한 것으로 여겨서 태워 버릴 것을 지시하고 있다.

'거룩함'(holiness)이란 '온전함'(wholeness)이다. 하나님께 바치는 제물은 온전한 것이어야 한다. 하나님 앞에서 일하는 제사장은 육체적으로 온전해야 한다. 이스라엘은 누구나 그 삶과 행실에서 온전하고 흠이 없어야 한다. 이스라엘 중 누군가가 겉보기에 온전함을 상실하고 있다면, 다시 말해 그 피부에 병이 생겨서 불결하고 험상궂게 보인다면 그는 신앙 공동체로부터 추방되지 않으면 안 된다. 사람이 온전해야 하듯이 사람이 걸치거나 덮는 의복도 온전해야 한다.

이는 아름답거나 비싼 것이라야 한다는 뜻이 아니다. 이스라엘이 입는 옷은, 그것이 무엇이든지 간에, 온전한 것이라야 한다는 것이다. 하나님의 신앙에 비추어서 결코 어긋나지 않는 것이라야 한다는 것이다. 하나님의 백성으로서 살아가는 정결을, 입는 옷으로도 나타내야 된다는 것이다. 정결한 삶은 몸의 정결, 환경(옷)의 정결로도 나타나야 한다.

3) 14:1~32

1~32절은 '차라아트'로부터 깨끗하게 된 자를 위한 정결 예식을 다루고 있다(1~32절). 이것은 축제이다. 신고식이다. 감사의 잔치이다. 정결 예식은 세 단계로 이루어진다. 첫째, 진영 밖에서 제사장이 맞이하는 예식으로 새 두 마리로 치러진다(5~7절). 둘째, 깨끗케 된 사람이 자신의 천막 앞에서 옷을 빨고 털을 깎으며 몸을 씻는다(8, 9절). 셋째, 회막문 앞에서 희생제물을 드린다(10~20절). 이 세 가지 의식은 자못 상징적이다.

첫 번째는 진 밖에서 진 안으로 들어오는 일종의 '통과 의례'이다. 새 한 마리는 죽여서 피를 받아 사용하고, 다른 한 마리는 피를 바른 후 들로 날려 보낸다. 이렇게 해서 죄가 씻기고 병에서 자유를 얻었음을 상징적으로 나타낸다. 두 번째는 자기가 자기 몸을 스스로 정결하게 구별하는 의식이다. 이 의식은 자기가 거할 장막 밖에서 갖는다. 세 번째는 하나님 앞에 드리는 제물이다. 하나님 앞에서 정결한 신앙 공동체로 복귀하였음을 감사하는 의례와도 같다. 이 세 단계를 거쳐서 죄에 대해 자유하고, 자신에 대하여 정결하며, 하나님께 대하여 헌신한다는 다짐이 이루어진다.

이때 제물은 속건제, 속죄제, 번제, 소제를 드린다. 속건제를 드릴 때 제사장은 제물의 피와 기름을 취하여 차례대로 정결함을 받을 자의 우편 귓불, 우편 손 엄지가락, 우편 발 엄지가락에 바른다(14, 17, 26~29절). 듣고 일하고 걸어야 할 신체 부위를 피로써 정하게 한 후, 듣고 일하고 걷는 신체 부위를 하나님께 헌신케 하는 것이다. 피로 정결케 된 사람은 하나님이 주시는 힘(기름)으로 살아가게 되는 것이다.

4) 14:33~53

33~53절은 건물 벽에 곰팡이가 생기거나 퍼지거나 생겼다가 그쳤을 경우 그것을 어떻게 진단하고 처리하며 정결케 해야 하는지를 설명한다. 얼핏 보아 사람의 피부나 의복, 건물의 벽 사이에는 서로 상관이 없다. 그러나 사람의 피부, 의복, 건물의 벽은 모두 '껍데기'(skin)라는 점에서 공통된다. '차라아트'는 바로 이 껍데기에, 피부에, 껍질에, 벽에 생기는 질병이다. 사람의 경우에는 피부병이라는 질병으로 표현되지만, 의복이나 건물의 경우에는 나쁜 곰팡이류를 지칭하게 된다.

집은 하나님 신앙을 실천하는 현장이다. 식구끼리 더불어 사는 공동생활의 현장이다. 옛 이스라엘의 가옥 구조는 사람과 가축이 함께 사는 공간이었다. 곧 집은 생산이 이루어지는 현장이기도 했다. 집은 정결하게 보존해야 한다. 경건 생활에 지장이 되거나 공동생활을 부정하게 만드는 환경, 세상살이를 어둡게 만드는 환경은 과감하게 척결해야 한다는 것이다.

사람의 피부, 걸치는 옷, 들어가 사는 집은 모두 문명사회를 시사한다. 33~53절이 말하는 이스라엘의 거주처는 돌과 벽돌(흙벽돌)로 지은 집이다(40, 41, 45절). 본문은 아마도 가나안 땅에 정착한 이스라엘의 삶의 환경을 지칭하는 것 같다. 이런 암시를 통해서 이스라엘이 사는 문화적, 사회적 환경이 정결해야 함을 가르치고 있다. 이스라엘이 사는 환경 속에 하나님의 백성다운 향기를 나타내라는 것이다.

5) 14:54~57

'차라아트'는 악성 질병이다. 개인적으로는 자각하지 못한 채 퍼지는 질병이다. 사회적으로는 신앙 공동체를 오염시키는 질병이다. 신체적, 정신적, 영적, 사회적 죽음에 이르게 되는 병인 것이다. 이스라엘은 이 '차라아트'를 죄악에 대한 하나님의 징벌로 여겼다(왕하 5:20~27; 대하 26:16~21).

'차라아트'에는 용한 의사가 없다. 이 병에 걸린 자는 스스로 치료되기까지 진 밖에서 외로운 세월을 보내지 않으면 안 되었다(13:45~46). 제사장이

할 수 있는 일이란 고작 '차라아트'에서 정결하게 된 자를 진 안으로 복귀시키는 의식을 거행하는 것뿐이다.

이 병에서 고침을 받은 자들이 없었던 것은 아니지만(예를 들면 왕하 5:1~14; 민 12:13~15), 이 병에 걸린 사람들 대부분은 고침 받지 못한 채 격리되고 천대 받아 죽는 날만을 기다리게 되었다.

예수 그리스도의 사역이 있기까지 이스라엘 백성은 참된 구원을 기다리지 않으면 안 되었다. 예수님께서 죄를 용서하면서 많은 문둥병자를 고치신 것을 기억하라. 주님은 오늘도 우리에게 말씀하신다. "네 믿음이 너를 구원하였느니라!"

2. 설교를 위한 적용

1) 환경이나 문명, 문화가 부정한 것으로 얼룩지게 될 경우

이스라엘은 자기가 사는 환경을 정결하게 보존해야 한다. 정결은 거룩의 토양이다. 몸을 구별하여 스스로를 더럽히지 않을 때 거룩에 이르는 삶은 성취된다. 우리 의식주가 바로 이런 정결을 이루는 현장이 되어야 한다. 먹고(11장) 입고(13:47~59) 거주하는(14:33~53) 삶에서, 버리고 불태워 버릴 것 또는 제거해야 될 것이 있다면 과감히 그렇게 하라는 요청이다.

본문은 사람이 사는 환경이나 문명, 문화가 부정한 것으로 얼룩지게 될 경우 하나님의 백성들이 가져야 할 마땅한 태도가 어떤 것인지를 제시하고 있다.

하나님과 함께 살기로 언약을 맺은 백성은 그들이 사는 생활 환경을 정결하고 청결하게 보존해야 한다. 그래야 하나님이 그들 속에 계신다. 우리 주변에 신앙생활의 정결함을 가로막는 부정이 있는지 살펴보자. 만약 그런 것들이 있다면, 그것들을 과감하게 버리고 없애야 할 것이다. 아무리 좋은 문화, 문명이라고 해도 거기에 신앙적인 건강이 동반되지 않는다면 그것은 무의미하다.

예수 그리스도를 닮는 경건을 이루자(고후 7:1). 우리 몸은 하나님의 성전이다. 하나님의 영이 거하는 전(殿)이다. 정결한 삶의 성취는 내 힘으로, 내 능력으로 되는 것이 아니다. 성령의 도우심으로만 가능하다(롬 8:5~8, 13~14).

2) 하나님으로부터 소외된 사람이 어떻게 다시 돌아오게 되는가

본문은 문제 발굴에 그친다. 문제를 해결하지는 못한다. 부정하게 된 자를 격리시키고 추방하고 죽음의 자리로 내모는 것만을 가르쳐 주고 있다. 어떻게 해야 하나님으로부터 소외된 사람이 다시 하나님의 품으로 돌아오게 되는지는 말하고 있지 않다.

병을 진단하고 판단하면서도 병을 고치고 치료하는 일에 대해서 레위기는 전적으로 무력하다. 이 사망의 늪에서 누가 이스라엘의 잃은 양을 구원해 낼 수 있으랴! 예수 그리스도의 사역은 바로 이런 물음에 대한 대답이다(마 10:7~8).

여기서 우리는 특히 '차라아트'에서 나은 자가 있으면 제사장이 진 밖으로 나가 도로 데려오는 의식에 관심을 모아야 한다. 사망의 자리를 떠나 생명의 자리로 다시 돌아오는 사람을 제사장이 마중하고 있다. 이것은 일종의 환영 행사이다.

진 밖으로 나가는 제사장의 발걸음에 기쁨과 설렘이 있다. 그러나 동시에 거기에는 어쩔 수 없는 아쉬움도 있다. 레위기의 제사장은 어디까지나 병에서 고침 받은 자를 맞이하러 나가는 것이지 결코 병자를 고치러 가는 것은 아니기 때문이다. 병에서 나은 사람을 만나는 것이지, 병으로 고생하는 사람을 만나는 것은 아니다.

예수님은 병자와 소외된 자를 찾아 이 땅에 오셨다. 예수 그리스도의 오심은 하나님께서 친히, 먼저, 스스로 병자를 찾으러 오셨다는 복된 소식이다. 하나님이 친히 먼저 병자, 즉 부정한 자를 찾으신다. 그리고 그들을 고쳐 주신다. 이스라엘의 잃은 양을 찾고 고쳐 주며 구원하신다(눅 19:10).

레위기 15장

1. 본문 주해

본문은 남자와 여자가 그 성기에서 분비물을 흘리게 될 경우 그것을 어떻게 처리해야 되는지 가르쳐 주는 말씀이다. 성기에서 흘리는 분비물이 부정하다는 것이다. 15장은 남자의 경우 비정상적인 분비물이(2~15절), 여자의 경우 정상적인 생리 이외에 계속되는 하혈(下血)이 부정을 낳는다고 본다(25~30절).

1) 1~15절

15장은 몸에 '유출병'이 있는 자에게 관심을 보인다(2절). 여기 '몸'(בָּשָׂר바사르)은 성기를 가리킨다. 그런데 '바사르'를 문자 그대로 사람 몸으로 볼 수도 있다. 그래서 본문이 입에서 나오는 침, 코로 흘리는 피, 항문에서 나오는 치질 등도 다루고 있다고 말할 수도 있다.

그러나 그것은 지나친 해석이다. 본문에서 히브리어의 '몸'(바사르)은 은유적으로 사용되고 있다. 즉, 남녀의 성기를 완곡하게 표현하고 있다. 히브리어에는 '유출병'이라는 말이 없다. 그냥 '흐르는 것'(זוּב쭈브)일 뿐이다. 하지만 본문에 '유출병이 있는 자'와 '설정한 자'(16절)가 구분되어 있는 것을 보면 '유출병이 있는 자'란 비정상적이거나 질병으로 인하여 성기에서 고름 같은 것을 흘리는 사람을 지칭한다고 생각할 수 있다.

유출병이 사람만 부정하게 만드는 것이 아니다. 그와 접촉하게 되는 모든 사람, 사물들도 부정하게 만든다. 그가 눕는 상, 앉았던 자리, 침상, 그와 접촉하는 상대방, 그가 뱉는 침, 탔던 안장, 닿았던 것, 손으로 만진 것 등이 모두 부정하게 취급된다.

무엇보다 이스라엘 신앙은 문란한 성생활을 단호히 배격한다. 그것은 이스라엘 신앙이 성관계를 개인의 사사로운 문제가 아닌 공동체의 문제로 파악하고 있다는 뜻이 된다. 성생활을 개인 윤리의 문제가 아닌 이스라엘과 하나님과의 관계에서 파악하고 있다는 말이다.

부정한 성생활로 병을 얻었을 때, 이스라엘의 신앙은 그 질병을 의학의 문제가 아닌 신앙의 문제로 파악하고 있다. 본문은 아픔이나 질병을 종교의 문제로 돌리고 있다. 성관계나 성생활도 사사로운 문제가 아닌 신앙의 문제로 돌리고 있다.

2) 16~33절

정상적인 유출이라고 해도 부정하게 되는 경우가 있다(16~18, 19~24절). 남자의 사정(射精, 16~18절), 여자의 생리(19~24절), 남녀의 성관계이다.

우선 사정은 성교와 상관없이 이루어지는 사정(16~17절), 성교로 인해서 생긴 사정(18절)을 나눠서 설명한다. 몸에서 유출된 정액은 부정을 낳는다. 정액에 닿은 것들은 물에 빨아서 저녁까지 부정하게 두어야 한다.

여자가 생리하는 기간도 부정하다(19~24절. 비교 12:2, 5; 삼하 11:4). 생리 중에 있는 여인과 접촉하게 된 사람은 부정하게 되며, 그럴 경우 반드시 옷을 빨고 물로 몸을 씻은 후 저녁까지 부정한 채 있어야 된다(19~23절). 생리 중인 여성과 동침하게 된 남자는 일주일간 부정하게 된다(24절).

성기에서 유출된 분비물에 접촉된 그 어떤 대상도 부정하다고 간주되는 것이다.

본문은 남녀가 동침해서 이루어진 사정(射精)도 부정을 낳는다고 말한다(18절). 물로 몸을 씻고 저녁까지 부정한 채로 머물러 있어야 된다는 것이다. 왜 본문은 남녀 간의 성관계를 부정을 낳는 것으로 규정하는 것일까?

본문은 거기에 대해서 어떤 해명도 하지 않는다. 그러나 그것은 비정상적인 남녀 관계를 전제한 것으로 보아야 한다. 여기에는 가나안의 풍요 제사에 참여하는 일이나, 하나님께 제사를 드릴 때나 전쟁 중일 때 갖게 되는 성행위도 포함된다(출 19:15; 레 22:4; 신 23:9~11; 삼상 21:5; 삼하 11:11). 즉, 부부 관계는 순수해야 한다는 것이다.

2. 설교를 위한 적용

1) 정결을 흐르게 해야 한다

15장이 강조하는 단어는 '흐르는 것'(쭈브)이다. '유출병', '유출' 등이 수없이 반복되고 있다.

'흐르다'라는 말은 우리 귀에 익숙하다. 예컨대 가나안 땅은 '젖과 꿀이 흐르는 땅'이다(출 3:8; 민 13:27 등). '젖과 꿀이 흐르는 땅'의 '흐르다'와, '몸에서 흘러나오는 것'의 '흐르다'는 서로 같은 말이다. 본문은 젖과 꿀이 흐르는 땅이어야 할 가나안이, 젖과 꿀이 아닌 피와 고름이 흐르는 땅으로 변할 수 있음을 소리 없이 고발하고 있다. 문란한, 잘못된 성생활이 하나님의 축복을 저주로 바뀌게 한다는 것이다.

역사를 보면 한 나라, 한 사회, 한 공동체가 쇠잔하게 되는 이면에는 늘 성적인 타락이 있었다. 소돔과 고모라가 그랬고, 로마 제국이 그랬다. 지금 우리 주변에 흐르고 있는 것이 무엇인가? 정의를 하수처럼, 은혜를 강물처럼, 정결을 폭포처럼 흐르게 해야 한다. 바르게 믿고, 바르게 살고, 바르게 나누고, 바르게 베푸는 삶이 흐르게 해야 한다.

2) 개인의 은밀한 생활도 정결해야 한다

하나님이 기대하시는 정결한 삶은 사람의 가장 은밀한 부분, 가장 은밀한 생활에서도 나타나야 된다. 본문은 몸의 순결, 성적인 순결을 신앙 차원에서 파악하고 있다. 이스라엘의 정결은 남녀의 신체적인 문제까지도 관심이 있다. 부정한 것으로 몸을 더럽히지 말라. 하나님이 이스라엘에게 기대하시는 정결은 개인의 은밀한 생활 속에서도 이루어져야 한다.

03

속죄일의 속죄와 성결 의식

레위기 16장 주해와 적용

본문의 개요

우선, 16장의 위치와 그 의미에 관한 여러 가지 해석들을 살펴볼 수 있다. 11~15장을 청정법으로 규정하고 17~26장을 성결법으로 구분하면서 그 사이의 연결 본문으로써 16장을 보는 의견이 있고[1], 레위기에서 가장 중요한 분수령을 이루는 본문이라고 평가하는 입장도 있으며,[2] 이 본문을 레위기 전체의 중심으로 보는 견해도 있다.[3] 심지어 레위기에서 나아가 오경 전체의 중심에 해당한다고 주장하는 해석도 있다.[4]

이러한 입장은 모두 16장의 독특한 주제와 내용상의 특징에 관련된 해석일 수 있다. 예를 들어, 16장의 속죄일에 관한 규정들 가운데 특별히 아사셀 염소에 관한 내용은 16장을 제외한 구약 본문 어디에서도 용례를 찾을 수 없는 유일한 경우이기도 하다.

1절에 기록된 '아론의 두 아들'의 죽음에 관한 언급은 10:1~2의 '아론의 아들 나답과 아비후'가 회막에서 여호와께서 명하시지 않은 다른 불을 가지고 분향을 하다가 사망한 사건의 요약에 해당한다. 1절의 '그리고 여호와께서 말씀하셨다'(יְהוָה וַיְדַבֵּר 봐예다베르 아도나이)라는 문장은 '말하다'에 해당하는 히브리어 동사 '다바르'(דָּבַר)를 사용한 10:8과 동일한 형태라는 점에서도 10장과의 연관성을 확인할 수 있다.

10장이 회막 출입에 관한 규정을 서술한 것처럼(10:8~9), 16장도 성소의 출입에 관한 규정들을 설명하고 있으며(16:3), 이처럼 10장과 16장은 내용과 언어적인 특징에서 상호적인 연관성을 보여 주고 있다. 하지만 16장은 성소 출입에 관한 규정들을 속죄일에 관련된 율법들에 자연스럽게 포함된 형태로 설명하면서 새로운 내용을 전개하고 있다. 16장은 속죄일에 관련된 제사장과 회중과 성소의 속죄와 성결을 위한 규정들을 순서와 절차에 따라 설명하는 내용으로 구성되어 있다.

본문 주해

1. 제사장, 성소, 회중에 관한 규정(2~5절)

2절의 "여호와께서 모세에게 이르시되"라는 구문에서는 '다바르' 동사를 사용한 1절과는 달리 '아마르'(אָמַר) 동사를 사용하였다. 10:8은 하나님께서 직접 아론에게 성소의 출입에 관한 규정을 말씀하신 것으로 기록하였지만, 16장에서는 모세를 통해 간접적으로 아론에게 성소 출입에 관한 규정을 말씀하신 것으로 기술하고 있다. 속죄소에 관한 기록은 제사장을 위한 규정으로써, 출애굽기 30장에서도 찾아볼 수 있다.

그런데 '아무 때나 속죄소 앞에 들어오지 말라'는 2절의 규정은, 출애굽기 30:10의 기록처럼 1년에 1회로 제한된 출입 규정의 다른 표현에 해당한다. 제사장의 출입이 가능한 이날은, 구체적으로 7월 10일 하루라는 설명을 통해(29, 34절) 23:27에서 말한 '속죄일'과 동일한 절기라는 사실을 확인할 수 있다.

속죄소로 번역된 '카포레트'(כַּפֹּרֶת)는 '덮다' 혹은 '정결케 하다'라는 뜻을 가진 '카파르'(כָּפַר) 동사의 파생어이다. '카포레트'는 표준새번역에서 '덮개'로 번역되었으며, 이는 법궤를 덮은 뚜껑이라는 물리적 기능과 연결된 번역으로 볼 수 있다. 그러나 '카포레트'가 속죄의 과정에 속한 기능과 관련되어 있다는 점에서 '속죄소'로 번역하는 것이 적절하다고도 볼 수 있다.[5] 하지만 '카포레트'에서 속죄라는 의미를 발견할 수 없다고 보고, 대신 이집트어에 기원을 두고 있는 '발이 놓이는 장소'라는 의미를 찾을 수 있다는 견해도 있다. 그 예로 역대상 28:2과 시편 132:7을 제시한다.[6]

출애굽기 25:10 이하에서는 그룹들의 펼쳐진 날개 아래에 위치한 그룹들의 사이 공간을 속죄소로 기술하고 있으며, 하나님과 모세와의 만남이 이루어지고 하나님의 말씀을 받는 곳으로 설명하는 것에 비해(출 25:22; 30:6), 2절에서는 하나님의 현현과 관련된 위치로 묘사하였다.

제사장이 성소에 들어가기 위해서는, 우선 수송아지를 속죄제물 '하타아트'(חַטָּאת)로 삼고, 숫양을 번제물 '올라'(עֹלָה)로 삼아 드리고(3절), 물로 몸을 씻고 속옷과 속바지를 입고, 띠를 띠고 관을 준비해야 했다(4절). 그런데 속죄소에 들어갈 때 준비하는 제사장의 의복과 띠와 관은 모두 세마포로 된 것이었으며, 이는 출애굽기 28장의 화려한 색상과 보석 장식을 갖춘 제사장 의복과는 구별되는 것임을 알 수 있다. 그리고 이스라엘 회중에게서 속죄제물로 숫염소 둘과 번제물로 숫양 하나를 받아(5절), 성소와 백성을 위한 성결 의식과 속죄 의식을 준비할 수 있었다.

속죄일을 준비하는 제사장은 먼저 자신을 하나님 앞에서 겸손하고 정결한 모습으로 예비함으로써, 속죄일에 참여하는 회중을 대표하는 지도자로서 모든 사람들에게 본이 되어야 했다.

2. 속죄 의식에 관한 규정(6~10절)

3, 5절에서 언급했던 제물들에 관한 내용을 6~10절에서 다시 한 번 이야기하면서 보다 자세하게 설명한다. 제사장을 위한 속죄제물로 드리는 수송아지에 관한 규정은 4:3~12에 기록되어 있으며, 6절에서는 속죄제를 제사장 아론과 그의 집안을 위하여 먼저 드려야 한다고 말한다. 회중에게서 취한 숫염소 두 마리 가운데 하나는 하나님을 위하여 제비 뽑아 속죄제로 드리고, 다른 하나는 아사셀을 위하여 제비 뽑아 광야로 보낼 수 있도록 준비하여야

한다(8, 10절).

그런데 레바인(B. A. Levine)의 설명에 따르면, 구약의 다른 본문 어디에서도 용례를 찾을 수 없는 '아사셀'(10절)에 관한 해석을 크게 세 가지로 요약해 볼 수 있다.[7]

첫째, 속죄 염소를 보내는 광야의 장소 이름이라는 해석으로써 '강한, 거친'의 뜻을 가진 '아즈'(עַז)라는 말과 관련하여 '거칠고, 살기 어려운 땅'으로 이해할 수 있다(Yoma, 67b).

둘째, 염소를 묘사하는 용어라고 보는 입장으로써, 아사셀이라는 단어를 '염소'라는 뜻의 '에즈'(עֵז)와 '떠나다'라는 뜻의 '아잘'(אָזַל)로 이루어진 축약어로 보는 해석이다. 이러한 해석은 70인역과 불가타에서도 나타나고 있으며, '내보내어진 염소'라는 랍비적인 묘사에서도 확인할 수 있다(Mischna Yoma, 6:2).

셋째, 후대의 신화에서 광야의 초자연적인 통치자에게 적용된 이름으로 '아사셀'(עֲזָאזֵל)을 해석하는 입장이 있다. 하나님의 명령을 따라 염소를 광야로 보냄으로써 사람들의 죄를 아사셀에게 되돌려 보내는 의식은, 마치 부메랑처럼 죄를 그 출발점인 광야로 돌려보내는 것이며, 결국 이를 막을 수 없는 '광야의 초자연적인 지배자'의 무력함이 드러나는 결과로 해석될 수 있다.[8]

'아사셀을 위하여'로 번역된 '라아자젤'(לַעֲזָאזֵל)의 전치사 '르'(לְ)는 '~로'라는 방향의 전치사로 해석할 수도 있고, '~을 위하여'라는 전치사로 해석할 수도 있으며, '~로서'라는 자격과 기능을 표현하는 전치사로 해석할 수 있는 사전상의 의미를 가지고 있다.[9] 따라서 '아사셀로'(광야로), '아사셀로서'(속죄 염소로서), '아사셀을 위하여'(광야의 통치자인 초자연적 존재를 위하여)라는 세 가지 해석 전통을 반영한 번역들도 가능하다고 볼 수 있다.

10절의 "'아사셀을 위하여 광야로'(לַעֲזָאזֵל הַמִּדְבָּרָה 라아자젤 함미드바라) 보낼지니라"는 구문에서 볼 수 있듯이 10절에서는 '아사셀'과 '광야'를 함께 언급했지만, 21~22절에서는 '아사셀'이라는 용어 없이 염소를 광야로 내보내라는 지시를 반복적으로 기록하고 있다.

따라서 16장 자체의 문맥에서 볼 때, 레바인이 제시한 세 가지 해석 가운데, '아사셀'을 광야로 파악하는 첫 번째 해석의 가능성도 부정하기 어렵다. 이 경우에 10절의 염소를 보내라는 명령에서 '라아자젤 함미드바라'는 '아사셀로 (즉) 그 광야로'라고 번역할 수 있으며, 동격 단어를 반복해서 표현한 구문으로 풀이할 수 있다.

그렇지만 표준새번역 성경은 8절에 대한 각주에서 '아사셀'에 관하여 '내보내는 염소'라는 해설을 제시함으로써, 두 번째 해석을 반영한 내용을 소개하였다.

광야의 지배자로서 초자연적 존재인 '아사셀'에 관한 세 번째 해석은, 명확한 설명이 함께 제시되지 않았을 경우에 자칫 다른 신의 존재를 인정하고 그것을 섬기는 제의로 오해할 가능성이 있다. 혹은 17:7에서 금지하고 있는 숫염소 제의에 관한 규정과 모순을 이루는 내용으로 인식할 수 있는 오해의 소지도 있다. 따라서 이러한 복잡한 해설을 필요로 하는 해석을 지지하기에는 어려운 점이 있다.

그러나 여기서 중요한 것은 16장에서는 '아사셀'이라는 개념이, 이미 그 본래적인 의미를 상실하였고, 다만 그 명칭만이 '광야로 내보내는 속죄 염소'를 표현하기 위하여 사용되었다는 사실이다.[10] 따라서 '아사셀을 위하여'로 번역된 8, 10절의 표현은 이미 이스라엘화 된 외래어 고유 명사처럼, 속죄일의 특별한 속죄 의식에 적용된 제의상의 전문 용어로 보는 것이 적절한 설명이 될 수 있다.

3. 속죄일의 속죄 의식과 성결 의식에 관한 규정(11~28절)

1) 제사장의 속죄 의식을 위한 규정(11~14절)

제사장의 속죄 의식을 위한 과정은 속죄제 수송아지를 잡는 일과, 분향하는 일과, 피를 뿌리는 의식의 세 가지 내용으로 구성되어 있다. 11절의 속죄제 '하타아트'는 제사장 아론과 그의 집안을 위한 속죄 제사이며, 여기서는 '속죄하다'라는 뜻의 '카파르' 동사 변화형인 '킾페르'(כִּפֶּר)의 여러 가지 해석들을 살펴볼 필요가 있다. 왜냐하면 이 용어에 관한 해석이 속죄제에 대한 이해와 연결되어 있기 때문이다.

'킾페르'는 아카드어의 '씻어내다, 근절하다'(kuppuru)라는 말에 기원을 두고 있다고 보는 견해와, 아랍어의 '덮다'(kfr)라는 어원과 관련된 것으로 보고, 죄가 덮여진다는 의미로 파악하는 견해가 있다.

예레미야 18:23을 인용한 느헤미야 4:5에서도 '카파르'에 해당하는 용어를 '덮다'라는 의미의 동사로 대치하고 있음을 통해 그러한 해석의 근거를 제시할 수 있다.

그 외에 '배상, 속전'을 뜻하는 '코페르'(כֹּפֶר)라는 말에서 유래된 것으로 보는 의견도 있다.[11]

이러한 어원론적인 해석과는 달리 제의적 상황 가운데서 이 단어의 뜻을 파악하고자 하는 노력도 찾아볼 수 있다. 밀그롬(J. Milgrom)은 '하타아트'를 '속죄제'로 번역하는 것은 잘못이라고 주장하면서, 이 단어를 성소의 오염을 제거하는 목적과 관련된 것으로 보고 '정화제'(the purification offering)로 번역해야 한다고 주장한다. 같은 맥락에서 '속죄일' 대신에 '정화의 날'이라는 용어를 사용하고,[12] '카파르'와 관련된 '킾푸르'를 '정화하다'라는 의미로 해석하였다.[13]

밀그롬의 입장은 피를 바르는 의식이 제물을 드리는 사람에게 적용되는 것이 아니라 제단에 적용되는 것인데, 제단 뿔에 피를 바르는 행위는 제단의 오염을 정화하는 것이라는 해석에 근거한다. 레위기에서는 사람의 육체적 부정은 목욕으로 정화하고, 도덕적 부정은 양심의 가책을 통하여 깨끗하게 하는 것이며, 제물로 사람을 정화하는 것이 아니라고 설명한다. 이에 비해, 피로 제단과 성소의 안팎을 정화하는 것은 '하타아트'의 기능이며, 그러므로 이 단어는 '정화제'로 번역되어야 한다는 것이다.[14]

그러나 4~5장의 '하타아트' 규정에서는 피를 사용한 의식을 이 제의의 과

정 가운데 포함된 하나의 절차로 묘사하고 있으며, '피'를 뿌리는 의식이 '하타아트' 전체를 의미하는 것이라고 보기는 어렵다. 왜냐하면 5:11에서 가난한 자의 '하타아트'는 제물의 피와 관련이 없는 곡식 가루로 드려질 수 있음을 분명히 밝혀 주고 있기 때문이다.

그러므로 '하타아트'는 피를 사용한 의식과 사용하지 않는 의식 모두를 포함하는 포괄적인 제의이며, 사람의 죄를 속한다는 의미의 용어라는 점에서 '속죄제'로 번역될 수 있다. '킾페르' 역시 사람과 관련된 제의 규정에서는 '속죄하다'의 의미로 파악하는 것이 적절하며, 다만 사물과 관련된 경우에는 이 용어의 다양한 해석 가능성을 고려하여 '성결케 하다'라는 의미로 파악할 수 있다고 본다.

12절의 '여호와 앞 제단 위에서 피운 불'은 10:1의 '여호와께서 명령하지 않으신 다른 불'과 대비되는 표현으로 볼 수 있다. '향로'와 '분향' 등의 용어도 10장의 사건을 상기시킨다. '그리하면 그가 죽지 아니할 것이다'라는 13절의 구문도 10장에서 분향을 하다가 나답과 아비후가 죽은 사건과 대조를 이루고 있다. 이러한 점에서 16장은 10장과의 연관성을 염두에 두고 그 내용을 파악해 가는 일이 필요하다고 할 수 있다.

그다음 단계로 14절에서는 속죄소의 동편과 앞에 수송아지의 피를 뿌리는 의식을 명령하였으며, 이렇게 해서 제사장을 위한 속죄 의식의 절차에 관한 설명을 마무리하고 있다.

2) 백성의 속죄 의식을 위한 규정(15~16절)

15~16절의 백성을 위한 속죄 의식은 제사장을 위한 속죄 의식과 몇 가지 점에서 차이를 보여 주고 있다. 제사장을 위한 속죄 의식에서는 수송아지를 잡고 분향하는 절차가 있었지만, 백성을 위한 속죄 의식은 두 마리 염소 가운데 한 마리를 속죄제로 잡고 분향의 순서 없이 속죄소에 피를 뿌리는 과정으로 이루어진다.

15절에서는 백성으로 번역된 '암'(עָם)이라는 단어를 사용했지만, 16절에서는 '이스라엘 자손'(בְּנֵי יִשְׂרָאֵל 브네 이스라엘)이라는 단어로 동일한 대상을 달리 표현하였다. '암'은 친족 관계나 종교 의식적인 관계를 강조하는 용어로써, 동일한 신을 섬기는 백성을 뜻하는 말로도 사용되었다(룻 1:10, 16).[15] '브네 이스라엘'은 이스라엘이라는 명칭과 한 민족의 구성원을 뜻하는 '벤'(בֵּן)이라는 용어의 복수형이 결합된 형태이다.[16]

16절의 '부정'은 '투므아'(טֻמְאָה)의 복수형을 번역한 용어이며, 윤리적인 혹은 종교적인 부정함을 뜻하는 말이다.[17] '죄'로 번역된 '페샤'(פֶּשַׁע)는 정치 용어로써, 특별히 반란이나 나라에 대한 반역죄를 의미하기도 했다(왕상 12:19; 왕하 8:20). 구약에서 하나님께 대한 반역을 뜻하는 말로도 사용되었던 이 단어는 죄에 관한 가장 무서운 말로 평가되며, 예언서에서 그러한 용례들을 찾아볼 수 있다.[18]

사람들의 부정함이나 죄로 인하여 지성소와 회막을 위한 속죄를 한다고 할 경우, 여기서 사용된 '카파르' 동사의 의미는 '성결하게 한다'라는 말로 풀이해 볼 수 있다.

19~20절에서도 동일한 용례를 찾아볼 수 있는데, 19절의 '제단을 성결하게 할 것이요'라는 구문에서 번역된 단어는 '타할'(טָהַר)이며, 동시에 20절에서 동일한 대상인 '제단을 위하여 속죄하기를 마친 후에'라는 구문에서는 '카파르' 동사가 사용되었다.

따라서 '속죄하다'로 번역된 '카파르'와 '성결하게 하다'로 번역된 '타할'이라는 두 개의 동사가 상호 간에 평행을 이루고 있음을 비교해 볼 때, 사람이 아닌 성소와 성물 등의 사물에 적용된 경우의 '카파르' 동사는 '성결하게 하다'로 번역하는 것이 가능하다.

16절의 속죄 의식에 관한 규정과 설명에서는 속죄소와 제단과 성소에 피를 뿌리거나 바르는 의식이 무엇을 의미하는 것이며, 그 원인이 무엇인지에 관한 설명을 찾을 수 있다. 속죄제의에 포함된 하나의 절차로써 피를 사용하는 의식은 사람들의 죄와 부정으로 인하여 발생한 성소와 성물의 오염을 정화하는 의미가 있으며, 이러한 오염을 제거하고 정결한 상태로 회복한다는

뜻에서 '성결 의식'이라는 용어를 가지고 이 과정을 설명할 수 있다.[19]

3) 제사장과 그의 집안과 이스라엘 온 회중의 속죄와 성소의 성결 의식을 위한 규정(17~19절)

17절에서는 제사장이 지성소에 들어가서 속죄할 때에 모든 사람의 출입을 금지한다는 규정을 추가로 제시하였다.

여기서 '누구든지'로 번역된 용어는, 문자적으로 '모든 사람'을 뜻하는 '콜 아담'(כָּל־אָדָם)이며, 제사장과 그의 집안과 이스라엘 온 회중의 속죄에 관한 언급에서는 '카할'(קָהָל)이라는 용어를 '회중'으로 번역하였다. 이 용어는 포로기 이후 제의 공동체를 뜻하는 말로 사용되기도 하였으며(스 2:64; 느 7:66), 레위기와 제사 문서에서는 광야 시대 백성의 모임을 지칭하는 단어로 파악되고 있다.[20] '카할'은 33절에서도 사용되었으며, 19:2에서 '회중'으로 번역한 '에다'(עֵדָה)와는 '이음동의어' 관계이다.

17절의 이러한 단어들은 15절에 사용된 '백성'(암)과 '이스라엘 자손'(브네 이스라엘)이라는 단어들과도 비교해 볼 수 있다.

17~20절에서는 속죄제의에 대해 사람의 죄를 속하기 위한 의식과, 성소와 성물을 성결케 하기 위한 의식으로 이루어져 있음을 다시 한 번 설명하고 있으며(18~19절), 11~14절과 15~16절의 내용과 비교해 볼 때 17~20절 내용은 위에서 설명한 대속죄일 규정들의 종합적인 정리에 해당한다고 해석할 수 있다.

제사장과 그의 집안(11절)과 이스라엘 온 회중(15절)을 위한 속죄 의식에 관한 17절의 내용과, 수송아지의 피(14절)와 염소의 피(15절)를 사용한 성결 의식에 관한 18절의 내용과, 이스라엘 자손으로 인한 성소와 성물의 부정(15절)을 피로 성결케 한다는 19절의 설명에서, 본문 앞에 놓여 있는 단락들의 내용을 종합적으로 정리한 특징을 구체적으로 살펴볼 수 있다.

16장에서는 '백성', '회중', '누구든지', '이스라엘 자손' 등의 용례에서 볼 수 있듯이 사람에 대한 반복적이고 다양한 표현들을 사용하였다. 이러한 특징은 본문 가운데서 그 주제의 중요성을 간접적으로 보여 준다. '죄'를 뜻하는 '아본'(עָוֹן)이나 '페샤'나 '하타아트' 등의 다양한 용어들과, '속죄하다' 혹은 '정화하다'라는 단어들의 반복 현상에도 동일한 해석을 적용할 수 있다.

4) 속죄 염소를 광야로 내보내는 의식을 위한 규정(20~28절)

16장은 속죄제의가 사람의 죄를 속죄하고, 사람의 죄로 인하여 부정하게 된 성소와 성물을 성결케 하는 내용을 함께 담고 있음을 보여 준다.

그리고 속죄일에 관한 규정들은 속죄 의식과 성결 의식과 속죄 염소를 광야로 내보내는 의식에 관한 내용으로 구성되어 있으며, 이러한 의식들이 속죄일에 어떠한 순서와 절차를 따라 진행되어야 하는가를 반복적으로 알려 주고 있다.

사람을 위한 속죄 의식과 지성소와 회막과 단을 위한 성결 의식이 끝난 다음에 이어지는 순서는 '산 염소'를 광야로 내보내는 의식이다(20절). 랍비 전승에 의하면, 속죄제물로 드리는 염소와 살아 있는 염소를 구별하기 위하여 '산 염소'의 뿔에는 붉은 띠를 묶어 놓았다고 한다. 이러한 표시 방법의 전통은 다른 구약 본문들에서도(창 38:28; 수 2:18) 확인할 수 있다.[21]

속죄 염소를 광야로 내보내는 의식은 아론이 두 손으로 산 염소의 머리에 안수하고, 이스라엘 자손의 죄를 고백하고, 정한 사람에 의해 염소를 광야로 내보내는 순서로(21절) 이루어진다.[22] 22절에서는 광야로 내보내는 염소에게 그들의 모든 죄를 대신 짊어지게 한다는 의미가 있음을 설명하고 있다. 여기서 죄에 해당하는 용어는 '아본'이라는 단어의 복수형이 사용되었다. '아본'은 악한 생각, 범행을 뜻하기도 하며, 죄의식과 관련된 제의 용어로 파악되는 단어이다.[23]

이러한 유형의 속죄 의식은 고대 중동 지역의 문헌 자료에서도 그 평행되는 기록을 찾아볼 수 있다. 로레쯔(O. Loretz)는 동물에게 죄를 전가하고, 그것을 공동체로부터 추방함으로써 재앙을 제거할 수 있다는 관념을, 고대 히타이트의 전염병 제거 의식에서 숫양을 광야로 내보내는 전통과, 우가릿 문서에서 발견되는 염소 추방에 관련된 가나안 전승에서도 확인할 수 있으며, 이는 21절의 내용과 비교할 만하다고 평가하였다.[24]

고대 중동 지역의 문헌 자료들에서 살펴볼 수 있는 16장의 유사한 내용들은, 구약의 제의 제도가 포로기 이후의 발전된 제의 형태라는 설명 대신에 이 제도가 오히려 고대 시대에 속한 것임을 보여 주는 증거로 해석할 수 있다. 왜냐하면 속죄제의와 이에 속한 다양한 의식이 다른 종교의 제도 가운데는 있었지만, 구약의 이스라엘 종교에만 없었다고 보는 것이 오히려 어색할 수 있기 때문이다.[25]

다음 순서에서는 아론이 회막에서 세마포 옷을 벗고 물로 몸을 씻고 나서 다시 '자기 옷'을 입어야 하는데, '자기 옷'은 속죄일의 제의를 위해 입었던 세마포 옷이 아니라 평상시에 입는 제사장 의복이다.[26] 그 옷을 입은 후에, 자신과 백성을 위한 번제를 드려 속죄한다(23~25절).

24절의 번제는 5절에서 언급한 번제물 숫양과 연결된다. 속죄 염소를 내보낸 사람도 제사장과 마찬가지로 물로 몸을 씻지만, 입었던 옷을 세탁하는 것은 제사장에 대한 규정과 차이점에 해당한다(26절).

속죄제 수송아지와 속죄제 염소의 가죽과 고기와 똥은 진 밖으로 가지고 나가 불살라야 하고, 이들을 불사른 사람도 옷을 세탁하고, 물로 몸을 씻은 후에 진으로 들어올 수 있다(27~28절).

진 밖에서 몸을 씻고 옷을 세탁하는 정결 행위는 이스라엘 공동체의 진 가운데 하나님께서 함께 행하신다는 믿음과 연결되어 있었다. 하나님께서 함께 계시는 곳은 거룩한 장소이며 거기에는 부정함이 함께 있을 수 없기 때문이다(신 23:9~14).

이렇게 속죄일의 속죄 의식과 성결 의식과 속죄 염소를 광야로 내보내는 의식을 모두 행한 후에 여기에 참여했던 책임자들이 목욕함으로써 제의 절차를 끝마치는 것도 속죄일에 이루어지는 속죄제의의 특징이며, 모든 절차는 이러한 순서로 마무리되었다.

속죄일의 속죄제의 순서와 절차

속죄제의의 종류	본문	속죄제의 과정과 내용
1. 제사장의 속죄 의식	11~14절	속죄제 – 수송아지 분향 속죄소에 일곱 번 피 뿌리는 의식(수송아지 피)
2. 백성의 속죄 의식	15~16절	속죄제 – 염소 속죄소에 일곱 번 피 뿌리는 의식(염소 피)
3. 제사장과 그의 집안과 회중의 속죄 의식	17~19절(1)	지성소 – 제사장과 그의 집안과 회중을 위한 속죄 * 모든 사람의 성소 출입을 금지함
4. 성소의 성결 의식	17~19절(2)	지성소와 회막과 제단의 성결 의식 제단 귀퉁이 뿔에 피를 바르는 의식(수송아지 피와 염소의 피) 일곱 번 피 뿌리는 의식(수송아지의 피와 염소의 피)
5. 속죄 염소를 광야로 내보내는 의식	20~22절	아론이 두 손으로 산 염소의 머리에 안수함 이스라엘 자손의 모든 불의와 죄를 고함(죄를 염소의 머리 위에 둔다는 의미) 미리 정한 사람이 염소를 광야로 끌고 감 염소를 광야에 놓음
6. 마무리 정결 의식	23~28절	제사장 – 세마포 옷을 벗음 물로 몸을 씻음 제사장 의복으로 갈아입음 자신과 백성을 위한 번제를 드림 속죄제 희생의 기름을 제단에서 불사름 염소를 광야로 내보낸 자 – 옷을 세탁함 물로 몸을 씻음 진으로 들어옴 속죄제의 가죽과 고기와 똥을 불사름(진 밖) – 불사른 자도 옷을 세탁하고 물로 몸을 씻음 진으로 들어옴

4. 속죄일에 관한 규정(29~34절)

1) 안식일로써 속죄일(29~31절)

속죄일은 7월 10일로 명시되어 있으며, 아무 일도 하지 말고 스스로 괴롭게 할 것과, 본토인과 거류민이 함께 지켜야 하는 영원한 규례이다(29절). 고대 이스라엘에서 '7'은 완전 숫자였으며, '7'과 신성한 숫자 '3'이 결합된 '10'도 같은 맥락에서 이해할 수 있다. 속죄소에 피 뿌리는 의식의 일곱 번이라는 숫자도 마찬가지이다(14절).

'스스로 괴롭게 하는 것'에 해당하는 '아나'(עָנָה)는 금식 이상의 것을 포함하는 용어이며[27], 유대 전승에 의하면 먹고 마시는 것, 목욕, 오일의 사용, 가죽신을 신는 것, 성생활의 다섯 가지 절제해야 할 내용이 포함되었다(Mishnah Yoma, 8:1).[28]

이날에 속죄하여 모든 죄에서 정결하게 한다고 할 때, 30절에서 '죄'로 해석된 용어는 '하타아트'이다. 이 단어는 '빗나감'이라는 뜻이 있으며, 인간관계에서 일어나는 모든 과오들을 표시하는 단어로써 가장 자주 사용되는 제의 용어이다.[29] 31절의 '큰 안식일'(שַׁבַּת שַׁבָּתוֹן샤바트 샤바톤)은 최상급의 표현으로써,[30] 29절에서 이날에 노동을 금하는 이유를 여기에서 찾아볼 수 있다. 안식일에는 어떠한 노동도 할 수 없었으며, 가족과 객과 종과 가축에게도 동일한 규정이 적용되었다(출 20:8~11; 34:21; 35:2~3; 신 5:12~15; 느 10:31).

안식일로써 속죄일의 규정에서는 휴식의 주제와 함께 절제의 문제를 생각할 수 있다. 왜냐하면 '스스로 괴롭게 하는 일'로 번역된 '아나'가 금식을 비롯한 절제의 행위들을 포함하는 말로 파악되기 때문이다. 그러나 '겸손하다'라는 뜻의 어원과 관련하여, '아나'라는 단어는 단순한 고행의 문제가 아니라 절제의 행위를 통해 표현되는 '하나님 앞에서의 겸손'이라는 주제를 담고 있는 것으로 해석할 수 있다.[31] 이는 강퍅한 마음으로 하나님의 말씀에 귀 기울이기를 거부했던 바로의 태도(출 7:3, 10:3)를 기억해 볼 때, 속죄일에 임하는 사람들의 마음가짐과 태도가 어떠해야 하는가를 생각하게 해 준다.

사람은 하나님 앞에 죄와 부정함을 가지고 나아갈 수 없을 뿐만 아니라, 교만한 마음으로 나아갈 수도 없다. 왜냐하면 사람은 스스로 자신의 죄 문제를 해결할 능력을 가진 존재가 아니라 하나님께 죄 용서함의 은혜를 입어야 하는 존재이기 때문이다. 그렇기에 주님 앞에 나아가는 사람은 언제나 겸손한 마음가짐과 태도가 있어야 한다.

2) 사람을 위한 속죄, 성소를 위한 성결(32~34절)

32~34절은 16장의 결어에 해당한다. 제사장이 세마포 옷을 입고 속죄하되(4절), 지성소와 회막과 단을 성결하게 하고(19~20절), 제사장들과 백성의 회중을 위하여 속죄해야 한다(17절). 34절의 '영원한 규례', '죄', '속죄' 등의 용어는 29절과 일치하며 그러한 점에서 29절과 34절이 긴밀하게 연결되어 있음을 확인할 수 있다. '영원히 지킬 규례'라고 번역된 '후카트 올람'(חֻקַּת עוֹלָם)은 29, 31, 34절에서 반복적으로 사용되었다. 속죄일은 1년 1회 지켜지는 '절기'이며, 이날에 모든 죄와 부정함을 속죄하고 정결하게 하기 위한 속죄제의의 순서와 절차는 하나님의 말씀대로 이루어졌다. 이는 하나님께서 모세에게 명하신 규정대로 아론이 실행한 것이다(34절).

'여호와께서 명령하신 대로' 행한다는 34절의 마지막 문장은, 10:1에서 아론의 두 아들 나답과 아비후가 여호와께서 명하시지 않은 다른 불을 가지고 분향하다가 죽은 사건을 언급한 1절과의 연속적인 문맥 가운데서 바라볼 때, 이 표현에 담겨 있는 의미가 얼마나 중요한 것인가를 느낄 수 있다. 이러한 과정은 부정적인 의미의 틀에 박힌 관습과 권위주의의 문제가 아니라 '순종'의 주제를 강조하는 말씀으로 이해할 수 있다.

설교를 위한 적용

1. 하나님께서 정하신 규례와 법도대로 진행하는 것이 중요하다

구약에서는 죄의 문제를 매우 심각하게 다루고 있다. 죄악은 사람과 사람 사이의 관계를 어그러트리는 결과를 가져올 뿐만 아니라 하나님과 사람 사이의 관계를 파괴하는 것이며(사 59:1~8), 한 나라와 민족의 멸망과 하나님의 심판의 원인이 되는 것임을(애 4장) 구약의 많은 본문들이 증언하기도 한다.

16장은 1년 1회의 속죄일에 모든 죄악을 속죄함으로써 이스라엘 자손의 공동체에 속한 모든 것을 거룩하고 정결한 상태로 회복하기 위한 속죄제의를 실행하라고 명령하였다. 속죄제의에는 사람을 속죄하는 의식과 성소와 성물을 성결하게 하는 의식이 포함되어 있으며, (1) 속죄제물을 잡아 드리고 분향하는 일과, (2) 피를 뿌리거나 바르는 의식을 통해 성소와 성물을 성결하게 하는 일과, (3) 속죄 염소를 광야로 내보내는 의식과, (4) 의식에 참여한 이들이 번제를 드리고 몸과 의복을 씻는 과정으로 이루어졌다.

그런데 여기서 중요한 것은 속죄제의의 모든 순서와 절차는 하나님께서 명령하신 대로 이루어져야 한다는 점이다. 하나님께서 명령하신 대로 실행되지 않는 제사의식은 무효가 되는 데서 그치지 않고, 그 의식의 참여자가 생명을 잃는 결과를 낳기도 했다(10:1).

16장에서 묘사하고 있는 속죄일의 전통과 속죄제의의 내용은, 특별히 신약의 히브리서 본문들에 잘 반영되어 나타나고 있다. 히브리서 7:27에서 대제사장이 자신을 위하여 먼저 속죄하고 백성들의 죄를 속죄한다는 설명과, 히브리서 9:7의 1년 1회 둘째 장막의 출입에 관한 설명과, 히브리서 9:12~13의 염소와 송아지의 피로 속죄하고 정결하게 한다는 내용과, 히브리서 9:20~21의 장막과 성물에 피를 뿌리는 의식에 관한 언급과, 히브리서 10:1~3의 대제사장의 속죄제의에 관한 설명 등은 16장의 속죄일 규정을 배경으로 하고 있다.

히브리서는 예수님을 대제사장으로 유비시키면서(히 3:1; 4:14), 구약의 대제사장은 그 유한성으로 말미암아 반복적으로 제사를 드렸으나 영원한 대제사장이신 예수 그리스도는 자신의 피로 영원한 속죄를 단번에 이루셨다고(히 9:12) 진술함으로써 예수님의 십자가 사건에 관한 신학적인 해석을 제시하였다. 십자가 사건을 통한 죄의 대속과 인류 구원의 역사는 사람의 방법과 절차를 따라 된 것이 아니며, 에베소서의 표현을 빌리자면 예수 그리스도의 피로 구속 곧 죄 사함을 받은 것은 때가 찬 경륜을 위하여(1:7~9) 하나님의 계획과 섭리 가운데 하나님의 방법으로 이루어진 사건이었다.

이 일이 유대인에게는 거리끼는 것이고 이방인들에게는 미련한 것으로 보일지라도(고전 1:23), 마치 16장의 제사장과 백성과 성소를 위한 속죄 의식이 하나님께서 명령하신 규례와 법도를 따라서 이루어져야만 했던 것처럼, 인류의 구원과 대속의 역사는 하나님께서 뜻하고 결정하신 예수 그리스도의 십자가 사건을 통하여 이루어질 수 있었던 것이다. 2, 34절에서는 하나님께서 모세를 통하여 아론에게 말씀하셨고, 속죄일의 모든 의식과 절차 역시 하나님께서 모세에게 명령하신 대로 준행하였음을 반복해서 말하고 있다.

이처럼 하나님께서 정하신 규례와 법도대로, 그에 합당한 순서와 절차를 따라 속죄제의의 과정이 진행되고 마무리되는 것이 얼마나 중요한 것인가 하는 문제를 10장과의 관계 속에서 파악할 수 있다. 그리고 16장과 관련된 신약의 본문들도, 구약과 신약으로 이루어진 정경 전체의 맥락 속에서 동일한 주제들을 볼 수 있도록 도와주며, 구약의 본문이 어떻게 예수 그리스도의 사건을 이해하는데 구체적으로 도움이 될 수 있는가를 보여 주고 있다.

2. 본이 되는 삶

16장에 기록된 속죄제의의 순서와 절차를 보면, 속죄일의 속죄제의를 준비하는 제사장이 자신과 자신의 집안을 위하여 먼저 속죄하라는 말씀이 나오고 있음을 알 수 있다. 그 후에 백성들을 위한 속죄와 성소와 성소에 속한 요소들을 성결하기 위한 여러 의식들이 순서대로 진행되어야 한다고 말씀해 주고 있다.

목회자의 소명과 목회 사역에 있어서 가족의 문제를 생각할 때 떠올리게 되는 말씀이 있다. 먼저는 "보라 나와 및 여호와께서 내게 주신 자녀들이 이스라엘 중에 징조와 예표가 되었나니 이는 시온산에 계신 만군의 여호와께로 말미암은 것이니라"(사 8:18)는 말씀이며, 다음은 감독의 자격에 대해 설명하는 본문 가운데 "사람이 자기 집을 다스릴 줄 알지 못하면 어찌 하나님의 교회를 돌아보리요"(딤전 3:5)라는 말씀이다. 각각의 구약과 신약 본문들은 오늘날 목회자들의 삶에도 적용될 수 있으며, 목회자 한 사람이 받은 소명은 그의 가족의 삶과 무관하지 않다는 사실과 목회자와 가족의 삶은 먼저 성도들의 삶에 모범이 되어야 한다는 사실이다.

16장에서 말씀하고 있는 속죄일의 규정들 가운데 제사장과 그의 집안이 먼저 속죄하여야 한다는 말씀을 오늘날 목회자들에게 적용해 본다면, 목회자가 먼저 자신을 하나님께 헌신하고 목회자와 목회자의 가정이 그러한 삶의 본이 되는 모습으로 살아가야 한다는 말씀으로 본문의 의미를 되새겨 볼 수 있다. 이 말씀은 교회의 직분자와 지도자들에게도 적용될 수 있으며, 한 걸음 더 나아가 세상 사람들과 성도들의 관계에서 그리스도인 모두에게도 적용될 수 있다.

왜냐하면 종교 개혁자들이 주장했던 '만인제사장'설에 근거하여, 우리 모든 그리스도인은 하나님 앞에서 책임 있는 존재로 살아가는 제사장으로서의 정체성과 자의식을 가질 수 있기 때문이다. 목회자와 그의 가정은 교회 공동체의 본이 되는 삶을 살아야 하고, 직분자들은 권력을 누리는 사람들이 아니라 먼저 회개와 예배와 삶에서 본이 되어야 하며, 성도들은 세상 가운데서 믿지 않는 사람들에게 신앙인으로서의 본을 보여 주는 삶을 살아가야 한다.

예수님께서는 그리스도인들이 세상의 빛과 소금이 되어야 한다며, 착한 행실로 본을 보여 하나님께 영광 돌리게 하라고 말씀하셨다(마 5:16). 16장의 속죄제의에 관한 규정에서도 본이 되는 삶에 대한 주제를 발견할 수 있으며, 빛과 소금에 관한 예수님의 비유 말씀 가운데서도 이에 상응하는 주제를 만날 수 있다.

3. 사람의 죄를 대속하신 구원 사건의 의미를 더욱 선명하게 보여 준다

16장에서는 이스라엘 자손의 모든 죄를 고백하고 그것을 속죄 염소에게 전가하여 사람들의 죄를 대신 짊어지게 함으로써(21~22절) 하나님과 사람 사이를 갈라놓는 모든 죄를 제거하고, 속죄제의를 통하여 하나님과 이스라엘의 관계를 회복하였음을 설명한다. 신약에서는 예수 그리스도를 "세상 죄를 지고 가는 하나님의 어린 양"(요 1:29)이라고 소개함으로써, 16장의 '아사셀' 염소 즉 백성의 죄를 대신 짊어지게 하여 광야로 내보내는 속죄 염소와의 유비적인 연관성을 보여 주었다.

속죄 염소의 영어 단어인 'scapegoat'는 일반적으로 '속죄양'으로 번역되고 있으나, 그 유래는 16장의 아사셀 염소와 연관되어 있다.[32] 누군가 다른 사람의 죄를 대신 짊어진다는 사고는 이사야 53장의 '고난의 종'의 노래에도 나타나 있으며, 이러한 고난의 종으로서 메시아 이해는 신약에서 예수 그리스도께 그대로 적용되었음을 확인할 수 있다. 에디오피아 내시와 초대 교회 집사 빌립의 만남에 관하여 기록한 사도행전 8:26~39의 이사야 53장 인용문에서 이러한 해석의 예가 잘 나타나 있다.

예수 그리스도께서 사람들의 죄를 대신 짊어지고(히 9:28; 벧전 2:24; 고후 5:21) 십자가에 못 박혀 죽으심으로써(롬 5:8; 빌 2:8; 고후 5:15) 사람들의 죄를 대속하셨고(막 10:45), 하나님과 사람 사이에 막힌 담을 허시며 원수된 것을 폐하시고 사람들이 하나님께 나아갈 길을 열어 주셨음을 설명하는(요 14:6; 행 4:12; 엡 2:12~18) 신약 성경의 본문들은 구약의 배경 가운데서 이해될 수 있으며, 특별히 레위기 16장에서 설명하는 속죄일의 속죄제의에 관한 내용들은 예수 그리스도께서 사람들의 죄를 대속하신 구원 사건의 의미를 더욱 선명하게 보여 주고 있다.

빛은 그 자체로써 의미 있고 아름답지만, 그 빛을 스펙트럼을 통해 바라보면 일곱 빛깔 무지개의 영롱한 색으로 나타난다. 이처럼 16장은 예수님의 구원 사건을 새롭게 바라볼 수 있게 도와주는 스펙트럼과 같은 역할을 할 수 있다.

04

거룩한 백성으로 살아가는 길

레위기 17~27장 주해와 적용

대부분의 사람들은 레위기에 대해 제사에 관한 율법으로만 가득한 지루한 책, 현대를 살아가는 우리들과는 무관한 책이라고 생각하며 신앙생활을 한다. 그러나 이는 레위기에 대한 오해와 선입견에서 비롯된 결과라고 할 수 있다.

레위기의 본문들 가운데서 우리는 하나님을 섬기며, 예수 그리스도를 구주로 고백한 '거룩한 백성'의 정체성을 가지고 이 세상을 살아갈 수 있는 길을 발견할 수 있다. 문자 그대로 '성도'(聖徒)의 길을 배울 수 있으며, 세상의 모든 약자들과 연약한 피조물들에게까지 배려하는 마음으로 말씀하시는 하나님을 만날 수 있다.

레위기는 모세 오경의 세 번째 책인 동시에 그 중심에 위치한 책으로써, 이제 살펴보게 될 레위기 후반부의 본문들 가운데서 우리는 주님께서 친히 이스라엘 자손들이 '거룩한 백성'으로서 어떻게 살아가야 하는가를 가르쳐 주셨던 말씀들을 만날 수 있다.[1] 이러한 레위기의 가르침들은 전문적인 성직자로서 제사장만을 위한 규정들이 아니라, 제사장 나라와 거룩한 백성으로 부름 받은 이스라엘 자손 전체를 위하여 주어진 말씀인 것이다.

레위기를 전반부(1~16장)와 후반부(17~27)로 구분할 때, 1~16장은 주로 제사와 정결에 관한 법들을, 17~27장은 윤리적이고 실천적인 삶을 위한 규정들을 주된 내용으로 다루고 있는 것으로 요약해 볼 수 있다.[2]

레위기 후반부의 말씀들 가운데서, 특별히 19:18의 "이웃 사랑하기를 네 몸과 같이 사랑하라"는 말씀은 예수님께서 구약성경 전체를 요약할 때 그 둘째 계명에 해당한다고 말씀해 주심으로(마 22:39) 우리 그리스도인들에게도 잘 알려져 있으며, 19:2의 "너희는 거룩하라 나 여호와 너희 하나님이 거룩함이니라" 는 명령에 담겨 있는 '거룩함'의 주제는 레위기 전체의 핵심적인 개념으로 파악할 수도 있다.

17~27장의 내용과 구조를 다음과 같이 정리해 볼 수 있다.[3]

아론과 그 아들들과 이스라엘 모든 자손에게 주신 말씀(17~21장)

제사와 절기와 슬로밋의 아들 이야기(22~24장)

안식년, 희년, 복과 저주에 관한 규정(25~26장)

서원과 처음 것과 십일조에 관한 규정(27장)

아론과 그 아들들과 이스라엘 모든 자손에게 주신 말씀 (레 17~21장)

17:2의 "아론과 그 아들들과 이스라엘 모든 자손에게 고하여 그들에게 이르기를 여호와의 명령이 이러하시다 하라"는 구절은, 21:24의 "모세가 이대로 아론과 그 아들들과 온 이스라엘 자손에게 고하였더라"는 말씀과 연결되어 있는데, 이 본문들을 통하여 17~21장은 시작하는 문장과 끝맺는 문장이 같은 단어들과 내용이 이어지는 '수미상응 구조'(inclusio)를 이루고 있다.

피에 관한 규정을 담고 있는 17장에 이어지는 18, 20장은 매우 특이하게도 서로 짝을 이루는 형태로 구성되어 있으며, 여러 가지 성적인 부정함에 관련된 이방인들의 풍속과 종교에 관해 언급하고 있다. 18, 20장 사이에 위치한 19장은 이들 내용과 대조적으로, 거룩한 백성으로서 이스라엘 자손들이 어떻게 살아야 하는가에 관한 율법 규정들을 제시하는 내용으로 이루어져 있다.

제사와 피에 관한 규정(17장)

성적인 관계의 정결법, 이방 종교 풍습에 관한 규정(18장)

거룩함, 율법(19장)

성적인 관계의 정결법, 이방 종교 풍습에 관한 규정(20장)

제사장에 관한 규정(21장)

19장은 18~20장과 17~21장의 가운데 위치한 중심적인 위치를 차지하고 있으며, 19장은 다시 1~18, 19~37절의 두 부분으로 나누어 볼 수 있다. 17~21장의 단락은 19장을 중심으로 전후 본문들이 내용과 주제에 있어서 서로 상응하는 특징을 보여 주고 있다.

1. 제사와 피에 관한 규정(17장)

1) 본문의 개요

3~9절은 희생제물의 도살에 관한 규정으로써, 먼저 제물로 드릴 동물을 잡을 때에는 회막문 앞에서 잡아야 한다는 내용이다. 이 규정은 이스라엘 자손과 거류민 모두에게 적용된다(8절).

10~16절은 피에 관한 율법을 해설하며 창세기 9:4 말씀처럼 피는 생명과 연결된 것이기에 피를 먹는 것을 단호하게 금지한다. 생명이 피에 있기 때문에 피가 죄를 속하는 것이며(11절), 특히 14절에서는 생물, 피, 생명을 연속적으로 언급하면서 피와 생명이 일체라고 표현하였다.

17장의 전반부와 후반부는 별개의 단락을 이루는 것이 아니라, 전반부에 속한 4절과 6절에서 피에 관하여 언급함으로써, 후반부의 피에 대한 구체적인 뜻풀이 내용과 자연스럽게 연결될 수 있도록 하고 있다.

2) 본문 주해

(1) 개인적인 제사와 공식적인 제사(3~9절)

레위기에서는 이스라엘의 공식적인 제사에 관한 율법을 확정하여 선포하고 있다.

4, 9절은 누구든지 규정과 절차대로 제사장의 인도를 따라 진행되는 이스라엘 공동체의 제의와 무관하게 사적인 제의를 행하는 것이 범죄라고 지적한다.[4]

5절에서는 화목제가 그 제물을 집으로 가져가 가족이 함께 나눌 수 있는 제사였지만(3:17; 7:26; 신 12:17), 반드시 회막문 앞에서 제물을 잡아서 먼저 하나님께 드리는 공식 제의 절차를 밟아야 한다고 명시하였다.[5]

7절에서 언급하는 '숫염소' 제사는 질병이나 죽음과 관련된 광야의 지배자에 대한 고대 제의에 관한 것이었으며[6], 레위기의 말씀은 하나님 이외의 그 어떤 대상에게도 제물을 드릴 수 없다고 규정한다(7~9절).

개인적인 제의는 공식적인 제사 가운데 포함되어야 하고, 회막 앞에서만 제물을 도살할 수 있으며, 하나님께만 제사를 드려야 한다고 규정한 17장의 제의 규정은 하나님의 소유와 거룩한 백성과 제사장 나라로 부름 받은 이스라엘 자손들이 단절해야만 하는 이방 제의의 문제가 무엇이었는지를 보여주고 있다. 하나님과 이방신을 함께 섬길 수는 없으며, 구약은 하나님만을 유일하신 참 하나님으로 믿고 섬기는 유일신 신앙을 강조하였다(신 6:4~9).

17장의 제사법은 이스라엘 자손과 거류민 모두에게 동일하게 적용되는 법이며, 이스라엘 공동체의 울타리 안에서는 어떠한 혼합주의적인 신앙과 종교적 태도도 허용될 수 없음을 말해 준다.

(2) 피에 관한 규정(10~16절)

어떤 피든지 그 피의 식용을 금지하는 규정도 이스라엘 자손과 거류민 모두에게 적용된다(10절). 피는 생명과 동일하기 때문에 제물의 피로 죄를 속할 수 있다(11절).

창세기에서는 피와 생명의 연결 관계를 언급하였다면(창 9:4), 레위기에서는 제사에 관한 본문의 문맥 가운데서 피가 생명과 하나일 뿐만 아니라 죄를 속하는 것이라는 속죄의 의미를 설명한다. 17장의 피에 관한 율법과 그 의미는 신약에서도 뚜렷하게 나타난다.

히브리서 9장에서 예수 그리스도의 피 흘리심과 대속의 은혜를 설명하는데 그대로 적용되고 있다.

특히 히브리서 9:22의 "율법을 좇아 거의 모든 물건이 피로써 정결케 되나니 피흘림이 없은즉 사함이 없느니라"는 말씀은 레위기 17:11을 인용함으로써, 그 구체적인 예를 보여 준다. 제물의 피와 죄 사함의 주제에 관한 이해는 구약과 레위기의 종교적인 배경을 파악함으로써 보다 선명하게 그 의미를 파악할 수 있다. 사람들의 죄를 사하기 위해서 그 사람의 생명 대신에 제물로 드려지는 다른 동물이 피 흘림으로써 생명으로 생명을 대신하는 것이다. 예수 그리스도의 대속의 죽음과 관련하여, 레위기 17장의 피에 관한 율법을 기독론적으로 해석한 히브리서 9장을 보면서, 신약의 말씀을 이해하는 데 구약의 본문이 얼마나 큰 도움이 될 수 있는가를 확인할 수 있다.

그러나 17장의 본문을 읽을 때에, 여기서 주목해야 할 점은 피 자체에 어떤 능력이 담겨 있는 것이 아니며, 아무 장소에서나 피를 가지고 죄를 속할 수 있는 것이 아니라 제사장에게 주어서 하나님 앞에 즉 '제단'에 뿌려서 사람들의 생명을 위한 속죄를 할 수 있다는 사실이다. 죄 사함은 하나님과의 관계 속에서 하나님께서 행하시는 은혜의 사건이다. 제단은 하나님과 하나님의 백성의 만남이 이루어지는 장소이며, 제물의 도살이 회막문 앞에서만 이루어져야 하고(5절), 제물을 회막으로 가져와야 하는 것처럼(9절), 피는 제단에 가져와 뿌려져야만 한다고 규정하고 있다.

17장의 마지막 부분에서는 사람이 부정하게 되었을 때에 물로 옷을 빨고 몸을 씻음으로 정결케 하는 정결 의식에 관하여 설명한다. 이러한 절차와 방법은 하나님께서 정하신 바였고, 정결 의식과 속죄 의식을 비롯한 레위기의 모든 제사에 있어서 중요한 것은 하나님께서 명하신 대로 행하는 것이다(참고 16:34).

레위기의 제사법에 있어서 하나님께서 명하신 대로 순종하고 실행하는 일은 선택 사항이 아니라 필수 사항이었으며, 이 문제는 번거롭고 사소한 일처럼 여겨진다고 해서 소홀히 할 수 있는 일이 아니라 제사 드리는 사람들이 이로 인하여 자신의 생명을 잃을 수 있는 일이기도 했다(참고 10:1~2).

3) 설교를 위한 적용

17장에서는 사적인 제물의 도살과 피를 먹는 것을 금지한다. 그리고 제물은 '회막문' 앞에서 잡아야 하고, 속죄의 '피'는 제단에 뿌려져야 한다는 규정을 가르쳐 주고 있다. 이 율법 규정들을 통하여, 제사와 속죄에 있어서 하나님의 지시하심을 따라 정해진 공간적인 위치가 중요하며, 예배는 사적인 일이 아니라 공동체적이며 공적인 것임을 확인할 수 있다.

17장의 율법 규정과 교훈들을 오늘날 예배의 형식 문제에 적용해 볼 수 있다. 현대 사회에서는 정보, 통신 기술의 발달로 많은 사람들이 그러한 문명의 혜택을 누리며 편리하게 살아가고 있다. 신앙생활을 하는 데 있어서도 이러한 매체들을 통하여 다양한 유익을 얻는 일이 가능해졌다. 성도들이 여러 가지 신앙 강좌와 유명한 목회자들의 설교 등을 방송 매체들을 통해 손쉽게 접할 수 있게 된 것은 그 한 가지 예가 될 수 있다.

그러나 번거로움이나 불편함 등을 이유로 사람들은 교회의 공적인 예배 시간에 참석하는 대신에 인터넷과 케이블 방송 혹은 위성 방송 등을 통해 개인적인 예배 시간을 갖는 경우들도 가능하게 되었다.

하지만 이러한 형식의 사적인 예배 생활은 건강한 신앙의 모습이라고 할 수 없다. 공적인 예배 참석이 가능한 건강 상태와 상황임에도 불구하고 편리함만을 위해 개인적인 예배가 이루어진다면, 이는 성경 말씀에 비추어 볼 때 적절한 예배의 모습이라고 말할 수 없는 것이다. 왜냐하면 예배는 사적인 일이 아니라 공적이며, 공동체적인 일이기 때문이다. 17장에서는 정해진 장소와 시간에 드려지는 공적인 예배의 중요성을 교훈하고 있으며, 레위기 전체의 말씀들은 그 당시의 예배가 하나님께서 지시하시는 명령과 절차를 따라 이루어져야 하는 것임을 가르쳐 주고 있다(8:9, 13, 17, 21, 29, 36; 9:10; 10:1~2).

오늘날의 예배는 레위기의 제사처럼 회막이라는 한 장소에서만 드릴 수는 없다. 그럼에도 불구하고 하나님께 드리는 예배를 준비함에 있어서 시간과 장소의 문제가 소홀하게 여겨지지 않도록 목회자와 성도들이 함께 주의를 기울여야 하겠다.

동시에, 예수님께서 요한복음 4:23~24을 통하여 "아버지께 참으로 예배하는 자들은 신령과 진정으로 예배할 때가 오나니 곧 이때라 아버지께서는 이렇게 자기에게 예배하는 자들을 찾으시느니라 하나님은 영이시니 예배하는 자가 신령과 진정으로 예배할지니라"고 하신 가르침을 기억하며, 그리스도인들의 일상생활이 하나님께 진정한 예배를 드릴 수 있는 준비의 과정이 될 수 있도록, 늘 예배를 준비하는 마음으로 하루하루를 살아가야 할 것이다.

2. 성적인 관계의 정결법, 이방 종교 풍습에 관한 규정(18장)

1) 본문의 개요

18장의 주된 내용은 성 윤리에 관한 것이다. 본문의 규정들은 사회의 가장 최소 단위인 가족 관계에 적용되며, 근친상간과 성적으로 왜곡된 행위들을 금하고 있다.

성적인 관계의 문제와 함께 여러 주제들을 함께 다루고 있는 18장의 내용은 다음과 같이 단락을 나누어 살펴볼 수 있으며, 이 가운데 성적인 부정함에 관한 내용들은 20장과 평행되는 부분에 해당한다. 18장의 내용은 구조적으로 고대 히타이트 제국의 종주권 조약과도 유사한 특징들이 있는 것으로 파악해 볼 수 있다.[7]

1~5절: 서언(1~2절) / 이방 땅의 풍속과 규례(역사적 회고) / 하나님의 법도와 규례(기본법) / 준수 시의 (축복)(5절)

6~23절: 근친상간과 성적인 부정함, 몰렉 제사 금지-(시행 규정)(21절)

24~25절: 가나안 민족들의 추방 이유와 뜻-거주민들 스스로 더러워짐, 땅을 더럽힘: 하나님의 심판, 땅이 토해 냄

26~29절: 이스라엘 자손과 거류민에 대한 경고(위반 시의 처벌 내용)

30절: 하나님의 명령 준수 / 가증한 풍속 금지

2) 본문 주해

(1) 1~5절

1~5절은 이방 풍속과 이에 대비되는 하나님의 율법에 관하여 간략하게 언급하면서 한 단락을 구성한다. 2, 30절의 종결 문구는 '나는 여호와 너희의 하나님이니라'이며, 그 사이에 나타나는 4, 5, 6, 21절에서는 '나는 여호와니라'라는 다른 형태의 종결 문구를 사용하고 있다. 3절의 '애굽 땅의 풍속'과 '가나안 땅의 풍속과 규례'는 4절의 '내 법도'와 '내 규례'로 표현된 하나님의 율법과 대조를 이룬다.

(2) 6~23절

6절에서는 근친상간을 금지하는 명령이 나오고, 다음에 이어지는 구절들은 그 구체적이고 세부적인 규정들에 해당한다. 모친(7절), 계모(8절), 자매와 의붓 자매(9절), 손녀와 외손녀(10절), 이복 자매(11절), 고모(12절), 이모(13절), 백숙모(14절), 자부(15절), 형제의 아내(16절), 모녀와 그의 손녀나 외손녀(17절), 처 형제(18절)와의 성적인 관계를 금지하는 규정들과 아내의 월경 기간에 동침을 금지하는 규정(19절), 다른 사람의 아내와의 간통을 금지하는 규정(20절) 다음에 자녀를 몰렉에게 제물로 주지 말라는 종교적인 금지 명령이 나온다(21절). 끝으로 수간 금지 명령(22~23절)이 성적인 부정함에 관한 구체적인

명령들의 목록에 포함되어 있다.

18장에는 아버지와 딸의 관계에 관한 언급이 없으나 동일한 원리가 적용되어야 하며, 19:29에서는 18장과는 다른 측면에서 딸의 문제를 언급한다. 여기서는 딸을 더럽혀 창기가 되도록 해서는 안 된다고 명령한다. 8절의 계모에 관한 규정에서는 일부다처제 풍속과 관련된 배경을 생각해 볼 수 있다. 이러한 규정들은 그 당시 이방 민족들의 성 문화가 얼마나 문란하고 혼탁했는지를 간접적으로 보여 준다. 하나님께서는 거룩한 백성으로 부름 받은 이스라엘 자손들이 구체적이고 일상적인 삶 가운데서 부패하고 부정한 문화와 단절하고 하나님의 말씀을 따르는 새로운 삶의 방식을 가지고 살아갈 것을 요구하고 계신 것이다.

신명기 12:29~31에서는 이스라엘 자손이 가나안 땅에 들어가기 전에 살았던, 이전 민족들의 종교를 연구하는 일마저도 금지하신 말씀을 확인할 수 있다. 하나님은 거룩한 하나님이시며, 영적으로나 육적으로나 하나님의 백성으로 살아가는 사람들은 스스로를 삼가고 자신을 더럽히지 않음으로써 '거룩한 백성'의 삶을 지켜 가야 한다.

(3) 24~30절

24절 이하에서는 결론적으로 가나안 민족들이 성적인 타락과 비인도적이며, 왜곡된 종교 행위들로 말미암아 스스로 더러워졌고 그 땅도 더러워졌기 때문에 이스라엘 자손들 앞에서 쫓겨나게 되었음을 말씀해 주고 있다. 이방인들의 성적이며 종교적으로 타락한 풍속을 27절에서는 '가증한 일들'로 번역된 '토에보트'(תּוֹעֵבוֹת)라는 한 단어로 표현하였다. 이는 '토에바'(תּוֹעֵבָה)라는 단어의 복수형이며, 성적인 부정함, 자식을 제물로 바치는 행위, 신접자들의 활동(신 18:10~11), 조상 숭배 등에 적용되었다.[8]

거주민들이 타락한 결과로 그 땅에서 쫓겨나게 되는 벌이 임할 것이라는 말씀에는, 먼저 하나님의 심판의 의미가 있고 동시에 그 땅 스스로 거주민을 토하여 낸다는 두 가지 뜻이 담겨 있다(25절). 26~29절은 앞의 내용을 다시

금 요약하고 반복하면서 이스라엘 자손들이 같은 죄악을 저지를 경우에 동일한 심판이 임할 것이라는 경고의 말씀으로 마무리한다.

3) 설교를 위한 적용

18장에서는 개인의 사생활 영역에 속하는 성적인 관계의 세부적인 사례들을 열거하였지만, 이것은 개인 사생활로 끝나는 문제가 아니라 민족 공동체 전체와 그들이 거주하는 땅과도 연결된 주제임을 보여 주고 있다. 성적인 부정함을 금지하는 규정들이 주를 이루고 있는 18장에서는, 개인과 공동체와 그 땅의 문제가 '일상생활'의 주제인 동시에 결국 하나님과의 관계라는 '종교 생활'의 주제와 결합되어 있는 것임을 알 수 있다. 개인 사생활의 가장 은밀한 영역에 속한 성적인 관계의 문제도 하나님 앞에 놓여 있는 주제라면, 사람의 말과 행동과 마음과 생각뿐만 아니라 인생 전체에 걸친 삶의 모든 영역 가운데 어느 것 하나도 하나님의 주권 아래 속하지 않는 부분이 없음을 고백할 수밖에 없다.

한 사회의 건강 정도는 그 사회를 구성하는 최소 단위로써 가정과 가족관계의 건전함과 건강함의 문제에 직결되어 있으며, 성적인 부정함의 문제는 결국 부부 관계로부터 시작하여 모든 인간관계들에 치명적인 손상을 가져올 수 있는 것임을 분명하게 인식할 필요가 있다. 인터넷을 비롯하여 상업주의적인 대중매체들을 통해 급속하게 퍼져 가는 왜곡된 성적 정보들과 그로 인하여 음란하고 퇴폐적인 성 문화와 성범죄들이 만연해 가는 현실을 볼 때, 레위기의 성 윤리에 관한 규정들과 엄중한 경고의 말씀은 과거 구약 시대의 이스라엘 백성에게만이 아니라 오늘날 우리 시대에 다시금 새롭게 선포되고 적용되어야 할 중요한 가르침을 담고 있다는 사실을 깨달을 수 있다.

로마서 12:2에서는 "너희는 이 세대를 본받지 말고 오직 마음을 새롭게 함으로 변화를 받아 하나님의 선하시고 기뻐하시고 온전하신 뜻이 무엇인지 분별하도록 하라"고 말씀하심으로 그리스도인들의 삶이 세상 사람들의 삶과 구별되어야 함을 가르치고 있다. 성적인 문제에 있어서는 고린도전서

6:18~20의 "음행을 피하라 사람이 범하는 죄마다 몸 밖에 있거니와 음행하는 자는 자기 몸에게 죄를 범하느니라 너희 몸은 너희가 하나님께로부터 받은 바 너희 가운데 계신 성령의 전인 줄을 알지 못하느냐 너희는 너희의 것이 아니라 값으로 산 것이 되었으니 그런즉 너희 몸으로 하나님께 영광을 돌리라"는 말씀을 통하여 성도들에게 있어서 성적인 죄악의 문제가 얼마나 심각한 것인가를 가르쳐 주고 있다.

3. 거룩한 백성의 삶(19장)[9]

1) 본문의 개요

19장은 내용과 주제에 있어서 서로 상응하는 18, 20장과의 관계성 속에서 읽을 때 그 뜻을 더욱 선명하게 파악할 수 있다. 이방인들이 그들의 종교적이며 일상적인 풍속으로 인하여 하나님 보시기에 가증한 삶을 살았다면(18, 20장), 하나님의 백성 된 이스라엘 자손들은 어떻게 살아야 하는가를 가르쳐 주는 구체적인 말씀들이 19장에 수록되어 있다.

19장의 전반부(1~18절)에 해당하는 1~2상절은 주님께서 모세를 통하여 이스라엘 자손의 온 회중에게 말씀하셨음을 알리며, 19장 전체의 시작 문구로써의 역할을 하고 있다. '나는 주 너희 하나님이다'라는 종결 문구가 네 번 반복되는(2, 3, 4, 10절) 2하~10절까지 한 단락을 이루고, '나는 주다' 형태의 종결 문구가 다시 네 차례 등장하는(12, 14, 16, 18절) 11~18절이 다른 단락을 이루고 있다.

19장의 후반부(19~37절)는 다시 '나는 주 너희 하나님이다'라는 문구가 25절과 31절에 나타나고, 그 사이에 '나는 주다' 형식의 종결 문구가 나타나는데(28, 30절), 32~37절의 새로운 단락에서는 반대 구조를 볼 수 있다. '나는 주다'라는 문구가 32, 37절에 있고, 그 사이에 '나는 주 너희 하나님이다'라는 문구가 기록되어 있다(34, 36절). 하지만 이러한 구조적인 단락은 19장의 내용적인 단락과도 그 범위가 일치하고 있다.

전반부는 '거룩함'의 명령과 그 명령에 속하는 세부 규정들로써 일상생활과 관련된 다양한 규정들로 구성되어 있으며, 십계명과 관련된 내용도(3~4, 11~12, 30절) 확인할 수 있다.

후반부는 19상절의 "너희는 내 규례를 지킬지어다"라는 명령을 포괄적으로 제시하면서 동물, 식물, 의복의 혼합을 금지하는 명령과, 성적인 혼합이라고 할 수 있는 간음을 금지하는 명령과(20~22), 종교적인 혼합의 주제에 해당하는 이방 종교 풍습을 금지하는 규정들을(26~31) 수록하였다. 23~25절은 가나안 땅에서의 과수 작목 규정에 해당하며, 32~36절은 다양한 인간관계와 생활을 위한 주제들과 연결되어 있다.

19장은 전반부와 후반부의 세부 규정들이 서로 상응하는 관계를 보여 주고 있고, 그런 점에서 '거룩함'의 주제와 '하나님의 말씀'(규례, 법도)의 주제가 밀접하게 연결되어 있음을 확인할 수 있다.

19장의 많은 규정들에 반영된 다양한 주제들에 관하여 웬넘(Gordon J. Wenham)은 19장에 나타난 자료의 다양성은 삶의 다양성을 반영하는 것이며, 인생사의 모든 면들이 하나님의 율법 아래 속해 있음을 보여 주는 것이라고 해석하였다.[10] 웬넘의 해석과 같은 맥락에서, 메고넷(J. Magonet)은 19장의 주제가 '거룩함'이고 어떻게 '거룩함'이 인생의 모든 부분들에서 경험될 수 있는가에 관한 것이기 때문에 그 법률 목록들의 불규칙성은 인생 자체의 불규칙성을 단순하게 반영하는 것일 수 있다고 해석하였다.[11]

두 사람은 19장 본문 속에서 일정한 틀과 조직적인 특성을 발견할 수 있다는 설명도 하고 있지만, 19장의 규정들이 인생 전반에 적용되는 주제들과 연관되어 있고 그 목록들은 무작위성과 다양성의 측면을 지닌다고 보았다. 그러나 19장의 내용을 자세히 살펴보면, 19장 전체는 2절의 '거룩함'과 19절의 '율법'의 주제를 두 개의 중심 개념으로 두고, 이에 속한 규정들을 각 부분에서 따로 열거하면서도 앞에서 한 번 언급된 내용을 뒤에서 다시 반복하고 발전시키는 형식으로 서로 짝을 이루도록 본문을 기록하는 특징을 보여 주고 있다.

19장에 수록된 규정들의 다양성은 다른 본문들과 비교해 볼 때 다른 이유들보다는 레위기 전체의 다양성이 반영되었다고 해석할 수 있는 가능성이 있다. 왜냐하면 레위기 각 장의 주제와 내용과 용어들이 19장에 대부분 반영되어 있다고 평가할 수 있기 때문이다. 예를 들어 5~8, 21~22절의 제사 주제는 1~7장의 제사 규정들과, 22절은 16장의 속죄 주제와, 3, 30절의 안식일 주제는 23장의 절기들에 관한 규정들과, 20, 29절의 음행의 주제는 18, 20장의 성적인 죄악의 문제들과 상응할 수 있는 부분들이다. 19장은 레위기 전체의 '축소판'에 해당하는 특징을 보여 주고 있다.

2) 본문 주해

(1) 너희는 거룩하라(1~18절)

2절에서 '회중'으로 번역된 히브리어 '에다'(עֵדָה)는 일반적으로 민족적, 법적, 제의적 공동체를 지칭하는 용어로써[12], 구약에서는 특별히 출애굽 한 이스라엘 백성들을 가리키는 말로 사용되었다.[13] 레위기에서는 '이스라엘 자손의 온 회중'이라는 말이 2절에서만 사용되었으며, 여기에 해당하는 구체적인 구성원들은 17:2과 21:24에서 언급되고 있다(아론, 아론의 아들들, 온 이스라엘 자손). 이 용어를 통하여 19장과 17~21장의 관계성을 파악할 수 있다.

2절에서 이스라엘 온 회중에게 요구되는 '거룩함의 명령'의 근거는 하나님의 '거룩하심'이며, 여기에는 '하나님 닮음'(*imitatio Dei*)이라는 신학적이며 윤리적이고 실천적인 주제가 담겨 있다.[14] 이 '거룩함'을 뜻하는 히브리어 동사 '카다쉬'(קָדַשׁ)의 어원을 '분리하다' 혹은 '정결하다'를 뜻하는 말에서 나왔다고 보는 이들도 있고,[15] 이 입장에 반대하여 하나님의 것으로 사용하도록 하는 뜻으로 보는 견해도 있다.[16]

19장 전반부의 내용은 2절의 '거룩하라'는 명령을 실천하기 위한 세부 규정들로 볼 수 있으며, 19장은 일상의 삶과 연관된 내용들을 명령문 형태로 열거함으로써, '거룩함'의 의미를 명사적이며 정적인 개념으로써가 아니라 매우 역동적으로 인식할 수 있도록 하고 있다.

19장 전체 내용을 하나님과 관계된 규정과 사람에 관련된 규정으로 나누어 본다면, 하나님의 '거룩함'은 4, 8, 12, 14절과 같이 하나님과 직접적으로 관계된 우상 숭배 금지와 성물에 대한 규정과 하나님의 성호 모독 금지와 하나님을 경외하라는 명령의 실천을 통하여 파악될 수 있으며, 이스라엘 자손의 '거룩함'은 사람이 소유할 수 있는 성품의 문제가 아니라 하나님의 말씀을 실천함으로써 경험할 수 있는 실천적인 개념이라고 설명할 수 있다.[17] 따라서 19장에서 '거룩함'의 의미는 정적인 개념이 아니라 동적인 개념으로 제시되었고, 종교적인 차원에 국한된 것이 아니라 일상의 삶 전체를 포괄하는 개념으로 이해할 수 있다.

9~10절에서는 네 개의 '부정 명령'과 한 개의 '긍정 명령'으로 구성된 수확에 관한 규정이 '나는 주 너희 하나님이다'라는 종결 문구로 한 단락을 이루고 있다. 10절에서 '거류민'으로 번역된 '게르'(גֵּר)는 특정 기간 동안 그 땅에 거주하는 이방인으로서 외국인과는 구별되는 개념이며, 일반적으로는 고아와 과부와 함께 경제적인 약자에 해당하는 사람들이었다.[18] 본문의 내용적 관심은 사회적 약자에게 놓여 있지만, 그 규정의 실제적인 선포 대상은 상대적으로 강한 자들이라는 점에서, 본문의 규정들은 강한 자와 약한 자가 함께 섞여 사는 공동체를 전제로 하여 강자에게 주어진 규정이라고 할 수 있다.

강한 자가 상대적으로 약한 사람의 궁핍한 사정을 헤아리고, 수확할 때에 최소한의 기본적 생존권이 보장될 수 있도록 해 주라는 9~10절의 명령에는 '사회적 약자'를 위한 배려의 정신이 담겨 있으며, 이 규정의 마지막 문장은 명령의 근거로써 하나님 자신의 정체성과 이스라엘 자손과의 관계를 선포하는 종결 문구를 제시하였다.

13~14절의 품꾼과 장애인을 위한 규정에서는 상대적으로 강한 사람들이 약한 사람을 괴롭히거나 착취해서는 안 된다는 규정을 기록하고, '하나님 경외'라는 절대적 권위를 담은 명령을 결합시켰다. 이 명령은 상대적으로 강한 이가 자신보다 약한 자를 대할 때, 자신보다 더 두렵고 강한 분이 계심을

염두고 두고 상대방을 대하라는 의미로 해석할 수 있다.

17~18절은 부정 명령문으로 시작하여, 긍정 명령문으로 끝나는 구조 속에 대조적인 명령문들을 열거하는 형태로 구성되어 있다.[19] 17~18절은 폭력의 잠재적 형태라고 할 수 있는 '마음의 폭력' 문제를 다룬다. 즉 17절에서는 마음속의 미움을 금지하고, 18절은 원한을 품지 말라고 요구한다. 17~18절은 결국 죄를 '마음'의 차원으로까지 연결시킴으로써 죄에 대한 이해 폭을 확장하고 있다. 17절의 '이웃'은 '아밋'(עָמִית)의 번역이며, 18절의 '이웃'은 '레아으'(רֵעַ)의 번역이다. '아밋'과 '레아으'라는 두 용어는 의미적으로 밀접한 연관성이 있으며, '아흐'(אָח) 역시 19장 문맥에서 평행적으로 사용될 수 있는 용어임을 볼 때 '동포'를 의미하는 '암'(עַם)과 함께 17~18절에 사용된 네 가지의 각각 다른 단어들은 이스라엘 자손으로 구성된 특정한 '공동체'를 지칭하는 개념이라는 공통점을 찾을 수 있다.

17~18절에서 네 개의 이웃 관련 용어들이 사용된 특징에 관하여, 웨넘은 11~18절 단락에서 18절을 문학적으로나 신학적으로 절정에 이르도록 하기 위하여 사용된 구조적인 장치라고 해석했다.[20] 이는 점층법적 구조를 보여 주는 특징으로써 19장 문맥 가운데서 '이웃 사랑'의 명령을 강조해 주는 기능을 하고 있다.

11~12절		〈아밋〉		
13~14절				〈레아으〉
15~16절		〈아밋〉	〈암〉	〈레아으〉
17~18절	〈아흐〉	〈아밋〉	〈암〉	〈레아으〉

18절에서는 '보복 금지'와 '이웃 사랑'의 율법을 함께 제시하고 있는데, 본문에서 언급하고 있는 이웃, 형제, 백성, 동포의 개념이 '그 땅'으로 표현된 가나안 땅의 제한된 범위 안에 속한 구성원들을 지칭하는 개념들이었으며, 18절의 '이웃 사랑'의 명령 역시 이스라엘 자손들의 공동체에 속한 사람들에

게만 적용되었던 제한된 의미의 명령이었음을 확인할 수 있다. 34절의 거류민을 자기같이 사랑하라는 명령도 '그 땅'에 들어와 이스라엘 자손들과 함께 살아가는 사람들을 위해 적용된 규정이었다. 한편 쿠겔(J. L. Kugel)은 19장에서 말한 '이웃 사랑'의 명령이 역으로 외부인들을 미워하라는 요구를 뜻하는 것으로 해석될 수 있다고 보았다.[21]

(2) 나의 규례를 지키라(19~37절)

19절의 '너희는 내 규례를 지킬지어다'라는 명령은 2절의 '거룩함'의 명령처럼, 이어지는 본문들을 아우르는 '총괄적인 명령'에 해당한다. 19절의 '나의 규례들'은 37절에서 '나의 법도들'과 짝을 이루며, 문맥상으로 18:3의 애굽 땅의 풍속과 가나안 땅의 풍속과 규례, 20:23의 '이방인의 규례'와 대조를 이루고 있다. 19하절은 동물, 식물, 의복의 혼합을 금지하는 규정으로 이루어져 있으며, 19상절의 '규례'라는 용어는 동물과 식물과 의복의 혼합(19하절), 성적인 혼합(20절), 종교적인 혼합(26~29, 31절)을 금지하는 명령들과 연결되어 있는 특징을 보여 준다.

19장 전체 문맥에서 볼 때, '규례'는 단순히 세속적인 차원이나 종교적인 차원의 어느 한쪽에만 적용되는 개념이 아니라 양쪽 모두에 있어서 '혼합'으로 인하여 생기는 문제를 막기 위한 기준이라고 할 수 있다.[22] '혼합'을 금지하는 규정들과 연결된 '규례'라는 개념이 사람을 더럽히고 부정하게 하고 땅이 불경스러워지도록 하는 것을 금지하는 명령과 내용을 포함한다는 점에서 19장 전반부의 포괄적인 주제로써의 '거룩함'과 후반부의 포괄적인 주제인 '규례'는 서로 상응하는 면을 보여 준다. 따라서 19:2의 '거룩하라'는 명령과 19절의 '나의 규례를 지키라'는 명령은 19장 전체의 문맥에 있어서 상호보완적인 관계를 이루는 규정들로 이해할 수 있으며, 혼합되지 않은 정결한 상태를 '거룩함'의 또 다른 측면으로 이해할 수 있다.[23]

20~22절의 본문은 넓은 의미에서 간음을 금지하는 규정으로 해석할 수 있다. 원래 율법에서는 약혼을 결혼과 같은 법적인 구속력을 지니는 것으로

보아, 남자가 약혼한 여인과 간음한 것으로 판단되는 경우에는 두 사람 모두 사형에 처했다(신 22:23~24). 그러나 20~22절은 다른 사람과 정혼한 상태에서 동침했던 여인이 어떤 사람의 여종인 경우에 사형 대신 받게 되는 형벌과, '속건제'를 통한 속죄의 규정을 말하고 있다. 이는 사회적으로나 경제적으로도 유리한 입장에 있는 자유민으로서 남성의 요구를 여종의 입장에서는 거부하기 어려울 수 있다는 사실을 고려하고,[24] 사회적 약자에 해당하는 여종의 생명을 보호하기 위한 규정으로써의 의미가 있다.

19장에 기록된 율법의 특징 가운데 하나는, 단순히 '제사 규정'이라고 여겨지는 종교적인 율법의 규정들도[25] 그 세부적인 내용을 살펴보면 사회적 약자에 대한 관심과 배려의 정신을 담고 있는 '사회적 규범'들과 연결되고 있다는 점이다. 이러한 특징들이 19장 전반부에 속한 5~8, 11~13절과 후반부의 20~22절의 규정들 가운데서도 나타나고 있다. 이 세 부분의 규정들은 문자적으로는 상응하지 않지만, '종교법'과 '사회법'으로 구분하기 어려운 내용상의 연관성들을 공유하고 있다.

이러한 레위기의 규정들은 엄밀하게 종교적 규범과 사회적 규범으로 구분하기 어려우며, 19장은 인간관계를 위한 규정들 속에 하나님과의 관계라는 차원이 반영되어 있고 하나님과의 관계를 위한 규정들 속에 인간관계를 위한 배려가 반영된 여러 규정들을 제시하여 줌으로써 그러한 특징들을 뚜렷하게 부각시키고 있다. 그리고 이러한 규정들을 담은 본문들은 의미에서뿐만 아니라 문장론적인 기능에 있어서도 단락들을 서로 연결시켜 주는 역할을 한다.

23~25절에서는 가나안 땅에 들어가 처음 유실수를 작목하게 될 때의 규정을 이야기한다. 여기서 특이한 점은 나무에 할례의 개념을 적용한 표현이다. 가나안 땅에 들어가 유실수를 심을 경우에 3년 동안은 그 실과를 '할례 받지 못한 것'으로 여기지만, 4년째가 되면 모든 과실은 8절의 제물처럼 하나님께 드린 바 된 '거룩한 것'이 된다. '할례 받지 못한'이라는 표현은 히브리어 '아랄'(עָרֵל)의 번역으로서, 이 낱말은 회개하지 않음의 의미로 '귀'(렘 6:10)

와 '마음'에 적용되었으며(레 26:41; 신 10:16; 렘 4:4; 9:24~25; 겔 44:7, 9), '입술'(출 6:12, 30)에 적용된 용례도 구약에서 나타나고 있다.

그러나 23절처럼 '열매'에 '할례'의 개념이 적용된 것은 독특한 경우에 해당된다. 메이어(G. Mayer)는 과일나무의 열매들을 3년간 할례 받지 못한 것으로 여겨서 먹을 수 없었고, 4년째가 되면 그 열매들은 예루살렘 순례 시의 잔치 비용으로 사용할 소산물의 십일조처럼 취급되었으며(신 14:22~27), 그런 다음에야 그 열매의 정식 소비가 가능하다고 설명하였다. 그리고 '할례 받지 못한' 열매란, 할례 받지 못한 포피가 제자리에 그대로 남아 있는 것처럼 그 열매도 그 자리에 그대로 남겨진다는 의미였으며, 할례 받지 못한 자가 제의에서 제외되었던 것처럼 할례 받지 못한 것에 해당하는 과일도 사람들이 먹을 수 없었다고 해석하였다.[26]

25절은, 이렇게 하는 이유가 '너희를 위해 그 소산물이 더 많아지도록 하기 위한 것'이라고 말하고 있다. 하지만 4년간 열매를 수확하지 않음으로 인하여, 직접적인 혜택을 얻게 되는 것은 토지와 새와 들짐승들이라고 할 수 있다. 왜냐하면 추수하지 않음으로 인해 시간이 지나면서 자연적으로 떨어진 과실들은 토양을 비옥하게 하며 식물을 위한 거름이 되고 온갖 들짐승들의 생존에 필요한 먹이가 될 수 있기 때문이다. 이 규정의 실천은 궁극적으로 그 땅에 거주하게 되는 이스라엘 자손들의 풍요로운 수확을 위한 기초 작업이 될 수 있는 것이다.

이러한 과정은 결국 '그 땅'과 그 안에서 살아가는 '모든 동물과 식물들'을 위하여 양식을 공급할 수 있도록 했다는 점에서 그 땅의 모든 생명체를 위한 배려가 이 규정들 속에 담겨 있었던 것으로 볼 수 있다. 17~21장의 단락에서 '그 땅'은 18, 19, 20장에 집중적으로 나오는 용어로써, '가나안 땅'(18:3)과 '젖과 꿀이 흐르는 땅'(20:24)과 동일시되고 있다. 대부분의 경우들에 있어서, 땅은 완전히 중립적인 개념이 아니라 이스라엘 백성과 연결되어 나타나는데, 만일 종교적으로 가증한 풍속과 성적으로 가증한 행위들로 인하여 '이스라엘 백성'이 더러워지면, '그 땅'도 더러워지게 되고 결국 땅은 그 거주민을 토해 낸다고 말하고 있다(18:24~30; 20:22~23).

19장은 전반부에서 '사회적인 약자들'과 더불어 살아가기 위한 규정들이 제시되었고, 공동체의 의미를 강조하는 내용은 19장 후반부에서도 이어지고 있다. 하지만 후반부에서 공동체의 범위는 사람과 사람 사이의 공동체라는 한계를 넘어서 그 땅과 그 땅에 속한 모든 생명들을 포괄하는 방향으로 전개되었다. 이를 위한 보다 상세하고 구체적인 규정은 25장의 안식년과 희년법에서도 나타나고 있으며, 22:27~28의 제물로 사용될 어미와 새끼에 관한 규정에서도 동물들에 대한 배려의 정신을 확인할 수 있다. 이러한 규정들은 안식일과 안식년 규정을 사람뿐만 아니라 모든 동물들을 위해서 적용하라고 요구하는 출애굽기 23:10~12의 가르침과 연속선상에 놓여 있다.

3) 설교를 위한 적용

(1) 거룩함

19장에서는 '거룩함'을 제사장과 일반인을 포함한 이스라엘 자손의 온 회중에 속한 사람들이 그들의 삶 속에서 하나님의 '규례'와 '법도'를 실천함으로써 경험될 수 있는 구체적이며 역동적인 것임을 보여 준다.

신명기 10:7~19에서는 하나님 사랑과 이웃 사랑의 개념으로 레위기 19장의 내용을 해석하며 요약하고, 레위기 19:37과 거의 평행을 이루는 신명기 10:12에서는 하나님의 규례와 법도를 지키라는 명령과 함께 '하나님 사랑'의 주제를 결합시킴으로써 '거룩함'의 주제 대신에 '사랑'의 개념을 부각시켰다.

마태복음 5:48에서는 "그러므로 하늘에 계신 너희 아버지의 온전하심과 같이 너희도 온전하라"는 명령문으로 레위기 19:2의 본문을 인용하면서, 예수님께서 레위기 19장의 '거룩함'을 '완전함'의 개념으로 재해석하셨음을 보여 주고 있다.

이어서 베드로전서 1:15~16에서는 "오직 너희를 부르신 거룩한 자처럼 너희도 모든 행실에 거룩한 자가 되라 기록하였으되 내가 거룩하니 너희도 거룩할지어다 하셨느니라"는 말씀으로 레위기 19:2을 인용하였다. 베드로전서 1:15에서는 '거룩함'의 명령을 '모든 행실에서 거룩하여라'는 요구로 표현하였으며, 이 명령을 구원의 조건으로 제시한 것이 아니라 예수 그리스도를 믿고 종말의 구원을 기대하는 교회의 성도들에게 적용하였다. 이 점은 동시에 출애굽 사건을 경험하고 약속의 땅에 정착할 소망을 품게 된 이스라엘 자손들에게 레위기 19:2에 기록된 '거룩함의 명령'을 요구한 상황과 비교해 볼 수 있다.

19:2의 '거룩함'의 주제는 19장 자체의 문맥에서 볼 때는 하나님의 말씀을 현실의 삶 가운데서 실천함으로 체험할 수 있는 것임을 보여 주는 본문들과의 관계를 통해 매우 역동적으로 파악될 수 있었다. 이에 비해 구약과 신약에 이르는 정경 전체의 흐름 속에서 다시 이 본문과 '거룩함'의 주제를 볼 때 새롭게 발견할 수 있는 내용을 확인할 수 있다. 정경 전체의 맥락 가운데서 '거룩함'의 주제는 사랑과 완전함의 개념과 밀접하게 연결된 것으로 재해석할 수 있다. 이러한 이해는 19장 본문의 '정경적 전개' 과정을 살펴봄으로써 얻게 되는 결과이다.

(2) 사랑

레위기 19:18에 기록된 '이웃 사랑'의 명령은 레위기 19:34과 신명기 10:19에서 '거류민'(타국인)을 사랑하라는 명령에서 새로운 형태로 전개되었다. 스가랴서에서는 '인애'와 '긍휼'을 베풀라는 명령(슥 7:9)을 통해 구약에서의 정경적 전개 과정을 보여 주고 있으며, 레위기 19:18의 내용 가운데 보복 금지에 관한 명령은 잠언 20:22을 거치면서 '기다림'의 주제와 결합되었다.

이러한 정경적 전개의 특징이 마태복음 5장에서도 나타나고 있는데, 구약에 나타난 '사랑의 명령'은 '그 땅'에 기초한 공동체의 울타리 안에서 이루어지는 인간관계를 위한 규정으로써 제한적으로 적용되었던 반면에, 신약의 마태복음 5:43~44에서는 '이웃 사랑'의 명령이 궁극적으로는 원수 사랑의 차원으로까지 그 대상이 확대되었음을 볼 수 있다. 마태복음 22:39~40에서는 레위기 19장의 많은 주제들 가운데 '사랑'의 주제를 긍정적인 형식으로 수용하면서, 그 당시 성경 전체의 절반에 해당하는 계명으로 부각시켰다는 점에서 다른 해석과 차별성이 있는 해석을 예수님께서 제시하신 것으로 볼 수 있다. 마태복음 5장에서는 레위기 19장의 '거룩함'을 '완전함'의 개념으로 해석하였고, '십계명'과 '사랑'의 주제도 복합적으로 반영하고 있지만, 마태복음 22장은 '사랑'의 계명만을 인용하면서 이 주제를 부각시켰다.

로마서 13:10은 사랑이 '율법의 완성'이라는 표현을 통해, 사랑의 명령이 '완전'과 '율법'의 개념들로 연결되는 특징을 보여 준다. 이에 비해, 베드로전서 1:22의 '사랑'의 주제는 베드로전서 1:16의 '거룩함'에 관한 명령과 함께 제시되면서, 레위기 19장 전반부에 함께 기록되었던 '거룩함'과 '사랑'의 명령들(19:2, 18)이 포함된 형태를 반영해 주었다.

구약으로부터 신약에 이르는 본문들 속에서 '사랑의 명령'을 중심으로 한 정경적 전개의 과정을 확인할 수 있으나, 사랑의 주제는 구약에 있어서 이스라엘 민족 공동체를 중심으로 하여 가나안 땅이라는 제한된 공간에 적용되었던 것에 비해, 신약에서는 그 땅에 기초한 민족 공동체의 차원을 넘어서 그리스도의 재림을 기다리는 종말론적인 그리스도인 공동체를 대상으로 주어지는 명령의 형태로 나타나고 있음을 확인할 수 있다. 동시에 19장에서 말했던 '사랑'의 의미는 원수까지 그 대상으로 포함하는(마 5:44~47) 보편적인 인류애의 차원으로 전개되어 왔음을 19:18의 정경적 전개 과정들 속에서 확인할 수 있다.

19장의 문맥 안에서만 볼 때는 발견할 수 없었던 '거룩함'(2절)과 '사랑'(2절)의 주제에 관한 새로운 이해들을 구약과 신약의 전체 맥락 가운데서 이 주제들을 담은 본문을 재해석함으로써 찾아볼 수 있었다. 한 본문의 '정경적 전개' 과정을 살펴보고, 그 본문의 메시지를 파악하는 일은 본문의 해석을 보다 풍요롭게 할 수 있다.

(3) 해석과 적용

19장은 전반부의 '거룩함'의 명령과 후반부의 '율법' 준수의 명령을 총괄적 명령으로 제시하고, 여기에 포함된 구체적인 실천 명령들을 열거하는 형태로 본문을 구성하였으며, 전반부와 후반부의 내용은 서로 상응하는 특징이 있음을 파악할 수 있었다. 결국 19장에 기록된 규정들은 '하나님의 말씀'을 현실의 삶 속에서 실천하며 사는 것이 이스라엘 민족 공동체가 '그 땅'(가나안 땅)에서 복되게 살아가기 위한 길이라는 사실을 18~20장 문맥에서 말씀하고 있는 것이다.

구약과 신약 전체의 흐름 속에서 다시 19:2의 말씀을 보면, 결국 '거룩하라'는 명령은 구체적인 삶 속에서 '사랑'을 실천할 때에 하나님의 거룩하심을 사람들이 경험하면서 살 수 있다는 말씀으로 요약해서 이해할 수 있는 것이다. 구약과 신약을 관통하는 큰 맥을 예수님께서 말씀하셨던 '사랑'의 계명 가운데서 발견할 수 있다. 예수님의 다시 오심을 기다리며 살아가는 우리 그리스도인들은 하나님을 사랑하고 사람을 사랑하라는 예수님의 말씀을 기억하면서 하루하루 생활해 갈 때 '성도'(聖徒)라는 이름에 걸맞은 사람들로서 살아갈 수 있고, 현실의 삶 속에서 하나님의 거룩하심을 경험하며 살아갈 수 있다.

이러한 '거룩한 삶'을 살아가는 그리스도인들이 있음으로 인해, 그가 속한 공동체가 세워진 '그 땅' 위에서 모든 사람들(거류민과 본토인)은 복되게 살아갈 수 있다. 뿐만 아니라 그러한 사람들이 살아가는 세상에서는 그 땅의 피조물과 자연환경과 이 생태계의 모든 구성원들이 함께 하나님께서 주신 복을 누리며 살아갈 수 있는 것이다.

4. 성적인 관계의 정결법, 이방 종교 풍습에 관한 규정(20장)

1) 본문의 개요

20장은 18장과 짝을 이루는 본문으로 볼 수 있다. 왜냐하면 성적인 부정함과 이방 종교의 타락한 풍속들에 관한 규정들이 동일하거나 유사한 내용으로 다루어지고 있기 때문이다. 18장에서는 성적인 부정함과 그 외의 죄악들에 관하여 이를 금지하는 권고적인 내용이 나타나는데 비해, 20장에서는 그러한 부정함과 죄들에 대한 형벌을 구체적으로 열거하고 있다는 점에서 차이를 보여 주고 있다.

18장은 불법적인 성관계의 성격에 따라 근친상간의 문제에서 다른 종류의 문제들로 이어진 반면, 20장에서는 형벌의 내용에 따라 사형에 해당하는 항목부터 징벌에 대한 다른 표현이 적용된 항목으로 연결되어 있다는 특징도 확인해 볼 수 있다.[27] 그러나 성적인 부정함과 종교적으로 가증한 행위들로 인하여 그 땅의 거주민들에게 하나님의 심판이 임하게 되고, 땅도 그들을 토해 낸다는 결론과 교훈은 18장과 20장에서 동일하게 나타나고 있다.

서언(1~2상절)

몰렉 숭배 금지 / 신접자와 점치는 자와의 관계 금지(2하~6절)

하나님의 규례와 법도 준수 명령 / 부모 저주 금지 명령(7~9절)

근친상간과 성적인 부정함(10~21절)

하나님의 규례와 법도 준수 명령 / 약속의 내용: 땅이 토하지 않을 것임 / 가나안 민족들의 풍속 금지-가나안 민족들을 가증하게 여기는 이유(22~23절)

젖과 꿀이 흐르는 땅 / 이스라엘 민족의 구별 / 거룩함의 명령(24~26절)

신접자와 무당의 처형(27절)

2) 본문 주해

2~5절은 몰렉 숭배와 관련된 자녀 희생 제사 금지에 관한 규정이다. 이 규정은 이스라엘 자손과 거류민 모두에게 적용되는 율법이었다. '몰렉'이라는 명칭에 관하여, 히브리어로 왕을 뜻하는 '멜렉'(מֶלֶךְ)에서 온 단어로 보거나 혹은 지하 세계의 지배자를 지칭하는 신명으로 보는 입장 등이 있다.[28] 어떠한 형태와 대상이 되었든, 구약에서는 하나님 이외의 다른 대상을 위한 제사

와 희생을 금지하고 있으며, 레위기 20장에서도 이 점을 명확히 하고 있다.

6절은 신접자와 점치는 자와의 관계를 금지하고 있으며, 초혼술의 일차적인 목표가 죽은 친족들과의 교류에 있음을 볼 때, 이 금지 규정이 친족들과의 관계에 관한 다른 규정들 사이에 놓여 있는 이유를 파악해 볼 수 있다. 이 규정은 27절에서 다시 등장한다. 6, 27절은 수미상응 구조를 이루고 있으며, 두 구절 사이에 성적인 관계에 관한 규정들과 그 결론에 해당하는 말씀을 담고 있는 형태로 6절 이하의 본문이 구성되어 있음을 볼 수 있다.

20장의 첫 부분에서 몰렉 숭배와 자녀 희생과 초혼술이 연속적으로 언급되는 것을 통해 몰렉 제의가 조상 숭배와 연결된 종교적인 풍속이었음을 추정할 수 있다.[29] 몰렉을 위하여 자녀를 희생제물로 바치는 죄를 저지른 자에게는 사형의 징벌이 적용되며, 이를 방조한 이들도 그 책임을 면할 수 없었다. 이러한 범죄에 관하여 예레미야 32:35과 에스겔 16:20~21 등의 예언서들에서도 언급하고 있다.

7~9절은 거룩함의 명령과 하나님의 규례를 지키라는 명령과 부모를 저주하지 말라는 명령을 기록하고 있으며, 이 내용들은 19장과 상응하는 주제들이다. 여기서 '저주하다'에 해당하는 히브리어 동사는 '칼랄'(קָלַל)이며, 이 단어는 '가볍다 혹은 가볍게 여기다'라는 뜻이 있다. 따라서 부모를 저주하거나 가볍게 여겨 함부로 대하거나 업신여기는 모든 언행을 이 규정에 포함할 수 있다. 이러한 죄를 저지른 자들도 사형의 형벌을 받게 된다. 동일한 규정을 다루는 20:9과 19:3에 차이점이 나타난다. 19장에서는 '부모를 경외하라'는 긍정 명령이 사용된 것에 비해, 20장에서는 '부모를 저주하지 말라'는 부정 명령을 통해 부모 공경이라는 동일한 주제를 전달하고 있다는 점이다.

10~21절까지는 성적인 관계에 관한 규정들이 열거되고 있는데, 18장과 상응하는 내용으로 구성되어 있다. 타인의 아내와 간음(10절), 계모(11절), 며느리(12절), 동성애(13절), 아내와 장모(14절), 수간(15~16절), 자매(17절), 월경 기간의 성관계(18절), 이모와 고모(19절), 백숙모(20절), 형제의 아내(21절)와의 성적인 관계를 금지하는 규정들과 그에 대한 형벌의 내용들을 서술한다.

18:28과 비교해 볼 때 22절에서 주목해 볼 수 있는 특징을 찾을 수 있다. 18장에서는 이러한 가증한 일을 행하면 땅이 토해 내 버릴 것이라는 형태의 경고문이 제시되었지만, 20장에서는 반대로 하나님의 규례와 법도를 행하면 땅이 토하지 않을 것이라는 형태의 약속을 제시하고 있다는 점이다. 여기서는 동일한 주제를 전달하지만, 마치 동전의 양면처럼 다른 표현 방식을 사용하여 메시지를 전하는 수사적인 문학 기법도 확인할 수 있다.

24절에서는 '젖과 꿀이 흐르는 땅'에 대한 약속과 함께 여호와께서 친히 이스라엘의 하나님이 되셨음을 확인하고, 26절에서는 이스라엘 자손이 하나님의 소유가 되었다는 말씀을 통하여, 하나님과 이스라엘의 상호적인 관계를 다시 확인하고 있다. 이 말씀을 통하여 이스라엘 자손의 정체성을 파악할 수 있다. 하나님의 소유, 거룩한 백성, 제사장 나라의 소명을 받은 사람들로서 그들의 음식은 구별되어야 하고(25절), 그들의 생활 풍습은 가나안과 이집트와 다른 이방 민족들과 구별되어야 한다. 24~26절에서는 동일하게 '구별'이라는 주제를 언급하고 있으며, 20장의 문맥에서 볼 때 '거룩함'의 주제는 이러한 '구별됨'의 특징을 포함하고 있음을 확인할 수 있다.

3) 설교를 위한 적용

18, 20장을 통하여 우리는 이스라엘 자손들이 출애굽 할 당시 이방 사람들의 생활 풍속을 생각해 볼 수 있다. 그들의 성 문화는 문란했으며, 그로 인하여 가족과 친족 간의 관계들 역시 혼탁할 수밖에 없었음을 짐작할 수 있다. 종교적인 상황에 있어서도 사람들은 신접자들과 교제하며 산 자와 죽은 자의 경계를 혼란스럽게 뒤섞어 놓았고, 하나님이 아닌 다른 신을 섬기는 일에 자식을 제물로 바치는 일도 서슴지 않았음을 알 수 있다. 이러한 일들은 한편으로 육적이고, 동물적인 본능을 따르는 삶과 다른 한편으로는 그들이 속한 사회의 종교적인 전통과 관습을 따라 사는 것의 결과라고 할 수 있다.

그러나 하나님께서는 이 세상 모든 사람들이 어떻게 살아가든지 하나님의 백성으로 부름 받은 이스라엘 자손들은 스스로를 깨끗하게 하고, 구별된 삶을 살아야 한다고 요구하신다(7~8절). 먼저 하나님만을 섬기고, 하나님의 소유된 거룩한 백성으로 살아가는 것은 하나님께 드리는 예배와 하나님의 말씀을 따라 살아가는 삶을 통하여 나타날 수 있다. 20장에서는 특별히 가정과 가족의 테두리 안에서의 주제들을 중요하게 다루었으며, 성적인 문란함과 타락에 이르지 않기 위한 규정들을 제시하였다.

출애굽 시대의 이스라엘 자손들이 겪었던 것처럼, 오늘의 시대를 살아가는 그리스도인들에게도 세상의 성 문화와 그와 관련된 사회적 풍속의 영향이 계속해서 밀려들어 오고 있다. 그러한 영향 가운데 노출된 채로 살아가고 있는 모든 세대의 그리스도인들에게 올바른 성에 대한 가치관을 정립할 수 있도록 돕는 일은 교회 교육의 중요한 과제들 가운데 하나가 될 수 있을 것이다. 더 이상 교회가 '성'에 대하여 무지하거나 성적인 문제를 터부시하는 것이 미덕이 될 수는 없으며, 성도들이 거룩하고 정결한 가정과 가족의 삶을 이루어 가기 위해 필요한 성 지식과 주제들에 관해 교회에서 교육해야 하고, 이를 통해 보다 적극적으로 우리 사회 속에서 건전한 성 문화가 정착해 갈 수 있도록 도와야 하겠다.

데살로니가전서 4:3~5에서는 "하나님의 뜻은 이것이니 너희의 거룩함이라 곧 음란을 버리고 각각 거룩함과 존귀함으로 자기의 아내 취할 줄을 알고 하나님을 모르는 이방인과 같이 색욕을 좇지 말고"라는 말씀을 통해 성도들의 부부 관계와 생활에 관한 교훈을 전하고 있는데, 이러한 교훈은 고린도전서 7:1~5과 에베소서 5:22~33에서도 찾을 수 있다. 신약과 레위기의 이 말씀들을 통하여, 그리스도인의 신앙 교육에 있어서 성적인 정결함의 주제는 결코 간과할 수 없는 문제임을 다시금 깨달을 수 있다.

5. 제사장에 관한 규정(21장)

1) 본문의 개요

제사장에 관한 규정을 수록한 21장을 8~9장의 제사장 위임식에 관한 규정들과 연속선상에서 살펴볼 수 있으며, 상호 보충적인 설명으로 두 부분을 파악할 수 있다.

21장은 1~9절(제사장에 관한 규정)과, 10~15절(대제사장에 관한 규정)과, 16~23절(제사장의 신체 조건에 관한 규정)의 세 단락으로 구성되어 있다. 첫째 단락과 둘째 단락에서는 공통적으로 시신과의 접촉으로 인한 부정함을 피해야 한다는 내용과 결혼에 관한 규정을 다루었다. 셋째 단락에서는 신체장애가 있는 사람이 제사장의 직임을 담당할 수 없고 다만 성물을 함께 나누는 일에는 참여할 수 있음을 말하고 있다.

제사장의 신체적 완전성에 대한 열두 가지 목록은 22장에 기록된 제물의 완전성에 관한 열두 가지 목록과 대부분의 항목들에서 서로 상응하는 특징을 보여 주고 있으며, 이러한 내용들은 간접적으로 거룩함과 완전함의 주제가 밀접하게 연결되어 있음을 보여 준다.[30]

21:18~20(제사장)	22:22~24(제물)
1. 시각장애인	1. 눈먼 것
2. 다리 저는 자	2. 상한 것
3. 코가 불완전한 자	3. 지체에 베임을 당한 것
4. 지체가 더한 자	4. 종기 있는 것
5. 발이 부러진 자	5. 습진 있는 것
6. 손 부러진 자	6. 비루먹은 것
7. 등 굽은 자	7. 지체가 더한 것
8. 키 못 자란 자	8. 지체가 덜한 것
9. 눈에 백막이 있는 자	9. 고환이 상한 것
10. 습진이 있는 자	10. 치인 것(고환)
11. 버짐이 있는 자	11. 터진 것(고환)
12. 고환 상한 자	12. 베임을 당한 것(고환)

2) 본문 주해

1~3절의 규정들은 '제사장'이 시신과 접촉하는 것을 금지하고 있으며, 직계 가족의 경우에는 예외로 하고 있다. 2절에서는 어머니와 아버지의 순서로 언급하고 있는 점을 볼 수 있는데, 19:3의 부모 공경에 관한 규정에서도 동일한 순서로 기록한 점이 특이하다. 고대 이스라엘의 가부장적인 사회 구조와 분위기를 고려해 볼 때, 이러한 순서의 배열은 어머니를 더 가까운 근친으로 이해한 사고를 반영한 것이라고 해석하기도 한다.[31] 하지만 11절의 대제사장에 관한 규정에서는 아버지와 어머니의 순서로 기록되어 있다. 이러한 점을 고려해 본다면 부모에 관한 언급에 있어서 그 순서의 문제는 크게 중요한 의미가 있는 것은 아니라고 말할 수 있다.

그런데 '대제사장'의 경우에는 부모의 주검에도 가까이할 수 없고, 성소에서도 나올 수 없다는 엄격한 규정이 적용된다. 현대적인 시각에서 볼 때 매정하게 보일 수도 있는 이 규정은 성직의 직무가 가족에 대한 의무보다 중요함을 보여 준다. 제사장은 백성의 어른이며(4절), 대제사장은 그 제사장들 가운데서도 특별하게 구별되어 기름 부음 받은 사람이기 때문에 더 높은 차원의 기준이 적용되었다.[32]

제사장은 처녀를 아내로 맞이하여야 한다는 규정과 9절에서 제사장의 딸이 행음하면 불사르라고 명령한 규정도 연결된 맥락에서 이해할 수 있다. 제사장은 한 사람의 개인으로서 하나님께 부름 받은 사람이 아니라 그 가족과 함께 성별된 사람이며, 하나님 앞에서 백성의 어른으로서 자신의 책임을 감당해야 하는 공인으로서의 정체성을 갖는다.

이러한 제사장은 육체적으로도 완전해야 한다. 제사장의 온전성은 제물의 온전성과 같이 하나님과 관계된 거룩성을 외적으로 증거 하는 요소들이다.[33] 그러나 장애가 있는 제사장의 자손들도 하나님께 거룩한 제물로 드려졌던 성물과 지성물을 함께 먹을 수 있었다. 이 규정은 다른 측면에서 그 의미를 생각해 볼 수 있다. 고대 이스라엘의 제사는 제물을 잡고 옮기는 일과 함께 성물과 성막을 관리하는 일을 포함하였으며, 제사장의 직무는 여러 가지 육체적인 노동의 과정을 포함하는 특징이 있었다. 그러므로 일의 성격상 신체장애가 있는 사람이 감당하기 어려운 작업이 될 수 있었다. 이러한 맥락에서 신체장애를 가진 사람이 제사장이 될 수 없음을 규정한 21장의 명령들을 이해해 볼 수도 있다.

하지만 오늘날의 교회 상황과 예배는 고대 이스라엘의 제사와는 많은 차이가 있으며, 같은 율법 규정이 적용될 수 없음도 당연하다. 과거와 현재와 미래의 성직자들에게 있어서 더욱 중요한 덕목은 외모나 혹은 외적인 조건보다도 마음과 정신과 영적인 온전함의 내적인 문제들이라고 말할 수 있을 것이다.

3) 설교를 위한 적용

레위기에서는 하나님의 소유된 거룩한 백성으로서 이스라엘의 정체성을 확인할 수 있는 말씀들을 반복적으로 만날 수 있다. 이스라엘 자손은 하나님의 백성이 되고, 하나님은 이스라엘의 하나님이 되신다는 표현들에서 상호적인 소속관계와 정체성을 확인할 수 있는 것이다.

21장에서는 제사장이 누구이며, 어떤 사람인가를 파악할 수 있는 제사장의 정체성에 관한 내용들이 나타나고 있다. 제사장은 백성의 어른이며, 하나님께 거룩한 사람들이다. 그들과 그들의 가족에게는 더 엄격하고 높은 수준의 기준들이 적용되었으며, 제사장은 개인으로서 삶을 살아가는 것이 아니라 자기 자신과 가족의 울타리를 넘어선 기대와 책임을 감당하며 살아가야 하는 사람들이라고 말씀해 주고 있다.

예수님께서 제자들을 가리키시며 '하늘에 계신 내 아버지의 뜻대로 하는 자가 내 형제요 자매'(마 12:46~50)라고 하셨던 말씀과, 부친의 장례를 치르고 오겠다는 제자에게 "죽은 자들로 자기의 죽은 자들을 장사하게 하고 너는 가서 하나님의 나라를 전파하라"(눅 9:60) 하신 말씀도 레위기 21장과 연결된 맥락에서 이해할 수 있다. 히브리서 4:14에서는 예수 그리스도를 대제사장으로 표현하였고, 베드로전서 2:5에서는 그리스도인을 거룩한 제사장으로 부르시는 말씀이 기록되어 있다.

'거룩한 무리'라는 뜻의 '성도'(聖徒)'라고 불리는 그리스도인들이 자신들의 정체성에 대해 어떻게 생각하며, 과연 어떤 기준을 가지고 살아가야 하느냐고 스스로에게 질문할 때, 제사장 혹은 제사장적인 삶에 관하여 말씀하는 성경 본문 가운데서 그 대답을 만날 수 있다. 21장의 제사장에 관한 규정들은 구약 시대라는 과거에만 적용되었던 죽은 교훈이 아니라, 문자적인 율법주의를 넘어서 그 말씀의 깊은 뜻이 우리 그리스도인들의 삶에 적용되어야 할 하나님의 생명력 있는 말씀들이다.

제사와 절기와 슬로밋의 아들 이야기(레 22~24장)

17~21장의 단락이 '수미상응 구조'의 형식으로 일단락되었지만, 내용적으로는 22장과 연결되어 있다. 왜냐하면 22장에서 제사장의 제사와 성물에 관한 내용을 다루고 있기 때문이다. 22장에서는 '거룩함'의 주제가 연속적으로 언급되고 있으며(22:16, 32), '출애굽'의 주제도 22~24장에서 발견할 수 있다(22:33; 23:43). 23장에서는 2, 44절에서 '여호와의 절기'를 공포하였다는 내용이 연결되는 형식으로 '수미상응 구조'를 이루고 있으며, 24장에서는 10장에서 나답과 아비후가 죽은 사건을 이야기 형식으로 전개했던 것처럼 슬로밋의 아들이 죄를 범하여 사형을 받게 된 사건을 이야기 형식으로 기록하였다.

성물과 화목제에 관한 규정(22장)

여호와의 절기(23장)

회막 안에서의 규정과 슬로밋의 아들 이야기(24장)

1. 성물과 화목제에 관한 규정(22장)

1) 본문의 개요

제사장에 관한 규정을 수록한 21장의 내용은 21:24에서 결론 형식의 문장으로 마무리되었지만, 22:1~16은 내용적으로 연결된 주제를 다룬다. 22장의 첫째 단락(1~16절)은 제사장의 성물에 관한 규정으로 이루어져 있으며, 둘째 단락(17~33절)은 '아론과 그의 아들들과 이스라엘 자손들'을 대상으로 화목제에 관한 규정을 제시하고 있다. 첫째 단락에서 제사장은 정결한 상태에서 성물을 가까이할 수 있으며(2~9절) 제사장에게 속한 사람들은 성물을 먹을 수 있는 반면(10~13절), 이스라엘 자손들은 성물을 먹을 수 없다는 규정(14~16절)을 설명하고 있다. 둘째 단락에서는 이스라엘의 제사 가운데 화목제에 속하는 서원제와 낙헌제와 감사제(29~30절) 예물에 관한 추가적인 규정들을 수록하고 있다. 22장의 내용들은 제사장과 제사에 관한 규정들의 보충적인 설명에 해당한다.

2) 본문 주해

2, 9, 16, 32절에서는 '하나님의 거룩함'의 주제를 지속적으로 언급하고 있으며, 33절에서는 출애굽 사건의 맥락 가운데서 '나는 여호와이니라'는 종결 문구를 사용하고 있다. 이러한 내용들은 19장에서 거룩함의 주제(2절)와 출애굽의 주제(36절)가 함께 나타나고 있는 특징과 비교해 볼 수 있다. 21장에서 제사장이 지켜야 할 규정으로써 가족의 장례, 결혼, 신체에 관한 문제를 다루며, 22장의 첫 단락(1~16절)에서는 제사장의 음식 규정에 해당하는 내용을 제시하고 있다. 제사장의 음식 규정은 제사장의 삶이 제의를 행할 때에만 거룩하게 구별된 것이 아니라 일상의 삶 역시 거룩하게 구별되어야 한다는 것을 보여 준다.

성물을 가까이하고 그 성물을 먹을 수 있다는 것은 제사장과 제사장에게 속한 사람들의 특권이라고 할 수 있다. 민수기 18:7에서는 제사장 직분을

'하나님의 선물'이라고 언급하기도 한다. 그러나 제사장에게는 특권만이 아니라 거룩함을 지키기 위한 책임과 의무가 동반되었다. 일상의 삶에 있어서 가장 기본적인 요소 가운데 하나인 '음식'의 문제에 관한 규정은 제사장으로서 살아간다는 것이 그만큼 절제와 하나님 앞에서의 깨어 있는 의식을 필요로 하는, 중요한 일이라는 점을 깨닫게 해 준다.

17절 이하의 둘째 단락에서는 화목제에 관한 규정들을 설명하고 있는데, 일반적으로 성물은 제사장과 제사장에게 속한 사람들만이 먹을 수 있고 보통 사람들은 그것을 먹을 수 없지만(10~16절), 화목제물은 제사장과 일반인 모두가 함께 먹을 수 있는 제물이었다. 여기서 한 가지 특이한 부분은, 서원제의 경우에 흠 없는 완전한 제물을 드려야 하지만 예외적으로 낙헌제는 지체가 더하거나 덜한 제물도 가능하다는 점이다(23절).

27~28절에서는 비록 제물로 드려질 동물이라고 할지라도 어미와 새끼가 7일 동안은 함께 있을 수 있도록 배려해 주어야 하며, 어미와 새끼를 함께 잡는 것을 금지한다. 이러한 하나님의 관심과 배려가 제물로 바쳐질 동물에 관한 규정에까지 반영되어 있다면, 하물며 사람과 그 생명에 대한 관심은 어떠할까 짐작할 수 있다.

3) 설교를 위한 적용

제사장의 성물과 음식에 관한 규정은 성직자가 예배 시간만이 아니라 일상의 삶 전체에서 거룩하게 구별된 사람으로 살아가야 함을 가르쳐 준다. 왜냐하면 그는 하나님께 드려진 제물을 음식으로 먹으며 살아가는 사람이기 때문이다.

오늘날 교회의 사역자들은 성도들이 하나님께 드린 헌금으로 생활하고 있다는 가장 기본적인 사실을 인식하고, 개인적인 경제생활뿐만 아니라 교회 재정의 사용에 있어서도 주의를 기울여야 하겠다. 목회자들만이 아니라 교회의 재정에 관계한 모든 사람들은 성물에 대한 규정을 지키기 위해 애쓰며 살았던 제사장들처럼, 성도들이 정성을 다해 하나님께 드린 헌금을 바르게 관리하며 바르게 집행될 수 있도록 노력해야 한다.

예배를 준비하고 전도와 선교 사역을 위해 노력하며 교회의 여러 가지 행사와 행정적인 일들을 처리해 갈 때, 거룩한 하나님의 일에 몰입하느라 자칫 놓치기 쉬운 것이 '사람' 자체에 대한 관심과 배려의 마음이라고 할 수 있다. 눈에 잘 띄지 않는 가장 연약한 한 사람 한 사람에 대한 마음과 관심은, 27~28절의 제물로 드려질 동물에 대한 규정에서 볼 수 있었던 것처럼, 구약에 나타난 '배려의 정신'을 오늘날의 교회와 사역 현장에서 실천하기 위한 가장 중요한 내면적 준비가 될 수 있을 것이다.

신약에서는 먹는 문제와 관련하여 고린도전서 10:31에서 "그런즉 너희가 먹든지 마시든지 무엇을 하든지 다 하나님의 영광을 위하여 하라"는 말씀으로 성도들을 권면하며, 고린도전서 10:23~24에서는 "모든 것이 가하나 모든 것이 유익한 것이 아니요 모든 것이 가하나 모든 것이 덕을 세우는 것이 아니니 누구든지 자기의 유익을 구치 말고 남의 유익을 구하라"는 말씀을 통하여, 성도들이 음식을 먹는 문제도 교회와 다른 성도들의 덕을 세우는 일이 될 수 있도록 하여야 한다고 교훈하고 있다. 이를 위해서는 레위기 시대의 제사장들만이 아니라 우리 현대 그리스도인들에게도 '절제'와 '배려'의 정신이 필요하다고 할 수 있겠다.

2. 여호와의 절기(23장)

1) 본문의 개요

이스라엘의 기후는 크게 겨울 우기(10~3월)와 여름 건기(4~9월)로 구분할 수 있으며, 봄과 가을은 선명하게 구분하기 어려운 계절에 해당한다.[34] 이스라엘에서는 우기가 시작될 때 내리는 비를 '이른 비'라 하고 우기가 끝날 때 내리는 비를 '늦은 비'라고 하는데, 우기 동안에는 봄 곡식을 파종하고 추수할 수 있으며, 유월절과 무교절과 칠칠절은 이 시기에 지키는 봄의 절기들이다. 건기 동안에는 과일나무들이 결실하게 되고, 가을 추수기에 나팔절, 속죄일, 초막절의 가을 절기들을 지킬 수 있다.

23장에서 설명하고 있는 구약의 명절들 가운데 첫 번째 '여호와의 절기'는 안식일이다. 출애굽기 20장의 안식일 계명은 창조의 주제와 연결되어 있고, 신명기 5장의 안식일 계명은 출애굽의 주제와 연결되어 있는 점에 비해, 레위기 19:3의 안식일 계명은 단순하게 기술되어 있다. 레위기 23장의 안식일 준수 명령은 그러한 점에서 단순하게 안식일을 지킬 것을 명령한 레위기 19장의 안식일 준수 규정과 상응하는 것으로 볼 수 있다.

이어서 4절에서는 다시 절기를 소개하면서 본문을 전개한다. 1월 14일 저녁의 유월절(5절), 1월 15일의 무교절(6절), 곡물의 첫 이삭을 드리는 초실절(10절), 초실절 이후 7주간을 지난 안식일 다음날의 칠칠절(15절), 7월 1일 나팔절(24절), 7월 10일 속죄일(27절), 7월 15일 초막절(34절)에 관한 규정들이 나오고 있다.

2) 본문 주해

23장은 모세를 통하여 이스라엘 자손에게(1~2절) 선포된 말씀이다. 2절에서 '여호와의 절기'와 함께 언급된 '성회'는 하나님께 드리는 예배와 관련된 용어이며, 예배는 절기의 초점이 되었다.[35] 그 첫 번째 절기인 안식일에는 모든 노동을 쉬어야 하며, 이날은 단순한 휴식만이 아니라 하나님께 예배드리는 성회를 통하여 '여호와의 안식일'로 지켰다(3절). 안식일은 중앙 성소로 이동하여 지키는 '순례 절기'가 아니라 거주지와 가족을 중심으로 지킬 수 있는 절기였다.

고대 메소포타미아에서는 길일과 흉일의 목록을 만들어 7배수의 날들을 특별히 흉한 날로 여기기도 했으나, 오히려 이스라엘 사람들은 일곱 번째 날을 거룩한 안식일로 지켰고, 이를 통해 이방 민족들과는 다른 시간표를 가지고 구별된 삶을 살아갈 수 있었다.[36] 출애굽기 31:13에서는 "나의 안식일을 지키라 이는 나와 너희 사이에 너희 대대의 표징이니 나는 너희를 거룩하게 하는 여호와인줄 너희로 알게 함이라"는 말씀을 통해 안식일은 이스라엘 민족이 이 세상 민족들 가운데 구별됨의 표징으로써 의미가 있다고 가르쳐 주셨다.

또한, 이스라엘의 날짜들은 달을 기준으로 지정되었으며, 이웃 나라들은 신들의 이름을 달과 날에 적용하였으나, 23장에서는 그러한 다신론적 관행을 피하기 위하여 숫자로 날짜를 기록한 것으로 보인다.[37] 이스라엘의 달력은 종교력과 민간력으로 구분할 수 있는데, 종교력의 1월은 니산월(양력 3~4월)에 해당하며, 민간력에 따른 1월은 종교력의 7월에 해당한다. 그 명칭들과 시기에 관하여는 다음의 표를 참고할 수 있다.[38]

태음력		태양력(Gregorian)
1. 니산월(Nisan*) / 아빕월(Abib**)		3~4월
2. 이야르월(Iyyar) / 시브월(Ziv**)		4~5월
3. 시완월(Sivan*)		5~6월
4. 담무스월(Tammuz)		6~7월
5. 압월(Ab)		7~8월
6. 엘룰월(Elul*)		8~9월
7. 티스리월(Tishri) / 에다님월(Ethanim**)		9~10월(민간력 1월)
8. 말 케스반월(Marchesvan) / 불월(Bul**)		10~11월
9. 기슬르월(Chislev*)		11~12월
10. 테벳월(Tebeth*)		12~1월
11. 스밧월(Shebat*)		1~2월
12. 아달월(Adar*)		2~3월
참고	* 바벨론식 명칭	** 성경의 명칭(가나안식)

(1) 유월절

4절 이후에 다시 소개하는 절기들 가운데 첫 번째 '유월절'(5절)은 히브리어로 '페사흐'(פֶּסַח)라고 부르며, 유월절 양과 무교병과 쓴 나물을 먹으면서 출애굽의 구원 사건을 기념하는 날이다(출 12:1~14). 이집트의 종살이에서 이스라엘 민족이 해방을 맞이한 이 사건은 이스라엘 민족을 향하신 하나님의 사랑이 확증된 특별한 사건으로써의 의미가 있다(신 7:6~8). 신명기 16:16에서는 이스라엘 백성의 성인 남자들이 일 년에 세 차례 하나님께 나아가 지키는 삼대 절기 가운데 첫 번째 절기로 언급하고 있다. 이 절기는 '아빕월'(니산월)에 지키는 절기로써 양력 3~4월에 해당하는 '봄의 절기'라고 할 수 있는데, 유대인들이 유월절과 함께 무교절을 지키는 이 시기에 해당하는 기독교의 절기로는 사순절과 부활절을 들 수 있다.[39]

(2) 무교절

유월절 다음날의 '하그 함마초트'(חַג הַמַּצּוֹת)라는 '무교절'은(6절) 7일간 무교병을 먹으며 지키는 절기로써, 유교병 대신 무교병을 먹으면서 출애굽의 급박했던 상황을 기억하고 기념하는 의미가 있다(출 23:14~15). 이처럼 무교절은 유월절과 결합되어 있는 특징을 볼 수 있다. 출애굽기 34:18~22에서도 중앙 성소를 방문하는 세 절기로 유월절 대신에 무교절을 칠칠절과 수장절과 함께 언급하기도 했다.

(3) 초실절

'초실절'에는 곡식단을 제사장에게로 가져와 제사장이 그것을 흔들어 드리도록 했는데(11절), 이러한 동작은 여호와께 예물 드리는 것을 상징하며, 14절에서 첫 수확물을 하나님께 드리기 전에는 아무도 햇곡식을 먹을 수 없다는 규정은 하나님께서 땅의 주인이시며 이스라엘 자손들의 주님이심을 확증하는 표현으로 해석할 수 있다.[40]

(4) 칠칠절

22절에서는 '칠칠절' 규정에 이어서 곡식을 수확할 때에 가난한 자와 나그네를 위해서 모퉁이의 곡식을 남겨 두고 떨어진 것을 줍지 말라는 명령을 덧붙임으로써, 사회적인 약자들을 위한 배려의 정신을 구체적으로 명시해 주고 있다.

칠칠절은 '하그 샤브오트'(חַג שָׁבֻעֹת)라고 불렀으며 보리 추수와 밀 추수와 연관된 절기이다. 곡식 추수와 관련해서는 '맥추절'이라고 부르기도 하고, 초실절로부터 50일째 되는 날이라는 뜻에서 '오순절'이라고 부르기도 한다. '오순절'은 중간 시대 이후에 사용된 용어이며, 신약에서는 이 절기가 초대 교회의 성령 강림 사건과 연결되어 있음을 확인할 수 있다(행 2:1).

(5) 나팔절

민수기 29:1에서 '나팔을 불 날'(יוֹם תְּרוּעָה 욤 트루아)로 언급하고 있는 '나팔절'(24절)은 7월 1일에 지키는 절기로써 민간력으로는 1월 1일에 해당한다. 이 날은 나팔을 불어 기념하고 성회를 모이는 날이며, 새해 첫날에 해당하는 절기이기도 했다.

유대인들의 전통에서는 천지 창조, 아담 창조, 아브라함, 이삭, 야곱 등의 족장들의 탄생, 요셉의 감옥으로부터의 석방 등 중요한 사건들을 이날과 연관시키기도 했으며, 현대 이스라엘 사람들은 이날을 '로쉬 하샤나'(רֹאשׁ הַשָּׁנָה) 라고 부르며, 설날로 지키고 있다.[41]

(6) 속죄일

27절의 '욤 하키푸림'(יוֹם הַכִּפֻּרִים)이라고 부르는 속죄일은 16장에서도 언급하고 있는 절기이다. 32절의 "스스로 괴롭게 하고"라는 표현은 금식을 의미하며, 이 절기는 금식과 함께 안식일로 지키는 절기였다. 유대인들은 이 절기에 하나님께 대한 속죄 의식과 이웃에 대한 속죄와 용서 의식을 통해 참회와 속죄를 하면서 1년간의 잘못을 뉘우치고 반성하는 시간을 가졌다. 현대 이스라엘인들은 이날에 요나서를 읽는 전통을 지키고 있다.[42]

(7) 초막절

34절의 '초막절'에 관한 규정에서는 7일간 초막을 짓고 그곳에 거하며 출애굽의 때를 기억하라는 명령을 통해 출애굽의 주제를 연결시켜 주고 있다. 초막절의 전통에서는 절기와 초막이라는 임시 거처가 결합된 특징을 볼 수 있다.

'초막'이라는 용어는 히브리어 '쑥코트'(סֻכּוֹת)의 번역으로써, 이스라엘이 출애굽 할 때에 첫 번째로 쉬었던 장소인 '숙곳'의 지명(출 12:37; 민 33:5)과도 동일하다.[43] 초막은 나뭇가지들로 만들며, 광야 시대의 임시 거처를 상징하는 것으로써, 이스라엘 자손들이 광야에서 '천막' 생활을 했던 것을 기념하기 위한 장치이다.

그러나 광야에는 나무가 없었기 때문에 나뭇가지로 임시 거처를 만들고 그곳에서 생활하는 과정은 광야 생활의 어려움을 기념하는 동시에 나무가 자라는 가나안 땅에 정착하여 추수하며 살아갈 수 있음을 깨닫고 감사할 수 있는 시각적이고 체험적인 교육의 기회가 될 수 있었을 것이다.[44] 초막절은 그 성격과 시기에 있어서 우리나라의 '추석' 명절에 해당하는 절기라고 할 수 있다.[45]

3) 설교를 위한 적용

이스라엘 사람들은 구약뿐만 아니라 절기를 지키는 전통을 통해서 그들의 정체성을 수천 년에 이르는 오랜 시간 동안 지켜올 수 있었다.[46] 23장은 바로 이 절기들에 관한 규정을 수록하고 있다.

첫 번째 언급하는 절기는 안식일로써, 이날은 사람들이 거주지의 지역 공동체와 가족을 중심으로 지킬 수 있는 절기였다. 레위기에서 '안식일'을 첫 번째 절기로 인식하였던 것처럼, 오늘날 기독교인들에게 있어서 주일은 '절기들 중의 절기'라고 말할 수 있다. '주일'은 주님께서 다시 오심을 기다리며 하나님께 예배드리는 거룩한 날이며, 23장의 절기들에 담겨 있는 의미와 교훈들을 현대의 주일과 기독교의 절기들에 적용해 볼 수 있다.

23장의 절기들 가운데 유월절, 칠칠절, 초막절은 중앙 성소로 순례하는 절기(출 34:23)로써 이스라엘 공동체 전체의 모임이 될 수 있었다. 절기는 시간과 형식뿐만 아니라 특별한 음식과 임시 거처와 성회 등의 매우 다양한 요소들과 결합하여, 하나님께 대한 신앙을 지켜 갈 수 있도록 입체적으로 돕는 역할을 하였다.

한국 교회들에도 봄의 부활절과 가을의 추수감사절과 겨울의 성탄절이라는 대표적인 절기들이 있다. 각각의 절기들은 구약의 절기들이 그러했던 것처럼 예배와 결합되어 있으며, 절기 헌금과 음식물 혹은 선물을 나누는 행사들과 연결되어 있다. 예를 들어, 부활절에는 달걀을 선물하고 부활절 헌금과 함께 부활절 칸타타 같은 특별한 찬양 예배와 행사들을 통해 교회의 절기들을 지켜 가고 있다.

이러한 절기들은 교회의 모든 성도들이 함께 모여 특별 예배를 드리는 일과 함께 가족을 중심으로 하는 가정 단위의 의식을 통해서도 기념하고 지켜 갈 필요가 있다. 왜냐하면 신앙의 전통과 그리스도인으로서의 정체성을 지켜 가는 일에 기독교적 절기들이 중요한 역할을 할 수 있기 때문이며, 이러한 일은 공동체와 가정과 개인이 함께 지켜 가기 위해 노력해야 하는 일이기 때문이다.

또한 구약의 절기들의 경우에 유월절은 아가서와, 칠칠절은 룻기와, 초막절은 전도서와 결합된 전통을 확인할 수 있다. 이렇게 절기와 결합된 특별한 책들을 묶어서 이스라엘 사람들은 '메길로트'(מְגִלּוֹת)라고 부른다. 이 책들은 성문서에 속하는 부분으로써 '다섯 두루마리들'로 번역할 수 있고, 여기에는 예루살렘의 파괴를 기념하는 날에 낭송하는 예레미야 애가와 부림절에 낭송하는 에스더서가 포함된다. 교회 전통에서도 구약과 신약의 성경책들 가운데 특별한 책이나 본문을 절기 예배 때 지속적으로 함께 읽어 가는 일을 병행하는 것도 고려해 볼 만하다.

기독교에는 예배력에 따른 절기가 있듯이, 구약의 이스라엘 백성들은 제의력에 따른 절기들을 지켜 왔다. 이 절기들은 이스라엘의 생활 리듬으로 비유할 수 있으며, '생명의 맥박'이라고 말할 수 있다.[47] 건강의 이상 신호를 맥박의 불규칙성을 통해 알 수 있는 것처럼, 우리 그리스도인들의 신앙생활 가운데 '주일 성수' 문제에 이 비유를 적용해 볼 수 있다. 신앙인의 삶 가운데는 레위기의 절기들에서 이루어졌던 '성회'와 같이, 주기적으로 하나님과 만나는 시간이 필요하며, 이 영적인 만남은 교회의 공예배를 통하여 지켜 갈 수 있는 것이다.

또한 이 절기들은 '눈에 보이지 않는 성소'라는 개념으로 그 중요성과 의미를 생각해 볼 수 있다. 사람들의 눈에 보이는 '회막'이나 '성전'이 하나님의 임재를 경험하는 공간적인 '성소'였다면, '절기'는 이스라엘 민족의 선택과 구원과 하나님께서 이스라엘의 하나님 되심을 기억하고 기념하며, 하나님의 은혜를 경험하는 시간적인 '성소'이다.

'성소'는 일반적인 장소들로부터 구별된 거룩한 공간이며, 이곳에서의 제사를 통하여 이스라엘 사람들은 '하나님과의 만남'의 기회를 가질 수 있었다. 시간들 속에서 거룩하게 구별된 시간인 '여호와의 절기'는 '눈에 보이지 않는 시간 속의 성소'였으며, 하나님과 이스라엘 사이에 세워진 언약의 상징이었다(출 31:13).

3. 회막 안에서의 규정과 슬로밋의 아들 이야기(24장)

1) 본문의 개요

23장이 절기와 관련된 특별한 제의에 관한 규정을 다루었다면, 24장에서는 회막 내의 등잔과 진설병에 관한 내용을 통해 지속적으로 이루어지는 제의의 규정을 다루는 것으로 비교해 볼 수 있다.[48]

24장은 1~9절까지의 회막 안에서의 규정과, 10~23절의 슬로밋의 아들에 대한 사형 이야기로 구성되어 있다. 첫째 단락에서는 감람유를 사용한 등불과 여섯 개씩 두 줄로 배열한 진설병에 관한 규정을 기록하였으며, 둘째 단락에서는 10장에서 나답과 아비후의 죽음에 대한 이야기를 기록한 것처럼 레위기에서 두 번째로 이야기 형식으로 사건을 기록하고 있다. 어머니가 단 지파의 슬로밋이고 아버지는 애굽인으로 밝혀진 슬로밋의 아들 이름은 나와 있지 않다. 그가 싸움 중에 여호와의 이름을 훼방함으로써 십계명 가운데 셋째 계명을 범하였고(출 20:7; 신 5:11), 재판을 통해 사형에 처해졌음을 이야기하고 있다.

재판과 사형에 관한 기록은 시내산의 율법 수여 사건 이후에 나타나고 있는 내용임을 주목해 볼 필요가 있다. 이러한 특징은 한 생명을 살리거나 죽이는 사형 판결이 감정에 근거한 문제가 아니라, 법에 근거한 절차에 따른 것임을 보여 주고 있는 것이다.

2) 본문 주해

회막 안의 등불을 켜기 위한 감람유(올리브)는 최상의 품질이 요구되며, 등불은 계속해서 켜 두어야 한다. 2절의 '계속해서'에 해당하는 히브리어 '타미드'(תָּמִיד)는 '언제나, 항상'을 의미하지는 않는다. 등불은 저녁부터 아침까지 켜는 것임을 3절의 기록을 통하여 확인할 수 있다.[49] '메노라'(מְנוֹרָה)라고 불리는 이 등대는 금을 재료로 사용하였으며, 일곱 개의 가지와 그 위에 설치된 일곱 개의 등잔으로 구성되어 있었다(출 25:31~40).

6절의 두 줄로 여섯 개씩 배열된 열두 개의 진설병은 이스라엘의 열두 지파를 상징하는 의미로 해석되었다. 각각의 떡 덩이는 에바 10분의 2의 고운 가루로 만드는데(5절) 그 양과 크기는 정확하지 않다. 하지만 밀가루 약 3ℓ 정도에 해당하는 재료로 만드는 상당히 큰 떡덩이였을 것으로 추정하고 있다.[50] 사무엘상 21:1~6은 놉 제사장 아히멜렉이 다윗과 그와 함께한 사람들에게 진설병을 나누어 준 사건을 이야기하고 있으며, 마태복음 12:1~8에서 예수님께서도 바리새인들과의 안식일 논쟁에서 이 말씀을 인용하셨음을 볼 수 있다.

10절 이하에서는 주님의 이름을 모독한 사람의 이야기가 다루어지고 있다. 11절의 "여호와의 이름을 훼방하며 저주하므로"라는 표현에 사용된 히브리어 동사는 '나카브'(נָקַב)와 '칼랄'이며, 본문에서는 두 단어의 연속적인 기록(hendiadys, 중언법)을 통해 잘못된 행동을 분명하게 묘사하였다. 이 문장은 하나님의 이름을 다르게 부르거나 얕잡아 불렀다는 의미를 포함하는 것으로 볼 수 있으며, 싸움 중에 한 사람이 여호와의 이름을 가지고 저주하였다는 의미로 해석할 수 있다. 이 문제와 관련하여, 유대교의 전통에서는 제2성전 시기에 이르러 하나님의 이름을 나타내는 '신명사문자'(tetragrammaton)의 발음 자체를 중단하고 그 대신 '주님'을 뜻하는 히브리어 '아도나이'(אֲדֹנָי)로 부르게 되었다.[51]

20절의 '눈에는 눈으로, 이에는 이로 갚을지라'는 문장은 '동해보복법'(lex talionis)의 대표적인 표현으로 볼 수 있다. 현대의 시각에서 볼 때 잔인하게 느껴질 수 있는 이 법 조항들의 목적은 보복의 수위를 제한하기 위한 것이었으며, 그 당시에는 개인 차원의 과도한 상해나 보복의 문제를 법적인 테두리 안으로 가져옴으로써, 그 사회와 공동체 내의 질서를 세우는데 기여한 것으로 평가할 수 있다.[52] 신성모독에 대한 법이나 동해보복법에 해당하는 법의 적용은 이스라엘 자손과 타국인 모두에게 적용되는 엄중한 것임을 16, 22절에서 밝혀 주고 있다.

3) 설교를 위한 적용

22장에서는 하나님께 드리는 제물의 외적인 온전함에 관하여 이야기했다면, 24장에서는 제의에 사용되거나 제의와 관련된 자료들의 '품질'에 관하여 말하고 있다. 순결한 기름(2절), 순결한 등잔대(4절), 고운 가루(5절), 순결한 상(6절), 정결한 유향(7절) 등의 표현들은 가장 귀하게 준비된 재료들이 성막 내의 제의 의식에 필요한 물품과 준비물들을 만드는데 사용되었음을 알려 준다.

교회 생활 가운데 하나님께 드리는 시간과 헌금과 헌물과 모든 것들은 최상의 것으로 드려져야 한다. 이것은 비싼 것, 싼 것과 같은 경제적인 문제가 아니라 진실한 마음과 정성의 문제로 귀결되는 것임을 예수님께서는 '과부의 헌금' 사건을 통하여 말씀해 주셨다(막 12:41~44).

헌금을 드려도 한 주간 동안 준비하였던 가장 깨끗한 돈을 미리 준비하여 드리는 것은 정성의 차이에서 나오는 일이라고 할 수 있다. 주일날 교회에 가기 위하여 옷을 입을 때에도 가장 비싼 옷이 아니라 가장 깨끗한 옷을 미리 준비하여 입고 가는 일도 마찬가지의 경우가 될 수 있을 것이다.

24장의 기름과 가루는 눈에 드러나지 않지만 그 기름으로 눈에 보이는 불을 밝히고 그 곡식 가루로 눈에 보이는 진설병을 만들어 하나님께 드리는 것처럼, 우리 그리스도인들의 예배와 삶 속에서도 하나님 앞에 드려지는 눈에 보이지 않는 정성과 준비의 과정들이 있음을 생각해 볼 수 있다.

베드로전서 3:3~4에서는 "너희 단장은 머리를 꾸미고 금을 차고 아름다운 옷을 입는 외모로 하지 말고 오직 마음에 숨은 사람을 온유하고 안정한 심령의 썩지 아니할 것으로 하라 이는 하나님 앞에 값진 것이니라"는 말씀을 통하여 하나님 앞에서 진정으로 귀한 것이 무엇인가를 말씀해 주고 있다.

또한 24장에서는 하나님의 이름과 관련된 신성 모독의 범죄로 인하여 사형이 집행된 사건에 대하여 이야기하고 있다. 이 말씀은 그리스도인들의 언어생활에 경각심을 일깨우는 교훈으로 적용될 수 있을 것이다. 에베소서 5:3~4에서는 성도들이 거친 말이나 음담패설에 속하는 말들을 하지 말고, 그러한 것들은 이름도 부르지 말라고 권면한다. 한 사회의 구성원들이 사용하는 언어의 수준은 그 사회의 건강함과 건전함의 정도를 분별하는 지표가 될 수 있다.

교회의 강단에서 선포되는 설교도 하나님의 말씀으로써 품위를 지킬 수 있는 언어가 사용되어야 하고, 교회 교육에서 특별히 자라나는 세대의 언어생활에 주의를 기울이고 바르게 지도하며 고쳐가야 할 부분들에 대해서는 이를 개선하려는 지속적이며 지혜로운 노력들이 필요하다.

이러한 일들은 성도들과 목회자의 개인적인 노력뿐만 아니라 교회 공동체와 가정의 전체적인 협력이 필요한 일이며, 언어생활을 바꾸어 가는 노력은 우리가 살아가는 사회 공동체의 기풍과 문화를 개선해 가는 결과로 이어질 수 있는 중요한 일이다. 그리스도인들이 먼저 이 일에 앞장설 수 있어야 하겠다.

안식년, 희년, 복과 저주에 관한 규정(레 25~26장)

1. 25~26장

1) 본문의 개요

25:1과 26:46은 시내산을 언급하면서 율법의 수여 과정을 기술함으로써, 시작과 끝이 연결되도록 하는 '수미상응 구조' 형태를 이루고 있다. 모세오경 가운데 '시내산'을 배경으로 내용이 전개된 본문은 출애굽기와 레위기와 민수기에 걸쳐 나타나고 있다(출 19장~민 10:10). 레위기의 율법은 시내산을 배경으로 하고 있으며 따라서 레위기의 규정들은 출애굽기로부터 민수기까지 이어지는 본문의 맥락 가운데서 파악될 수 있다.

25:2~7은 안식년 법, 25:8~55은 희년법, 26:3~13은 순종에 따른 복, 26:14~39은 불순종에 따른 저주에 관한 내용이며, 26:40~45에서는 회개와 회복에 대한 말씀을 기록하였다. 고대 중동의 계약에 있어서 축복과 저주는 필수적인 부분이었으며 26장의 내용도 그러한 맥락에서 파악해 볼 수 있다.[53]

시내산에서 모세에게 말씀하심(25:1)

안식년(25:2~7)

희년(25:8~55)

우상 숭배 금지, 안식일 준수, 성소 공경(26:1~2)

순종과 복(26:3~13)

불순종과 저주(26:14~39)

회개와 구원(26:40~45)

시내산에서 모세를 통하여 세우신 법도와 율법(26:46)

2) 본문 주해

(1) 안식년(25:2~7)

매 7년마다 지켜야 하는 안식년 법은 '땅의 휴식'을 위한 규정이며, 안식년에 그 땅에서 스스로 자라서 얻어진 수확물은 가난한 자들과 종들과 거류민뿐만 아니라 가축과 들짐승을 비롯한 그 땅의 모든 생명체에게 분배되어야 한다고 규정하고 있다(5~7절). 안식년 법은 '그 땅'으로 대표되는 생태계 전체의 유익을 위한 법이라고 할 수 있다.

표준새번역은 2절을 "나 주가 쉴 때에, 땅도 쉬게 하여야 한다"라고 묘사함으로써, 안식년의 근거를 하나님의 휴식에 두고 있는 것처럼 표현하였다. 하나님의 배려하는 마음은 사람을 위하여 베풀어 주시는 은혜를 담고 있으며, 이 모든 율법의 규정들 가운데 그 정신이 배어 있음을 느낄 수 있다. 하지만 이러한 하나님의 말씀과 규정들은 사람만을 위한 것이 아니라 말 못하는 짐승들과 식물들과 심지어 땅까지 포함하는 피조물 전체를 그 배려하는 마음의 범위 안에 포함한다.

하나님께서 이스라엘 자손들을 통하여 약속의 땅에서 세우고자 꿈꾸며 계획하셨던 공동체는 이처럼 사람과 동물과 식물과 그 땅의 모든 생명체들이 더불어 살아가며 함께 복을 누릴 수 있는 곳이었다. 하나님께서 이스라엘 자손들을 통하여 이 세상 가운데 그 본보기가 될 만한 나라를 세우기 위하여 명령하셨던 말씀의 뜻을 안식년 법 규정들 가운데서 찾아볼 수 있다.

(2) 희년(25:8~55)

희년은 일곱 번째 안식년이 지난 다음 해 즉 50년째 되는 해이다. 이 법은 모든 토지와 집의 소유권이 원소유자에게 돌아가도록 하고, 노비가 되었던 사람들을 해방함으로써 모든 경제적인 불평등의 문제를 해결하고, 부의 세습과 가난의 대물림이라는 악순환의 고리를 끊으며, 모든 사회 구조를 새롭게 쇄신할 수 있는 기회를 부여할 수 있는 제도였다.

23절에서 땅은 기본적으로 하나님의 것이며, 사람은 '거류민'과 '동거인'으로서 살아가는 이들이기에 땅의 소유권을 주장할 수 없다고 말한다. 그러나 어떤 사람이 가난해져서 땅을 팔았을 경우에는 가까운 형제나 친척이 그 토지를 다시 사서 주인에게 돌려주어야 한다(24~25절). '토지 무르기'를 해 줄 사람이 없지만 스스로 기업을 회복할 수 있을 경우에는 희년을 기준으로 그 값을 계산하여 지불하고 땅을 되찾을 수 있었다(26~27절). 그러나 너무 가난하여 그럴 만한 힘이 없는 사람들은 희년까지 기다려 토지를 무를 수 있었다(28절).

이러한 희년법은 능력이 남들보다 모자라거나 힘없고 가난하여 스스로를 구제할 수 없는 사회적 약자들을 위한 법이며, 더 약한 사람들을 위한 '배려의 정신'을 담고 있는 기본법이라고 할 수 있다. 희년법은 성벽이 있는 도시의 가옥에는 적용되지 아니하였지만, 성벽이 없는 촌락의 가옥에는 적용되었다(29~31절). 그러나 성벽이 있는 도시에서도 레위인의 가옥은 예외로 희년에 원주인에게 다시 돌아갈 수 있었다(32~33절).

이스라엘 자손은 동족끼리 이자를 받을 수 없으며(36절), 가난하게 되어 종으로 팔릴 경우에도 노예로 대할 수 없다(39절). 또한 거류민에게 가난한 동족이 종으로 팔린 경우에는 '토지 무르기'의 절차와 같이 가까운 친족이 속량하든지, 스스로 속량하든지, 희년에 자유하게 되는 규정이 적용되었다(47~54절).

이러한 희년법은 하나님께서 이스라엘 자손을 애굽의 종살이에서 구원하신 '구속의 역사'와 하나님께 대한 '신앙'을 그 근본적인 배경으로 삼고 있다(38, 43, 55절).

(3) 순종과 복(26:3~13)

26:1~2은 우상 숭배 금지, 안식일 준수, 성소 공경의 명령을 간략하게 언급한 내용이며, 이 가운데 우상 숭배와 안식일에 관한 내용은 십계명과 연관된 것임을 알 수 있다.

3절부터는 신명기 28장 이하의 복과 저주에 관한 율법과 상응하는 내용이 수록되어 있으며, 3~14절에서는 하나님의 규례와 계명에 순종할 때 받게 될 복을 다음과 같이 열거하였다.

풍성한 수확(4~5절)

땅의 평화(6~8절)

사람의 번성함과 곡식의 풍요로움(9~10절)

하나님의 함께 계심(11~12절)-하나님의 장막을 세움, 하나님은 이스라엘의 하나님이 되심, 이스라엘은 하나님의 백성이 됨.

(4) 불순종과 저주(26:14~39)

하나님께 순종치 않고 명령을 준행치 않을 경우에 임하는 재앙은 다음과 같다.

질병과 전쟁의 패배(16~17절)

가뭄(18~20절)

들짐승의 출몰과 인구의 감소(21~22절)

염병, 전쟁, 기근(23~26절)

성읍과 성소와 땅의 황폐함, 추방(27~33절)

34~39절은 이스라엘 자손이 범죄로 인하여 열방 중에 흩어짐을 당하게 될 때(33절), 땅은 비로소 안식을 누리게 되며 이스라엘 자손들은 대적의 땅에서 포로의 삶을 살게 될 것이라는 심판의 내용을 기술하였다.

이 내용은 역대하 36:21에서 바벨론에 의한 유다의 멸망과 포로 생활을 기록한 역대기서의 결론에서 확인해 볼 수 있다. 이는 하나님의 말씀이 구체적인 역사의 현실 가운데서 어떻게 성취되었는가를 보여 주는 실제적인 예라고 할 수 있다.

(5) 회개와 구원(26:40~45)

그러나 40~45절은 하나님과 이스라엘 자손의 언약은 폐한 바 되지 않고, 이스라엘의 하나님이 되시기 위해 출애굽의 구원을 이루신 하나님께서 그 언약을 다시 기억하실 것이라는 말씀으로 마무리한다. 한 나라의 평화와 번영, 역사의 흥망성쇠도 하나님께 속한 것이며, 구원과 회복의 희망도 하나님께 속한 것임을 이 모든 말씀들 가운데서 다시금 확인할 수 있다.

3) 설교를 위한 적용

첫째, 25장의 안식년법과 희년법은 개인의 노력만으로 해결할 수 없는 사회 구조의 문제를 다루고 있다. 이는 국가 전체 차원에서 시행되어야 할, 경제 문제와 연결된 주제로 볼 수 있다. 고대 이스라엘 사회뿐만 아니라 현대 사회 내에도 존재하는 부의 편중과 불평등의 문제, 기득권을 가진 사람들과 그렇지 못한 사람들의 갈등의 문제를 해결하기 위한 노력을 기울이는 일에 교회와 그리스도인들이 무관심할 수 없는 이유를 25장의 본문 가운데서 발견할 수 있을 것이다.

25장의 안식년과 희년법의 근본정신은 역시, 사회적 약자들에 대한 관심과 배려의 정신이다. 자신의 어려움을 스스로 해결할 수 있는 능력을 제대로 갖추지 못한 사람들을 친족들이 도울 수 있는 제도를 만들고, 거기서도 해결될 수 없는 문제를 국가적인 차원의 제도를 통하여 해결함으로써 그 땅에서 살아가는 모든 사람이 행복하게 살아갈 수 있도록 도우려는 마음이 이 율법들 가운데 반영되어 있다. 그 관심의 대상은 상대적으로 연약한 사람들만이 아니라 그 땅의 생태계에 속한 모든 피조물까지 포함하고 있다(25:7).

한 지역 사회에 기반을 두고 세워지는 교회와 그 교회를 통하여 이루어지는 목회 사역의 범위 안에 각 교회의 성도들을 위한 돌봄과 치유의 사역뿐만 아니라, 사회적 빈곤 계층과 약자들을 위한 활동들이 보다 적극적으로 포함될 수 있어야 할 것이다.

한 걸음 더 나아가 그 지역 사회의 생태계와 환경 보존을 위한 문제들도

간과할 수 없는 부분이라고 말할 수 있다. 이를 위하여 각 성도들과 교회의 노력과 함께 지역 교회들의 합심과 협력도 필요하다.

이러한 노력들은 하나님께서 구약 시대 이스라엘 민족을 통하여 이루고자 하셨던 하나님의 뜻을 오늘날의 현대 사회 속에서 교회가 대신하여 이루어 가는 결과로 이어질 수 있다. 이는 교회와 성도들만을 위한 일이 아니라, 그 땅에 세워진 민족 공동체 전체의 생존과 번영과 평화를 위한 길임을 25~26장의 말씀을 통하여 깨닫게 된다. 복과 저주는 하나님께 속한 것이며, 하나님의 말씀을 실천하며 살아가는 삶에 달려 있는 문제인 것이다.

둘째, 안식년과 희년법의 기본이 되는 또 다른 주제들은 '쉼'과 '회복'의 문제이다. 안식년은 휴식을 통한 회복의 주제를 이야기하고 있고, 희년은 자신의 무능력이나 외적인 재난으로 인하여 무너져 버린 사람들을 위한 구제와 회복의 기회를 말하고 있다.

사회 각 분야에서 전개되고 있는 성장 위주의 정책 속에서 사람들은 무한 경쟁의 구조 속으로 내몰려 살아가고 있다. 어린이들로부터 어른에 이르기까지 각 세대마다 요구되는 계속적인 성장과 발전을 위하여 끊임없는 긴장과 과중한 업무들에 짓눌려 살고 있는 현대인들에게 "수고하고 무거운 짐진 자들아 다 내게로 오라 내가 너희를 쉬게 하리라 나는 마음이 온유하고 겸손하니 나의 멍에를 메고 내게 배우라 그러면 너희 마음이 쉼을 얻으리니 이는 내 멍에는 쉽고 내 짐은 가벼움이라 하시니라"(마 11:28~30)는 예수님의 말씀은 여전히 큰 위로와 은혜를 끼칠 수 있는 메시지를 담고 있다.

하나님과의 인격적인 만남을 통해 얻을 수 있는 참된 평안과 안식을 발견할 수 있도록, 이 세상 사람들에게 복음을 전하는 일과 함께 교회는 사람들이 쉼을 통하여 회복을 경험하고 새로운 변화와 발전을 모색해 갈 수 있음을 보여 줄 수 있는 본보기가 되어야 하겠다. 그러기 위해서는 교회 내의 행정, 제도, 프로그램들 가운데서 지나친 성장주의와 성과주의에 편중된 부분들이 있다면 합리적으로 개선해 가는 일들이 필요하고, 한 걸음 더 나아가 성경의 원리에 입각하여 일과 쉼의 균형을 잡을 수 있는 사역의 분야들을 창조적으로 개발해 가는 일도 필요할 것이다.

현대 사회 속에서 지치고 힘겨워 하는 사람들을 지원할 수 있는 상담 사역과 극심한 장애를 가진 가족 구성원과 함께 살아가는 가족들을 위한 자원봉사 프로그램과 각종 어려움에 노출된 사람들을 보호하기 위한 센터를 지원하거나 세워가는 일들도 그 구체적인 예가 될 수 있다. 하나님의 형상대로 지음 받은 사람들이 사람답게 살아갈 수 있도록 지원하는 일들을 그리스도인들과 교회들이 동참하고 함께 이루어 갈 수 있다면, 그것이 안식년과 희년법의 가르침 속에 담겨 있는 회복과 구원의 사역을 실천하는 일이 될 것이다.

서원과 처음 것과 십일조에 관한 규정(레 27장)

1. 27장

1) 본문의 개요

27장의 서원과 처음 것과 십일조에 관한 규정들은 하나님께 드려지거나 구별된 것이라는 공통점을 갖는다. 이 내용은 1~7장이 하나님께 바치는 제사와 예물에 관하여 기록하고 있다는 점에서 서로 상응하는 것으로 평가할 수 있다. 7:38에서 시내산을 언급했던 것처럼, 27:34에서도 시내산을 언급하면서 레위기 전체를 마무리한다.

서원의 대상은 사람(2~8절)과 동물(9~13절)과 집(14~15절)과 토지(16~25절)가 될 수 있으며, 그 대상의 값을 정하여(2절) 환전할 수 있도록 규정하고 있다. 그 값은 정해진 경우도 있지만, 서원자가 가난할 경우에 제사장이 서원자의 형편에 맞게 값을 정하도록 규정하였다(8절). 가축 가운데 처음 난 것은 주님의 것이며(26절), 땅과 모든 소유의 10분의 1(30절)도 주님의 것으로 구별한다.

레위기의 율법들에 나타난 특징을 요약한다면, 한마디로 사람과 모든 생명체들에 대한 '배려의 정신'이라고 말할 수 있다.

2) 본문 주해

(1) 서원(1~25절)

이스라엘 자손은 여호와께 사람에 대한 서원을 할 수 있었다. 서원한 사람에 대하여는 성별과 연령에 따른 값을 정하여 성소의 세겔대로 헌금하도록 했다.

나이	남자	여자
1개월~5세	은 5세겔	은 3세겔
5~20세	은 20세겔	은 10세겔
20~60세	은 50세겔	은 30세겔
60세 이상	은 15세겔	은 10세겔

이스라엘의 주변 지역 종교들에는 사람을 제물로 바치는 풍습이 있었지만, 18~20장에서는 이러한 종교적 풍속을 엄격하게 금지하였다. 이와 달리 이스라엘에는 서원의 제도를 통하여 하나님 앞에서 사람을 성별하도록 하였다. 하지만 이 규정도 천편일률적이며 기계적인 적용이 아니라 가난한 사람의 경우에 경제적인 처지와 능력에 따라 제사장이 그 서원자의 값을 조정하도록 함으로써(8절), 각 사람의 형편이 반영될 수 있도록 하였다. 여기서 우리는 이러한 법을 제정하신 하나님의 마음을 느낄 수 있다. 그것은 약한 사람의 처지를 언제나 염두에 두시는 하나님의 '배려의 마음'이다.

9절에서 '서원하는 예물'로 번역된 히브리어는 '코르반'(קָרְבָּן)이다. 이는 예수님께서 마가복음 7:11 이하에서 말씀하셨던 '고르반'에 해당하는 규정이다. 27:10 이하에서는 '서원하는 예물'이 거룩하며 변경할 수 없는 것이라고 명시하고 있다. 하나님께 구별하여 드리는 것은 사람과 가축뿐만 아니라(2~13절) 주택과 토지에도(14~25절) 적용된다. 민수기 30장에서도 서원에 관한 규정을 찾아볼 수 있는데, 여기서는 여성이 서원하였을 경우에 아버지와 남편이 허락하지 않으면 무효라는 말씀을 기록하고 있다. 서원에 관한 규정을 파악하기 위하여 관련 본문들을 함께 살펴보는 일이 필요하다.

(2) 처음 난 것과 온전히 바친 것(26~29절)

가축 가운데 처음 난 것은 하나님의 것으로 구별되었다(26~27절). 28절의 '여호와께 온전히 바친 것'에 해당하는 히브리어는 '헤렘'(חֵרֶם)이며, 이렇게 바쳐진 것은 가축이든 밭이든 사람이든 다시 무를 수 없다. 그렇지 않을 때에는 사람의 경우에 '사형'에 처해야 한다는 말씀을(29절) 통해 이 규정의 엄격함이 다시 강조되었다(29절). '온전히 바쳐진 것'은 성소에서 제사장들에 의해 사용되는 이외에 다른 목적으로 사용될 수 없었다.[54]

'헤렘'이라는 용어는 여호수아 6:17 이하에서 가나안 정복 전쟁에 적용되었으며, 여리고성과 그 가운데 있는 모든 것을 대상으로 삼았다는 기록에서도 확인할 수 있다. 여호와의 전쟁에만 국한되었던 '진멸 사상'의 용어인 '헤렘'[55]이 본문에서 사용된 것은 법정에서 판결을 받은 사람에게 적용된 사형의 형벌과 관련되었을 것이라고 추정하기도 한다.[56] 제2성전 시대 후기에는 이 용어가 맹세에 사용되기도 하였으며,[57] 이러한 관행 역시 맹세와 약속의 엄중함을 표현하기 위한 것으로 해석할 수 있다.

(3) 십일조(30~33절)

그 땅의 곡식과 나무 열매와 가축(소나 양) 가운데 10분의 1도 '여호와의 성물'로 구별되었다. 십일조는 거룩한 것이며, 그 대상물이 정해지면 함부로 변경할 수 없다. 말라기 3:7~12에서도 그 중요성과 함께 십일조를 '하나님의 것'(말 3:8)이라고 말씀하고 있으며, 민수기 18:21에서는 십일조를 레위인의 몫으로 언급하였다. 신명기 14:28; 26:12에서는 제3년의 십일조를 레위인과 객과 고아와 과부를 위해 사용해야 한다는 '십일조의 사용 규정'을 기록하였다. 구약에서는 십일조를 하나님께 드리는 일뿐만 아니라 십일조의 바른 사용에 관하여도 분명하게 말씀하고 있다.

모든 것이 하나님께로부터 말미암지 않은 것이 없다. 하나님께 받은 바를 헤아려 볼 때 사람이 하나님 앞에서 취할 수 있는 태도는 겸손이며, 고백할 수 있는 말은 감사이다. 자신이 얻게 된 수익 가운데 10분의 1을 하나님의 것으로 하나님 앞에 구별하여 드릴 줄 아는 것은, 내게 있는 모든 것이 내 능력만으로 얻은 것이 아니라 하나님께서 주신 것임을 인정하고, 자신의 소유물에 대한 주권이 궁극적으로는 하나님께 속한 것임을 인정하는 겸손한 마음의 표현이라고 할 수 있다. 말라기 3:8~12에서도 십일조와 헌물은 하나님의 것임을 분명하게 말씀하고 있다.

3) 설교를 위한 적용

27장에서는 서원에 관한 규정을 자세히 다루고 있다. 하나님 앞에서 하는 약속인 서원을 사람들이 함부로 하지 말아야 하고, 또 서원한 것은 반드시 지켜야 한다(잠 20:25; 시 15:4). 예수님께서도 '산상수훈'의 말씀 가운데서 제자들에게 맹세하지 말 것을 강조하여 가르치시면서(마 5:34~37) '옳다' 혹은 '아니다'라는 말로 대답할 것을 말씀하셨다. 구약과 신약의 말씀들은 '하나님의 백성'과 '자녀'로 살아가는 신앙인들이 얼마나 그 말에 신중하여야 하는가를 가르쳐 준다.

히브리어에서 '말씀'을 표현하는 단어는 '다바르'(דָּבָר)이며, 여기에는 '말씀'이라는 뜻과 함께 '일' 혹은 '사건'이라는 뜻이 함께 담겨 있음을 볼 수 있다. 창세기에서는 하나님께서 말씀으로 세상을 창조하셨다고 증언하며, 예언서에서는 이스라엘의 예언자들에게 '하나님의 말씀'이 임했다고 표현한다. 하나님의 말씀을 대언하는 예언자들은 이 말씀을 공허한 소리가 아니라 마치 이루어진 사건과 일처럼 깨닫고 느끼면서 간절한 심정으로 사람들에게 예언하였던 사건들을 예언서 곳곳에서 만날 수 있다.

구약에서는 일관되게 '말씀' 혹은 '말'의 중요성을 교훈하고 있으며(사 40:8; 55:10~11; 잠 15:28), 27장의 서원에 관한 규정에서도 하나님 앞에서 약속한 말이 얼마나 중요한 것인가를 알 수 있다. 신약에서도 성도들의 삶을 위한 권면의 말씀들 가운데서, 올바른 언어생활에 관하여 강조하는 표현들을 찾아볼 수 있다.

에베소서 4:29에서는 더러운 말을 하지 말고 선한 말을 하여 듣는 이들에게 은혜를 끼치라고 교훈하며, 에베소서 5:3~4에서는 헛된 말을 삼가고 감사하는 말을 하라고 권면하고 있다. 골로새서 3:8~9에서도 성도들이 부끄러운 말과 거짓말을 버릴 것을 가르치고 있다.

우리 그리스도인들은 하나님의 약속의 말씀을 믿으며, 예수 그리스도의 복음을 세상에 믿지 않는 사람들에게 전하고, 증거하며 살아가는 사람들이다. 우리의 말을 통하여 우리가 이 복음을 세상에 전하며 살아가야 한다면, 우리의 언어생활이 어떠해야 할 것인가를 생각하며 결단할 수 있어야 하겠다. 일상의 삶 속에서 그리스도인들의 말을 믿을 수 있고 그들의 약속을 신뢰할 수 있다는 인식이 있을 때, 그러한 성도들이 세상 사람들에게 전하는 복음의 메시지와 증언은 더 힘 있게 선포될 수 있기 때문이다.

하나님께 드리기로 서원하는 일의 엄중함을 교훈하는 27장의 말씀을 통하여 신앙인들이 하는 말의 진실성이 하나님과 사람 앞에서 얼마나 중요한 일인가를 깨달을 수 있다.

또한 십일조와 처음 것과 하나님께 바친 것에 관한 규정들은 각 사람의 소유에 있어서 하나님께 속한 것을 구별할 줄 아는 일을 가르쳐 준다. 어른들과 함께 한 집에서 생활할 때, 어른의 것을 먼저 챙겨드리고 식사 시간에도 어른이 먼저 드시도록 기다리고 배려하는 자세는 어른을 섬기는 가장 기본적인 삶의 모습이 될 수 있다. 하나님의 것을 먼저 구별하여 드리는 일도 하나님을 섬기는 성도들의 기본적인 삶의 자세가 될 수 있다.

이 일 역시 소유에 대한 마음의 결단과 절제와 훈련이 필요한 일이라고 할 수 있다. 이러한 경건의 훈련은 한 걸음 더 나아가 자신의 삶 전체를 하나님의 나라와 의를 위해 헌신하기 위한 준비의 과정이 될 수 있다.

그러나 예수님께서는 이러한 헌신과 하나님께 드리는 일도 사람의 도리를 무시하고 형식만 지키는 일이 되어서는 안 된다고 가르쳐 주셨다. 마가복음 7:11에서는 '고르반' 다시 말해 하나님께 드림이 되었다고 하고서 제 부모를 섬기지 않는 일에 관하여 지적하셨던 예수님의 말씀을 전하고 있다.

결국 참된 예배와 참된 헌물과 십일조도 모두 진실한 마음에서만 나올 수 있는 것이다. 예수님께서는 이것을 누구보다도 잘 알고 계셨기에, 이 모든 일이 형식만 남고 의미를 잃어버린 일이 되지 않도록 구체적인 삶의 현장과 자리에서 하나님을 사랑하고 사람을 사랑하며 살아가는 일이 분리된 별개의 일이 아님을 지적해 주셨던 것이다.

레위기와 마가복음의 이 말씀들은 오늘날 교회 현실에도 그대로 적용될 수 있다. 교회에 나아올 때 드리는 십일조와 헌물이 중요하지만, 그 의미와 정신이 생명력을 잃지 않기 위해서는 그것을 드리는 사람의 실제 삶과 보이지 않는 신앙의 모습과 따뜻한 마음이 더 중요하다.

주(註)

1부

1장

1. 더 자세한 내용을 알기 원하면 필자의 학위 논문인 *Sinai Covenant and Moab Covenant; An Exegetical Study of the Covenants in Exodus 19:1~24:11 and Deuteronomy 4:45~28:69*(1992)이나, 이것을 번역한「시내산 언약과 모압 언약—출애굽기 19~24장과 신명기 5~8장 연구」(서울: 솔로몬, 1998)를 참고하라.
2. *Purity and Danger: An Analysis of the Concepts of Pollution and Taboo*(London, 1966); "The Forbidden Animals in Leviticus," *JSOT* 59(1993). 3~23; J. F. A. Sawyer ed., *Reading Leviticus. A Conversation with Mary Douglas*, JSOTSS 227(Sheffield, 1996).
3. *Biblical and Post-biblical Defilement and Mourning: Law as Theology*(New York, 1977).
4. *Leviticus 1~16*, Anchor Bib1e(New York: 1991).
5. "One More Time: Leviticus Revisited," *Archieves europe'ennes de sociologie 19*(1978). 339~346.
6. 일반적으로 레위기 17장 이후를 '성결 법전'이라고 명명하여, 레위기의 전반부와 독립적으로 존재하였던 것으로 추론하는 경우가 있다. 그러나 거룩과 성결은 17장 이후에서만 강조된 것이 아니라 레위기 전체를 통하여 강조되었다. 그리고 필자의 논지가 맞는다면 17장을 경계로 레위기를 구분할 필요가 없게 된다.

2장

1. 구약 전체에 90회 사용된 '헬렙'(חֵלֶב)은 레위기에 45회 나타나는 바 제물의 내장 기름(3:3~4, 10, 14~16)과 외부 꼬리 기름(3:9) 등을 가리키므로 이 본문은 비제물의 기름도 포함되는 것인지(참고 7:22~27) 혹은 내장과 외부의 기름 중에 어떤 명확한 구분을 하고 있는지에 대해 질문을 남긴다.
2. 요리 종류(receipe)를 비교하면 중국은 5,000가지, 프랑스는 3,500가지, 한국은2,300가지로 알려지고 있다.
3. 히브리어 문법에서 '규례'는 '영원'이란 명사의 직접 수식을 받는 연계 상태(construct state)일 때, '후카'(חֻקָּה)가 '후캇'(חֻקַּת)으로, '혹'(חֹק)이 '학'(חָק)으로 각각 변화한다. '혹'(구약 129회 중 레위기에 11회 사용)과 '후카'(구약 104회 중 레위기에 26회 사용)의 관계에 대하여, 먼저 동사의 '하칵'의 기본형 부정사 '혹'이 남성 명사화되고 '율법'이나 '계명'이 동사에서 각각 파생된 여성 명사인 것처럼, '후카'라는 여성 명사는 비교적 후기에 '혹'에서 파생되어 주로 '규례'란 의미의 전문화로 이해할 수 있다.
4. '학 올람'(חָק עוֹלָם)은 제사장에게 돌리는 제물을 규정하는 뜻으로 나타나 있다.

5. '후카 올람'(חֻקַּת עוֹלָם)은 전문적으로 이 의미가 있으며, 문맥에 따라 '학 올람'(출 30:21; 레 6:22; 렘 5:22)도 같은 주(註)다. 여기서 우리는 단어의 사전적 정의는 본문 분석에 의존하고, 본문 분석은 사전적 정의에 의존하는 순환 논법의 모순을 볼 수 있다. 즉, '학 올람'의 의미가 '몫/소득'인지 '규례'인지는 본문에서 먼저 결정하는 바, 제사장에게로 돌리는 제물에 대한 규례의 본문에서 '소득'이라 번역하는 사전적 실례들은 또한 '규례'로 번역해도 뜻이 통하기 때문이다.
6. 농경 문화 중심인 가나안 바알 종교를 대변하는 우가릿(ugaritic; 주전 13~14세기) 문헌에도 '올람'의 동등어가 자주 사용되므로 그들의 윤회적 역사관(예를 들면 조수의 차, 주야, 사계절-우기와 건기가 주는 죽음과 부활의 개념, 생물의 생로병사)에 따른 영원 개념과 이스라엘 백성의 직선적 역사관(여호와 하나님의 창조-타락-구속-심판)에 따른 '영원' 개념 간의 관계에 대해서는 논하지 않겠다. 이스라엘 백성의 광야 38년 6개월의 윤회적 방랑과(참고 민 14:9) 사사 시대 310년간의 윤회적 정체(停滯. 참고 삿 2:10~13)는 모두 가나안 바알 종교에 연류된 것임을 비교하라.
7. 왕의 영생 기원문(삼상 10:24; 삼하 16:16; 왕상 1:25, 34, 39. 참고 느 2:3; 단 2:4; 3:9; 5:10; 6:7, 22에 나타난 페르시아 궁정 인사말) 역시 이 범주에 속한다.
8. '영원부터 영원까지'(10회, 렘 7:7; 25:5; 시 41:13; 90:2; 103:17; 106:48; 대상 16:36; 대상 29:10; 느 9:5; 단 2:20)를 참고하라.
9. 영원한 제사장 직분(출 40:15; 민 25:13. 비교 시 110:4; 대상 15:2)을 참고하라.
10. 이사야 55:3; 에스겔 37:24~25; 히브리서 5:6; 7:3을 참고하라.
11. 영원한 언약(24:8), '영원한 기업 무름'(25:32), '영원한 기업'(25:34; 창 17:8; 48:4; 출 32:13)이라는 표현도 비교하여 연구할 수 있다.
12. '훅'이 문맥에 따라 개역성경에서 '소득'(레 6:18; 7:34), '응식'(應食; 레 10:15; 민 18:8, 11, 19), '분깃'(출 29:28), '규례'(출 30:21; 레 6:22; 24:9), '한계' 등으로 번역되고 있으나, 레위기 24:9은 진설병이 제사장의 '소득'이 됨을 밝히므로 '규례'라는 번역은 일관성이 없으며, 정반대로 레위기 7:36의 '소득'은 '규례'로 번역되어야 할 것이다
13. 모세 오경에서 규례가 '계명', '법도', '그 율법' 등과 구별 없이 사용되는 자세한 실례를 위하여 *TDOT* 5(1986), 145를 참고하라
14. 역대하 2:4은 '영원한 규례'의 축약(ellipsis)된 형태로 "향 재료를 사르며 항상 떡을 진설하며 안식일과 초하루와 우리 하나님 여호와의 절기에 조석으로 번제를 드리려 하니"에 나타난 목록은 이 사실을 입증한다.
15. 고대 근동학의 배경에서 구약이 가리키는 거룩의 세 요소가 태양과 연관된 '광채, 고상, 청결'임에 대하여는 김진섭, 「종교경책학 입문-고대 근동학의 배경에서 본 구약성경(서울: 솔로몬, 1998), 77~106을 보라.
16. 우리가 흔히 갖는, 구약의 율법 중 제사법과 시민법은 그리스도 안에서 완전히 종식되었고, 오직 십계명을 중심한 윤리법만이 그리스도인에게 계속 유효하다는 단순 논리의 문제점을 지적한 Gordon J. Wenham, *The book of Leviticus*, NICOT(Grand Rapids: Eerdmans, 1979), 32~37; Vern S. Polythress, *The Shadow of christ in the Law of Moses*(Brentwood, Tenn.: Wolgemuth & Hyatt, 1991), 311~361을 보라.
17. 로마서 14장, 고린도전서 8, 10장은 그리스도인의 '먹고 마심'과 '건덕'의 관계에 대한 실례

로써 중요한 본문이다.

3장

1. 이 글은 필자의 논문 "레위기의 거룩에 관한 연구", 「성경과 교회」, 3/1(2005), 44~63을 수정 보완한 글이다.
2. Rudolf Otto, *The Idea of Holy*, tr., John W. Harvey(Oxford: Oxford University Press, 1958), 5.
3. Norman H. Snaith, *The Distinctive Ideas of the Old Testament*(Carlisle: Paternoster, 1997), 21. '거룩'이라는 용어는 페니키아의 금석문인 Yehimilk(주전 1200년경), 우가릿 문서인 Aqhat 1. 27, 2. 16(주전 1200년경)을 비롯한 몇몇 셈족의 언어들 속에서 발견된다.
4. James Muilenburg, "Holiness," *IDB*, Vol. 2, 617. 바빌로니아 문헌에는 '*qadašu*'가 '밝다'라는 의미를 지닌 '*ellu*'와 같은 의미로 사용되었다. 일부 학자들(Zimmern, Dillmann, Cheyne, K. Kohler)은 '밝다' 혹은 '깨끗하다'를 '거룩'의 본래적인 의미라고 주장한다. 그렇지만 다수의 학자들은 '분리하다'가 보다 본래적인 의미에 가깝다고 주장한다.
5. Jacob Milgrom, "The Changing Concept of Holiness in the Pentateuchal Codes with Emphasis on Leviticus 19," *Reading Leviticus*. ed., F. A. Sawyer(Sheffield: Sheffield Academic Press, 1996), 65.
6. 구약성경 안에서 이러한 흔적들을 쉽게 찾아볼 수 있다. 예를 들면 상수리나무를 신성시하는 것이나 특정한 지역 혹은 산들을 거룩하게 여기는 것들이다.
7. 메소포타미아에서 '카도쉬'(거룩)라는 용어가 한 여신의 이름으로 뿐만 아니라, 가나안의 특정 장소들의 이름으로도 등장하는 것을 이런 배경에서 이해할 수 있다.
8. Norman. H. Snaith, *The Distinctive Ideas of the Old Testament*(Carlisle: Paternoster, 1997), 28.
9. Gordon J. Wenham, *The Book of Leviticus*(Grand Rapids: Eerdmans, 1985), 19.
10. 전정진, 「레위기: 어떻게 읽을 것인가?」(서울: 성서유니온, 2004), 124.
11. 거룩, 속됨, 정함, 부정의 관계를 그림으로 표시하면 다음과 같다.

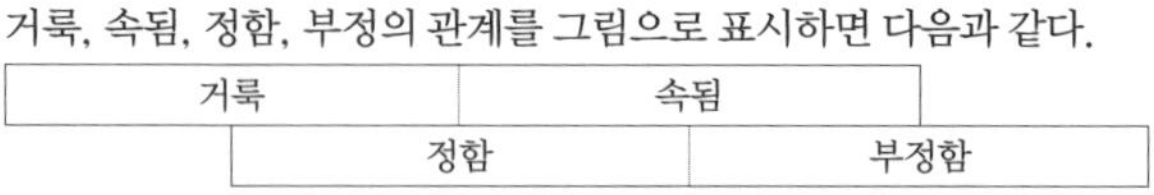

위의 도표에서 정함과 부정함, 거룩과 속됨은 각각 반대되는 영역이다. 그리고 속된 것은 정함과 부정을 함께 포함한다. 거룩은 속됨과 정함의 영역과 접촉해 있지만, 부정과는 결코 양립할 수 없다. 참고 Jacob Milgrom, *Leviticus 1~16*(New York: Doubleday, 1991). 732.

12. 물로 씻는 것 외에 피를 뿌림으로 정결케 되기도 한다(8:11~15, 23~30; 14:6이하).
13. Wenham, 앞의 책, 19.
14. 예를 들면 부정한 사람이 거룩한 음식, 즉 희생제물의 고기를 먹을 수 없으며(7:20~21; 22:3) 제사장이나 나실인과 같은 거룩한 사람이 부정한 시체와 접촉함으로 자신을 더럽혀서는 안 된다는 규정은 거룩과 부정이 양립할 수 없다는 레위기의 사상을 반영하고 있는 것이다.

15. John E. Hartley, *Leviticus*(Dallas: Word Books Publisher, 1992), lvii.
16. Philip Peter Jenson, *Graded Holiness*(Sheffield: Sheffield Academic Press, 1992), 89.
17. 그리고 거룩한 장소 중에서 특별히 법궤가 있는 장소는 지극히 거룩한 영역으로 간주된다.
18. Hartley, 앞의 책, lvi. "거룩은 여호와의 여러 속성 중에 하나라기보다는 오히려 하나님으로서의 여호와의 본질적인 성품을 나타낸다."
19. '하나님의 자기 선언 형식'(self-declaration)인 "나는 너희 하나님 여호와니라"(18:2, 4, 5, 6; 19:3, 4, 10, 12, 14, 16, 18, 25, 28, 30, 31, 34, 36, 37 등)도 '너희는 거룩하라 내가 거룩함이니라'와 동일한 의미를 지닌다.
20. 이것은 사무엘상 2:2에 잘 나타나 있다. "여호와와 같이 거룩하신 이가 없으시니 이는 주 밖에 다른 이가 없고 우리 하나님 같은 반석도 없으심이니이다."
21. O. Procksch, *Theologie des Altes Testament*(1950), 428.
22. Th. C. Vriezen, *An Outline of OT Theology*(Newton Centre, MA: Brandford, 1966), 150.
23. 우리는 이 과정을 '성별'이라고 부른다.
24. Philip J. Budd, *Leviticus*(Grand Rapids: Eerdmans, 1996), 36. 이방 나라들과의 분리의 개념으로써의 거룩은 바리새파의 전통을 따르는 유대교 문서에 자주 나타나는 사상이다(Mek 63a; Sifra Qedoshim 93b; Lev Rabba 23).
25. 리치(Edmund Leach)는 제사장의 위임식 과정에서 물로 씻는 의식을 '성별(혹은 분리) 의식'(rite of separation)으로 부르고 있다. Edmund Leach, *Culture and Communication*(Cambridge: Cambridge University Press), 1976, 77~79.
26. Mary Douglas, *Purity and Danger*(London: Routledge, 1996), 51~52.
27. 19:9~18은 이스라엘이 돌보아야 할 대상으로 가난한 자(10절), 타국인(10절), 이웃(13절), 품꾼(13절), 귀먹은 자(14절), 소경(14절), 가난한 자(15절), 형제(17절)를 열거한다. 이것은 19:9~18이 거룩의 의미로써 공동체성을 강조하고 있음을 보여 준다.
28. Hartley, 앞의 책, lxv.
29. Douglas, 앞의 책, 51. 레위기의 온전과 거룩과의 관계를 강조한 대표적인 학자는 더글라스다. 더글라스에 의하면 '온전'은 레위기의 거룩과 정함의 개념을 이해하는데 필수적인 요소이다.
30. 고대 근동(특히 메소포타미아)에서 희생제사의 주요 관심은 주로 신을 돌보는 것이었다. 따라서 고대 근동의 제사에서는 신께 드려지는 제물은 신에게 드려지는 음식이라는 개념을 띤다. 레위기는 제물을 신께 드려지는 음식으로 보는 고대 근동의 보편적인 사상을 공유한다. Martin J. Selman, "Sacrifice in the Ancient Near East," *Sacrifice in the Bible*, ed., Roger T. Beckwith and Martin J. Selman(Carlisle: Paternoster Press, 1995), 90.
31. 그륀발트(Klaus Grünwaldt)는 22:22~24의 목록이 전체성(혹은 완전)을 상징하는 숫자 '12'에 맞춰 의도적으로 배열되었다고 주장한다. Klaus Grünwaldt, *Heiligkeitsgesetz Leviticus 17~26*(Berlin: de Gruyter, 1999), 268.
32. 하틀리(John E. Hartley)에 의하면, 제사장 위임식 때 제사장의 몸을 물로 씻는 것은 마치 하나님께 드리기 위해서 희생제물의 특별한 부위를 씻는 것과 유사한 의미를 지닌다(레

1:9, 13; 8:21; 9:14; 출 29:17). Hartley, 앞의 책, 111.

33. 짐승의 고환의 결함은 그 짐승을 제물로써 부적절하게 만들었다. 24절의 '불알 상한 것'(마우크), '불알 치인 것'(카투트), '불알 터진 것'(나투크), '불알 베임을 당한 것'(카루트)은 짐승을 거세하는 네 가지 방법에 대한 묘사일 수 있다. Jacob Milgrom, *Leviticus 17~22*(New York: Doubleday, 1991). 1828.

34. Milgrom, 앞의 책, 1723. 다섯 개의 동일한 병명은 ① '얄레페트'(יַלֶּפֶת) ② '가라브'(גָּרָב) ③ '쉐베르'(שֶׁבֶר) ④ '사루아'(שָׂרוּעַ) ⑤ '이베르'(עִוֵּר)이고, 세 개의 유사한 용어는 ① '피쎄아흐'(פִּסֵּחַ); '칼루트'(קָלוּט) ② '테발룰 베에노'(תְּבַלֻּל בְּעֵינוֹ); '하루츠'(חָרוּץ) ③ '메로아 아쉐크'(מְרוֹחַ אָשֶׁךְ); '마우크'(מָעוּךְ), '카투트'(כָּתוּת), '나투크'(נָתוּק), '카루트'(כָּרוּת)이다.

35. 더글라스는 다음과 같이 결론을 내린다. "다시 말해 그가 제사장이 되기 위해서는 인간으로서 완전하지 않으면 안 되었다." Douglas, 앞의 책, 51.

36. Hartley, 앞의 책, 113.

37. 대제사장은 제사장들에 비해 결혼할 수 있는 대상이 더욱 제한된다. 대제사장은 과부와 이혼녀, 신전 창기 혹은 성관계 경험이 있는 여자(21:14 "자기 백성 중 처녀")와 결혼할 수 없다(21:13~14).

5장
참고문헌

1. Herbert Braun, *An die Hebräer*, HNT 14. Tübingen: Mohr, 1984.
2. Otto Michel, *Der Brief an die Hebräer*. Göttingen: Vandenhoeck & Ruprecht, 1966.
3. Hans–Friedrich Weiss. *Der Brief an die Hebräer*, KEK 13. Göttingen: Vandenhoeck & Ruprecht, 1991.
4. F. L. Horton. *The Melchizedek Tradition. A Critical Examination of the Sources to the Fifth Century A. D. and in the Epistle to the Hebrews*. Monograph series–Society for New Testament Studies 30. Cambridge, 1976.
5. G. Hughes. *Hebrews and Hermeneutics. The Epistle to the Hebrews as a New Testament Example of Biblical Interpretation*. Monograph series–Society for New Testament Studies 36. Cambridge, 1979.
6. S. Kistemaker. *The Psalm Citations in the Epistle to the Hebrews*, Amsterdam, 1961.
7. F. Laub, *Bekenntnis und Auslegung. Die paranetishe Funktion der Christologie im Hehräerbrief*. Biblische Untersuchungen 15. Regensburg, 1980.
8. B. Lindars. *The Theology of the Letter to the Hebrews*. New Testament theology. Cambridg, 1991, 1995.
9. J. C. McCullough. "The quotations in Hebrews," *NTS 26*. 1979/80. 363~379.
10. F. Schrger, *Der Verfasser des Hebraerbriefes als Schriftausleger*. Biblische Untersuchungen 4. Regensburg, 1968.
11. S. G. Sowers, *The Hermeneutics of Philo and Hebrews. A Comparison of the Interpretation of the Old Testament in Philo Judaeus and the Epistle to the Hebrews*.

Basel Studies of Theology 1. Basel, 1963.
12. G. Theissen, *Untersuchungen zum Hebräerbrief*. SNT 2. Güttersloh, 1969.
13. A. H. Trotter. *Interpreting the Epistle to the Hebrews*. Grand Rpids, 1997.

6장

1. 개역한글에서 '성막'으로 표기된 것은 대부분 '장막'(מִשְׁכָּן미쉬칸)으로써, 본래 단순한 장막을 뜻하는 단어에 거룩하다는 의미를 첨가하여 번역된 것이다. 또 히브리 성경에서 '장막'은 한 단어(미쉬칸)로 이루어졌으나, '회막'은 두 단어(אֹהֶל מוֹעֵד오헬 모에드)로 되었기 때문에, 손쉬운 짧은 표현인 '장막'이 더 많이 쓰였다고 보아야 한다. 그래서 성경 자체가 오해가 없도록 이 사실을 친절하게 설명하기도 한다(출 40:2 '장막 곧 회막을 세우고')
2. Gordon J. Wenham, *The book of Leviticus*, NICOT(Grand Rapids: Eerdmans, 1979), 61.
3. 앞의 책, 78.
4. 앞의 책, 59.

7장

1. 나이트(G. A. F. Knight)는 그의 주석에서 레위기 1~7장의 내용을 'manual on sacrifice'로 명명하고 있다. G. A. F. Knight, *Leviticus*, Daily study Bible(Philadelphia: Westminster Press, c1981), 11.
2. 흔히 벨하우젠 이후 일부 학자들은 예언자들의 시대에 이르러 이스라엘은 제의적 종교에서 윤리적 종교로 바뀌었다는 견해를 나타내기도 한다. 따라서 주전 8세기 이후 예언자들은 희생 제사에 대하여 부정적이었다고 주장한다. 예언자들이 일견 제사를 반대하고 거부한 것 같으나(사 1:13; 암 5:21~23 등) 사실 예언자들도 희생 제사를 통하여 하나님께 나아가는 방법 외에 다른 방법을 알지 못했음이 명백하다.
3. Gordon J. Wenham, *The book of Leviticus*(Grand Rapids, Mich.: W. B. Eerdmans, 1979), 130.
4. 우림과 둠밈에 관해서는 논란이 끊이지 않는다. 분명한 어원과 근거를 알 수는 없지만, 한 가지 분명한 것은 제사장들이 이것을 이용하여 어떤 결론을 내리는 데 도움을 받았다는 사실이다. 혹자는 '우림'(light, 빛)과 '둠밈'(perfections, 온전, 진리)이 'Yes'와 'No'를 상징하여 어떤 일에 대하여 판단하기 위하여 흉배에서 꺼낼 때 둘 다 'Yes'면 승인, 둘 다 'No'면 거부, 'Yes'와 'No'가 함께 나오면 판단을 유보했을 것이라는 추측을 하기도 한다. 그러나 분명한 것은 알 수 없다.
5. 출애굽기 28:15이하에서는 이 흉배가 '판결 흉배'(חֹשֶׁן מִשְׁפָּט호쉔 미쉬파트)임을 분명히 한다. 우림과 둠밈이 정확히 무엇을 말하는지를 알 수 없다 하더라도 바로 이 흉배의 명칭이 그 용도를 알 수 있게 하고 있다.
6. 대개 '속죄제'로 번역되는 '하타트'(חטאת)는 J. Milgrom의 집중적인 연구 이후 속죄제보다는 '정화제'(淨化祭, purification offering)로 보는 견해가 지배적이다. 특히 '하타트'에 관한 연

구 결과와 참고문헌을 찾기 위해서는 다음 자료를 참고하라. N. Kiuchi, "The Purification Offering in the Priestly Literature: Its Meanung and Function," *JSOT* 56(1987), 40~55. 레위기 8~10장에 나타난 속죄제에 관해서도 상세하게 취급하고 있다.
7. J. H. Kurtz, *Sacrifical Worship of the Old Testament*(Grand Rapids), 144, 147; Kiuchi, 앞의 책, 41.
8. 지금까지 '속건제'(贖愆祭, guilt offering)를 무의식중에 저지른 죄에 대한 속죄의 제사로 대부분 인식해 왔으니, 최근의 연구 결과는 속건제 역시 죄를 의식하는 경우에 드려지고 있다는 결론을 내리고 있다. 오히려 속건제를 'guilt offering'보다는 'reparation offering', 즉 '보상제'(補償祭)로 이해하는 것이 올바른 것으로 여겨지고 있다. 참고 Kiuchi, 앞의 책, 31~37.
9. 출애굽기 30:9에 "다른 향을 사르지 말며"라는 명령이 주어져 있으나 다른 불에 관한 분명한 지침을 찾아볼 수 없다.

10장

1. 이 글은 김진명의 박사 학위 논문의 일부를 요약한 것이며, 「구약논단」 24집(2007년 6월호)에 실렸던 김진명의 "레위기 19장의 정경적 전개에 관한 주석적 연구"를 재편집하고 보기 본문으로 마태복음 5장 대신 로마서 13:8~14을 사용하였음을 알려 두는 바이다. 이 논문의 내용은 「시민문화춘추」, 제4호(2007년 가을호)의 "신명기 10:12~11:1에서의 레위기 19장의 정경적 전개에 관한 연구"라는 소논문에도 소개된 바 있다. 자세한 내용은 다음 자료를 참고하라. 김진명, "레위기 19장의 정경적 전개에 관한 주석적 연구"(장로회신학대학교대학원, 미간행 박사 학위 논문, 2007). 이 글에서 제안하려고 하는 '정경적 전개'에 관한 연구는 한 본문이 성경의 다른 책들에서 어떻게 인용되거나 변형되고 해석되면서 전개되었는가를 살펴보는 작업이라고 할 수 있으며, 각 본문들의 최종 형태를 가지고 비교 작업을 해나가는 방법은 '정경 비평'과 유사하지만, 정경상의 역사적 내용과 순서를 따라 레위기 19장 본문이 전승된 것으로 전제한다는 점에서 차별성을 갖는다.

   이 방법을 두 단계로 구분해 볼 수 있다. 우선 정경의 내용에 따른 역사를 본문의 배경으로 전제하고 최종 본문상에서 역사적인 내용을 파악하기 어려울 경우에 정경상의 순서를 고려하여 구약으로부터 신약에 이르기까지 한 본문의 전개 과정을 정리하는 단계와, 다음으로 그 결과를 가지고 하나의 전체로써 정경의 문맥 속에서 대상 본문을 재조명해 보고 그 의미를 재해석해 보는 단계이다.
2. 다음 자료는 신학과 교회 사이의 간격, 신학자들의 성경 해석과 설교자를 위한 주석의 관계에 문제의식을 가지고 접근한 노력의 결과물이라고 평가할 수 있다. 왕대일, 「구약 주석 새로 보기」(서울: 감신대성서학연구소, 2005).
3. Matthias Köckert, *Leben in Gottes Gegenwart*(Tübingen: Mohr Siebeck, 2004), 155~166. 쾨케르트(Matthias Köckert)는 레위기 19장이 '하나님 경외'(14/32절)와 '이웃 사랑'(18/34절)의 이중 계명으로 요약될 수 있다고 보았으며, 십계명의 내용이 이중 구조와 이중 계명의 특징을 담고 있는 19장의 틀을 이루고 있다고 설명하였다. 19장에 나타난 '하나님의 자기 계시 양식'으로써 두 가지 형태의 종결 문구에서도 이러한 이중 구조의 문제를 생

각해 볼 수 있다. '나는 주 너희 하나님이다'라는 본문은 이스라엘 자손과 하나님의 관계성 속에서 정체성을 선포하는 '관계적 자기 계시 양식'으로 볼 수 있으며, '나는 주다'라는 본문은 단독 형태로 자신의 정체성을 선포한 '단독적 자기 계시 양식'이라고 구분해 볼 수 있다. 2, 36절에서도 출애굽기 20:2의 본문이 반영된 이중 구조를 찾을 수 있으며, 19, 37절에서도 하나님의 규례에 관한 본문에서도 이중 구조의 형태를 확인할 수 있다. 따라서 십계명의 특징적인 구조를 반영한 이중 계명을 포함하여, 이중 구조로 이루어진 본문들과 주제들이 레위기 19장을 전체적으로 구성하고 있는 것으로 평가할 수 있다.

4. Walter Zimmerli, "Ich bin Jahwe," W. F. Albright et al., *Geschichte und Altes Testament*(Tübingen: Verlag L. C. B. Mohr, 1953), 179~183.
5. 김중은, 「설교를 위한 레위기 연구: 거룩한 길 다니리」(서울: 한국성서학연구소, 2001), 33. 김중은은 레위기 11:44; 19:2; 20:7, 26에 기록된 '거룩함'의 명령은 레위 신학적인 성숙한 인간상의 제시이며, 시내산 계약의 내용인 '야훼 하나님의 보배로운 소유, 즉 제사장 나라와 거룩한 백성'(출 19:5~6)의 구체적인 실현과 연관된 것이라고 해석하였다.
6. NA 27, 775. 신약에서의 레위기 19장 인용문 목록

레위기 19장	신약의 인용문
2절	마태복음 5:48; 베드로전서 1:16
12절	마태복음 5:33
13절	마태복음 20:8; 히브리서 9:10; 야고보서 5:4
15절	사도행전 23:3; 야고보서 2:9
16절	누가복음 10:29
17절	마태복음 18:15; 누가복음 17:3
18절	마태복음 5:43; 19:19; 22:39; 마가복음 21:31, 33; 누가복음 10:27; 로마서 12:19; 13:9; 갈라디아서 5:14; 야고보서 2:8
23~25절	누가복음 13:7
33절	누가복음 10:29
34절	마태복음 5:44; 22:29

레위기 19:13의 인용문으로 제시된 마태복음 20:8; 히브리서 9:10; 야고보서 5:4 가운데 히브리서 9:10을 제외한 나머지 본문들은 품꾼의 삯에 대한 주제와 연관되어 있다. 그러나 히브리서 9:10은 전혀 무관한 주제를 담고 있는 본문이며, 따라서 레위기 19:13의 인용문 색인에 수록된 히브리서 9:10은 검토되어야 할 것으로 보인다.

7. 예를 들어, 야고보서와 레위기 19장의 연관성에 관한 연구는 존슨(Luke T. Johnson)에 의해 이미 이루어졌다. T. Johnson, "The Use of Leviticus 19 in the Letter of James," *JBL* 101(1982), No. 3, 391~401.
8. 레온하르트 고펠트, 「모형론-신약의 구약 해석」, 최종태 옮김(서울: 새순출판사, 1989), 209.
9. 고펠트, 앞의 책, 209~211.
10. R. B. Hays, *Echoes of Scripture in the Letters of Paul*(New Heaven & London: Yale University Press, 1989), 34.
11. E. P. 샌더스, 「바울, 율법, 유대인」, 김진영 옮김(서울: 크리스챤다이제스트, 1995), 85~

86.

12. Piper, *Love your enemies*, 103. 파이퍼는 로마서 12:9~21이 대체적으로 외부인보다는 그리스도인 형제에 대한 관계의 내용을 다루고 있고, 13:1~7은 그리스도인과 국가의 관계에 대한 내용이라고 보았다.
13. J. D. G. Dunn, *Romans 9~16*, WBC, Vol. 38B(Dallas: Word Books, 1988), 779~781.
14. P. J. Achtemeier, *Romans*, Interpretation(Atlanta: John Knox Press, 1985), 208~209.
15. Joseph A. Fitzmyer, *Romans*, AB, Vol. 33(New York: Doubleday, 1993), 678.
16. 이러한 경계의 깨어짐은 예수의 죄인에 대한 관심, 사마리아인에 대한 평가(눅 10:25~37)에서도 나타나고 있다. Fitzmyer, 앞의 책, 812~817; Dunn, 앞의 책, 782~783; 특히 누가복음 10:25~37의 '선한 사마리아인'의 비유 말씀에서는 자비를 베푼 자로서 사마리아인을 '이웃'으로 언급함으로써, '이웃'의 개념을 유대인 공동체의 구성원만을 지칭하는 것으로 이해했던 한계를 넘어서고 있다. Joseph A. Fitzmyer, *The Gospel According to Luke X-XXIV*, AB, Vol. 28A(New York: Doubleday & Company, Inc. 1983), 884. 따라서 바울의 '이웃 사랑'에 대한 해석은 공관 복음에 나타난 예수님의 '이웃 사랑'에 대한 이해와 정신을 그대로 반영해 주고 있는 것으로 평가할 수 있다.
17. F. F. 부루스, 「바울신학」, 정원태 옮김(서울: 기독교문서선교회, 1987), 210; 성종현, "성서 신학의 주요 주제로써 율법", 「장신논단」 제16집(2000), 133~153; 성종현, 「신약총론」, 607~608; 소기천, 「예수 말씀의 전승 궤도」, 101~120.
18. H. Hübner, "πλήρωμα," *EWNT*, band III, 263. 이 단어와 결합된 '율법의 완성'이라는 표현은 바울적인 용어로 평가되고 있다.
19. Hübner, 앞의 책, 826.
20. Achtemeier, 앞의 책, 210.
21. P. J. Achtemeier, J. B. Green, and M. M. Thompson, 「새로운 신약성서개론」, 소기천 외 옮김(서울: 대한기독교서회, 2004), 358~361.

11장

1. 희년은 히브리어로 '요벨'(יוֹבֵל)인데, 이것은 '양의 뿔'을 의미하는 것으로 보인다. 김병하, 「희년 사상의 영성화」(서울: 대한기독교서회, 2005), 23. 영어 'jubilee'는 라틴어 '*jubilare*'에서 온 것으로 보인다. 김병하, 앞의 책, 25.
2. 희년 사상이 출애굽기와 신명기에도 나타나지만, '희년'이라는 용어를 명확히 사용한 곳은 레위기이다.
3. 희년이 50년째 해인지 49년째 해인지에 대한 논의는 다음 자료를 참고하라. 김병하, 앞의 책, 27~32. 김병하는 49년 주기를 주장하면서, 이것이 희년의 역사적 준수의 증거라고 주장한다. 김병하, 앞의 책, 32. 그런데 실제로 고대 이스라엘에서 어느 시점을 기준으로 삼고 49년째나 50년째인 해를 희년으로 선포한 적이 있는지 의심스럽고, 희년 선포는 앞으로 살펴볼 시드기야가 일으킨 노비 해방 사건처럼 매우 혁명적인 사건일 가능성이 크기 때문에 희

년의 주기에 대한 논란은 큰 의미가 없다고 본다.

4. 김병하, 앞의 책, 25~26.
5. 소유지는 히브리어로 '아홋자'(אֲחֻזָּה)인데, 레위기 25장에 11회 나온다. 이것은 가족의 유산인 땅과 연관된 재산권이며 변경시키거나 팔 수 없고, 그럴 경우 공동체의 사회적 종교적 결속을 깨뜨리는 결과를 낳는다. M. 짜뻴라, 「희년의 기원」, 박요한 옮김(서울: 성바오로출판사, 1999), 131. 각주 23번.
6. 여기서 '가족'(히브리어로 מִשְׁפָּחָה미슈파하)은 '씨족'을 가리키는데, '아버지의 집'(히브리어로 בֵּית אָב베트 아브)보다 규모가 크다.
7. '드로르'는 구약성경에서 모두 7회 쓰였다(레 25:10; 사 61:1; 렘 34:8, 15, 17(2); 겔 46:17). 그런데 에스겔 46:17을 제외하고는 모두 '선포하다'라는 의미의 동사 '카라'(קָרָא)와 함께 쓰였다.
8. 고대 이스라엘은 농경 사회였기 때문에, 씨족들이 한곳에 모여 살면서 조상 대대로 내려오는 땅을 함께 경작하며 살았다. 그래서 땅과 가족은 긴밀한 연관을 갖는다. 땅에서 떠나는 것은 곧 가족에게서 떠나는 것이다. 이것은 하나님이 아브라함에게 하시는 말씀에서도 나타난다. "여호와께서 아브람에게 이르시되 너는 너의 본토 친척 아비 집을 떠나 내가 네게 지시할 땅으로 가라"(창 12:1). 여기서 보는 대로, 고향(땅)을 떠나는 것과 친척과 아버지 집을 떠나는 것이 이어진다.
9. 23절은 "토지를 영영히 팔지 말 것은 토지는 다 내 것임이니라 너희는 나그네요 우거하는 자로서 나와 함께 있느니라"이고, 55절은 "이스라엘 자손은 나의 품꾼이 됨이라 그들은 내가 애굽 땅에서 인도하여 낸 나의 품꾼이요 나는 너희 하나님 여호와니라"이다. 그런데 23절과 55절이 말하려는 것은, 땅은 하나님의 것이고 이스라엘은 그 땅을 경작하는 하나님의 종이라는 것이다.
10. 김병하, 앞의 책, 26.
11. '드로르'가 신분적 굴레에서의 벗어남을 의미하는 것은 예레미야 34:8~22과 이사야 61:1~3에서 명확하게 나타난다.
12. 스미스는 이들을 억압받은 자들, 즉 주인의 무리한 요구에 시달릴 대로 시달린 사람들로 본다. Henry Preserved Smith, *A Critical and Exegetical Commentary on the Books of Samuel*, ICC(Edinburgh: T&T Clark, 1977), 203. 이들은 주인의 학대를 견디다 못해 도망쳤을 것이다. 신명기 23:15~16은 도망친 종들을 어떻게 처우해야 하는지 언급하는데, 이것은 당시에 도망친 종들이 많았기 때문일 것이다.
13. 이들은 빚을 갚지 못해서 채권자에게 종으로 팔릴 수밖에 없는 사람들이다. Smith, 앞의 책.
14. 헤르츠베르그는 이들을 '(현재 상황에 대해서) 불평(불만)하는 자'라고 하고, 이들을 위험한 무법자 집단으로 본다. Hans W. Hertzberg, *Die Samuelbücher*, tr., J. S. Bowden, *I & II Samuel*, OTL(Philadelphia: The Westminster Press, 1964), 182.
15. 이들은 나중에 600명으로 늘어나는데, 다윗은 마치 입다(삿 11:3)와 같다. Ralph W. Klein, *1 Samuel*, WBC(Waco, Texas: Word Books, Publisher, 1983), 223.
16. 그들은 도망자들이었다. P. Kyle McCarther, Jr., *1 Samuel*, AB(Garden City, New York: Doubleday & Company, Inc., 1980), 359. 클라인은 사울이 왕정을 시작할 때,

여기에 반대하는 자들이 생기는 것을 당연한 결과로 본다. Klein, 앞의 책, 222. "브루거만은 사울과 다윗의 갈등은 사회 경제적인 측면에서, 다윗 쪽에 가담한 경제적인 소외 계층이 사울을 중심으로 한 지주 계급에 대항한 것이라 볼 수 있다고 말한다." 장일선, 「다윗 왕가의 역사 이야기-신명기 역사서 연구」(서울: 대한기독교서회, 1997), 465.

17. 펜샴은 느헤미야 당시에 유다 지역이 가난해진 까닭을 두 가지로 본다. 첫째 이유는 주변 민족들과 적대적이어서 그들과 무역을 하지 못했기 때문이라는 것이며, 둘째 이유는 느헤미야가 농부들을 성벽 쌓는 일에 동원함으로써 농사를 제대로 짓지 못했기 때문이라는 것이다. F. Charles Fensham, *The Books of Ezra and Nehemiah*, NICOT(Grand Rapids, Michigan: William B. Eerdmans Publishing Company, 1982), 190~191. 그러나 이것들도 원인일 수 있지만, 흉년도 들고 6~13절에서 볼 수 있는 것처럼 고리대금이 큰 문제였던 것으로 보인다.
18. 이스라엘 초기에는 상대적으로 평등했는데, 왕정 후기로 갈수록 빈부 격차가 심해졌다. Gordon J. Wenham, *The Book of Leviticus*, NICOT(Grand Rapids, Michigan: William B. Eerdmans Publishing Company, 1979), 317.
19. 어떤 학자들은 성벽 건축을 위한 강제 노역에 사람들이 동원되어서 임금도 받지 못하고 농사도 짓지 못해서 경제적인 어려움이 발생했다고 생각한다. 그럴 가능성도 있겠지만, 본문에 성벽 건축과 경제적 어려움이 상관관계를 갖는다는 증거는 없다. Loring W. Batten, *A Critical and Exegetical Commentary on the Books of Ezra and Nehemiah*, ICC(Edinburgh: T&T Clark, 1913, 1972), 237.
20. 이들에게 돈을 빌려 주는 사람들은 누구인가? 마이어즈는, 기회가 닿는 대로 동료 유대인들을 등쳐서 재산을 늘려가는 이기적인 사람들이라고 규정한다. Jacob M. Myers, *Ezra Nehemiah*, AB(Garden City, New York: Doubleday & Company, Inc., 1965, 1981), 130.
21. 이것은 바벨론에 포로로 끌려갔을 때보다 더 상황이 나쁘다. 바벨론에서는 그나마 한 가족이 모여 살았는데, 귀환한 이후에는 경제적인 어려움으로 인해 가족이 흩어져야 했기 때문이다. Batten, 앞의 책, 239.
22. H. G. M. Williamson, *Ezra, Nehemiah*, WBC(Nashville: Thomas Nelson Publishers, 1985), 237.
23. Williamson, 앞의 책, 237~238.
24. Gordon F. Davies, *Ezra and Nehemiah*, Berit Olam-Studies in Hebrew Narrative & Poetry(Collegeville, Minnesota: The Liturgical Press, 1999), 101.
25. 레빈은 '묵'(מוּךְ)이 '메카크'(מֵכַךְ 망하다, 붕괴하다)와 관련이 있다고 생각한다. Baruch A. Levine, *Leviticus*. The JPS Torah Commentary(Philadelphia: The Jewish Publication Society, 1989), 175. 그러나 밀그롬은 '묵'을 원형으로 본다. Jacob Milgrom, *Leviticus 23~27*, AB(New York: Doubleday, 2001), 2193. 둘 다 의미에서는 큰 차이가 없다.
26. "그러나 IMF 이후 소비 금융 시장이 확대되면서 상황은 달라졌다. 늘어나는 채무자 문제는 이제 더 이상 개인의 책임으로만 돌릴 수 없고 개인도 기업처럼 법적으로 도산 상태에 빠진 것에 대해 보호를 받아야 한다는 인식이 생겨난 것이다. 이른바 개인 파산 시대가 도래한 것이다…. 즉, 개인 파산 제도는 개인 채무에 대한 공적 책임의 문제와 함께 대두된 것이

다." 박준오, 「합법적인 개인 파산 신청법」(서울: 이지북, 2005), 30~31. "즉, 채무자 문제는 단순히 사적인 문제로만 도외시할 수 없는, 사회적 책임 영역의 하나로 보아야 할 필요성도 분명히 존재한다고 할 수 있다." 박준오, 앞의 책, 143. "파산과 면책이 아니고서는 도저히 경제적 사회적 재기가 불가능한 사람에게서 인간적 삶을 보장받기 위한 마지막 수단마저 박탈할 수는 없는 것이다." 박준오, 앞의 책, 144.

27. 개인 파산 제도는 "채무자가 모든 수단과 방법을 동원하더라도 현재의 채무를 변제할 만한 능력이 없다고 판단될 때 법원에 파산 신청을 하여 파산자임을 선고받고, 파산 절차의 종료와 함께 면책 결정을 받아 채무를 완전히 면제받는 것이다." 박준오, 앞의 책, 52.
28. 밀그롬은 가난을 1단계(25~28절), 2단계(35~38절), 3단계(39~43절)로 나눈다. Jacob Milgrom, *Leviticus-A Book of Ritual and Ethics*, A Continental Commentary (Minneapolis: Fortress Press, 2004), 299. 그러나 이스라엘 백성이 이방인에게 팔리는 것은 동족에게 팔리는 것보다 더 수치스러운 일이었을 것이기 때문에, 경제 상황이 더 좋지 않은 것으로 보아서, 그것을 가난의 네 단계로 보는 것이 좋겠다.
29. 레위기 25장의 법규 제정 목적은 채무자들이 완전히 몰락하는 것을 막기 위해서이다. Gordon J. Wenham, 앞의 책, 317; Milgrom, *Leviticus*, 302.
30. 김병하, 앞의 책, 50.
31. 이것은 혈연관계, 즉 친척 범위를 넘어서서 온 이스라엘 백성을 지칭한다.
32. '가까운 친척'을 의미하는 것으로 보인다. Levine, 앞의 책. 가까운 친척일수록 책임이 더 크다. Wenham, 앞의 책, 320.
33. 밀그롬은 가난한 농부가 씨앗을 사기 위해 결국 빚을 냈는데, 농사를 제대로 짓지 못해서 빚졌을 때, 진 빚을 갚고 새 씨앗을 사기 위해 소유한 땅을 일부 파는 것으로 생각한다. Milgrom, *Leviticus*, 299; Milgrom, *Leviticus 23~27*, 2193.
34. Lester L. Grabbe, *Leviticus*, Old Testament Guides(Sheffield: Sheffield Academic Press, 1993, 1997), 95. 그래서 땅을 파는 것을 '장기간 임대'(long-term lease)로 여겼다. Lloyd R. Bailey, *Leviticus*, Knox Preaching Guides(Atlanta: John Knox Press, 1987), 93.
35. 할러데이는 당시 하나멜이 어떤 상황이었는지 알기 어렵다고 말한다. William L. Holladay, *Jeremiah 2*. Hermeneia-A Critical and Historical Commentary on the Bible(Minneapolis: Fortress Press, 1989), 213. 그러나 니콜슨은 하나멜이 빚 때문에 경제적으로 어려움을 겪고 있었을 것으로 생각한다. E. W. Nicholson, *Jeremiah 26~52*, The Cambridge Bible Commentary(London: Cambridge University Press, 1975), 76. 예레미야가 하나멜에게 가장 가까운 친척이었기 때문에 하나멜이 찾아온 것인지, 아니면 더 가까운 친척이 고엘 역할을 거부했기 때문에 그다음 순서인 예레미야에게 온 것인지는 알 수 없다. 어쨌든 예레미야가 하나멜의 채무를 감당하고 하나멜을 빚에서 벗어나게 했다는 것이 중요하다. John Bright, *Jeremiah*, AB(Garden City, New York: Doubleday & Company, Inc., 1965), 239. 앞날을 알지 못하는 혼란스러운 상황에서 고엘 역할을 감당한다는 것은 결코 쉬운 일이 아니다. J. A. Thompson, *The Book of Jeremiah*, NICOT(Grand Rapids, Michigan: William B. Eerdmans Publishig Company, 1980, 1985), 588. 예레미야는 이 일을 확대해서 하나님이 유다를 구원하고 회복시키는 징표

로 제시한다. R. E. Clements, *Jeremiah*, Interpretation－A Bible Commentary for Teaching and Preaching(Atlanta : John Knox Press, 1988), 194. 바벨론 군대가 마지막 공격을 하는 상황에서 이것은 미래에 대한 강력한 희망의 선포였다. Thompson, 앞의 책, 589; Robert P. Carroll, *Jeremiah-A Commentary*, OTL(Philadelphia : The Westminster Press, 1986), 623.

36. 고엘이 가까운 친척의 땅을 대신 살 경우, 그는 그 땅을 소유할 수 없다. 그는 자신의 돈으로 그 땅을 사서 그것을 원주인에게 돌려주어야 한다. Levine, 앞의 책; Gerhard von Rad, *Das dritte Buch Mose, Leviticus*, tr., J. E. Anderson, Leviticus－A Commentary(London : SCM Press, 1965, 1977), 189.

37. "고대 고엘 제도의 기능 속에서는 친족의 거의 모든 토지와 그 토지를 잃고 노예가 된 사람들이 시간이 지남에 따라서 부유한 몇몇 사람의 손에 모이게 되었지만, 레위기 25장의 희년 제도와 급진화 된 고엘 제도는 토지를 정기적으로 원주인에게로 회복시킴으로써 이스라엘 사회의 가장 작은 사회 단위인 '아비의 집'(the father's house)을 보호했던 제도들이었다." 김병하, 앞의 책, 52.

38. Levine, 앞의 책, 178.

39. 빚을 내는 때는 씨앗 뿌리는 때일 텐데, 나중에 곡식을 거둬서 빚을 갚으려고 하기 때문이다. Levine, 앞의 책, 178; Milgrom, *Leviticus*, 300.

40. Samuel E. Balentine, *Leviticus*, Interpretation－A Bible Commentary for Teaching and Preaching(Louisvilee : John Knox Press, 2002), 196; Milgrom, *Leviticus*, 300; Milgrom, *Leviticus 23~27*, 2204~2205.

41. 이것은 재정적인 능력을 상실한 상태, 즉 '파산'(bankruptcy)을 의미한다. Milgrom, *Leviticus 23~27*, 2205.

42. 이것은 남의 수하에 들어가는 것을 의미한다. Milgrom, *Leviticus 23~27*, 2205.

43. 밀그롬은 이 구절을 '거류 외국인'(a resident alien)으로 번역한다. Milgrom, *Leviticus 23~27*, 2206~2207.

44. "레위기 25:35~38의 경제적인 규정들은 대단히 종교적인 두 동기, 즉 하나님을 두려워하라는 것과 이집트에서의 탈출에 그 기반을 두고 있다…. 현재의 문맥에서 이집트에서의 해방과 땅의 정복은 다음과 같은 사실을 확인하는 데에 도움이 된다. 첫째, 백성과 땅은 해방과 정복의 유일한 주체인 야훼에게 속한다. 둘째, 야훼는 공동체의 사회, 경제적인 삶을 통제할 권리를 갖고 있다. 셋째, 가난한 이들의 권리를 박탈하는 것은 출애굽 체험과 하나님의 뜻 자체를 거부하는 것을 의미한다." Marco Zappella, 앞의 책, 160~161.

45. 여기에는 고엘에 관한 언급이 없는데, 이것은 소유한 땅을 모두 팔아야 할 정도로 경제 상황이 악화되어서 고엘이 감당할 수 있는 범위를 넘어서기 때문일 것으로 보인다. 이것은 세 번째 경우에도 마찬가지이다. 네 번째 경우, 즉 이방인에게 팔리는 경우에는 고엘이 등장하는데, 이것은 동족이 이방인에게 팔린 것을 방치하는 것이 수치이기 때문에, 어렵더라도 반드시 속량해야 한다고 생각했기 때문일 것이다. 밀그롬은 '이방인에게 팔리는 것'은 '포로로 붙잡힌 것'으로 여겨졌다고 말한다. Milgrom, *Leviticus 23~27*, 2235.

46. 그래야 생계 문제도 해결하고, 다음 농사를 위해서 씨앗을 구입할 수도 있기 때문이다. Wenham, 앞의 책, 322.

47. "이스라엘 백성은 모두 한 형제요 한 가족이기에 생존을 위해 돈을 빌리는 경우, 그것을 기회로 자신의 재산을 축적하지 말라는 것이다. 가족의 아픔을 함께 나누는 가족의 정을 표시하기를 원하는 규정이다." 정중호, 「레위기-만남과 나눔의 장」(서울: 한들출판사, 1999), 402. 그리고 이자 금지를 특별히 강조하는 것은 당시 고대 근동에서 이자가 엄청나게 고율(20~50%)이었기 때문이기도 하다. Gerhard von Rad, *Das fünfte Buch Mose: Deuteronomium*, tr., Dorothea Barton, Deuteronomy-A Commentary(London: SCM Press Ltd., 1966, 1979), 148. 더 자세하게 말하면, 돈을 빌렸을 경우 이자율은 20~25%였고, 곡식일 경우 33⅓~50%에 달했다. Jeffrey H. Tigay, *Deuteronomy*, The JPS Torah Commentary(Philadelphia: The Jewish Publication Society, 1996), 217.

48. Tigay, 앞의 책, 217.

49. 존 하틀리, 「레위기」, 김경열 옮김, WBC성경주석(서울: 도서출판 솔로몬, 2006), 813.

50. 당시 이스라엘 사람들은 거의 농부들이었고, 이스라엘에 들어온 타국인들은 대체로 가나안 사람들로서 상인들이었기 때문에, 금전 거래 역시 상업적으로 이루어졌을 것이다. 그래서 그들에게서 이자를 받는 것은 당연한 일로 여겼다. Rad, *Deuteronomium*, 148. 고대 이스라엘 사회에서 이자 금지는 생계 차원에서 이루어졌다. 즉, 생계를 유지하지 못하고 몸을 팔 수밖에 없는 상황에 처한 사람을 도우려는 것이기 때문에 이자를 받아서는 안 된다. 그러나 상업적인 금융 거래에서는 이자 받는 것을 금하지 않는다. S. R. Driver, *A Critical and Exegetical Commentary on Deuteronomy*(Edinburgh: T&T Clark, 1978), 267. 외국인들, 즉 상인들이 돈을 빌리는 까닭은 사업에 돈을 더 많이 투자해서 이윤을 더 많이 내려고 하기 때문이다. 이런 경우에는 경제적 이윤을 얻기 위한 투자이기 때문에 이자를 당연히 받아야 한다. Tigay, 앞의 책, 217.

51. 채권자가 전집물, 즉 전당물을 선택하는 것이 아니고 채무자가 선택한다. Driver, 앞의 책, 175.

52. Tigay, 앞의 책, 225. 이것은 채권자가 채무자의 동의 없이 강제적으로 전당물을 가져갈 수 없음을 의미한다.

53. 여기에 대해서 민경진은 이렇게 말한다. "자, 느헤미야에게 복병이 나타났다. 할 일은 많은데, 조금만 있으면 완성되는데, 백성들 중 일부가 못살겠다고 아우성이다. 어떻게 할 것인가? … 느헤미야는 어떻게 했는가? 이 부르짖음을 그대로 전폭적으로 수용한다. 그리고 성벽 짓던 일을 모두 중단시키고 백성들을 한자리로 모은다. 백성들이 모이자 작심하고 가진 자들을 꾸짖는다…. 느헤미야는 백성들의 부르짖음을 '가볍게' 생각하지 않았다." 민경진, 「선구자들의 하나님-설교자를 위한 에스라-느헤미야 연구」(서울: 한국성서학연구소, 2005), 138~139.

54. 느헤미야를 비롯해서 그 신복들도 백성들에게 돈과 양식을 꾸어 주었다는 것을 보면 당시 경제 사정이 얼마나 어려웠는지를 알 수 있고, 유다 사회가 돈과 양식을 꿀 수밖에 없는 사람들과 꾸어 줄 만큼 부유한 사람들로 양분되어 있었음을 짐작할 수 있다. 느헤미야와 그의 신복들은 돈과 양식을 꾸어 주고 이자를 받지 않았으며, 그들이 빚을 갚지 못해도 종으로 삼지 않았다. Fensham, 앞의 책, 194~195

55. 이것을 한 달 이자로 생각하면 연 이자가 12%인데, 이것은 당시 이율에 비해 매우 낮다. 페르시아 시대 최저 이율이 20%였다. Williamson, 앞의 책, 240.

56. Myers, 앞의 책, 130.
57. Wenham, 앞의 책, 322. 메소포타미아에서 이자를 받지 않고 돈을 빌려 주는 경우는 있었지만, 이자를 금지하는 경우는 없었다. Tigay, 앞의 책, 217.
58. Milgrom, *Leviticus*, 301.
59. 이 구절은 이스라엘 백성을 종으로 여기지 말고 고용한 일꾼으로 대우하라는 것인데, 이것을 명문화하는 것은 실상은 그렇지 않았기 때문일 것이다. 실제로 그들의 신분은 품꾼이 아니고 종이었을 것이다.
60. 출애굽기 21:1~6과 신명기 15:12~18은 일하는 기간을 6년으로 정하고 7년째에 자유를 누리게 하는데, 이 구절은 희년까지 일하게 함으로써 더욱 가혹하고, 자칫 평생을 종으로 일해야 할지도 모른다. Levine, 앞의 책, 179. 이 규정은 종들에게 오히려 불리하고 문맥상 적합하지 않은 것으로 보인다. 폰 라트는 이 규정이 원래는 종들을 학대하지 말라는 것이었는데, 희년을 언급하는 레위기 25장에 들어오면서 첨부된 것으로 본다. Rad, *Deuteronomium*, 192. 그러나 이와 반대로, 히브리인이 경제적인 이유로 다른 사람에게 몸을 팔았을 경우, 도중에 기회가 없어서 자유를 얻지 못했다고 해도 최대한 희년까지만 종으로 일하라는 의미로 받아들일 수 있다.
61. 이것은 강제 노역을 시키지 말라는 것인데, 이스라엘 백성들이 애굽에서 일하던 것(출 1:13~14)으로 거의 고문(torture)에 해당하는 중노동이다. Rad, *Deuteronomium*, 192.
62. 종을 주인의 재산으로 간주하던 때에 도망친 종 문제는 국가적인 골칫거리였다(삼상 22:2). 이런 문제가 있음에도 불구하고 종을 주인에게서 지키고 보호해서 다시 종이 되지 않도록 하는 것은 매우 인도적인 접근이다. Rad, *Deuteronomium*, 147.
63. '학대하지 말라'는 것은 불법적인 행동을 하지 말라는 것이다. Rad, *Deuteronomium*, 151.
64. 다음의 자료를 참고하라. 이종록, "2. 시드기야와 링컨", 「새 시대에 만나는 성경의 인물들」 (서울: 한국장로교출판사, 2002), 51~77. 이 사건에서 중요한 것은 그들이 히브리인 노비를 해방시키겠다고 하나님과 계약을 맺었음에도 불구하고 그것을 깨뜨렸고, 그래서 하나님을 진노케 했다는 것이다. Holladay, 앞의 책, 243.
65. '드로르'를 예레미야 34장에서만 4회 사용했기 때문에, '드로르'는 예레미야 34장의 특수 용어라 할 수 있을 것이다.
66. '호프쉬'는 구약성경에서 모두 17회 쓰였다. 출애굽기 21장에서 4회(2, 5, 26, 27절), 신명기 15장에서 3회(12, 13, 18절), 예레미야 34장에서 5회(9, 10, 11, 14, 16절) 쓰였고, 그 외에는 사무엘상 17:25; 시편 88:6; 욥기 3:19; 39:5; 이사야 58:6에 나온다. 그래서 '호프쉬'는 노비 해방과 관련해서 사용된 매우 특수한 용어임을 알 수 있고, 또 예레미야서에서 가장 많이 사용되었음을 알 수 있다.
67. 이 구절들이 말하려는 것은 몸을 판 사람이 자유를 얻으려고 할 때 지불하는 금액이 자신을 팔 때의 금액보다 낮아야 한다는 것이다. Rad, *Deuteronomium*, 193.
68. 54절은 사람의 해방만 언급하고 토지 회복은 말하지 않는데, 이것은 외국인들이 이스라엘 땅을 소유할 수 없었기 때문일 것이다. 김병하, 앞의 책, 55~56.

2부

1장

1. 빅터 해밀턴, 「오경개론」, 강성열, 박철현 옮김(경기 고양: 크리스챤다이제스트, 2007), 305~306.
2. 존 하틀리, 「레위기」, WBC, Vol. 4, 김경열 옮김(서울: 솔로몬, 2006), 43.
3. 해밀턴, 앞의 책, 306~308.
4. 하틀리, 앞의 책, 81~105.
5. 해밀턴, 앞의 책, 312~315.
6. Ludwig Koehler and Walter Baumgartner, *The Hebrew and Aramic Lexicon of The Old Testament*, Vol. I, tr., M. E. J. Richardson(NV, Leiden, The Netherlands: Koninklijke Brill, 2001), 828~829; *New International Dictionary of Old Testament Theology & Exegesis*, Vol. III, ed., Willem A. VanGemeren(Michigan: Grand Rapids, 1997), 404~415.
7. 하틀리, 앞의 책, 123~155.
8. Koehler and Baumgartner, 앞의 책, Vol. II, 1132~1136; *New International Dictionary of Old Testament Theology & Exegesis*, Vol. III, 979~982.
9. Koehler and Baumgartner, 앞의 책, Vol. II, 596~599, 1132~1136; *New International Dictionary of Old Testament Theology & Exegesis*, Vol. III, 976~977.
10. Koehler and Baumgartner, 앞의 책, Vol. II, 1748~1754; *New International Dictionary of Old Testament Theology & Exegesis*, Vol. IV, 306~308.
11. 존 칼빈, 「구약성경주석 제4권」, 존칼빈성경주석출판위원회 옮김(서울: 성서교재간행사, 1982), 291~292.
12. 마르틴 노트, 「국제성서주석: 레위기」, 박재순, 김필진, 박호미 옮김(서울: 한국신학연구소, 1991), 27.
13. 하틀리, 앞의 책, 140.
14. Koehler and Baumgartner, 앞의 책, Vol. I, 738~740; *New International Dictionary of Old Testament Theology & Exegesis*, Vol. IV, 219~220.
15. Koehler and Baumgartner, 앞의 책, Vol. II, 1094~1095; *New International Dictionary of Old Testament Theology & Exegesis*, Vol. IV, 913~917.
16. 칼빈, 앞의 책, 291~292.
17. C. F. Keil, & F. Delitzsch, 「구약주석 제3권 레위기」, 김득중 옮김(서울: 도서출판 시온성, 2000), 33.
18. Koehler and Baumgartner, 앞의 책, Vol. II, 1226.
19. 하틀리, 앞의 책, 138.
20. 호세아 5:15; 예레미야 7:12; 이사야 26:21; 미가 1:3; 열왕기상 8:30; 열왕기하 22:16; 창세기 22:3; 28:11, 19; Koehler and Baumgartner, 앞의 책, Vol. I, 626~627.
21. Koehler and Baumgartner, 앞의 책, Vol. I, 234; *New International Dictionary of Old*

Testament Theology & Exegesis, Vol. I, 1000~1002.
22. 하틀리, 앞의 책, 155.
23. 전정진, 「레위기 어떻게 읽을 것인가?」(서울: 성서유니온선교회, 2004), 42~43.
24. 매튜 헨리, 「매튜 헨리 주석: 출애굽기, 레위기」, 김병하 옮김(고양: 크리스챤다이제스트, 2008), 512~513.
25. Koehler and Baumgartner, 앞의 책, Vol. I, 1132~1136; *New International Dictionary of Old Testament Theology & Exegesis*, Vol. I, 335~339.
26. 하틀리, 앞의 책, 156.
27. 매튜 헨리, 앞의 책, 510~511.
28. 칼빈, 앞의 책, 291~292.
29. 하틀리, 앞의 책, 160.
30. 하틀리, 앞의 책, 168~171.
31. 칼빈, 앞의 책, 300~301.
32. C. F. Keil, & F. Delitzsch, 「구약주석 제3권 레위기」, 김득중 옮김(서울: 도서출판 시온성, 2000), 54.
33. 하틀리, 앞의 책, 172.
34. 하틀리, 앞의 책, 173, 175.
35. 서철원, 「기독론」(서울: 총신대학교출판부, 2000), 131~132.
36. 전정진, 앞의 책, 52~53.
37. 하틀리, 앞의 책, 176.
38. 칼빈, 앞의 책, 303.
39. 칼빈, 앞의 책, 304.
40. 하틀리, 앞의 책, 276.
41. 칼빈, 앞의 책, 307.
42. 샤가가: unintentional mistake / 샤가: do wrong unintentionally
Koehler and Baumgartner, 앞의 책, Vol. I, 1412~1413.
43. 호세아 5:15; 예레미야 7:12; 이사야 26:21; 미가 1:3; 열왕기상 8:30; 열왕기하 22:16; 창세기 22:3; 28:11, 19. Koehler and Baumgartner, 앞의 책, Vol. I, 626~627, 369~370; *New International Dictionary of Old Testament Theology & Exegesis*, Vol. II, 338~353.
44. atone/pitch/cover someone's face/make atonement/to be atoned/a ransom for his life/wipe on; smear on. 참고 Koehler and Baumgartner, 앞의 책, Vol. I, 493~495; *New International Dictionary of Old Testament Theology & Exegesis*, Vol. II, 689~711.
treat as worthless/throw away/to be paid/to be indulgent towards, forgive/ready to forgive/bolt out transgression. 참고 Koehler and Baumgartner, 앞의 책, Vol. I, 756~757; *New International Dictionary of Old Testament Theology & Exegesis*, Vol. III, 259~264.
45. Koehler and Baumgartner, 앞의 책, Vol. I, 51~52; *New International Dictionary of Old Testament Theology & Exegesis*, Vol. II, 403~405.

46. 하틀리, 앞의 책, 218.
47. Koehler and Baumgartner, 앞의 책, Vol. I, 375~376; *New International Dictionary of Old Testament Theology & Exegesis*, Vol. I, 365~376.
48. Koehler and Baumgartner, 앞의 책, Vol. II, 1396~1401; *New International Dictionary of Old Testament Theology & Exegesis*, Vol. IV, 32~37.
49. Koehler and Baumgartner, 앞의 책, Vol. I, 612~613; *New International Dictionary of Old Testament Theology & Exegesis*, Vol. II, 1020~1026.
50. 하틀리, 앞의 책, 300.
51. 헨리, 앞의 책, 575~577.
52. 하틀리, 앞의 책, 327~329.
53. 하틀리, 앞의 책, 329.

참고문헌

1. 윤승은. 「동물의 피와 속죄」. 서울: 성광문화사, 1988.
2. 전정진. 「레위기 어떻게 읽을 것인가?」. 서울: 성서유니온선교회, 2004.
3. 존 칼빈. 「구약성경주석 제3권」. 존칼빈성경주석출판위원회 옮김. 서울: 성서교재간행사, 1980.
4. 존 칼빈. 「구약성경주석 제4권」. 존 칼빈 성경주석출판위원회 옮김. 서울: 성서교재간행사, 1982.
5. 존 칼빈. 「구약성경주석 제5권」. 존 칼빈 성경주석출판위원회 옮김. 서울: 성서교재간행사, 1980.
6. 존 칼빈. 「구약성경주석 제6권」. 존 칼빈 성경주석출판위원회 옮김. 서울: 성서교재간행사, 1982.
7. 레이몬드 딜러드 외. 「최신구약개론」. 박철현 옮김. 경기 고양: 크리스챤다이제스트, 1997.
8. Gorman, Frank H., JR. *Divine Presence and Community: A Commentary on the Book of Leviticus*. Grand Rapids Michigan: WM. B. Eerdmans Publishing Co, 1997.
9. 게라르드 반 그로닝겐. 「구약의 메시아 사상」. 유재원, 류호준 옮김. 서울: 기독교문서선교회, 1999.
10. Friedman, Richard Elliott. Commentary on the Torah. New York: Harper SanFrancisco, 2001.
11. 호프마이어, 제임스 K. & 골드버그, 루이스. 「출애굽기/레위기」. 박성철 옮김. 서울: 도서출판 바울, 1991.
12. 존 하틀리. 「레위기」. WBC. Vol. 4. 김경열 옮김. 서울: 도서출판 솔로몬, 2006.
13. Keil, C. F. & Delitzsch, F. 「구약주석 제3권 레위기」. 김득중 옮김. 서울: 도서출판 시온성, 2000.
14. Noordtzy, A. *Bible Student's Commentary: Leviticus*. tr. Raymond Togtman. Grand Rapids Michigan: Zondervan Publishing House, 1982.
15. 마르틴 노트. 「국제성서주석: 레위기」. 박재순, 김필진, 박호미 옮김. 서울: 한국신학연구소, 1991.

16. 빅터 해밀턴. 「오경개론」. 강성열, 박철현 옮김. 경기 고양: 크리스챤다이제스트, 2007.
17. 롤란드 해리슨. 「구약서론 I」. 류호준, 박철현 옮김. 경기 고양: 크리스챤다이제스트, 2007.
18. 롤란드 해리슨. 「구약서론 II」. 류호준, 박철현, 노항규 옮김. 경기 고양: 크리스챤다이제스트, 2007.
19. Rooker, Mark F. *The New American Commentary*. Vol. 3. Leviticus Nashville Tennessee: Broadman & Holman Publishers, 2000.
20. Walton, John H. & Matthews, Victor H. *The IVP Bible Background Commentary: Genesis-Deuteronomy*. Downers Grove, Illinois: InterVarsity Press, 1997.
21. 「개역개정판 주석성경: NIV 스터디 바이블」. 서울: 예장출판사, 2008.
22. *Biblia Hebraica Stuttgartensia*(abbr. BHS)
23. *e-Bible: Bible Works 7. 0*
Holman Christian Standard Bible(C. S. B), 2004
English Standard Version(E. S. V), 2007 update
King James Version(K. J. V), 1769
New American Standard Bible(N. A. S. B), 1977
New International Version(N. I. V), 1984
New King James Version(N. K. J. V), 1982
New Revised Standard Version(N. R. S), 1989
Friberg NT(G. N. T: U. B. S 3/4)
70인역 Septuaginta Rahlfs(L. X. T)
Transliterated Hebrew OT(B. H. T)
B. H. S Hebrew Old Testament(W. T. T: 4th ed)
24. *NIV Archaeological Study Bible*. Grand Rapids Michigan: The Zondervan Corporation, 2005.
25. *The Interpreter's Bible*. Vol. II: Leviticus–Samuel. Nshville, Tennessee: Abingdon Press, 1978.
26. Kittel, Friedrich, Gerhard., *Theological Dictionary of the New Testament*. Vol. I~X, Grand Rapids Michigan: WM B. Eerdmans Publishing Company, 1995.
27. Koehler, Ludwig and Baumgartner, Walter. *The Hebrew and Aramaic Lexicon of the Old Testament*. Vol. 1~2, The Netherlands: Koninklijke Brill NV, Leiden, 2001.
28. *New International Dictionary of Old Testament Theology & Exegesis*. Vol. I~V. ed., Willen A. VanGemeren. Grand Rapids Michigan: Zondervan, 1997.
29. *Theoltgical Word Book of The Old Testament*. Vol. I, II. ed., Harris, R. Laird. Chicago: Moody Press, 1980.
30. Walke, Bruce K. & O'Connor, M. *An Introduction to Biblical Hebrew Syntax*. Indiana: Eisenbrauns, 1990.
31. Wilhelm, Gesenius. 「게제니우스 히브리어 문법」. 신윤수 옮김. 서울: 비블리카아카데미아, 2003.
32. 윌리엄 S. 라솔 외. 「구약개관」. 박철현 옮김. 경기 고양: 크리스챤다이제스트, 2003.

3장

1. Dae-Geuk Nam, "The Theology of the Book of Leviticus,"「구약논단」제8집(2000, 6), 258~259.
2. 정중호, "제9장 레위기",「구약성서개론」(서울: 대한기독교서회, 2004), 260.
3. 왕대일, "아사셀 염소와 속죄의 날(레 16:6~10)-그 해석학적 재고,"「구약논단」제19집(2005, 12), 10.
4. John E. Hartley, "Atonement, day of," T. Desmond Alexander & W. Baker eds., *Dictionary of the Old Testament Pentateuch*(Downers Grove, Leicester: Inter-Varsity Press, 2003), 55.
5. 노세영, "죽이는 속죄제물에서 kipper 의미의 연구,"「구약논단」제19집(2005. 12), 33; B. A. Levine, *Leviticus*, The JPS Torah Commentry(Jerusalem: The Jewish Publication Society, 1989), 100.
6. 정중호,「레위기 만남과 나눔의 장」(서울: 한들출판사, 2004), 271.
7. 참고 B. A. Levine, 앞의 책, 102, 252~253.
8. '광야의 초자연적인 통치자'는 the demonic ruler of the wilderness(102)의 번역이며, demonic을 '악마적인'으로 번역할 경우에 독자들의 거부감이나 오해의 가능성을 고려하여 '초자연적인'으로 번역하였다. 에녹서와 같은 위경에서는(8:1, 9:6, 10:4~8 등) 아사셀이 귀신 혹은 악령의 이름으로 나타난다. 김중은,「거룩한 길 다니리-설교를 위한 레위기 연구」(서울: 성서학연구소, 2001), 291; 존 하틀리,「레위기」, 김경열 옮김, WBC성경주석(서울: 도서출판 솔로몬, 2006), 505.
9. BDB, 510~518.
10. J. Milgrom, *Leviticus*(Minneapolis: Fortress Press), 168; Levine, 앞의 책, 252~253. 레바인은 아사셀과 관련된 16장의 내용은 일신론 이전의 과거 전통이, 그 본래적인 주술적 성격을 상실한 채로 율법서에 전승된 것이며, '속죄 염소' 의식은 수세기 동안 속죄일의 예루살렘 성전 제의에서 지속되었다고 설명하고 있다.
11. F. Maass, "כפר" *Thological Lexicon of the Old Testament*(TLOT), Vol. 2, 624~625.
12. 23:27에서는 '욤 하키푸림'(יוֹם הַכִּפֻּרִים)으로 기록하였다.
13. 참고 Milgrom, 앞의 책, 30~31, 162; 노세영, 앞의 책, 35~41.
14. Milgrom, 앞의 책, 30~31.
15. HALOT, Vol. 1, 838.
16. HALOT, Vol. 1, 138.
17. BDB, 380.
18. BDB, 833; G. 폰 라트,「구약성서신학1」, 허혁 옮김(서울: 분도출판사, 1990), 266.
19. '성결'의 사전적 의미는 '거룩하고 깨끗함'이다. 이 내용은 레위기의 속죄제의와 일맥상통하는 것이며, 따라서 속죄 의식에 관련된 용어로써 적절하다고 본다. 한글학회,「새한글사전」(서울: 홍자출판사, 1974), 615.
20. 참고 HALOT, Vol. 2, 1077~1078.
21. Milgrom, 앞의 책, 169.
22. Levine, 앞의 책, 106. 레바인의 설명에 따르면, 고대인들은 죄도 부정함처럼 사람에게 붙

어 있는 외적인 세력이라고 믿었고, 따라서 제거해야 할 필요가 있다고 보았다. 그리고 "죄악이 나를 이기었사오니 우리의 죄과를 주께서 사하시리이다"(시 65:3)에 보존되어 있는 고대의 기도문에는 이러한 생각이 표현되어 있다는 것이다.

23. 라트, 앞의 책, 266.
24. O. Loretz, *Ugarit und die Bibel*(Darmstadt: Wissenschaftliche Buchgesellschaft, 1990), 115~120. 참고 김진명, "레위기 제사 문서 형성에 있어서 원 모세 자료 가능성에 대한 연구–속죄제 주제를 중심으로"(서울: 장로회신학대학교 대학원, 미간행 석사학위 논문, 1995), 61~65.
25. 김진명, 앞의 책, 65.
26. 하틀리, 앞의 책, 511.
27. Hartley, 앞의 책, 512.
28. Levine, 앞의 책, 109.
29. 라트, 앞의 책, 266.
30. Levine, 앞의 책, 109.
31. HALOT, Vol. 1, 852~853,
32. 김중은, 앞의 책, 291.

4장

1. 참고 김중은,「거룩한 길 다니리」(서울: 한국성서학연구소, 2001), 26.
2. 김중은, 앞의 책, 24~25.
3. 17~26장은 1877년에 클로스터만(A. Klostermann)이 '거룩 법전'(혹은 '성결 법전')이라는 용어로 부를 것을 제안한 이래로, 하나의 독립된 법전으로 다루어져 온 본문이다. August Klostermann, *Zeitschrift für die gesammte lutherische Theologie und Kirche*(Leipzig: Dörffling und Franke, 1877), 401~445(16). 클로스터만이 원래 '거룩 법전'(Das Heilikeitgesetz)이라고 부를 것을 제안했던 본문은 18~26장이었다. 그러나 본문을 해석하는데 있어서, 포로 시대의 기원을 전제로 하고 있는, 이른바 '거룩 법전'(H)의 단락 나누기를 반드시 따라야 하는 것은 아니다. 이 글에서는 소위 '거룩 법전'을 전제하지 않고, 정경으로써 레위기 본문에서 말씀하고 있는 내용의 역사성을 인정하면서 최종 본문상에서 주해와 적용을 전개해 가려고 한다. A. Noordtzij(1982), E. S. Gerstenberger(1993), M. Douglas(1998) 등은 '거룩 법전'을 전제하지 않고 레위기 후반부의 단락 나누기를 시도하였다.
4. John W. Kleinig, *Leviticus*(Saint Louis: Concordia Publishing House, 2003), 362. 자세한 내용은 16장의 '아사셀 염소'에 관한 설명들을 참고하라.
5. Kleinig, 앞의 책, 64.
6. B. A. Levine, *Leviticus*, The JPS Torah Commentry(Jerusalem: The Jewish Publication Society, 1989), 100.
7. 김중은, 앞의 책, 306. ( ) 안의 내용들은 히타이트 제국의 종주권 계약 문서와 유사한 구조를 보여 주는 특징에 해당하는 항목들이다.

8. 참고 J. Milgrom, *Leviticus 17~22*, The Anchor Bible 3A(New York: Doubleday, 2000), 1581.

9. 19장의 주해와 적용은 필자의 박사학위 논문 가운데, 19장 주석 부분을 재편집하고 수정하거나 보완한 내용으로 구성하였음을 밝혀 둔다. 자세한 내용은 다음을 보라. 김진명, "레위기 19장의 정경적 전개에 관한 주석적 연구"(장로회신학대학교 대학원 미간행 박사학위 논문, 2007), 70~112, 244~247.

10. Gordon J. Wenham, *The Book of Leviticus*(Grand Rapid: Wm.B. Eerdmans Publishing Co. 1979), 264.

11. Jonathan Magonet, *A Rabbi Reads the Bible*(London: SCM Press, 2004), 176.

12. HAL, 790.

13. BDB, 417. 출애굽기 12:3, 6, 19, 47; 레위기 16:5, 19:2; 민수기 27:17, 31:16.

14. J. Magonet, *A Rabbi Reads the Bible*, 177.

15. Baruch J. Schwartz, "Israel's Holiness: The Torah Traditions," M. J. H. Poorthuis & J. Schwartz ed., *Purity and Holiness*(Leiden, Boston, Köln: Brill, 2000), 47~48.

16. HALOT, 1072~1073.

17. 레위기서에 나타난 '거룩함'의 실천적인 특성에 관하여는 Antony Cothey, "Ethics and Holiness in the Theology of Leviticus," JSOT, Vol. 30(2005), 131~151; Nosson Scherman and Hersh Goldwurm, Vayikra, *Leviticus*, Vol. II(New York: Mesorah Publications, Ltd. 1990), xxviii–xxxv을 보라.

18. TLOT, Vol. 1, 308~309.

19. Magonet, "The Structure and Meaning of Leviticus 19," 159.

20. Wenham, 앞의 책, 267.

21. James L. Kugel, *Traditions of the Bible*(Cambridge, London: Harvard University Press, 1998), 757. 그 실례로 그는 쿰란 문서 가운데 '공동체 규율' 9:16~17, 21의 사랑과 증오에 대한 규정을 제시하고 있다.

22. J. Morgenstern, "The Decalogue of the Holiness Code," HUCA, Vol.16(1955), 2~3.

23. Mary Douglas, *Purity and Danger*, 53. 더글라스는 '완전함'과 '거룩함'의 문제를 논의하면서, 19:19과 관련하여 '거룩함'은 다른 종들이 혼합되어서는 안 된다는 것을 요구한다고 설명하였다.

24. Rooker, *Leviticus*, NAC, Vol. 3A, 260.

25. 이와 관련하여, 모건스턴은 19장의 금지 명령에는 예전적인 사고가 바탕에 깔려 있으며, 따라서 '규례'로 번역된 '훅카'(חֻקָּה)는 근본적으로 제의적 성격을 가지고 있다고 보았다. Morgenstern, "The Decalogue of the Holiness Code," 3.

26. Mayer, 앞의 책, 359~360.

27. 정중호, 「레위기–만남과 나눔의 장」(서울: 한들출판사, 2004), 331.

28. 존 하틀리, 「레위기」, 김경열 옮김(서울: 도서출판 솔로몬, 2006), 665~669.

29. 하틀리, 앞의 책, 669.

30. Paul D. J. Kim, *The Idea of Perfection in Matthew's Gospel against Jewish Background*(Ph.D dissertation of Aberdeen Univ. 2003), 5~33. 김덕중은 19장의 '거

룩함'은 '완전 개념'에 대한 구약의 다른 표현으로 볼 수 있다고 주장한다. 그는 22:22~24에 열거된 '제물의 완전성'에 대한 12개의 목록이 21:18~20의 '제사장의 완전성'에 대한 12개 목록과 연결될 수 있다고 보았고(16~17), 이 완전성의 개념은 레위기 19:18의 '사랑의 명령'에 요약되어 있음을 논증하고 있다.

31. 정중호, 앞의 책, 345.
32. 하틀리, 앞의 책, 690~691.
33. 하틀리, 앞의 책, 692.
34. 강사문 외 3인, 「구약성서개론」(서울: 한국장로교출판사, 2000), 113.
35. 하틀리, 앞의 책, 737.
36. Ringgren Helmer, *Religions of the Ancient Near East*. tr., John Sturdy(London: SPCK. 1973), 82.
37. 하틀리, 앞의 책, 749.
38. J. U., P. J. A., "time," Harper's Bible Dictionary(New York: Harper & Row, 1985), 1072~1073.
39. 강사문, 「구약의 하나님」(서울: 한국성서학연구소, 1999), 91.
40. 하틀리, 앞의 책, 751~752.
41. 류태영, "이스라엘 풍습을 통해서 본 유대인의 정체성," 유대인 전문가 초청 국제 심포지움 자료집(이스라엘 문화원, 2002), 101; 이강근, 「에레쯔 이스라엘」(서울: 도서출판 메시지, 1996), 155.
42. 류태영, 앞의 책, 101~102.
43. Levine, 앞의 책, 163.
44. 참고 정중호, 앞의 책, 373.
45. 강사문, 앞의 책, 101.
46. 류태영, 앞의 책, 91.
47. 김중은, 앞의 책, 179.
48. 하틀리, 앞의 책, 770.
49. Levine, 앞의 책, 164.
50. 하틀리, 앞의 책, 777.
51. 하틀리, 앞의 책, 790~793.
52. 참고 하틀리, 앞의 책, 794~795
53. 하틀리, 앞의 책, 895.
54. 하틀리, 앞의 책, 917.
55. 강사문, 「구약의 역사 이해」(서울: 한국성서학연구소, 2002), 119.
56. J. Milgrom, *Leviticus*(Minneapolis: Fortress Press, 2004), 332.
57. Levine, 앞의 책, 199.

원어 일람표(히브리어/헬라어)

P. 13

베리트 בְּרִית

P. 18

슐라밈 שְׁלָמִים

밒카 מִנְחָה

P. 19

카도쉬 קדש

P. 20

타호르 טָהוֹר

P. 29

후캇 올람 חֻקַּת עוֹלָם

학 חָק

알 אַל

로 לא

P. 30

올람 עוֹלָם

후캇 חֻקָּת

훅 חק

하칵 חקק

하카 חקה

게불 גְּבוּל

알람 עָלַם

P. 31

미 מ

아드 עד

레 ל

엘 올람 אֵל עוֹלָם

헤세드 올람 הֶסֶד עוֹלָם

브릿 올람 בְּרִית עוֹלָם

P. 32

학 올람 חָק־ עוֹלָם

P. 37

카도쉬 קָדֹשׁ

P. 39

홀 חל

타메 טָמֵא

타호르 טָהוֹר

P. 42

차라아트 צרעת

P. 45

쉠 코드쉬 שֵׁם קָדְשִׁי
코드쉬 קָדְשִׁי
힐렐 חִלֵּל

P. 46

카보드 כָּבוֹד

P. 51

타밈 תָּמִים

P. 52

이베르 עִוֵּר
아베레트 עַוֶּרֶת
피쎄아흐 פִּסֵּחַ
샤부르 שָׁבוּר
하룸 חָרֻם
하루츠 חָרוּץ
사루아 שָׂרוּעַ
야벨레트 יַבֶּלֶת
쉐베르 라겔 שֶׁבֶר רָגֶל
가라브 גָּרָב
쉐베르 야드 שֶׁבֶר יָד
얄레페트 יַלֶּפֶת
기벤 גִּבֵּן
다크 דַּק
칼루트 קָלוּט
테발룰 베에노 תְּבַלֻּל בְּעֵינוֹ
마우크 מָעוּךְ
카투트 כָּתוּת
나투크 נָתוּק
메로아 아쉐크 מְרוֹחַ אָשֶׁךְ
카루트 כָּרוּת

P. 53

뭄 מוּם
밀루임 מִלֻּאִים
텔레이오시스 τελείωσις

P. 55

호이 하기오이 οἱ ἅγιοι

P. 75

욤 키푸르 יוֹם כִּיפּוּר
욤 하키푸림 יוֹם הַכִּפֻּרִים

P. 84

베리트 בְּרִית
세굴라 סְגֻלָּה

P. 85

오헬 모에드 אֹהֶל מוֹעֵד
미쉬칸 מִשְׁכָּן
미쉬칸 하에둣 מִשְׁכַּן הָעֵדֻת

P. 86

싸막 סָמַךְ

P. 90

밍카 מִנְחָה

P. 92

슐라밈 שְׁלָמִים

P. 93

토다 תּוֹדָה

P. 95

하타앗 חַטָּאת

P. 96

샤가 שָׁגָה

아샴 אָשָׁם

P. 111

타하르 טהר

타메 טמא

차라아트 צרעת

P. 125

스이림 שְׂעִירִם

P. 127

아니 אֲנִי

P. 137

타미드 תָּמִיד

올람 עוֹלָם

P. 155

훅카 חֻקָּה

플레로마 πλήρωμα

P. 168

드로르 דְּרוֹר

P. 169

키 야묵 כִּי־יָמוּךְ

P. 170

묵 מוּךְ

P. 171

마카르 מכַר

P. 176

나샤크 נשַׁךְ

베네쉐크 בְּנֶשֶׁךְ

마르비트 מַרְבִּית

베마르비트 בְּמַרְבִּית

타르비트 תַּרְבִּית

P. 183

호프쉬 חָפְשִׁי

P. 188

타호르 טָהוֹר

코데쉬 קֹדֶשׁ

P. 189

와이크라 וַיִּקְרָא

P. 201

토라트 코하님 תּורת כהנים

P. 202

와이크라 엘-모쉐

ויקרא אל־משה

봐예답베르 야훼 엘-모쉐 레모르
וידבר יהוה אל־משה לאמר
베하르 시나이 בהר סיני
다바르 דבר
아마르 אמר

P. 207

아담 אדם
네페쉬 נפש
올라 עלה
올라 코르반 עלה קרבן

P. 208

아담… 밐켐 אדם …מכם

P. 209

자카르 זכר
네케바 נקבה
코르반 קרבן
카라브 קרב
올라 코르바노 עֹלָה קָרְבָּנוֹ
코르반 민하 קרבן מנחה
숄라밈 코르바노 שְׁלָמִים קָרְבָּנוֹ
칼 קל

P. 210

에트 את
민 מן
아담 키-야크리브 밐켐 코르반 라야웨
אדם כי־יקריב מכם קרבן ליהוה
타크리부 에트-코르반켐
תקריבו את־קרבנכם

야크리브 코르반 라야웨
יקריב קרבן ליהוה
타밈 תמים

P. 212

싸마크 סמך

P. 214

카파르 כפר

P. 215

사비브 סביב

P. 217

올라 이쉐 עלה אשה
카타르 קטר
사라프 שׂרף

P. 218

아담 키-야크리브 밐켐 코르반
אדם כי־יקריב מכם קרבן
레아흐-니호아흐 ריח־ניחוח

P. 220

노짜타 נצתה
노짜 נצה
짜아 צאה
엘-메콤 핫다쉔 אל־מקום הדשן
마콤 מקום
데쉔 דשן
마싸흐 משח

P. 221

딧샨타 밧쉐멘 로쉬

דשנת בשמן ראשי

이즈코르 콜-민호테카 뵈올라트카 예닷쉐네흐 셀라흐

יזכר כל־מנחתך ועולתך ידשנה סלה

P. 222

민하 מנחה

P. 223

솔레트 סלת

케마흐 קמח

P. 224

마초트 מצת

할롯 마초트 חַלֹּת מַצֹּת

라키크 마초트 רקיק מצת

마하바트 מחבת

P. 225

마르헤쉐트 מרחשת

P. 226

쉐멘 שמן

라보나 לבנה

아즈카라 אזכרה

P. 227

자카르 זכר

레하즈키르 להזכיר

세오르 שׂאר

데바쉬 דבשׁ

P. 228

멜라흐 מלח

P. 229

레쉬트 ראשׁית

코데쉬 코다쉼 קדשׁ קדשִׁים

P. 230

엘-프네 함미즈베아흐

אל־פני המזבח

리프네 야훼 לפני יהוה

P. 231

콜 아쉐르-익가 바헴 잌크다쉬

כל אשׁר־יגע בהם יקדשׁ

P. 232

쉴라밈 שׁלמים

올라 코르바노 עלה קרבנו

제바흐 쉴라밈 코르바노

זבח שׁלמים קרבנו

제바흐 זבח

샬람 שׁלם

P. 233

에즈 עז

P. 234

에트-하헬레브 하메캇세 에트- 학케레브

את־החלב המכסה את־הקרב

뵈에트 콜-하헬레브 아쉐르 알-학케레브

ואת כל־החלב אשר על־הקרב

뵈에트 쉐테 학켈라요트

ואת שתי הכלית

뵈에트-하헬레브 아쉐르 알레헨 아쉐르 알-학케살림

ואת־החלב אשר עלהן אשר על־הכסלים

뵈에트-하이요테레트 알-학카베드 알-학켈라요트

ואת־היתרת על־הכבד על־הכליות

예시렌나 יסירנה

헬레브 חלב

P. 235

켈레아 כליה

우보헨 립보트 ובחן לבות

우켈라요트 וכליות

뵈낫세니 킬리오타이

ונסני כליותי

뵈립비 ולבי

호케르 레브 חקר לב

P. 236

보헨 켈라요트 בחן כליות

레헴 לחם

P. 243

엘-마콤 핫데쉔 אל־מקום הדשן

엘-마콤 타호르 אל־מקום טהור

엘-마콤 타호르 엘 쉐페크 핫데쉔

אל־מקום טהור אל־שפך הדשן

쉐페크 שפך

P. 244

카파르 כפר

슬라흐 סלח

P. 245

알라 אלה

P. 246

뵈네엘람 밈멘누 뵈후

ונעלם ממנו והוא

타마 טמא

샤바 שבע

샤부아흐 שבעה

P. 247

아샴 אשם

P. 248

티모올 마알 תמעל מעל

P. 249

비슈가가 בשגגה

아샤크 עשק

P. 250

르하크리브 에트-코르브네헴 리야훼

להקריב את־קרבניהם ליהוה

P. 261

에쉬 자라 אש זרה

P. 262

비크로바이 엘카데쉬

בקרבי אקדש

뵈알-프네 콜-하암 엘카베드

ועל־פני כל־העם אכבד

브 ב

P. 263

봐아헤켐 콜-베트 이스라엘

ואחיכם כל־בית ישראל

P. 264

아헤켐 אחיכם

P. 267

아담 키-야크리브 밐켐 코르반 라야훼

אדם כי־יקריב מכם קרבן ליהוה

P. 286

차라아트 צרעת

P. 292

바사르 בָּשָׂר

쭈브 זוב

P. 295

봐예다베르 아도나이

וַיְדַבֵּר יְהוָה

다바르 דָּבָר

P. 296

아마르 אָמַר

카포레트 כַּפֹּרֶת

카파르 כָּפַר

P. 297

하타아트 חַטָּאת

올라 עֹלָה

P. 298

아즈 עַז

에즈 עֵז

아잘 אָזַל

아사셀 עֲזָאזֵל

라아자젤 לַעֲזָאזֵל

르 לְ

라아자젤 함미드바라

לַעֲזָזֵל הַמִּדְבָּרָה

P. 300

킾페르 כִּפֶּר

코페르 כֹּפֶר

P. 301
암 עַם

P. 302
브네 이스라엘 בְּנֵי יִשְׂרָאֵל
벤 בֵּן
투므아 טֻמְאָה
페샤 פֶּשַׁע
타할 טָהָר

P. 303
콜 아담 כָּל־אָדָם
카할 קָהָל
에다 עֵדָה

P. 304
아본 עָוֹן

P. 307
아나 עָנָה
샤바트 샤바톤 שַׁבַּת שַׁבָּתוֹן

P. 308
후카트 올람 חֻקַּת עוֹלָם

P. 321
토에보트 תּוֹעֵבוֹת
토에바 תּוֹעֵבָה

P. 325
에다 עֵדָה
카다쉬 קָדַשׁ

P. 326
게르 גֵּר

P. 327
아밋 עָמִית
레아으 רֵיעַ
아흐 אָח
암 עַם

P. 329
아랄 עָרַל

P. 335
멜렉 מֶלֶךְ

P. 336
칼랄 קָלַל

P. 347
페사흐 פֶּסַח

P. 348
하그 함마초트 חַג הַמַּצּוֹת

P. 349
하그 샤브오트 חַג שָׁבֻעֹת
욤 트루아 יוֹם תְּרוּעָה
로쉬 하샤나 רֹאשׁ הַשָּׁנָה

욤 하키푸림 יוֹם הַכִּפֻּרִים

P. 350

쑥코트 סֻכּוֹת

P. 351

메길로트 מְגִלּוֹת

P. 353

타미드 תָּמִיד

메노라 מְנוֹרָה

나카브 נָקַב

P. 354

아도나이 אֲדֹנָי

P. 363

코르반 קָרְבָּן

P. 364

헤렘 חֵרֶם

P. 365

다바르 דָּבָר

P. 368

헬렙 חֵלֶב

후카 חֻקָּה

후캇 חֻקַּת

혹 חֹק

학 חָק

학 올람 חק עוֹלָם

P. 369

후카 올람 חֻקָּה עוֹלָם

P. 372

얄레페트 יַלֶּפֶת

가라브 גָּרָב

쉐베르 שֶׁבֶר

사루아 שָׂרוּעַ

이베르 עִוֵּר

피쎄아흐 פִּסֵּחַ

칼루트 קָלוּט

테발룰 베에노 תְּבַלֻּל בְּעֵינוֹ

하루츠 חָרוּץ

메로아 아쉐크 מְרוֹחַ אָשֶׁךְ

마우크 מָעוּךְ

카투트 כָּתוּת

나투크 נָתוּק

카루트 כָּרוּת

P. 373

미쉬칸 מִשְׁכָּן

오헬 모에드 אֹהֶל מוֹעֵד

호쉔 미쉬파트 חשן משפט

하타트 הטאת

P. 376

요벨 יוֹבֵל

P. 377

아훗자 אֲחֻזָּה

미슈파하 מִשְׁפָּחָה

베트 아브 בֵּית אָב

카라 קָרָא

P. 378

묵 מוּךְ

메카크 מֶכֶךְ

P. 387

욤 하키푸림 יוֹם הַכִּפֻּרִים

P. 389

훅카 חֻקָּה

* ח, ס, צ, ו는 원칙적으로 'ㅎ', 'ㅆ', 'ㅊ', '부'로 음역했으나, 필자가 'ㅋ', 'ㅅ', 'ㅉ', '우'를 선호한 경우 필자의 의견을 존중했습니다.
* יהוה는 필자에 따라 '야웨'(혹은 '야훼')나 '아도나이'로 표기했습니다.